国家民族事务委员会人文社会科学重点研究基地
西南民族大学中国西部民族经济研究中心

KUA YUE DE 70 NIAN

跨越的70年

新疆经济发展研究

伍 艳 著

中国经济出版社
CHINA ECONOMIC PUBLISHING HOUSE

北 京

图书在版编目（CIP）数据

跨越的70年.新疆经济发展研究／伍艳著. --北京：中国经济出版社，2019.10

ISBN 978-7-5136-5962-8

Ⅰ.①跨… Ⅱ.①伍… Ⅲ.①区域经济发展—研究—新疆 Ⅳ.①F127

中国版本图书馆CIP数据核字（2019）第227747号

项目统筹 李煜萍
责任编辑 李煜萍 陈宇慧
责任印制 巢新强

出版发行 中国经济出版社
印 刷 者 北京富泰印刷有限责任公司
经 销 者 各地新华书店
开 本 710mm×1000mm 1/16
印 张 21.75
字 数 320千字
版 次 2019年10月第1版
印 次 2019年10月第1次
定 价 88.00元
广告经营许可证 京西工商广字第8179号

中国经济出版社 **网址** www.economyph.com **社址** 北京市东城区安定门外大街58号 **邮编** 100011

本版图书如存在印装质量问题，请与本社销售中心联系调换（联系电话：010-57512564）

1949—2019

“跨越的70年——民族地区经济发展研究”

编 委 会

FOREWORD 总 序

2019 年，是新中国成立 70 周年。70 年来，特别是改革开放以来，作为全国宏观区域经济重要战略组成部分的民族地区，在党中央、国务院的亲切关怀和党的民族政策光辉照耀下，各少数民族和民族地区与全国一道，发生了历史上最伟大、最深刻的社会变革，从封闭落后迈向开放进步，从温饱不足迈向全面小康，迎来了从站起来、富起来到强起来的伟大飞跃，正阔步走在中华民族伟大复兴的新征程上。

一

70 年来，在党中央、国务院的系列政策支持、大幅度的资金和人才支援下，在全国人民的大力支援下，民族地区各级政府、各族人民坚定不移地坚持中国共产党领导，坚定不移地贯彻执行党的民族政策，坚持和完善民族区域自治制度，始终坚持以发展为第一要务，把自力发展与中央关心、发达地区支援结合起来，经济发展取得了历史性成就，各族人民生活有了历史性改善。今日的民族地区，社会稳定、经济发展、民族团结、宗教和顺，各族人民安居乐业，各项事业欣欣向荣，处于历史上最好的繁荣发展时期。

经济总量的巨大飞跃。1952 年民族八省区地区生产总值总量为 57.89 亿元，2018 年增长到 90576.42 亿元，是 1952 年的 1566 倍，扣除物价上涨因素，增长了 250 多倍，年均增长 8.72%。分省区看，1952—2018 年，地区生产总值年均增长率分别为：内蒙古 9.31%、广西 8.61%、贵州 8.06%、云南 8.42%、西藏 8.74%、青海 8.75%、宁夏 9.42%、新疆 8.45%。2018 年民族八省区中经济总量超过 2 万亿元的为广西，在万亿元以上的有内蒙古、云南、贵州和新疆（见表 1）。

表 1　新中国成立 70 年来民族八省区经济总量的增长　单位：亿元

年份	内蒙古	广西	贵州	云南	西藏	青海	宁夏	新疆	民族八省区
1952	12.16	12.81	8.55	11.78	1.32	1.63	1.73	7.91	57.89
1978	58.04	75.85	46.62	69.05	6.65	15.5	13.00	39.07	323.78
2000	1539.12	2080.04	1029.92	2011.19	117.46	263.6	295.02	1363.56	6688.72
2005	3905.03	3984.10	2005.42	3462.73	248.80	543.32	612.61	2604.14	13903.42
2010	11672.00	9604.01	4602.79	7224.18	507.46	1350.43	1696.39	5397.27	34830.35
2011	14359.88	11764.97	5725.99	8893.12	606.13	1670.44	2111.43	6577.41	42816.25
2012	15880.58	13090.04	6878.59	10309.47	701.65	1893.54	2352.71	7457.64	48254.75
2013	16916.50	14511.70	8116.34	11832.31	816.57	2122.06	2590.34	8380.25	53453.76
2014	17770.19	15742.62	9300.52	12814.59	921.73	2303.32	2766.76	9195.96	58001.10
2015	17831.51	16870.04	10541.00	13619.17	1027.43	2417.05	2927.01	9235.57	60849.61
2016	18632.57	18317.64	11792.35	14719.95	1151.41	2572.49	3167.99	9511.93	65146.38
2017	16096.21	20396.25	13540.83	16376.34	1310.92	2624.83	3443.56	10881.96	68294.56
2018	17389.22	20352.51	14806.45	17881.12	1477.63	2865.23	3705.18	12199.08	90576.42
年均增长率（1952—2018 年，%）	9.31	8.61	8.06	8.42	8.74	8.75	9.42	8.45	8.72（算术平均）

资料来源：根据《新中国六十年统计资料汇编》《中国统计年鉴》和各省区统计公报数据整理。

经济结构的根本性转变。新中国成立 70 年来，民族地区产业结构不断优化，从以依赖单一产业为主转向三次产业共同带动。新中国成立初期，民族八省区地区生产总值的结构中，农业占比较高，工业和服务业相对薄弱，部分地区还处于现代工业的空白区。1952 年，民族八省区第一、第二、第三产业增加值占地区生产总值的比重（算术平均）分别为 73.1%、12.8% 和 14.1%。20 世纪 50—70 年代，随着民族地区工业化建设的推进，第二产业比重不断提升。1978 年，第一、第二、第三产业比重（算术平均）分别为 36.5%、41.8% 和 21.8%。改革开放以来，随着工业化、城镇化快速发展，工业和服务业发展水平不断提高，20 世纪 90 年代初民族地区第一产业产值比重稳定地低于第二产业和第三产业。党的十八大以来，民族地区第一、第二、第三产业协同发展，各省区第三产业增加值超过第二产业，成为国民经济第一大产业，2018 年，民族八省区第一、第二、第三产业比重分别为 11.7%、41% 和 47.4%。（各省区产业结构演变的基本态势如表 2 所示）随着生产结构的变化、现代产业的发展，传统产业比重下降必然会导致劳动力在部门间的重新配置，引起就业结构的变化。这种变化的一个基本趋势是，随着经济的发展，劳动力逐渐由农业部门向非农业部门转移，第二产业和第三产业成为劳动力就业的主要领域。民族地区劳动力就业结构的变化是符合这一基本趋势的。1978 年，民族八省区各产业劳动力就业份额比例为 79.41∶11.41∶9.17，到 2016 年该比例为 49.16∶15.92∶34.96。

表 2　新中国成立 70 年来民族八省区产业结构的变化 %

省区	1952 年			1978 年			2018 年		
	第一产业	第二产业	第三产业	第一产业	第二产业	第三产业	第一产业	第二产业	第三产业
内蒙古	71.1	11.3	17.7	32.7	45.4	21.9	10.1	39.4	50.5
广西	65.1	23.0	11.9	40.9	34.0	25.1	14.8	39.7	45.5
贵州	68.4	18.6	13.0	41.7	40.2	18.2	14.6	38.9	46.5
云南	61.7	15.4	22.8	42.7	39.9	17.4	14.0	38.9	47.1
西藏	97.3	0.1	2.6	50.7	27.7	21.7	8.8	42.5	48.7
青海	73.6	7.4	19.0	23.6	49.6	26.8	9.4	43.5	47.1
宁夏	82.7	4.6	12.7	23.5	50.8	25.6	7.6	44.5	47.9
新疆	64.7	22.0	13.3	35.8	47.0	17.3	13.9	40.3	45.8

资料来源：根据《新中国六十年统计资料汇编》和各省区 2018 年统计公报数据整理。

人民生活蒸蒸日上。从人均地区生产总值来看：1952 年民族八省区人均地区生产总值分别为内蒙古 173 元、广西 67 元、贵州 58 元、云南 70 元、西藏 115 元、青海 101 元、宁夏 126 元、新疆 166 元；到 1978 年分别增加到内蒙古 317 元、广西 225 元、贵州 175 元、云南 226 元、西藏

375元、青海428元、宁夏370元、新疆313元；到2018年分别达到内蒙古68302元、广西41489元、贵州41244元、云南37136元、西藏43397元、青海47689元、宁夏54094元、新疆49475元（见表3）。可以看出，新中国成立70年来，民族八省区人均收入上了好几个台阶。

表3　新中国成立70年来民族八省区人均地区生产总值的变化　　单位：元

年份	内蒙古	广西	贵州	云南	西藏	青海	宁夏	新疆
1952	173	67	58	70	115	101	126	166
1978	317	225	175	226	375	428	370	313
1985	809	471	420	486	894	808	737	820
1990	1478	1066	810	1224	1276	1558	1393	1713
1995	3772	3304	1826	3083	2358	3513	3448	4701
2000	6502	4652	2759	4770	4572	5138	5376	7372
2005	16331	8788	5052	7835	9114	10045	10239	13108
2010	40282	16045	10309	13539	15295	19454	21777	19942
2015	71101	35190	29847	28806	31999	41252	43805	40036
2016	72064	38027	33246	31093	35184	43531	47194	40564
2017	63764	38102	37956	34221	39267	44047	50765	44941
2018	68302	41489	41244	37136	43397	47689	54094	49475

资料来源：根据《新中国六十年统计资料汇编》《中国统计年鉴》和各省区统计公报数据整理。

从城乡居民收入变化来看，1978年民族八省区居民人均收入（城镇居民人均可支配收入和农村居民家庭人均纯收入用城乡人口比例加权）只有260多元，1999年达到2900多元，2010年突破8500元。2017年民族八省区全体居民人均收入为19520元。2018年民族八省区居民人均可支配收入分别为：内蒙古28376元、广西21485元、贵州18430元、云南20084元、西藏17286元、青海20757元、宁夏22400元、新疆21500元。

基础设施得到根本性改善。新中国成立以来，经过对民族地区基础设施的大规模投资，特别是西部大开发以来的重点工程项目80%以上布局在民族地区，民族地区基础设施得到根本性改变。以运输线路长度为例：1952年民族八省区铁路营业里程3208千米，贵州、西藏、青海、宁夏和新疆还是铁路的空白区，公路里程 27868 千米，西藏尚无现代意义上的公路；到 1978 年分别增加到 10560.5 千米和 193650 千米；到 2017 年分别达到 35266 千米和 1149744 千米。（各省区的运输线路发展如表 4 所示）2013 年 10 月 30 日，西藏墨脱公路通车，正式结束其作为中国最后一个不通公路县的历史。民族地区不仅运输线路长度举世瞩目，各种交通线路连接成网，而且线路质量显著提高，铁路复线、高速铁路和高等级公路从无到有，覆盖范围逐年扩大。

表 4　新中国成立 70 年来民族八省区运输线路的变化　单位：千米

省区	1952 年		1978 年		2017 年	
	铁路营业里程	公路里程	铁路营业里程	公路里程	铁路营业里程	公路里程
内蒙古	1574	4821	3803	37535	12675	199423
广西	978	5068	1715	29773	5191	123259
贵州	—	4027	1366	25954	3285	194379
云南	656	5339	1705	41816	3682	242546
西藏	—	—	—	15852	785	89343
青海	—	1346	503	13675	2349	80895
宁夏	—	1202	438	5227	1352	34561
新疆	—	6065	1030.5	23818	5947	185338
民族八省区合计	3208	27868	10560.5	193650	35266	1149744

资料来源：根据《新中国六十年统计资料汇编》《中国统计年鉴》数据整理。

对外开放成效显著。我国对外开放的格局是采取分步骤有层次、逐步推进的战略格局，经历了一个不断扩大和深化发展的过程。到目前为止，我国已形成了全方位、多层次、宽领域的对外开放格局。我国民族地区大多处于边疆地区，邻国较多，也是“一带一路”建设的核心地区和重要依托。“一带一路”倡议实施以来，民族地区从对外开放的末梢一跃成为前沿。2018 年，内蒙古海关进出口总额 1034.4 亿元，其中，出口总额 378.6 亿元，进口总额 655.7 亿元；广西货物进出口总额 4106.71 亿元，其中，出口总额 2176.14 亿元，进口总额 1930.57 亿元；贵州进出口总额 500.96 亿元，其中，出口总额 337.58 亿元，进口总额 163.38 亿元；云南外贸进出口总额达 298.95 亿美元，其中，出口总额 128.12 亿美元，进口总额

170.83 亿美元；西藏全年进出口总额 47.52 亿元，其中，出口总额 28.57 亿元，进口总额 18.95 亿元；青海货物进出口总额 46.00 亿元，其中，出口总额 31.11 亿元，进口总额 14.89 亿元；宁夏货物进出口总额 249.16 亿元，其中，出口总额 180.48 亿元，进口总额 68.68 亿元；新疆货物进出口总额 200.10 亿美元，其中，进口总额 35.91 亿美元，出口总额 164.19 亿美元。

脱贫攻坚取得决定性进展。民族地区是中国贫困人口最集中、贫困程度最深的地方。全国 832 个贫困县（包括国家扶贫开发工作重点县和片区县）中，民族自治地方县有 421 个，占 51%。全国贫困人口的 1/3、14 个集中连片特困地区的 11 个以及深度贫困的“三区三州”都在民族地区。新中国成立以来，在中央的高度重视和社会各界的大力支持下，经过民族地区广大干部群众的艰苦努力，民族地区农村贫困人口大幅减少，特别是《中共中央 国务院关于打赢脱贫攻坚战的决定》颁布实施以来，中央和地方密集出台支持贫困地区特别是深度贫困地区脱贫攻坚的各项过硬政策措施，聚焦短板、精准发力，民族地区扶贫力度进一步加大，贫困人口脱贫明显加快。到 2018 年，民族八省区中，内蒙古、青海、宁夏农村贫困发生率降至 3% 及以下，广西、贵州、云南、西藏、新疆农村贫困发生率下降至 6% 以下。

表 5 民族八省区农村贫困人口数

单位：万人

省区	2010年	2011年	2012年	2013年	2014年	2015年	2016年	2017年	2018年	减贫人数（2010—2018 年）
全国	16567	12238	9899	8249	7017	5575	4335	3046	1660	14907
内蒙古	258	160	139	114	98	76	53	37	15	243
广西	1012	950	755	634	540	452	341	246	140	872
贵州	1521	1149	923	745	623	507	402	295	173	1348
云南	1468	1014	804	661	574	471	373	279	179	1289
西藏	117	106	85	72	61	48	34	20	1.9	115.1
青海	118	108	82	63	52	42	31	23	5.4	112.6
宁夏	77	77	60	51	45	37	30	19	12	65
新疆	469	353	273	222	212	180	147	113	59.3	409.7

资料来源：国家统计局住户收支与生活状况调查。

二

新中国成立70年来，在中国共产党领导下，坚持走中国特色解决民族问题的正确道路，全面贯彻落实党的民族政策，民族地区经济发展取得了历史性的伟大成就。70年的伟大跨越表明：

党对民族工作的领导是民族地区经济发展的根本保证。新中国成立70年来，民族地区总体上呈现出民族团结、经济进步、宗教和顺、社会和谐的大好局面，根本在于党中央的坚强领导，这是我们行稳致远的政治前提。对民族地区的经济发展而言，必须坚持以习近平新时代中国特色社会主义思想为指导，坚持新发展理念，坚定不移贯彻创新、协调、绿色、开放、共享的发展理念。

以推动少数民族和民族地区高质量发展作为民族工作的第一要务。“发展是解决民族地区各种问题的总钥匙。”70年来，特别是改革开放以来，民族地区认真贯彻落实党的方针、政策，始终坚持以经济建设为中心，经济体量以几何级数增加，实现了“一步跨千年”，民族地区从来没有像今天这样朝气蓬勃、日新月异，民族团结进步事业也从来没有像今天这样春意盎然、充满活力。进入新时代，我国经济已由高速增长阶段转向高质量发展阶段，社会的主要矛盾已经发生变化。发展不平衡不充分主要表现在民族地区，民族地区2020年前要消除农村绝对贫困和全面建成小康社会，到2035年要与全国同步基本实现现代化，必须加快发展，实现跨越式发展。

加大力度支持和帮助民族地区发展。70年来，党和政府高度重视民族地区的发展，制定、实施了一系列倾斜性的发展援助和扶持政策与措施，决定性地推动了民族地区经济社会跨越式发展和脱贫奔康。支持民族地区加快经济社会发展，是中央的一项基本方针。党的十九大报告指出：“实施区域协调发展战略。加大力度支持革命老区、民族地区、边疆地区、贫困地区加快发展，强化举措推进西部大开发形成新格局，……加快边疆发展，确保边疆巩固、边境安全。”因此，新时代民族地区的发展在全国发展大格局中的战略地位更加重要，加大力度支持民族地区加快发展是习近平新时代中国特色社会主义思想的重要组成部分。

始终坚持发展必须以保障和改善民生为着眼点和落脚点。70年来，民族地区坚持“以民为本、民生优先”，教育、医疗等基本公共服务能力不断提高。全面推进九年义务教育、十五年免费教育、“9+3”免费职业教育、“一村一幼”计划，完整配套的教育体系基本形成。通过全面建立新型合作医疗制度，健全州（盟、市）、县、乡、村四级医疗网络。但与各族人民的需要相比较，与发达地区相比较，民族地区的基本公共服务供给还有待大幅提高。习近平总书记指出：“发展经济的根本目的就是要让各族群众过上好日子。既要坚持不懈抓发展，不断扩大经济总量，为民生改善提供坚实基础，也要大力推进基本公共服务均等化，促进社会公平。”要坚持发展，必须以保障和改善民生为着眼点和落脚点，确保各民族共享发展机遇和发展成果，确保发展成果惠及当地、改善民生、增强团结、促进和谐。

坚持绿色发展，守好民族地区发展的底色和价值。从地缘生态位置看，民族地区是中国最重要的生态平衡与保障区，是我国重要的生态安全屏障，具有重要的生态战略地位。民族地区最大的价值在生态、最大的责任在生态、最大的潜力也在生态，因此，民族地区的发展必须把生态文明建设放在突出位置，走以生态优先、绿色发展为导向的高质量发展之路，尊重自然、顺应自然、保护自然，筑牢国家生态安全屏障，实现经济效益、社会效益、生态效益相统一。

大力加强少数民族干部和人才队伍建设。70年来，中央和各民族地区把少数民族干部培养使用作为落实党的民族政策的一项重要内容和管长远、管根本的大事来抓，培养和造就了一支明辨大是大非的立场特别清醒、维护民族团结的行动特别坚定、热爱各族群众的感情特别真诚的少数民族和民族地区干部队伍，为坚持和完善民族区域自治制度、加快经济社会发展、维护祖国统一和边疆稳固提供了坚强保证。在新时代，必须继续加强少数民族干部和人才队伍建设。

三

为庆祝新中国成立 70 周年，反映新中国成立以来特别是党的十八大以来我国民族地区经济发展的辉煌成就和宝贵经验，国家民族事务委员会人文社会科学重点研究基地（培育）——西南民族大学中国西部民族经济研究中心组织编写了《跨越的 70 年——民族地区经济发展研究》丛书，分别对内蒙古、广西、西藏、宁夏和新疆五个自治区和贵州、云南、青海三个多民族省份 70 年来的经济发展取得的历史性成就进行了系统的梳理、分析和总结。

本套丛书的出版得到“中央高校建设世界一流大学（学科）和特色发展引导专项资金”和“国家民委人文社科重点研究基地——西南民族大学中国西部民族经济研究中心 2019 年项目‘跨越的 70 年——民族地区经济发展研究’”的资助。时任西南民族大学发展规划与学科建设处处长刘兴全教授对丛书的出版给予了大力支持。本套丛书的顺利出版得到了中国经济出版社李煜萍编审的努力和付出。在此一并表示感谢！

本套丛书的主要编撰人员是西南民族大学经济学院 / 中国西部民族经济研究中心的部分研究生同学和研究人员。本套丛书政治要求高、任务重、时间紧，编写者还是按要求完成了各书的编写任务，你们辛苦了！各书的质量概由各书的主编负责。虽然编写人员很努力，但难免存在瑕疵和不足，敬请读者批评指正。

编委会

2019 年 7 月

ABSTRACT 内容提要

新疆是中国连接中亚、西亚、南亚和欧洲的重要通道，与俄罗斯、哈萨克斯坦等8个国家接壤，辐射周边十几个国家，是中国向西开放的“桥头堡”，国家“一带一路”倡议的核心区。本书从新疆产业发展、金融发展、城镇化建设、收入增长、贸易发展、禀赋结构以及支持政策等12个方面全方位分析新疆70年的经济发展成就。

新中国成立前的新疆，经济是以农牧业为主体的自然经济，工业十分落后，没有一寸铁路，没有像样的工厂和矿山，一些地方粮荒不断，人民生活贫困不堪。经过70年的发展，新疆经济总量不断扩大，2017年每1.5天所创造的财富量就相当于1955年全年创造的财富量，彰显了新疆人奋斗足迹和拼搏年轮的“新疆之变”。根据世界银行的划分标准，新疆已经由低收入地区跃升至中等收入地区的水平，展现了新疆人开拓创新后发赶超的“新疆效率”。新疆在国家财政金融、产业政策以及19个省市的对口援疆支持下，在“一带一路”建设的历史机遇下，必将掀开经济腾飞的新篇章。

PREFACE 前言

新疆，古称“西域”，意为中国的西部疆域。1884年，清政府正式在新疆设省，并取“故土新归”之意，改称西域为“新疆”。自古以来，新疆就是我们伟大祖国不可分割的一部分。光阴荏苒，沧海桑田。70年，在历史的长河中不过是短暂的一瞬间，但是，70年的历程，对于新疆各族人民来说，却是一部前所未有、值得书写的光辉史篇。新中国成立70年来，尤其是改革开放以来，新疆各族人民在中国共产党的正确领导下，在党的民族区域自治政策的指引下，在党中央、国务院的亲切关怀和全国人民的大力支持下，团结奋斗，锐意进取，不仅建立起了平等、团结、互助、友爱的新型民族关系，而且取得了经济社会发展的伟大成就，不断谱写出团结与跨越的壮丽篇章。

70年来，特别是改革开放以来，新疆经济快速增长，综合实力显著增强；基础产业、基础设施建设突飞猛进，投资和发展环境日益改善；对外贸易逐步增加，对外开放日趋扩大，全方位开发开放格局正在形成。特别是“一带一路”倡议的提出，给新疆带来了前所未有的发展机遇。习近平主席于2013年9月、10月先后提出共建“丝绸之路经济带”、共建“21世纪海上丝绸之路”的畅想，二者共同构成的“一带一路”重大倡议引起了沿线各国的广泛共鸣和积极参与，基于这一伟大倡议所提出的一系列区域经济发展新战略的实施，为新疆经济社会的发展注入了新的活力。

经过70年的大开放、大发展，新疆经济社会各项工作取得了骄人成绩，一个昔日贫穷落后的省区，已经发展成综合经济实力显著提升、基础设施极大改善、资源环境日益协调、社会事业快速发展、人民生活水平不断提高的和谐新疆，实现了历史性跨越。

跨越之一：经济总量跨越式发展，综合实力显著提升。

新中国成立后，经过70年的峥嵘岁月，新疆经济总量不断扩大，GDP跨过10个千亿元台阶。1997年新疆GDP达到1000亿元，2004年突破2000亿元大关，2006年跨越3000亿元大关，2009年突破4000亿元大关，到2017年首次突破万亿元大关，2018年达到12199.08亿元。新疆抢抓“西部大开发”和“一带一路”的历史机遇，振奋精神，务实苦干，不断推进和深化优势资源转换战略，经济增长明显加快。

跨越之二：三次产业全面发展，产业结构合理优化。

在经济高速增长的推动下，产业结构因社会需求和经济发展的要求不断优化调整。1955年，新疆三次产业增加值占其GDP的比重为54.3∶26.2∶19.5，表现出“一、二、三”的产业格局。经过60多年的奋斗，到2018年产业结构演变为15.3∶39.1∶45.6，形成“三、二、一”的产业格局，实现了由农业社会向服务业、工业化社会的变迁，第三产业的主导地位日益增强，三大产业结构得到优化调整。作为国民经济基础的农业，虽然比重不断下降，但它的重要性并不因其占国民经济总量比重的下降而降低，而是基础更加稳固，能效更加增强，农业结构向多元化发展，生产经营更加规模化、现代化，初步实现了向高效生态农业、高科技农业的跃迁。

跨越之三：消费品市场繁荣活跃，对外贸易成绩斐然。

随着国家一系列扩大内需、搞活经济的宏观调控的强力推动，新疆消费品市场规模进一步扩大，新型流通方式快速发展，商品供应充裕，城乡居民购买力不断增强，消费结构升级明显加快。

新疆消费品市场日益完善，社会消费品零售总额不断增长，由1950年的2.19亿元增长至2018年的3186.97亿元，70年间增长了1455.23倍。分类型看，新疆城镇消费品零售总额比农村社会消费品零售总额增幅快，商品批发零售业收入快速增长，由1978年的17.34亿元增长至2018年的2742.48亿元，年平均增长率为13.96%。在对外贸易方面，新疆对外贸易规模不断增长，商品进出口结构有所改善，对中亚国家的农产品贸易所占比重有所提高。在对外贸易的带动下，新疆边境口岸增加至 17 个，成为新疆对外贸易发展的“桥头堡”。

跨越之四：人民生活逐步改善，脱贫攻坚成绩显著。

提高人民生活水平是改革开放和发展经济的根本目的。新疆居民家庭生活更加殷实，恩格尔系数逐年下降。1978 年新疆农村居民可支配收入为 119 元，2018 年增长至 11975 元，增长 100.6 倍；1978 年新疆城镇居民可支配收入为 319 元，2018 年增长至 32746 元，增长 102.6 倍。居民收入的快速增长，为物质生活质量的整体改善提供了重要的物质基础。城镇家庭恩格尔系数由 1978 年的 57.3% 下降至 2018 年的 31.6%，农村家庭恩格尔系数从 1980 年的 60.8% 下降至 2018 年的 32.3%。

在新疆经济发展稳步向好的背景下，各级政府认真落实习近平总书记关于扶贫工作的重要论述，落实党中央、国务院有关脱贫攻坚工作的系列决策部署，走出了一条科学治贫、精准扶贫、有效脱贫的路子。2010—2018 年，新疆农村的贫困发生率下降幅度较大。2010 年新疆农村贫困发生率为 22.87%，到 2018 年贫困发生率仅为 6.51%，脱贫质量进一步提高，新疆的贫困状况得到很大的改善，越来越多的农村居民摆脱了贫困的束缚。

跨越之五：城市中心辐射功能增强，城镇化步伐加快。

新疆已形成一个以多功能、开放型首府乌鲁木齐为核心，众多市、县和城镇为依托的现代化城市体系。70 年来，新疆加速以政治、经济、文化为中心的乌鲁木齐城市化建设；加速以工业化为重点的昌吉市城市化建设；加速以维吾尔族风情、古丝绸之路、瓜果之乡经典旅游为特色的吐鲁番市城市化建设；加速以能源生产为重点的克拉玛依市、库尔勒市城市化建设，把它们作为全区经济新跨越的城市中心辐射增长点，以点带面，以城带乡，新疆各行各业创造新成就、新辉煌。

本书的写作，围绕新疆经济跨越式发展，共分为 12 章。对新疆 70 年的产业发展、金融发展、贸易发展、收入增长、城镇化建设、生态环境建设以及“一带一路”建设进行分析和探讨。本书的写作和出版，不仅得到

“中央高校建设世界一流大学（学科）和特色发展引导专项资金”的资助，也得“到国家民委人文社科重点研究基地——西南民族大学中国西部民族经济研究中心2019年项目‘跨越的70年——民族地区经济发展研究’”的资助。

伍 艳

2019年5月20日

CONTENTS 目　录

第 1 章　导论……1

1.1　背景：新疆跨越式发展的提出……1

1.2　研究定位与体系设计……4

第 2 章　新疆经济发展的支持政策……11

2.1　经济发展的财政支持政策……11

2.2　经济发展的金融支持政策……16

2.3　经济发展的产业支持政策……23

2.4　“兴边富民”的支持政策……30

参考文献……36

第 3 章　新疆产业发展与结构优化……37

3.1　新疆产业发展 70 年成就……37

3.2　优势产业的发展与问题……44

3.3　产业结构的调整与优化……51

3.4　区域产业布局的调整……55

参考文献……62

第 4 章　新疆金融发展与经济增长……65

4.1　金融机构规模的增长……65

4.2　证券业和保险业的发展 …… 69
4.3　金融市场的发展 …… 74
4.4　新疆金融发展与经济增长 …… 81
参考文献 …… 92

第5章　新疆贸易发展与口岸建设 …… 95

5.1　对内贸易的发展 …… 95
5.2　对外贸易的发展与特点 …… 105
5.3　新疆与中亚国家农产品贸易的发展 …… 118
5.4　边境口岸的分布与建设 …… 123
参考文献 …… 127

第6章　新疆经济发展的禀赋结构 …… 129

6.1　禀赋结构理论 …… 129
6.2　经济发展中的要素禀赋 …… 131
6.3　经济发展中的禀赋结构升级 …… 135
参考文献 …… 147

第7章　新疆经济发展中的收入增长 …… 149

7.1　财政收入增长与结构变化 …… 149
7.2　城乡居民收入增长与变化 …… 158
7.3　城乡居民收入差距与影响因素 …… 163
7.4　新疆经济增长与收入分配 …… 173
参考文献 …… 182

第8章　新疆经济发展中的城镇化建设 …… 185

8.1　城镇化发展的理论基础 …… 185
8.2　人口城镇化水平与质量 …… 192

8.3 经济城镇化的发展……198
8.4 城市化进程与城镇体系建设……202
参考文献……207

第 9 章 新疆生态环境建设与绿色发展……209

9.1 生态环境的建设与运行模式……209
9.2 生态补偿实践与机制构建……217
9.3 绿色低碳经济的发展……226
参考文献……234

第 10 章 新疆的贫困问题与脱贫攻坚……237

10.1 城市贫困的规模与分布……237
10.2 农村贫困的规模与分布……243
10.3 城乡贫困人口的生活状况……249
10.4 脱贫攻坚的进程与困境……254
10.5 新疆经济增长与贫困缓解……260
参考文献……269

第 11 章 新疆经济发展中的对口援疆……271

11.1 对口援疆的政策……271
11.2 对口援疆的实践……274
11.3 对口援疆的成效……280
参考文献……287

第 12 章 新疆经济发展的新机遇："一带一路"……289

12.1 "一带一路"倡议的内涵……289
12.2 "一带一路"建设的成就……292
12.3 "一带一路"建设给新疆带来的机遇……298

12.4 “一带一路”影响下新疆的集聚效应 …… 304
参考文献 …… 313

图索引 …… 315
表索引 …… 318
后　记 …… 321

第1章　导论

1.1　背景：新疆跨越式发展的提出

1.1.1　新疆的历史沿革

新疆，古代称为“西域”，意即中国西部的疆域。《汉书·西域传》云：“大宛破后，西域震惧，多遣使来贡献，汉使入西域者益得职。”汉之初，西域各地处在匈奴统治之下。公元前138年，为击退匈奴对汉朝边境地区的劫掠，汉朝派遣张骞出使西域。公元前121年，汉军大败驻牧在河西走廊一带的匈奴军队，而后汉朝在此置武威、张掖、酒泉、敦煌四郡。公元前101年，西汉王朝在天山南部的轮台、渠犁等地驻兵数百人进行屯田，并设“使者校尉”地方官员统领之，后“使者校尉”改称为“护鄯善以西使者”。

隋唐时期，中央政府加强对新疆的统治。公元6世纪末，隋朝统一中原，隋炀帝（公元604—618年在位）即位之初，派遣吏部侍郎裴矩到张掖、武威主管与西域的互市，了解西域民情。公元608年，隋军进驻伊吾，建筑城郭，设鄯善（今若羌）、且末（今且末西南）、伊吾（今哈密境内）三郡。公元702年，唐朝在庭州设置“北庭都护府”，后又升为“北庭大都护府”，管理天山北麓及新疆东部地区的军政事务，而安西大都护府管理天山南部和葱岭以西的广大地区。唐玄宗年间（公元712—756年在位），唐朝又在两大都护府之上设“碛西节度使”，为当时全国八大节度使之一。

唐朝中央政府对西域各地实行的是藩汉分别管理制度，即在汉民集中居住的伊州、西州和庭州等地，行政上采用与内地一样的府、州、县、乡、里管理制度；经济上推行“均田制”（唐朝田制）与“租庸调制”（唐朝赋税制度）；军事上实行“府兵制”（唐朝军事制度）。非汉民聚居区，则设置“羁縻府州”，即继续维护当地本民族首领的行政管理制度，冠以唐朝都护、都督、州刺史的名号，允其以旧俗治理其部众。同时，还在龟兹、于阗、疏勒、碎叶（一度是焉耆）设军事建制，史称“安西四镇”。

元朝建立后，在发展西域各地社会经济的同时，在吐鲁番地区设立提刑按察司，随后，又在吐鲁番等地建立交钞提举司（印钞机构）和交钞库等机构，设置“别失八里元帅府”以总管派往该地的“新附兵”（元朝以俘降的南宋士卒组成的军队）屯垦事务，派兵到和阗、且末等地屯田，在别失八里设立冶场“鼓铸农具”。1406年，明朝设立了哈密卫，任用哈密当地的世族首领为各级官吏，统辖当地军政事宜，维持中西商贸通道之安全，并对西域其他地区实施控制。

1884年，清政府正式在新疆建省，并取“故土新归”之意改称西域为“新疆”。新疆建省，是清朝政府对历朝各代治理新疆的一次重大改革。自此，由巡抚统管全疆各项军政事务，新疆军政中心由伊犁移至迪化（今乌鲁木齐）。到1909年，新疆省下辖4道，道以下管理6府、10厅、3州、21个县或分县，新疆行政建置与内地完全一致。清朝政府在新疆官员的任用方面还采取了以满族为主、各族官员并用的政策；经济方面，推行以农业为主，农牧并举的经济措施，采取减轻赋税，确定财政定额补贴制度等。清朝统治时期，新疆的社会经济得到了稳步发展。

1911年，辛亥革命爆发后第二年，革命党人在伊犁策动起义成功，成立新伊大都督府，宣告了清朝在伊犁地区政治统治的结束。国民政府建立后，也不断强化新疆防务。

1949 年 9 月 25 日，新疆和平解放。随着全国解放形势的发展和新疆各族人民革命斗争形势的高涨，国民党新疆警备司令陶峙岳、新疆省政府主席包尔汉宣布起义，中国人民解放军第一野战军第一兵团在王震将军的率领下进驻新疆。1949 年 10 月 1 日，新疆各族人民同全国人民一起，迎来了中华人民共和国的成立。

1.1.2 新疆跨越式发展的提出

新疆维吾尔自治区（以下简称“新疆”）地处中国西北边陲，亚欧大陆腹地，面积共 166.49 万平方千米，占中国国土面积的 1/6，陆地边境线共 5600 千米，是古丝绸之路的重要通道。新疆现有 47 个民族成分，主要居住有维吾尔、汉、哈萨克、回、蒙古、柯尔克孜、锡伯、塔吉克、乌孜别克、满、达斡尔、塔塔尔、俄罗斯等民族，是中国 5 个少数民族自治区之一。新疆是中国连接中亚、西亚、南亚和欧洲的重要通道，与俄罗斯、哈萨克斯坦、吉尔吉斯斯坦等 8 个国家接壤，辐射周边十几个国家，是中国向西开放的“桥头堡”、国家“一带一路”倡议的核心区。作为“丝绸之路经济带”核心区的新疆，已发展成为连接亚欧大陆重要的交通枢纽、商贸物流、金融、文化科教和医疗服务中心。

2010 年 5 月 17—19 日，中共中央、国务院新疆工作座谈会在北京举行，对推进新疆跨越式发展和长治久安作出了战略部署，并明确提出：到 2015 年新疆人均地区生产总值要达到全国平均水平，城乡居民收入和人均基本公共服务能力达到西部地区平均水平；到 2020 年确保实现全面建设小康社会的奋斗目标。新疆跨越式发展战略的提出是深入实施“西部大开发”战略，培育新的经济增长点，拓展新的经济发展空间的战略选择。尽管“十一五”时期以来，新疆经济发展取得了一定的成绩，但由于历史、自然和地理位置等原因，与东部发达地区经济发展差距仍然较大，需要借助“一带一路”建设和资源优势，实现跨越式发展。

2014 年 5 月 28 日，在第二次中央新疆工作座谈会上，习近平总书记指出，“新疆是我国西北重要安全屏障，战略地位特殊、面临的问题特殊，做好新疆工作意义重大”“新疆局势事关全国改革发展稳定大局，事关祖国统一、民族团结、国家安全，事关实现‘两个一百年’奋斗目标和中华民族伟大复兴。做好新疆工作是全党全国的大事，必须谋长远之策，行固本之举，建久安之势，成长治之业”。这表明新疆围绕社会稳定和长治久安总目标，以经济发展和民生改善为基础，以促进民族团结为重点，坚持依法治疆、团结稳疆、长期建疆，努力建设团结和谐、繁荣富裕、文明进步、安居乐业的社会主义新疆。

1.2 研究定位与体系设计

1.2.1 研究定位

1.2.1.1 促进民族团结

新疆现有47个民族成分，主要居住有维吾尔、汉、哈萨克、回、蒙古、柯尔克孜、锡伯、塔吉克、乌孜别克、满、达斡尔、塔塔尔、俄罗斯等民族，是中国5个少数民族自治区之一。根据2015年新疆维吾尔自治区统计数据，维吾尔族人口数为1130.33万，占全疆人口的47.89%；汉族人口数为860.10万，占全疆人口的36.44%；哈萨克族人口数为159.12万，占全疆人口的6.74%；回族人口数为101.58万，占全疆人口的4.3%。

新疆自古以来就是多民族聚居地。在古代历史上，曾有许多部落、民族在新疆聚居。新疆居民的族属，从汉代开始才有明确的记载，当时主要有塞、月氏(音：肉支)、乌孙、羌、匈奴和汉人。魏晋南北朝时期，是中国民族大融合时期，各民族迁徙往来频繁，又有许多古代民族进入新疆，如柔然、高车、哒、吐谷（音：玉）浑等。

隋唐时期，突厥、吐蕃等古代民族对新疆历史进程产生了重要影响。突厥是6—8世纪活跃于中国西北和北方草原的古代游牧民族。552年，突厥首领土门打败柔然，以漠北（蒙古高原大沙漠以北地区）为中心建立政权，尔后分裂为东、西两部，为争夺王权争斗不休。8世纪中叶，东、西突厥汗国相继灭亡，其后裔融入了其他民族之中。

840年，大批回鹘人进入新疆。回鹘，原称回纥，是铁勒(中国古族名)诸部之一。当地的居民和西迁后的回鹘互相融合，这就为后来维吾尔族的形成奠定了基础。

18世纪60年代以后，清朝政府为进一步加强新疆边防，从东北陆续抽调满、锡伯、索伦（达斡尔）等族官兵驻防新疆，他们成为新疆少数民族中的新成员。后来，又有俄罗斯、塔塔尔等民族移居新疆。到19世纪末，新疆已有维吾尔、汉、哈萨克、蒙古、回、柯尔克孜、满、锡伯、塔吉克、达斡尔、乌孜别克、塔塔尔、俄罗斯共13个民族，以维吾尔族为主体，形成了新的多民族聚居分布格局。

新疆各民族的分布以天山为界，维吾尔族主要集中在喀什、和田、阿克苏等南疆三地州，占维吾尔族总人口的88.15%以上。其中，喀什地区维吾尔族人口占全疆维吾尔族总人口的36.01%，和田地区和阿克苏地区维吾尔族人口占全疆维吾尔族总人口比例均在18%以上。维吾尔族的人口集中程度高于新疆的汉族和回族的集中程度。原因在于：一是维吾尔族拥有本民族的语言，对汉语通晓较少，语言文字障碍造成维吾尔族的空间分布与其他民族隔离；二是维吾尔族主要信仰伊斯兰教，南疆三地州的清真寺多，吸引了大量维吾尔族人口集聚。

哈萨克族主要集中在北疆（伊犁、阿勒泰和塔城地区），北疆地区哈萨克族人口占全疆哈萨克族总人口的94.27%。哈萨克族有本民族语言，属于游牧民族，喜欢在有山且水草丰盈的区域定居，而新疆北部的天山山脉和阿勒泰拥有广阔的天然牧场，有利于畜牧业的发展。

新疆的汉族和回族在空间分布上较为松散，呈现“大分散，小集聚”的特点。汉族和回族在全疆15个地、州、市都有分布且占有一定比重，乌鲁木齐市、伊犁州和昌吉州汉族人口比重较大，占比在20%以上。新疆的回族在昌吉州占比较高，占全疆回族总人口的21.45%；在伊犁州占比居第二位，占全疆回族总人口的20.86%；在乌鲁木齐市占比居第三位，占全疆回族总人口的18.71%；在塔城地区占比居第四位，占全疆回族总人数的7.68%。

习近平总书记指出，民族团结是各族人民的生命线，是新疆经济发展进步的根本基石，也是13亿多中国人民的共同意志。新疆加强各民族交往交流交融，促进各民族和睦相处、和衷共济、和谐发展，巩固和发展平等团结互助和谐的社会主义民族关系。新疆贯彻新发展理念、推动高质量发展，大力保障和改善民生，开创了民族团结和谐、经济高质量发展、人民生活持续改善、各族群众安居乐业的好局面。因此，本书站在新的历史起点上，从促进民族团结视角探讨新疆经济发展70年的成就。

1.2.1.2　实现跨越式发展

新中国成立前的新疆，经济是以农牧业为主体的自然经济，工业十分落后，没有一寸铁路，没有像样的工厂和矿山，一些地方粮荒不断，人民生活贫困不堪。1949年9月25日，新疆和平解放，1955年10月1日，新疆维吾尔自治区成立，揭开了新疆历史发展的新篇章。

新中国成立初期，新疆仅有工业企业363家，年产值为0.98亿元。1951年新疆GDP总量为5.91亿元，1955年为12.3亿元，1958年为16.90亿元，1963年为19.01亿元，1968年为19.79亿元，1978年为39.07亿元。28年间，新疆GDP总量增长33.16亿元，年均增长11.84亿元（见图1–1）。

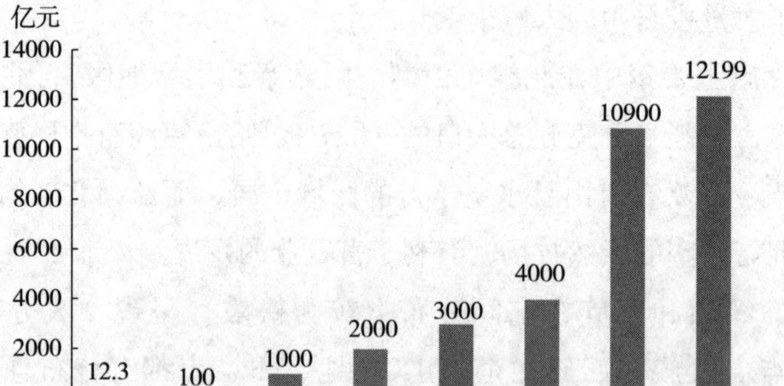

图1–1　新疆GDP总量变动

资料来源：《新疆统计年鉴》各年数据、《新中国六十年统计资料汇编》。

改革开放之后，新疆经济总量不断扩大。1985年新疆GDP首次突破100亿元大关，之后用了12年时间即在1997年达到1000亿元，其后用7年时间即在2004年达到2000亿元，此后平均每2年增加1000亿元，到

2009年达到4000亿元，2017年达到1.09万亿元，首次突破万亿元，40年间新疆GDP总量增长239倍。2018年新疆GDP总量达到12199.08亿元。剔除价格因素，2018年新疆每1.2天所创造的财富量就相当于1955年全年创造的财富量，彰显了新疆人奋斗足迹和拼搏年轮的“新疆之变”。

按照国际平均汇率折算，新疆人均生产总值由1955年的98美元上升至2014年的7037美元。根据世界银行的划分标准，新疆已经由低收入地区跃升至中等收入地区的水平。对于新疆这样一个经济发展起点低的地区，能够成功由低收入地区跨入中等收入地区行列实属不易，展现了新疆人开拓创新、后发赶超的“新疆效率”。

2010年和2014年，两次中央新疆工作座谈会召开，国家集全国之力进一步加大对新疆财力、物力、人力的扶持力度，新疆经济社会迎来了跨越式发展。5年间，新疆地区生产总值年均增速达到11.1%，高于全国同期平均水平2.6个百分点，增速在全国的位次由2010年的第29位跃升至2014年的第4位，创历史最好水平，彰显了新疆人用才智和勇气创造的时不我待的“新疆速度”。

1.2.2 体系设计

1949—2018年，新疆经过70年的发展，在金融、产业、贸易、城镇化发展以及生态环境建设等方面取得了举世瞩目的成绩。本书以习近平新时代中国特色社会主义思想为引导，从战略布局、发展动力、发展保障等方面全面分析新疆取得的经济发展成就。本书的基本框架如下。

第1章 导论。提出研究背景，明确研究定位。

第2章 新疆经济发展的支持政策。从财政支持、金融支持、产业发展支持以及“兴边富民”政策4个方面进行分析。从财政支持政策看，国家在新疆率先进行资源税改革，将原油、天然气资源税由从量计征改为从价计征。从金融支持政策看，大力发展地方金融机构，发挥资本市场融资功能，实现间接融资和直接融资共同增长的多层次金融市场体系。从产业发展的支持政策看，对新疆石油化工、煤炭、煤化工、火电、可再生能源、汽车、轻工纺织等12个产业提出了差别化产业政策。从“兴边富民”

政策看，各级政府提出以政府扶持为主，全社会参与，依靠各民族自我发展，用10年左右时间，改善边境地区基础设施条件，实现边境地区的长治久安和繁荣进步。

第3章　新疆产业发展与结构优化。从新疆70年产业发展的成就看，新疆第一产业由传统的小农经济逐步向现代农业发展。第二产业由比较落后的粗放型经济向新型工业化迈进，生产能力突飞猛进。第三产业从最初的一块“短板”发展为服务体系不断完善，供给能力逐步增强的产业。从产业结构优化看，1955年三次产业增加值占新疆地区生产总值的比重为54.3∶26.2∶19.5，是典型的以传统农牧业为主体的产业格局。2018年，三次产业增加值占新疆GDP的比重发展为13.9∶40.3∶45.8，新疆形成了以农业为基础，以工业和服务业为主导的现代工业化水平的产业结构。

第4章　新疆金融发展与经济增长。新疆金融业紧紧围绕自治区优势资源转换、资源开发、新兴工业化等主导产业，全方位推进民生金融服务，加快金融改革步伐，调整优化信贷结构。新疆金融发展质量同经济增长之间存在长期稳定的协整关系，其中金融发展质量每变动1%，经济增长变动1.73%；金融发展对于经济增长促进作用的时滞性使得二者的发展模式较为符合“需求追随论”；经济增长的冲击对金融发展的影响更加显著，而金融发展对于经济增长变动的解释力度也在不断增强。

第5章　新疆贸易发展与口岸建设。新疆是我国向西开放的重要通道，新疆发挥区位优势，大力发展对内和对外贸易。在对内贸易发展方面，新疆消费品市场日益完善，社会消费品零售总额不断增长，由1950年的2.19亿元增长至2018年的3186.97亿元，70年间增长了1455.23倍。在对外贸易方面，新疆对外贸易规模不断增长，商品进出口结构有所改善，对中亚国家的农产品贸易所占比重有所提高。在对外贸易的带动下，新疆边境口岸增多，成为新疆对外贸易发展的“桥头堡”。

第6章　新疆经济发展的禀赋结构。从经济发展的要素禀赋看，新疆自然资源丰富，使农业、石化工业等得以大力发展。新疆的石油、天然气和矿产资源丰富，传统产业依靠资源优势发展。随着教育水平、互联网信息技术的发展，新疆的禀赋结构不断提升，引导产业结构逐步由技术水平较低的劳动密集型向技术水平较高的资本密集型转换，促进了技术进步。

第 7 章　新疆经济发展中的收入增长。在新疆经济发展过程中，财政收入和居民收入出现同步增长。从财政收入增长看，1950—2017 年，新疆公共预算财政收入从 0.22 亿元增长至 1466.52 亿元，年均增速为 20.42%。从居民收入增长情况看，新疆城乡居民的绝对收入持续增长，但城镇居民收入增长幅度高于农村居民收入增长幅度，城乡居民收入差距有所扩大。通过构建 SVAR 模型，实证分析新疆经济增长与收入分配的关系，发现新疆经济增长对城乡居民收入分配差距具有显著的正向作用，经济增长对城乡居民收入分配的综合效应系数为正。

第 8 章　新疆经济发展中的城镇化建设。城镇化建设是一个由低级向高级、由传统向新型演化的必经过程，具有增长极效应。从新疆人口城镇化发展看，其人口城镇化水平不断提高，质量有所好转，城镇与农村居民恩格尔系数差距变小，城乡收入比逐渐缩小。从新疆经济城镇化的建设看，其人均 GDP 逐年上升，2018 年达到 49475 元。新疆非农产业占 GDP 的比重逐年上升。从新疆的城镇体系建设看，其城市化动力主要来自国家的直接支持，属于比较典型的外源发展模式。新疆人城市出现断层，中等城市和小城市较多。

第 9 章　新疆生态环境建设与绿色发展。新疆位于我国西北部，属内陆干旱地区，降雨稀少，气候干燥，沙漠化土地和沙漠面积大，生态环境极为脆弱。从生态环境建设的现状看，新疆实施多项重大生态建设工程和环境治理工程，建设生态农业，在生态修复和环境保护方面取得了突出的成绩。在绿色低碳经济发展方面，新疆重点耗能工业企业单位吨原煤生产综合能耗下降，单位地区生产总值二氧化碳排放下降。

第 10 章　新疆的贫困问题与脱贫攻坚。新疆是我国主要的深度贫困地区之一，贫困人口分布众多，贫困程度较深，治理难度较大。从城镇贫困人口和农村贫困人口规模看，2011—2017 年，新疆农村贫困人口由 353 万人减少到 113 万人，累计脱贫 240 万人，贫困发生率由 22.16% 下降到 11.57%。新疆的城镇贫困人口数量从 2014 年开始减少，贫困发生率由 7.48% 下降至 2017 年的 5.37%。从增长与贫困缓解的关系看，2010—2017

年，新疆 GDP 增长率增速虽有所下降，但 GDP 总量不断提高，而同期贫困发生率从 22.87% 下降到 11.57%。这表明新疆经济增长对贫困缓解具有一定的推动作用。

第 11 章　新疆经济发展中的对口援疆。对口援疆以民生项目建设、产业支援、智力支援为主要特征，具体通过民生项目、特色产业、资金技术、人才干部、智力教育等方面的援助，改善新疆地区的就业、教育、医疗、住房等民生问题以及交通、饮水、产业配套设施等基础设施投资水平。2010—2017 年，中央政府召开 6 次对口援疆工作会议，对口援疆政策从干部援疆、资金援疆，到技术援疆、教育援疆、产业援疆等，经历了一个从“输血”到“输血与造血并重”的全方位援疆局面。

第 12 章　新疆经济发展的新机遇：“一带一路”。2015 年 3 月，国家发展改革委等部门发布《推动共建“丝绸之路经济带”和 21 世纪海上丝绸之路的愿景与行动》，将新疆明确定位为“丝绸之路经济带”核心区。新疆加快“三基地”“三通道”“五大中心”和“十大进出口产业集聚区”建设，为构建开放型经济体系、走新型工业化道路带来前所未有的重大发展机遇。在“一带一路”建设的带动下，新疆的口岸经济和产业集聚效应显现，对外贸易的集聚能力提升，贸易便利化水平不断提高。

第 2 章　新疆经济发展的支持政策

新中国成立以来，尤其是实行改革开放以来，中央政府在经济发展及各项政策上给予新疆大力支持：不仅颁布实施沿边开放战略的有关法规，赋予新疆等西部地区扩大对外开放 8 项优惠政策，执行扶持贫困地区经济发展的各项优惠政策，建设边境公路，完善配套边境口岸公路设施，而且优先在新疆安排资源开发和基础设施建设项目，逐步增加对新疆的财政支持，提高国家政策性贷款、国际金融组织贷款和外国政府贷款的比重。

2.1　经济发展的财政支持政策

2.1.1　加大对新疆财政补助资金的投入

根据国务院新闻办公室 2015 年发布的《新疆各民族平等团结发展的历史见证》白皮书，中国共产党和中央政府始终高度重视新疆的发展，不断加大对新疆的支持与帮助力度。60 年来，国家对新疆的财政补助合计 16918 亿元。

1996 年中央下发《中央政治局常委会关于维护新疆稳定的会议纪要》（中发〔1996〕7 号）后，国家出台了一系列加快新疆发展的政策措施，促进了新疆全社会固定资产投资的增长，进而促进新疆经济增长。

从新疆固定资产投资资金来源看，国家预算内资金是各级政府财政用于固定资产投资的支出。改革开放以来新疆财政资金经历了 5 个阶段：

① 1978—1996 年，新疆固定资产投资资金来源中，国家预算内资金长期在 10 亿元左右徘徊；② 1997—2001 年，新疆国家预算内资金上升到 20 亿～50 亿元的规模；③ 2002—2008 年，随着“西部大开发”的深入，《关于进一步促进新疆经济社会发展若干问题的意见》（国发〔2007〕32 号）的出台，国家对新疆的支持力度不断加大，2002 年国家预算内资金突破 100 亿元，2005 年突破 200 亿元，2008 年突破 300 亿元；④ 2009—2012 年，随着 4 万亿元经济刺激计划的实施，国家对新疆的支持前所未有，2009 年国家预算内资金突破 500 亿元，2010 年突破 600 亿元，2012 年突破 800 亿元；⑤ 2013—2017 年，随着第二次中央新疆工作座谈会召开，新疆国家预算内资金由 924.60 亿元上升到 1831.86 亿元，年均增长 18.62%（见图 2–1）。

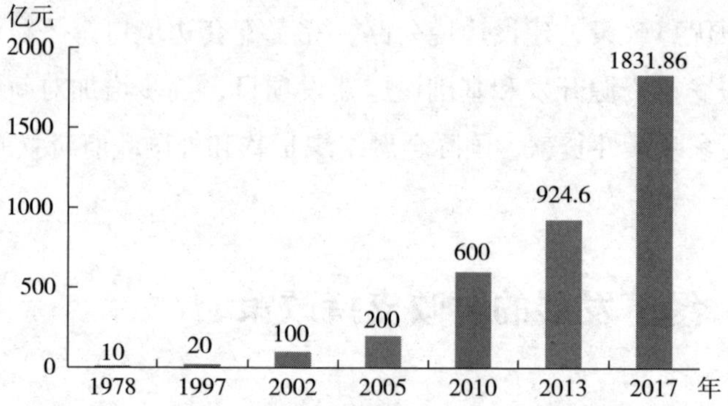

图 2–1　新疆国家预算内资金变动

资料来源：根据《中国统计年鉴》各年数据整理所得。

国家预算内投资资金很大比重来自中央财政的补助资金。1950—1978 年，中央财政补助资金共 73 亿元，占新疆财政支出的一半左右。1979—2012 年改革开放的 34 年间，中央财政补助资金共 9163 亿元，占新疆财政支出的 59.8%。从新疆维吾尔自治区成立的 1955 年到 2000 年，中央政府给新疆的财政补助累计达到 877.41 亿元。特别是 1996 年以来，随着中央政府财力的增强和“西部大开发”战略的实施，中央政府给予新疆的一般性财政补助逐年增长：1996 年为 59.07 亿元，1997 年为 68.38 亿元，1998 年为 80.12 亿元，1999 年为 94.00 亿元，2000 年为 119.02 亿元，2001 年为 183.82 亿元，2006 年突破 200 亿元，2008 年突破 300 亿元，2012 年高达 1130 亿元。

中央政府还通过各种专项财政转移支付、民族优惠政策财政转移支付，加大资金的投入和支持。其中，2000—2009 年，中央政府累计补助新疆基本建设投资共 1108.2 亿元，实施农林、水利、交通和能源等基础设施、基础产业等领域的项目近 2 万个。在新疆财政支出中，中央财政补助占比约 2/3；在新疆重大建设项目投资中，中央投入的资金占 80% 以上。

2.1.2 实施优惠税收政策

2010 年 5 月 17 日，在第一次中央新疆工作座谈会上，为推动新形势下新疆经济社会加快发展，中央决定加大税收优惠支持力度。在新疆率先进行资源税改革，将原油、天然气资源税由从量计征改为从价计征；对新疆困难地区符合条件的企业给予企业所得税“两免三减半”优惠。

根据新疆维吾尔自治区人民政府《关于促进中小企业发展的实施意见》（新政发〔2010〕92 号）及《自治区关于促进中小企业发展实施意见细则》（新政办发〔2011〕126 号）规定，具体的税收优惠政策包括以下几个方面。

一是属于国家西部大开发鼓励类产业目录、享受高新技术企业税收优惠政策的出口生产企业，新办企业出口额占销售总额的比例超过 50%、现有企业出口额占销售总额的比例超过 70% 的出口生产企业，在享受企业所得税优惠税率的基础上，免征企业所得税。

二是在受援地区新办的鼓励类中小企业，享受新疆企业所得税地方分享部分“两免三减半”优惠。南疆三地州新办的鼓励类中小企业，再享受企业所得税地方分享部分五年减半征收的优惠政策。

三是投资退耕还生态林、草，保护生态环境的企业，其产出的农业特产品收入，在 20 年内免征农业特产税。

四是在新疆设立的小额贷款公司、融资性担保公司、再担保公司、股权托管中心及中小型创业投资公司、股权投资公司、股权投资管理公司享受自取得第一笔生产经营收入所属纳税年度起企业所得税“两免三减半”

优惠政策，有效期为2010—2020年。

2.1.3 强化地方财政职能

新疆一般公共预算支出从2012年的2720亿元增加到2018年的4985.5亿元，年均增长10.59%。7年间，自治区财政用于民生方面的支出累计为17191.7亿元，占一般公共预算支出的72.1%。

2.1.3.1 支持农业和农村经济发展

支持农业和农村经济发展是新疆财政支出的重点之一。特别是改革开放以来，为了巩固农业基础地位，自治区财政部门把加大支农资金投入和完善支农资金管理放在重要位置，通过调整和优化支出结构，推行项目管理，建立健全跟踪问效机制，支持农业生产健康发展，扶持种子工程、植保工程、生态工程等重点建设工程的实施，大力支持水利设施建设、农牧业生产抗灾救灾、林业工作和农业产业结构调整。

2017年，新疆农林水事务支出为613.2亿元，是1955年0.09亿元的6813倍。其中，安排财政资金73.5亿元，落实耕地地力保护补贴、粮食直补、草原生态保护奖励补助、退耕还林还草补助、农机购置补贴等政策；安排财政资金49.6亿元，支持自治区重大水利工程、农业高效节水、水土保持工程、江河湖库水系综合整治、防汛抗旱等水利建设；安排财政资金26.8亿元，实施天然林保护、湿地保护、防沙治沙等林业生态工程和林业发展建设。

70年来，各级财政部门对农业和农村经济的大力支持，对稳固农业基础地位、提高农民生活水平、促进农村经济全面发展起到了十分重要的作用，为新疆经济的发展提供了坚实的基础。

2.1.3.2 支持新疆脱贫攻坚

2018年，中央财政给新疆的专项扶贫资金为69.67亿元。其中，扶贫发展支持方向资金为41.55亿元，少数民族发展支持方向资金为7.68亿元，以工代赈支持方向资金为19.9亿元，国有贫困农场扶贫支持方向资金为0.3亿元，国有贫困林场扶贫支持方向资金为0.2亿元。与2017年中央财政专项扶贫资金57.21亿元相比，2018年增加了12.46亿元，增幅为21.78%；与2017年中央提前下达财政扶贫资金预算指标34.29亿元相比，

2018年增加了35.3亿元，增幅为103%。

2018年，新疆安排财政专项扶贫资金共104亿元，比2017年增长68.4%。中央专项资金为66.76亿元，自治区专项资金为2.34亿元。安排南疆四地州年度财政专项扶贫资金共57.88亿元，占全区资金的84%，安排22个深度贫困县48.55亿元，占南疆四地州资金总量的84%。安排以工代赈资金23.9亿元，全部用于南疆四地州，安排22个深度贫困县22.2亿元，占南疆四地州资金总量的93%。财政安排少数民族发展资金10.3亿元，安排南疆四地州5.7亿元，安排22个深度贫困县4.8亿元，占南疆四地州资金总量的84%。

按照中央和新疆新增资金全部用于深度贫困地区的要求，2018年新疆新增的35亿元财政专项扶贫资金全部用于南疆四地州，重点投向22个深度贫困县，安排南疆四地州年度财政专项扶贫资金共88亿元，占全区资金的85%，安排22个深度贫困县年度财政专项扶贫资金共76亿元，占南疆四地州资金总量的86%。

2.1.3.3 促进教科文事业的发展

1955—2017年，新疆财政预算支出中用于教科文事业方面的支出累计达562.69亿元，从1955年的23.97万元增加到2017年的848.8亿元，63年增长34.4倍，年均增长5.92%。其中，2017年教育支出共724亿元，完成预算的99.9%，增长8.9%；文化体育与传媒支出为82.3亿元，完成预算的99.3%，增长6.1%。70年来，新疆各级财政部门高度重视教科文各项事业的发展，结合民族地区的实际，充分发挥财政职能作用，落实“科教兴新”战略，在中央的大力支持下，逐年增加对新疆教育、科技、文体广播等事业的投入，有力地支持了新疆教科文各项事业的发展。

2.1.3.4 支持基础设施建设

1955年，新疆固定资产投资为2.62亿元，2014年达到9744.8亿元，较1955年增长3718倍，年均增长14.95%；2017年新疆固定资产投资达到11795.6亿元，较1955年增长4500倍。2017年，新疆充分发挥重点项目的支撑引领作用，270项续建项目加快建设，150项新项目开工建设，全年自治区重点项目完成投资为4735亿元。在铁路方面，南疆铁路至兰新铁路联络线项目开通运营；库尔勒—格尔木铁路、阿勒泰—富蕴—准东铁路等项目建设进展顺利；乌鲁木齐轨道交通1～4线项目加快建设，乌北—准东铁路扩能改造项目开工建设。在公路方面，G7明水（新甘界）—哈密高速公路建成通车，G30小草湖—乌鲁木齐、G30乌鲁木齐—奎屯改扩建等续建公路项目建设加快推进；G7线梧桐大泉—下马崖—伊吾、G0612若羌—民丰、S254线尉犁—且末等公路项目实现新开工。在机场方面，莎车机场建成通航，库尔勒机场改扩建项目建成投运，若羌机场待验收后即可投运，塔城机场、阿勒泰机场改扩建项目的跑道工程已完工，实现复航。

经过70年的艰苦奋斗，长期困扰国民经济的基础设施、基础产业的“瓶颈”制约得到了极大的缓解，为国民经济持续稳定协调发展和各项社会事业的全面进步奠定了坚实的基础。

2.1.3.5　支持社会保障体制建设

70年来，新疆各级财政部门努力保证社会保障，资金规模逐年增加。社会保障财政支出由1998年的25.6亿元增加到2017年的492.5亿元，增加了466.9亿元，增长18.2倍，年均增长16.83%。2017年安排财政资金为19.3亿元，将企业离退休人员基本养老金水平提高到月人均2891元。安排资金为5亿元，提高优抚对象等人员抚恤和生活补助标准。安排城乡低保资金为63.4亿元，提高城乡低保补助水平，惠及280万名城乡低保人群。安排资金9.7亿元，支持自然灾害生活救助、流浪乞讨人员、孤儿基本生活保障等工作。社会保障支出的逐年增加，确保了企业离退休人员基本养老金和国有企业下岗职工生活费按时足额发放，确保了城镇“低保”、救灾救济、就业再就业、卫生医疗等工作的必需资金，为保证各项社会保障制度的建立和政策的落实提供了有力支持。

2.2　经济发展的金融支持政策

1978年改革开放以来，新疆金融体系实现“四个基本建成”：基本建成以银行为主体，信用担保、证券、信托、租赁、保险、期货机构竞相发展、覆盖广泛、功能互补的金融组织体系；基本建成比较完善的货币市场、多层次资本市场和金融要素市场，实现间接融资和直接融资共同增长的多层次金融市场体系；基本建成金融强力支持经济高速发展并支撑经济结构调整和重点产业发展的体系，充分发挥金融的杠杆作用；基本建成与新疆大开发、大建设、大发展相互促进、共同发展的现代金融体制和运行机制，使金融业成为新疆重要的支柱产业，使新疆成为西部的地方金融机构改革先行区、人民币跨境贸易与直接投资结算示范区、金融机构聚集区、多层次资本市场和要素市场建设试验区，为实现新疆跨越式发展提供坚实的金融保障，初步实现向西部金融强省区跨越的历史性转变。

2.2.1 大力发展地方金融机构

2.2.1.1 加快地方商业银行发展

新疆金融管理当局加大对地方金融机构增资扩股力度，适时组建地方性商业银行，在地州市、县（市）设立分支机构，在新疆和周边地区广泛建立营销网络，扩大信贷规模和市场占有率，使其成为服务县域经济和中小企业的金融主力军。截至 2017 年，新疆地方性商业银行有 6 家，分别为：乌鲁木齐银行、新疆银行、昆仑银行、汇和银行、哈密市商业银行、库尔勒银行。

2.2.1.2 推进农村信用社改革

新疆深入推行农村信用社改革，鼓励和支持有条件的农村信用社通过优化股权结构，完善公司治理，改组成为农村商业银行。通过增资扩股，提高抗风险能力和经营管理水平，提升市场竞争力，增加“三农”信贷投放，进一步发挥农村金融的主力军作用。2017 年末，新疆农村信用社改制为农村商业银行的共 18 家，已开业的 15 家农村商业银行资产总计 1854.13 亿元，占全疆农村合作金融机构的 46.21%，不到 1/5 数量的农村商业银行接近全疆农村合作金融机构规模的 50%，有力地支持了新疆“三农”、小微企业发展，更大范围、更广领域、更高层次地支持地方经济发展。

2.2.1.3　大力培育村镇银行和小额贷款公司

新疆银监会完善小额贷款公司的审批监管机制，研究制定促进小额贷款公司发展的政策；引导和支持小额贷款公司与银行类金融机构分工合作，实施精细化市场管理、风险管理；支持有条件的小额贷款公司改制设立村镇银行，鼓励和支持法人金融机构在各地、县发起设立村镇银行。2010—2017 年，新疆小额贷款公司数量复合增长率为 29.25%，截至 2017 年末，新疆小额贷款公司有 283 家（见图 2–2）。

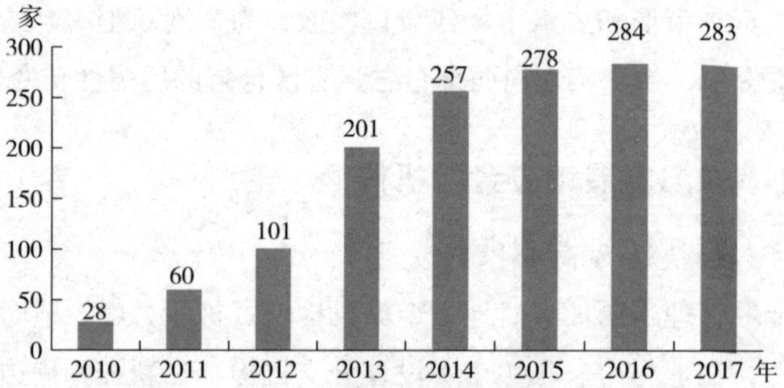

图 2–2　新疆小额贷款公司发展

资料来源：新疆银监会年报。

从 2008 年新疆首家村镇银行——五家渠国民村镇银行成立，到 2017 年，新疆已有 28 家村镇银行，营业网点达 160 个，分布在 11 个地州市、26 个县市区、兵团 12 个师。截至 2018 年 6 月末，新疆村镇银行涉农贷款余额达 179.05 亿元，小微企业贷款余额达 85.34 亿元，较 2017 年同期分别增长 5.83% 和 22.63%，实现了涉农贷款总量持续增长和小微企业贷款“两增”目标。由此，新疆小额贷款公司和村镇银行成为“三农”和中小企业金融服务的重要力量。

2.2.2　充分发挥多层次资本市场功能

2.2.2.1　实施“四个一批”工程

一是做强做优一批。加强对现有上市公司的支持服务力度，提升上市公司质量，每年通过资本市场实现再融资 60 亿～70 亿元，培育出 5～10 家资产规模和销售收入双超 100 亿元的大型上市公司。二是上市发展一批。力争每年新上市企业3～5家，每年从资本额市场融资20亿～30亿元。三是筹备一批。力争每年有5家左右的优势企业达到上市条件。四是改造一批。力争每年有10家企业完成股份制改造，进入上市辅导阶段。

2.2.2.2　推动三板市场试点，积极参与三板市场建设

一是继续争取将乌鲁木齐高新区非上市公司纳入中国证监会中关村股份代办转让系统试点。目前，通过协调沟通，乌鲁木齐高新区已被中国证监会纳入试点考虑范围。二是积极争取中央给予先行先试的政策，拓展新疆非上市公司股权登记管理中心的功能，在证监会统一监管的市场体系中承担证券场外交易市场建设试点任务，推动非上市企业在场外市场挂牌交易。

2.2.2.3　健全政策支持体系和上市推进机制

以新疆金融办（上市办）为基础，进一步健全完善新疆及下辖各地州市多层次支持体系，将推动企业上市的工作效果纳入各地州市的绩效考核范畴，形成新疆相关部门、各地州市共同关心和支持中小企业的良好格局。

2.2.2.4　培育创业风险投资体系

拓展新疆股权投资企业服务中心的功能，搭建股权投资类企业与新疆高新技术企业尤其是中小企业对接的平台。进一步加大地方政策扶持力度，积极争取中央给政策支持，吸引内地股权投资类企业投资和参股新疆企业，吸引境内外股权投资类或机构在新疆设立总部、分支机构和出资设立法人投资机构，支持具备条件的股权投资类机构上市或发行企业债券。

2.2.3　发挥金融杠杆作用

中共中央制定的《关于推进新疆跨越式发展和长治久安的意见》，明确提出将金融作为推进改革的重点领域之一，并在完善银行业金融机构设置、加强信贷支持、发展边境贸易等方面给予大量政策支持，发挥金融业在资源配置中的重要基础性作用。政策性银行、大型商业银行、全国性股份制银行等39家银行在金融支持新疆经济社会跨越式发展工作座谈会上达成共识，用实际行动为新疆跨越式发展和长治久安提供了有力的信贷支

持和金融服务。

2.2.3.1 加大信贷投放、促进经济高速发展

2013 年新疆金融机构各项贷款过万亿元大关，3 年内新增贷款总量达 5152 亿元，是 1949—2009 年 60 年之和的 1.3 倍，信贷总量增长强劲；贷款增速从 2008 年末的全国第 29 位上升到 2013 年末的全国第 2 位，增速持续领先。到 2017 年末，新疆本外币各项贷款余额为 1.75 万亿元，同比增长 15.0%，增速高于全国 2.9 个百分点，位列全国第 5。其中单位固定资产贷款增加 1057.9 亿元。从具体投向来看，银行信贷重点支持棚户区改造、道路建设和整治、农村人居环境建设改善、水利工程建设等民生工程和基建项目建设，基建行业、租赁和商务服务业、房地产业、建筑业贷款全年合计增加 1822.4 亿元，占各项贷款增量的 79.9%。从社会融资规模来看，2017 年末，新疆社会融资规模存量达 2.32 万亿元，同比增长 14.5%，增速高于全国 2.5 个百分点。

2.2.3.2 加大金融支持农牧业现代化的力度

引导银行业金融机构配合地方各级政府不断提升农林牧副等行业产品附加值，扶持、改造、提升一批科技含量高、辐射带动能力强的农牧产品加工企业，拉长产业链，创出绿色知名品牌。建立金融支农联合工作机制，整合金融支农资源，在“农业信贷、农业保险、农业投资、农业担保、农村信用”等方面积极探索，努力推进农村金融改革，提升农业产业化、规模化、集约化水平。建立并完善多层次、广覆盖的农村金融服务体系。2011 年，新疆偏远乡镇和兵团团场实现金融服务 100% 覆盖。2012 年新疆农村地区电子支付系统覆盖率达到 70% 以上。加大农户贷款投放力度，认真落实新疆提出的“富民安居”“富民定居”工程目标任务，2015 年新疆农户贷款余额达到 1200 亿元以上，实现农村人均 1 万元，户均 4 万元的目标。

中国人民银行乌鲁木齐中心支行督促指导农业银行、邮政储蓄银行新疆分行及自治区农村信用社等 3 家金融机构按区域划片承包任务，做好“两免”扶贫小额信贷的发放工作。截至 2017 年末，新疆产业精准扶贫贷款余额为 295.6 亿元，同比增长 67.7%；项目精准扶贫贷款余额为 510.2 亿

元，同比增长26.3%。并且推广“5万元以下、3年以内、免抵押、免担保、基准利率、财政全额贴息”的两免扶贫小额信贷标准化产品。2017年累计发放两免扶贫小额信贷31.4万户，共111.5亿元，基本实现了对有贷款需求的建档立卡贫困户的扶贫小额贷款全覆盖。

2.2.3.3 优化信贷结构，推动产业结构升级

强化信贷政策与产业政策的协调配合，引导金融机构优化信贷结构，加大对新疆新型工业化的信贷支持，加大对优势产业与支柱产业、高新技术产业、战略性新兴产业、现代服务业以及重点项目的中长期信贷支持力度。协同环保部门推行“绿色信贷”，利用信贷杠杆促进产业结构升级。中国进出口银行新疆分行支持优势企业化工产品延长全产业链，促进新疆石油石化产业优化升级；支持优势能源企业项目建设，促进新疆优势资源开发和能源大通道建设。到2017年累计发放各项贷款共94.11亿元，以实际行动支持新疆社会稳定和经济发展。

2.2.3.4 推进跨境贸易与直接投资人民币结算工作

2010年10月28日，新疆作为国务院批准的全国首个跨境贸易与投资人民币结算试点正式启动。到2017年末，新疆已与哈萨克斯坦、美国等86个国家和地区开展了跨境人民币实际收付业务，跨境结算实际收付累计达2279.3亿元。其中，经常项目实际收付累计达1851.5亿元，资本项下结算业务累计达427.8亿元，覆盖了新疆15个地州市和20家银行机构，全国范围内参与新疆跨境人民币结算的企业共2313家。新疆在跨境人民币业务上的发展，是实现“丝绸之路经济带”核心区国际金融中心货币流通的必要条件。随着“一带一路”倡议的深入推进，新疆跨境人民币业务在助力新疆企业“走出去”过程中将发挥重要的推动作用。

2.2.4 营造良好的金融服务环境

2.2.4.1 健全完善地方金融协调制度

发挥好新疆维吾尔自治区金融机构联席会议作用，建立“一办一行三局”顺畅的分工协作机制，健全完善督促金融机构落实中央新疆工作座谈会精神、中央支持政策、新疆维吾尔自治区党委政府各项决策部署的工作

制度和机制。探索新型银政企关系，完善银政企合作平台，加强与金融管理部门的沟通协调，完善对银行机构的考核机制，将银行机构的短期逐利动机与政府经济发展长期目标进行有效结合，力争实现多赢。组建新疆金融发展专家咨询委员会，集聚国内外高层次金融智力资源，为新疆金融业发展的重大决策提供咨询。

2.2.4.2　大力培育和发展要素市场

依托新疆丰富的资源和区位优势，立足于西北五省，大力培育和发展新疆产权交易所、农畜产品交易所、矿产资源交易所、非上市公司股权交易中心等五大金融要素市场，促进新疆优势资源转化，充分发挥要素市场支撑地方经济发展功能。

2.2.4.3　加强金融功能区规划建设

引导和支持有条件的地州市加强金融功能区规划建设，以乌鲁木齐市、伊犁州、喀什地区为重点试点地区，制定金融业空间布局规划、完善功能配套、集聚金融资源、形成集聚效应，打造地区产业增长极。

2.2.4.4　强化金融生态环境建设

一是大力加强社会信用体系建设，着力完善政府信用工作机制，将金融生态的有关指标纳入各级党政领导班子年度目标责任考核体系；加快社会信用系统建设，按照“政府推动、市场运作、统筹规划、逐步完善”的原则，将分散在银行、工商、税务、社保、公安、海关等职能部门的企业和个人的信用信息整合成一个高效的跨部门跨领域的统一信息平台，建立企业和个人信息系统；研究出台加快新疆农村信用工程建设的指导意见和考核办法，促进农村整体信用环境得到根本改善，吸引更多的金融资源配置到农村，加快农牧民致富步伐。二是强化金融机构服务地方经济发展的功能，制定实施金融机构支持地方经济发展的考核办法。三是建立金融生态评估制度和评估指标体系，充分发挥金融监管部门、金融机构和行业自律组织的能动性，研究出台金融生态环境建设实施意见。

2.2.5　金融支持小微企业发展

2013 年，《新疆维吾尔自治区人民政府办公厅关于金融支持小微企业发展的实施意见》提出了 32 项政策措施，全面提升小微企业金融服务水平，全力支持小微企业健康快速发展。

2.2.5.1　向小微企业倾斜金融资源

明确提升小微企业金融服务的“目标”：金融机构全年小微企业贷款增速不低于全部贷款平均增速，增量不低于上年同期水平。同时，强化目标责任考核、大力丰富和创新小微企业金融服务方式、着力强化对小微企业的增信服务和信息服务、大力发展小型金融机构、大力拓展小微企业直接融资渠道。

2.2.5.2　支持小微企业信息整合

推进中小企业信用体系试验区建设和新疆企业金融服务信息网的建设，灵活多样地创新信用模式，建立信用评审机制，破解银企之间的信息不对称。各地（州、市）视财力情况增资财政性融资担保公司，支持民营资本设立融资担保集团。支持行业主管部门牵头设立行业发展需要的融资担保公司。新疆中小企业发展专项资金对担保机构小微企业融资贷款风险代偿损失进行补助。

2.2.5.3　切实降低小微企业的融资成本

一是规范和降低费用，清理纠正金融服务不合理收费，禁止对小微企业贷款收取承诺费、资金管理费、严格限制向小微企业收取财物顾问费、咨询费等费用。二是加强对银行业金融机构落实收费政策监管，重点治理各种不合理收费和高收费行为，严格执行银监会“七不准”规定以及公开收费项目、公开服务价格、公开效用功能、公开优惠等政策。三是设立小微企业金融服务中心，建立小微企业金融、信息网络服务平台，为小微企业提供代理记账、财务管理和融资顾问等服务。

2.3　经济发展的产业支持政策

2010 年，第一次中央新疆工作座谈会决定在新疆实施产业支持政策。国家适当放宽在新疆具备资源优势、在本地区和周边地区有市场需求行业的准入限制。例如，水泥、钢铁、电力、煤化工、多晶硅等面临产能过剩压力的产业，如果在新疆地区具备资源优势、有市场需求，则其准入限制可以放宽。

2.3.1 实施差别化产业政策

《中共中央 国务院关于推进新疆跨越式发展和长治久安的意见》(中发〔2010〕9号)，提出了一揽子支持新疆发展的重大支持政策。2012年，根据新疆产业发展实际，充分考虑各方面的环境和条件，国家发展改革委出台了《关于支持新疆产业健康发展的若干意见》，就钢铁、电解铝、水泥、多晶硅、石油化工、煤炭、煤化工、火电、可再生能源、汽车、装备、轻工纺织12个产业提出了差别化产业政策，对新疆重点产业发展施行有针对性的政策支持和引导。

（1）钢铁。我国是钢铁生产和消费大国，已形成粗钢产能9亿吨，但产业布局、产品结构、组织结构、自主创新等深层次问题仍然十分突出，因过度发展和产能过剩，目前相当一部分企业已出现亏损。“十二五”期间，在综合考虑新疆区域市场、资源保障、环境条件、交通运输等因素的基础上，采取科学规划、合理布局、增量发展的政策，在项目建设时不做等量淘汰的要求；新疆钢铁产能总量控制在2200万吨以内；对列入新疆钢铁产业发展规划的项目，在外部保障和建设条件齐备的前提下，委托新疆投资主管部门核准。

（2）电解铝。电解铝属于资源能源密集型产业，2011年我国电解铝产量为1755万吨，占世界电解铝产量的38%。“十二五”期间，支持新疆利用能源优势，承接电解铝产能转移。考虑到生产电解铝的主要原料氧化铝需要从区外长距离调运，因此，项目建设要在符合产业准入标准、经济技术指标先进、节能环保的同时，尽可能延伸产业链，发展技术含量高、附加值高的深加工产品，提高经济效益，增强竞争力。

（3）水泥。我国水泥产能已超过29亿吨，其中还有3.7亿吨落后水泥产能，部分地区水泥产能明显过剩。“十二五”期间，支持新疆企业综合利用工业废渣生产水泥，对现有生产线进行余热发电、脱硝，协同处置废弃物，发展循环经济。在确保总量合理、布局优化和认真执行能源消耗、环境保护、资源综合利用等条件的前提下，水泥新建项目由新疆投资主管部门核准。

（4）多晶硅。我国是多晶硅生产大国，已形成多晶硅产能 13.4 万吨，其中有 70%分布在能源短缺的东部、中部地区，布局不合理、总量规模过大、下游产品过度依赖出口等问题突出。“十二五”期间，支持新疆大力开发光伏发电市场，利用能源优势，按照资源综合利用、节能环保、产业链完整的原则，有序发展多晶硅，满足市场需求。要加快建设国家已核准的多晶硅项目，根据市场需求情况，再统筹研究新的建设项目。

（5）石油化工。我国石油化工产业已形成比较完整的产业体系，主要产品生产能力位居世界前列。目前，原油加工能力已达到 5.3 亿吨、乙烯产能达到 1560 万吨。以利用进口资源为主的炼油、乙烯等产业主要集中在沿海地区，以利用国内资源为主的主要集中在西北和东北地区。“十二五”期间，支持新疆自产原油就地加工，并利用进口过境原油适当扩大原油加工能力，积极发展下游产业，尽可能在区内实现石化产品精深加工。依托独山子、克拉玛依、乌石化等基地，建设石化产业园。在科学规划的基础上，委托新疆投资主管部门核准 PTA、聚酯等化工项目。

（6）煤炭。统筹疆内需求、“疆煤外运”、“疆电外送”和煤炭深加工产业发展，合理安排煤炭资源勘探开发规模和时序。按照“一个矿区原则上由一个主体开发”的要求，规范矿业权设置和开发秩序，建设大型现代化煤矿，实施煤炭资源整合和企业兼并重组。加快推进煤层气资源勘查开发和综合利用。国家支持新疆做好煤炭规划和资源勘查，优化开发布局，调整产业结构，提高产业集中度。按照国家批准的规划，对国家规划矿区内 120 万吨 / 年及以下建设规模的煤炭项目，委托新疆投资主管部门按程序组织论证评估和核准。

（7）煤化工。我国焦炭、甲醇、合成氨、电石等传统煤化工产品产量均居世界首位，产能过剩问题比较突出。近 75%的燃煤消费基本上是采用直接燃烧的利用方式，煤炭综合利用效率较低，产生的污染物成为我国大气污染的主要来源，煤炭资源及环境容量难以支撑经济社会长期可持续发展。“十二五”时期充分利用新疆煤炭资源优势，在水资源和生态环境容量允许范围内，重点开展以煤制天然气为主的煤炭深加工示范，稳步推动伊犁、准东煤炭深加工产业示范区加快发展。对由新疆平衡外部条件的煤化工项目，委托新疆投资主管部门核准。

（8）火电。依托大型煤田，合理布局，有序发展。鼓励“上大压小”，优化火电结构。在大电网覆盖地区，新建机组应采用30万千瓦级及以上高效环保机型，同步建设脱硫、脱硝设施。在水资源缺乏地区全部采用高效节水空冷机组。针对新疆电网网架薄弱的特点，可适度建设单机容量较小的火电项目。加快推进正在开展前期工作的1374万千瓦火电项目；制定新疆电力发展规划，完善布局安排，在此基础上，进一步减少审批环节，加快审批进度，下放审批权限。

（9）可再生能源。在具备条件的工业园区、大型住宅区等相对集中的区域，鼓励分布式可再生能源发电和微电网建设。加快风电规模化发展，因地制宜推进风电分散式开发利用。推广城市光伏建筑一体化，发展太阳能热利用。积极采用分布式太阳能发电解决无电地区基本生活用电。国家确定的太阳能电站等示范项目，优先在新疆布局。支持可再生能源综合利用示范基地建设。在统筹规划的基础上，委托新疆投资主管部门核准在非主要河流上建设25万千瓦及以上的水电站项目。

（10）汽车。我国汽车产业已建立起相对完整的产业链，生产能力超过2000万辆，但区域产业发展不平衡问题比较突出。“十二五”期间，鼓励新疆发展产业链长、附加值高、带动就业作用强的汽车制造业。国内大型汽车制造企业到新疆设立分厂生产整车，不受兼并现有汽车生产企业的政策限制。新增传统汽车产能要适应区域市场需要，并将周边国家和地区的需求作为项目布局的重要因素。

（11）装备。适应新疆经济社会发展需要，引导国内大型装备制造企业到新疆地区建设生产、维修和培训基地。优先发展风电设备关键部件、特高压输变电设备等高端产品，提高配套水平。引导大型装备制造业企业完善研发、生产、营销网络，重点提高企业系统设计、系统集成和全程服务能力。鼓励发展棉花采摘、节水灌溉、牧草收获等农、牧业机械，优势特色农产品深加工设备，优势矿产采掘装备等，提高产品技术水平，满足新疆地区以及周边国家和地区的市场需求。

（12）轻工纺织。支持新疆发挥资源优势承接产业转移，培育和发展特色农产品加工、塑料制品（节水器材）、皮革清洁加工、少数民族特需用品等轻工业优势产业，引导内地轻工产业向新疆转移并实现集聚发展。支持棉秆清洁制浆造纸产业化试点。借鉴东部产业集群发展经验，依托国内大型棉纺骨干企业（集团）建设优质棉纱、棉布和棉纺织品生产基地，鼓励发展新型聚酯及高性能纤维产业，适度发展差别化和功能性黏胶纤维，根据市场需求，发展服装及终端产品，延长纺织产业链。

2.3.2 大力支持战略新兴产业发展

2012年以来，新疆把战略新兴产业作为"调结构、促转型"的有力抓手，通过规划引导、政策扶持、招商引资等措施，不断延伸打造战略性新兴产业链条，促进产业集聚集约发展，产业总量进一步做大，发展质量明显提升。

"十二五"期间，新疆战略性新兴产业年均增长约15%，远高于其GDP和工业增加值同期增速。战略性新兴产业对新疆经济社会发展的贡献进一步增强，2016年，新疆战略性新兴产业增加值占其GDP比重约7%，较2015年增加1个百分点，与全国平均水平（约8%）的差距进一步缩小。

新疆新能源产业形成了风力发电和光伏两大产业集群，发电量位居全国第一、世界第四；新材料产业迅速发展，航空用金属铬、新一代碳化硅半导体单体晶片等技术水平国内外领先；超高压输变电、直流输电、大型水电及核电关键输变电等装备制造业研制达到世界先进水平；基于大数据、"互联网+"的信息产业快速成长，云计算产业基地发展步伐加快，"两化"融合成效显著，新兴业态快速发展。初步形成了以新材料、新能源、高端装备制造、生物医药、信息技术、节能环保为主的新兴产业发展体系。

2.3.2.1　提升创新能力，支持新材料产业发展

依托新疆优势资源和重点产业发展基础，瞄准国内国际高端应用领域，加大产品开发和试验研究能力，不断提升新材料产业发展水平和规模。

一是延伸“煤—电—高纯铝—电子铝箔—电极箔”“煤—电—工业硅—多晶硅—光伏发电组件”“煤—电—铜—铜箔—电子元件”等循环经济产业链，形成产业化，扩大市场占有率。二是支持企业联合、整合国内高纯氧化铝、蓝宝石制造技术，着力推动200千克以上蓝宝石制造的重大科技转化和产业化，争取在较短时间内打造以石河子为基地的全国最大蓝宝石研发、制造基地。三是依托独山子、克拉玛依、乌石化等基地，大力支持中泰集团、蓝山屯河、美克化工等优势企业和重点项目，积极拓展新型工程塑料、新型有机氟材料、高性能纤维、新型催化材料、特种橡胶、纳米管材等领域，打造在全国有一定影响的化工新材料基地。

2.3.2.2　有序推动新能源产业加快发展

坚持以新能源示范应用带动产业发展，依托“疆电外送”战略，发挥新能源的产业优势，有序发展风能产业、光伏产业，培育煤基清洁化工产业以及其他可再生能源产业，构建绿色、高效的新兴能源产业体系。

一是充分利用新疆丰富的石英硅、太阳能资源优势，以乌鲁木齐高新技术开发区、石河子等光伏产业制造集聚区为载体，推进工业硅生产技术朝节能环保方向发展，打造“煤—电—硅—电池片—电池组件—光伏发电”应用系统产业链。有序推进光伏基地建设，同步做好就地消纳利用和集中送出通道建设。二是充分利用新疆风能资源及地域宽广的优势，以九大风区为应用平台，以整机产品配套为重点，发展陆上风能发电成套装备及电机、叶片、高速齿轮箱等关键零部件，继续优化3MW以下风电机组的性能，开发3MW以上的大型风电机组。积极发展风能监测与应用装备、风电场功率预测系统、风电机组在线监测与故障诊断系统、风电机组叶片维护平台、风电场监控系统。

2.3.2.3　做大做强先进装备制造业

以推进智能制造示范为主攻方向，继续扩大示范效应，不断提升装备制造业发展优势和市场竞争能力。

一是积极支持新能源装备、输变电装备、农机装备产业不断扩大发展优势，做强特色产业，支持特变电工、金风科技、新研股份、中泰化学、天利高新、蓝山屯河等企业保持优势，做优做精做强，支持各地州市、园区加强招商引资，开展技术和产品合作，以满足新疆发展所需和向西出口需求目标为导向引进企业落户，做大装备制造业。二是继续推进智能制造示范，在智能制造试点的基础上，推进智能工厂、数字化车间建设，积极争取新的企业列入国家示范项目，获得国家资金支持。三是重点推进和服务广汽新疆轿车项目、铁建重工新疆高端装备制造基地项目、中车新疆轨道车辆项目、武汉枭龙新疆特种车辆项目、江苏金晟新疆纺织机械生产基地项目等重点项目建设和投产，带动产业加快发展。

2.3.2.4　重点推动生物与生物医药产业发展

围绕加快发展新疆千亿元食品工业，大力发展生物制造（发酵、有效成分提取生物医药）产业。着力在民族药、生物医药等产业上推进技术创新，加快产业化，力求在民族药产业规模上有新的突破。

一是重点围绕民族药临床优势病种发展和培育创新药物品种，加快推进新疆地产中药民族药新药研发及产业化和地产药材规范化种植产业发展。大力发展具有自主知识产权和广阔市场前景的生物药物、新型疫苗与诊断试剂，力争在生物创新药物、疫苗领域有所突破，打造面向国内外市场的疫苗基地。二是重点发展生物育种、生物农药、生物饲料等重要农用生物制品研发与产业化，培育和研发新产品，突出抓好作物种源和畜禽良种繁育产业，为新疆实现农牧业现代化打下坚实的种源基础。

2.3.2.5　整合提升能力，加快信息技术和产业发展步伐

加快结构调整，强化技术创新，推动特色应用电子产品、软件产品、信息服务业实现聚集发展，多语种软件出口取得重大突破，加快乌鲁木齐、克拉玛依云计算产业基地产能释放。

一是重点发展敏感元器件、MEMS传感器、智能传感器、多功能传感器、高储能锂离子电池、太阳能电池、光伏发电机配套装置等特色产品。二是加快推进石油电子、电力电子、医疗电子、交通电子、安全监控电子等技术、产品和系统的研发与应用。三是支持加强信息技术与制造业融合应用，促进制造工艺的仿真优化、数字化控制、状态信息实时监测和自适应控制，不断提升制造业的信息化、智能化和自动化。四是深入推进大数据、云计算服务、物联网等现代信息技术在政务、交通（卫星应用）、金融、物流、教育、医疗、社会保障、边境安防、公共安全、城市管理、节能减排等社会各领域的应用。

2.4 “兴边富民”的支持政策

由于特殊的历史、自然、地理和复杂的周边环境等多方面因素的影响，同其他地区相比，新疆、内蒙古等边境地区经济社会发展相对滞后，新型工业化、信息化、城镇化、农业现代化发展水平较低，贫困问题较为突出。随着我国全面建成小康社会进入决胜阶段，“一带一路”建设加快推进，区域协调发展不断深化，脱贫攻坚全面展开，国家对边境地区全方位扶持力度不断加大，我国与周边国家关系的发展进入新阶段，深入推进“兴边富民”行动获得难得的机遇。

1998年，国家民委首先倡导推动“兴边富民”工作，并于1999年初联合国家发展改革委、财政部等部门发起实施边境建设工程——“兴边富民”行动，明确提出了以政府扶持为主，全社会参与，依靠各民族自我发展，用10年左右时间，改善边境地区基础设施条件，提高人民生活水平，巩固和发展民族关系，实现边境地区的长治久安和繁荣进步。根据权威部门的统计，“兴边富民”行动计划的覆盖范围包括内蒙古、辽宁、吉林、黑龙江、广西、云南、西藏、甘肃、新疆等9个省区的136个陆地边境县（市、区、旗）和新疆生产建设兵团的58个边境团场（以下统称“边境县”）。

2.4.1 “十一五”时期“兴边富民”的支持政策

2007年，《国务院办公厅关于印发兴边富民行动“十一五”规划的通知》，总体目标：重点解决边境地区发展和边民生产生活面临的特殊困难和问题，不断增强自我发展能力，促进经济加快发展、社会事业明显进步、人民生活水平较大提高，使大多数边境县和兵团边境团场经济社会发展总体上达到所在省、自治区和新疆生产建设兵团中等以上水平。

（1）中央财政继续安排边境地区专项转移支付资金，主要用于边境事务、边境地区公益事业和基础设施建设。中央和地方财政逐步增加少数民族发展资金，并向边境地区倾斜，重点用于解决经济社会发展中的一些特殊困难和问题，逐步改善边民的生产生活条件。边境省、自治区和新疆生产建设兵团相应增加对边境地区的资金投入。

（2）实行特殊的贫困边民扶持政策。将边境地区的贫困村全部纳入国家整村推进扶贫开发规划，并优先实施。采取政府补助和个人自筹相结合的办法，对边境一线茅草房、危旧房进行改造。中央和省级财政加大资金投入，支持加快建立边境农村最低生活保障制度。

（3）实施一批“兴边富民”重点工程。主要包括：边境地区公路建设工程，边境一线茅草房、危旧房改造工程，边境农村扶贫开发和最低生活保障工程，边民互市示范点建设工程，边境农村饮水安全工程，边境地区生态建设和农村清洁能源工程，边境农村文化建设工程，边境农村寄宿制学校和国门学校建设工程，边境乡镇卫生院建设工程，边境地区人才培养和劳动力培训工程等。以上重点工程，可根据加快发展的需要和实施条件的成熟程度，逐步启动实施；条件成熟的优先纳入国民经济和社会发展规划及有关专项规划。

2.4.2 “十二五”时期“兴边富民”的支持政策

2011年，《国务院办公厅关于印发兴边富民行动“十二五”规划的通知》明确：在边境地区基础设施建设和提供基本公共服务方面施行更加优惠的政策，优先安排支持边境地区基本公共服务发展，有关新政策、新举措在边境地区先行先试。

2.4.2.1 加大对边境地区的资金投入

陆地边境地区享有西部开发政策。国家加大对边境地区农村公路、农村危房改造、中小微型水利设施、清洁能源推广使用、村镇建设、社区综合服务设施、社会事业等基础设施建设支持力度。对边境县中央安排的公益性建设项目，取消县级并逐步减少市级配套资金。充分考虑边境地区支出成本高的特殊因素，中央财政加大对边境地区均衡性转移支付力度。加大边境地区专项转移支付力度，支持边境地区加快社会事业发展。边境省区相应加大对边境地区的资金投入。

鼓励各类金融机构在边境地区设立服务网点，开发适合边民、特色优势产业、农牧业产业化龙头企业需求的金融产品和服务方式。

2.4.2.2 加大民生保障力度

一是支持边境县义务教育学校标准化建设。加大寄宿制学校建设力度。支持边境县农村教师周转宿舍建设。落实好农村义务教育阶段家庭经济困难寄宿生生活费补助政策。加大边境县农牧区高中阶段教育助学力度。支持化解农村义务教育债务。加大双语教学支持力度。

二是加强边境地区基层医疗卫生机构服务能力建设。完善新型农村合作医疗制度，逐步提高财政补助标准和个人缴费标准。完善农村医疗救助制度，进一步加大政府资金投入，资助农村困难人员参加新型农村合作医疗，并对个人难以负担的自付医疗费用给予补助。

三是加大对边境地区文化事业的支持力度。建立健全文化设施运行经费保障机制。对广播影视设施维护进行补助，支持增加广播电台、电视台少数民族语言节目的数量。支持边境地区少数民族语言文字新闻出版业发展。

四是扩大边境地区新型农村社会养老保险试点范围。建立和完善边境贫困地区农村最低生活保障制度和扶贫开发政策有效衔接机制。支持边境地区根据实际情况逐步建立和完善对承担守边任务边民的补助制度；支持边境地区社会保障和社会服务设施建设，建立和完善救灾应急体系；支持边境地区公共就业服务体系建设。

2.4.2.3　完善边境地区中小企业扶持体系

加大中小企业技术改造和产业结构调整等专项资金对边境地区中小企业发展的支持力度，支持中小企业科技成果转化。有关中小企业专项资金对融资性担保机构开展的符合条件的边境地区中小企业融资担保业务给予支持。充分考虑边境地区经济发展用地需求，重点予以倾斜。支持边境地区少数民族特需商品生产企业技术改造和大型商品市场升级改造，扶持民族特色手工艺品开发和生产。

2.4.2.4　进一步扩大对内对外开放

一是支持边境地区吸引外资，创新利用外资方式，提高基础设施、教育卫生、生态环保等领域利用外资质量和水平。贯彻落实现行税收优惠政策，鼓励边境地区的企业发展。进一步加大国家对口岸建设的投资力度。加大中央财政对边境地区经济技术合作区基础设施建设项目贷款的贴息支持力度。适时调整边民互市进口免税生活用品范围。

二是鼓励、引导和支持内地企业与边境地区企业联合参与对外投资、对外承包工程和对外劳务合作，支持发达地区外商投资企业向边境地区转移。

2.4.3　“十三五”时期“兴边富民”的支持政策

2017 年，《国务院办公厅关于印发兴边富民行动“十三五”规划的通知》总体目标：到 2020 年，边境地区同步全面建成小康社会，基础设施进一步完善，服务发展和保障边防能力全面提升；民生保障水平进一步提高，边民安居守边条件全面改善；特色优势产业较快发展，支撑群众居边致富作用全面增强；深度融入“一带一路”建设，沿边开发开放水平显著提高；生态环境保护取得明显成效，经济社会与生态环境实现协调发展；民族团结基础进一步夯实，边境地区安定和谐的局面更加巩固。

2.4.3.1　推进边境地区基础设施建设

一是推动边境地区铁路通道建设。重点推进“一带一路”国际通道、区际干线和沿边铁路建设，扩大路网覆盖面，逐步形成依托国内铁路网、连接周边国家的对外铁路通道网络。加快建设泛亚铁路、第二亚欧大陆桥铁路建设。

二是推动边境地区公路通道建设。以国家高速公路网待贯通路段为重点，稳步推进与周边国家互联互通、与内地交通运输联系的大通道项目建设。加快与周边国家的国际公路运输通道建设，基本实现与重点毗邻国家相连的重要公路通道高等级化，提升重点口岸公路通行能力和服务水平。完善边境地区公路网布局，有序推进以通县公路为重点的国省干线公路改造，加强中印、中朝、中缅、中俄、中蒙方向沿边公路和边防公路建设。

三是加强边境地区航空航运建设。加快发展区域枢纽机场，合理发展支线机场和通用机场。加强跨界河流的航道治理，积极推进界河跨境桥梁建设，保障和拓宽对外通道。

四是大力改善边境农村交通状况。继续实施沿边地区特别是边境建制村农村公路通达工程和通畅工程，支持一定人口规模的自然村通硬化路建设，优先解决撤并建制村通硬化路。加强危桥改造、安保工程、县乡公路改造、窄路基路面公路拓宽改造、县级客运站、乡镇客运站、渡口改造等重点工程建设。

五是加强边境地区信息基础设施建设。加快完善边境政务信息网络平台，支持电子政务、电子商务、远程教育、远程医疗、网络安全、社会信用体系等重大信息化工程和网络与信息安全设施建设，加快城市光纤宽带接入，完善农村综合信息服务体系，加快推进信息进村入户，实现行政村通宽带、20 户以上自然村和重要交通沿线通信信号覆盖、边境地区农村广播电视和信息网络全覆盖。

2.4.3.2　精准推进边境贫困人口居边脱贫

一是护边脱贫工程。围绕维护边境安全，实施边境生态公益岗位脱贫行动，优先支持边境地区建档立卡贫困人口担任边境护林员、草管员、护渔员，在边境贫困县中的国家森林公园、国家湿地公园、国家沙漠公园、沙化土地封禁保护区和国家级自然保护区，安排建档立卡贫困人口从事森林管护、防火、旅游接待服务，增加其劳务收入。

二是兴边富民整村推进工程。推动边境村庄实现“八通八有”目标。“八通”包括通路、通客车、通电、通安全饮用水、通清洁能源、通广播电视、通信息、通邮政。“八有”包括有合格村级组织活动场所、有文化活动场所和设备、有合格卫生室和村医、有宜居生活环境、有安全住房、有高稳产农田地（草牧场）、有增收致富产业、有规范的农民专业合作组织。

三是安居守边工程。分期分批推进农村危房改造，统筹开展农房抗震改造，优先安排沿边境行政村危房改造任务，适当提高政府补助标准，适时提高边民补助标准，对护边员、边境联防队员等边境群防组织建设予以倾斜。

四是边民就业创业工程。发展劳务经济，促进边境地区农业富余劳动力就地就近转移就业，提高居民就业质量和收入水平。降低创业创新门槛，推进大众创业、万众创新。支持设立返乡创业示范基地。建设区域性公共实训基地。对边民有针对性地开展职业技能和创业培训，对符合条件人员按规定给予职业培训补贴和职业技能鉴定补贴。

2.4.3.3　提升沿边开发开放水平

一是推动边境地区深度融入“一带一路”建设。依托区位优势，充分发挥对外开放窗口作用，加快推动边境地区融入“一带一路”建设，在加强与周边国家的政策沟通、设施联通、贸易畅通、资金融通、民心相通方面发挥前沿作用。完善边境地区地方政府对外合作机制。发展一批边境中心城市，推动沿边重点地区加快发展，强化对毗邻地区产业的辐射带动能力。

二是推动边境地区对外贸易发展方式转变。支持对外贸易转型升级，有序发展边境贸易，完善边贸政策，支持边境小额贸易向综合性多元化贸易转变，探索发展离岸贸易。加强边民互市点建设，修订《边民互市贸易管理办法》和《边民互市进口商品不予免税清单》，严格落实国家规定范围内的免征进口关税和进口环节增值税政策。支持沿边重点地区创建出口商品质量安全示范区，推广电子商务运用，结合区位优势和特色产业做大做强旅游、运输、建筑等传统服务贸易。推进沿边重点地区金融、教育、文化、医疗等服务业领域有序开放，逐步实现高水平的对内对外开放。

三是提升沿边开放便利化水平。加大沿边口岸开放力度，推进边境口岸对等设立和扩大开放。切实提高对沿边重要口岸的监管能力，创新口岸监管模式，优化查验机制，在沿边重点地区有条件的海关特殊监管区域深化“一线放开”“二线安全高效管住”的监管服务改革。加强沿边、内陆、沿海通关协作，依托地方电子口岸平台，推进沿边口岸国际贸易“单一窗口”建设。支持具备条件的沿边重点地区借鉴上海等自由贸易试验区经验，在投资、贸易、金融、创新创业、事中事后监管等方面探索与国际高标准接轨。加强与周边国家在出入境管理、检验检疫和边防检查领域的合作，推进人员往来便利化。

参考文献

［1］国务院办公厅．关于印发兴边富民行动规划（2011—2015 年）的通知［EB/OL］．［2011-06-13］.http://www.gov.cn/zwgk/2011-06/13/content_1883222.htm.

［2］国务院办公厅．关于印发兴边富民行动“十三五”规划的通知［EB/OL］．［2017-06-06］.http://www.gov.cn/zheng ce/content/2017-06/06/content_5200277.htm.

［3］国家发展改革委．关于支持新疆产业健康发展的若干意见［EB/OL］．［2012-05-31］.http://www.huaxia.com/xjbt/xwsc/2012/05/2870713.htm.

［4］新疆维吾尔自治区人民政府办公厅．关于金融支持小微企业发展的实施意见［EB/OL］．［2013-08-12］.http://www.gov.cn/zwgk/2013-08/12/content_2465243.htm.

［5］新疆统计局．新疆统计年鉴［M］. 2002-2017.

［6］周民良，马博，刘云喜．兴边富民政策实施效果与转型问题研究［J］. 民族研究，2014（11）：36-42.

第 3 章　新疆产业发展与结构优化

地区产业发展关系到区域经济、社会与环境的协调。适度的产业发展，有利于促进人力、物力、财力和时间的节约，提高经济效益；有利于根据资源环境承载力、现有开发密度与开发潜力，调整产业结构，实现人与自然和谐发展。在产业发展的基础上，进行合理的产业布局，能够促进人才流动、技术示范与技术竞争，促进创新与创业；更有利于发挥各地的比较优势，构建国际与国内双重“雁阵模式”，调整产业与空间结构。

3.1　新疆产业发展 70 年成就

3.1.1　三大产业的发展

1935 年，英国经济学家费希尔（A.G.B.Fisher）发表《安全与进步的冲突》一书，从经济发展阶段视角对三次产业进行分类，即第一次产业是农业和矿产业，第二次产业是“将自然资源以各种方式转型”的产业（即加工业），第三次产业是提供各种“服务”的活动。1940 年，英国经济学家柯林·克拉克（C.Clark）在《经济进步的条件》一书中，在对三次产业进行分类的基础上，揭示了三次产业演进的规律：随着时间的延续和经济的发展，从事农业的人数相对于从事制造业的人数将下降，而后制造业的从业人数相对于从事服务业的人数将下降。

新中国成立后，新疆维吾尔自治区的组建，特别是 1978 年改革开放的实施，推动新疆三次产业快速协调发展。第一产业由传统的小农经济逐步向现代农业发展。1955年，新疆第一产业增加值仅有6.69亿元，2018年达到1692.09亿元，按可比价格计算，比1955年增长29.6倍。第二产业由比较落后的粗放型经济向新型工业化迈进，生产能力突飞猛进。2018年，新疆第二产业增加值由1955年的3.22亿元增至4922.97亿元，按可比价格计算，比1955年增长238.9倍，年均增长9.8%。新疆第三产业从最初的一块“短板”发展为服务体系不断完善，供给能力逐步增强的产业。2018年，新疆第三产业增加值由1955年的2.4亿元提升至5584.02亿元，按可比价格计算，比1955年增长208.7倍，年均增长9.5%。

从三大产业增加值占GDP的比重看（见表3-1、图3-1），新疆第一产业增加值占GDP的比重呈现下降趋势，由1952年的64.73%下降到2017年的15.5%，66年共下降49.23个百分点，年均下降0.74个百分点。特别是1952—1960年，受自然灾害的影响，新疆的第一产业增加值占GDP的比重年均下降3.1%，表明新疆传统农业对GDP的推动作用逐渐降低。新疆第二产业增加值占GDP的比重波动幅度较小，处于中位水平，以上升为主，由1952年的22%上升到2018年的40.30%，1978年和2010年是新疆第二产业增加值占比较高的年份，达到峰值。新疆的第二产业以资源型产业为主，长期以来属于优势产业，因此产业发展稳定。新疆的第三产业上升较快，由1952年的13.27%增长到2018年的45.80%，67年共上升32.53%，第三产业带来的就业面广，且对经济的推动作用大。

表3-1 新疆三大产业增加值占GDP比重 %

年份	第一产业	第二产业	第三产业
1952	64.73	22.00	13.27
1955	54.43	26.08	19.50
1960	36.79	43.89	19.33
1970	44.84	37.56	17.59
1978	35.76	46.97	17.28
1980	40.43	40.27	19.29
1985	38.21	36.08	25.70

续表

年份	第一产业	第二产业	第三产业
1991	33.30	34.55	32.15
2000	21.10	43.00	35.90
2005	19.58	44.73	35.69
2010	19.30	48.20	32.70
2014	16.60	42.60	40.80
2017	15.50	39.30	45.20
2018	13.90	40.30	45.80

资料来源：根据《新疆统计年鉴》各年数据整理所得。

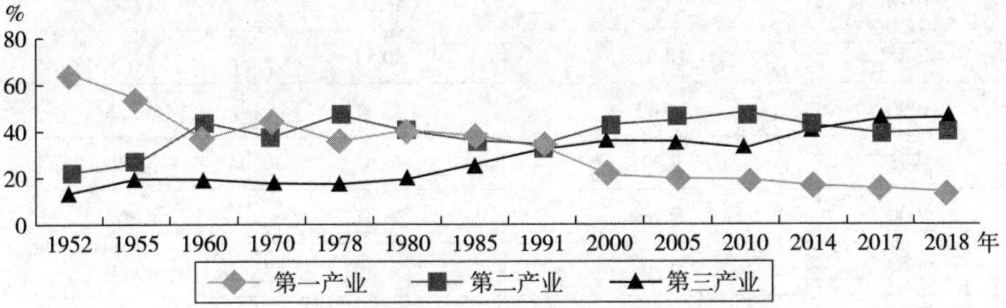

图 3-1 新疆三大产业增加值占 GDP 比重变动

资料来源：根据《新疆统计年鉴》各年数据整理所得。

2018 年，新疆第一产业增加值为 1692.09 亿元，增长 4.7%；第二产业增加值为 4922.97 亿元，增长 4.2%；第三产业增加值为 5584.02 亿元，增长 8.0%。从贡献程度来看，第一产业对经济增长的贡献率为 11.3%，第二产业为 26.4%，第三产业为 62.3%。第三产业发展以“互联网 +”、旅游等产业为代表，产业结构不断升级，经济结构进一步优化。

从三大产业对 GDP 的贡献率看（见表 3-2），第一产业对 GDP 的贡献率由 1952 年的 46.98% 下降到 2018 年的 11.3%，年均下降 0.5%；特别是 1978 年改革开放后，第一产业对 GDP 的贡献率下降迅速，由 1978 年的 35.82% 下降到 1990 年的 10.43%，共下降 25.39%，年均下降 1.95 个百分点。1990 年后，第一产业对 GDP 的贡献率保持相对稳定，2010 年为最低点。在第一产业对 GDP 的贡献率下降的同时，新疆第三产业对 GDP 的贡献率不断上升，由 1952 年的 9.63% 上升到 2018 年的 62.30%，年均增长 0.78%；特别是 1978—1985 年，第三产业对 GDP 的贡献率增长较快，由 1978 年的 17.22% 上升到 1985 年的 50.95%，年均上升 4.21 个百分点，表明产业结构对经济总量的贡献率受第三产业的影响较大。

表 3-2　三大产业对 GDP 的贡献率　%

年份	第一产业	第二产业	第三产业
1952	46.98	43.37	9.63
1955	45.50	28.08	26.40
1965	51.55	32.94	15.50
1978	35.82	46.95	17.22
1985	18.51	30.53	50.95
1990	10.43	33.31	56.25
1995	9.99	34.53	55.47
2000	9.96	28.37	61.67
2004	9.20	50.50	40.30
2010	7.00	55.20	37.80
2014	10.00	53.50	36.50
2015	10.80	38.10	51.10
2017	12.10	29.70	58.20
2018	11.30	26.40	62.30

资料来源：根据《新疆统计年鉴》各年数据整理所得。

从新疆三大产业对 GDP 贡献率的变动趋势看，1978 年改革开放以后，新疆第一产业对 GDP 的贡献率处于较低水平，在 10% 左右徘徊；第二产业对 GDP 的贡献率在 30%～50% 波动；第三产业对 GDP 的贡献率震荡上扬，在 40%～60% 波动。2004—2014 年，新疆大力发展优势产业，特别是采矿业和制造业，促使第二产业对 GDP 的贡献率处于优势，保持在 50% 左右（见图 3-2）。

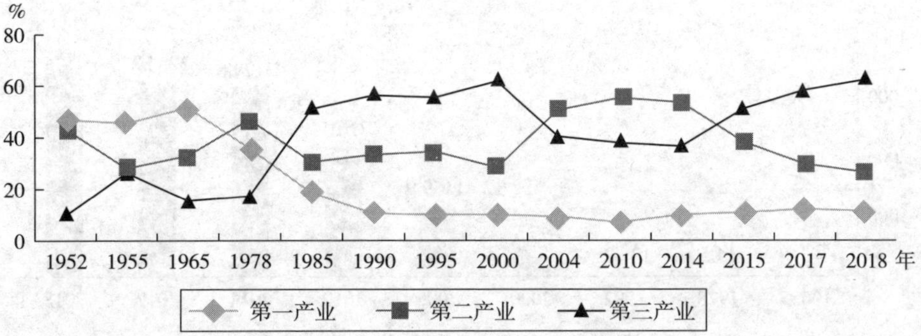

图3-2　三大产业对GDP贡献率的变动

资料来源：根据《新疆统计年鉴》各年数据整理所得。

3.1.2　工业的发展

新中国成立之前，新疆经济是以农牧业为主体的自然经济，工业十分落后，没有一寸铁路，没有像样的工厂和矿山，工业经济几乎是一片空白。新中国成立后，特别是改革开放以后，新疆以科技创新为动力，以服务企业发展为中心，大力推动工业和信息化发展，促进工业经济总量不断扩大，质量、结构和效益明显提高。

1955 年，新疆工业增加值仅为 2.1 亿元，1978 年达到 14.5 亿元，1992 年突破 100 亿元，2006 年突破 1000 亿元，2010 年突破 2000 亿元，2014 年达到 3179.6 亿元，2018 年达到 3743.8 亿元。64 年间共增加 3741.7 亿元，年均增加 58.46 亿元。分时期看，改革开放以前，1955—1978 年，新疆工业增加值增长相对缓慢，24 年间共增加 12.4 亿元，平均每年增加 0.51 亿元；改革开放以后，新疆加快了结构调整步伐，经济结构由农牧业主导型逐步向工业主导型转变，工业经济步入快速增长期，实现了前所未有的跨越式发展。1978—2018 年，新疆工业增加值共增加 3729.3 亿元，平均每年增长 14.5%；特别是 2000—2014 年，新疆工业增加值由 356.5 亿元增加到 3179.6 亿元，年平均增长率为 16.91%；这期间新疆工业增加值的快速上升，主要受益于“西部大开发”政策的影响，国家加大对新疆特色优势产业的支持（见图 3-3）。

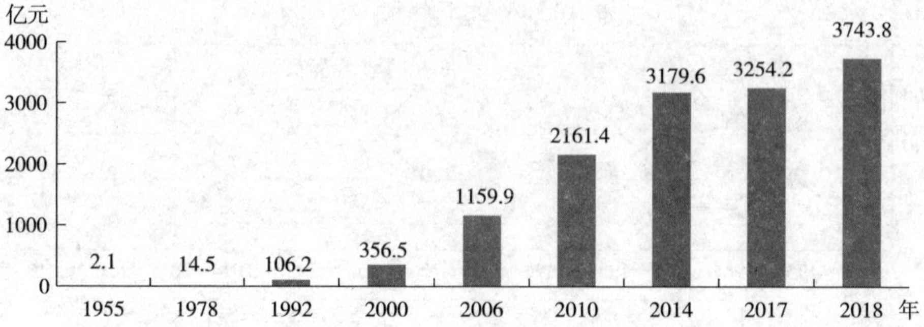

图 3–3　新疆工业增加值变动趋势

资料来源：根据《新疆统计年鉴》各年数据整理所得。

改革开放初期，新疆仅有工业企业（单位）3731 家，涉及 20 余个大类行业。2007 年，新疆工业发展到涉及 38 个大类行业（共 40 个大类行业）的 7173 家企业（单位），比 1978 年增长近 1 倍，平均每年增加 115 家。其中，新疆规模以上工业企业由 1978 年的 38 家增加至 2007 年的 257 家，2012 年达到 1959 家，2015 年为 2707 家，2017 年达到 3031 家。1978—2017 年，新疆规模以上工业企业增加 2993 家，特别是 2012 年后，新疆每年增加 214 家规模以上工业企业，且大多数为大型企业。

从新疆重工业与轻工业增加值的变动看，1950—1978 年，新疆重工业增加值由 0.04 亿元增加到 16.58 亿元，年均增加 0.57 亿元；新疆轻工业增加值由 1978 年的 0.93 亿元增加到 1978 年的 12.64 亿元，年均增加 0.40 亿元（见图 3–4）。这表明新疆重工业的发展快于轻工业的发展。

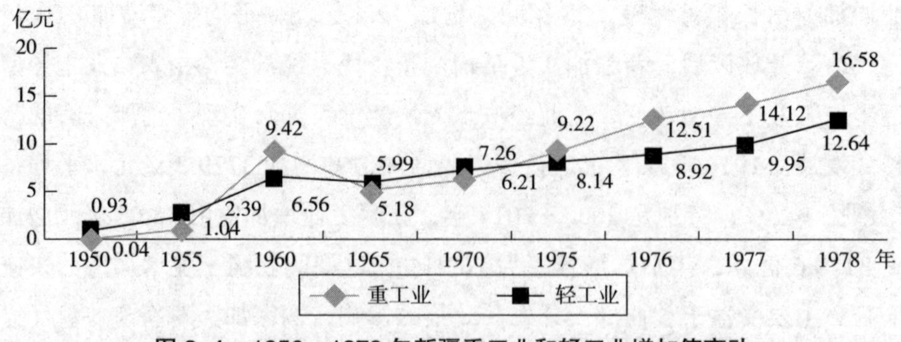

图 3–4　1950—1978 年新疆重工业和轻工业增加值变动

资料来源：根据《新疆统计年鉴》各年数据整理所得。

改革开放后，新疆重工业增加值明显快于轻工业增加值的增长，特别是1998年后，新疆重工业与轻工业发展的“剪刀差”逐渐扩大，由1998年的288.76亿元扩大到2018年的2845.4亿元，重工业与轻工业增加值的极值比也由1998年的2.19扩大为2018年的8.92（见图3–5）。这表明改革开放后，新疆依托优势产业，大力发展石油化工、煤电、钢铁等重工业。

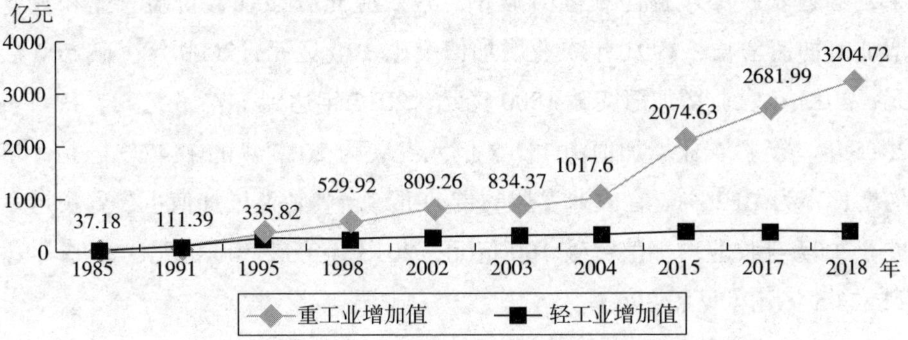

图3–5 1985—2018年新疆重工业和轻工业增加值变动

资料来源：根据《新疆统计年鉴》各年数据整理所得。

工业化进程给新疆产业发展带来了巨大变化，新疆战略新兴产业异军突起。近年来，新疆围绕优势资源转换战略和创新驱动战略，始终立足技术创新，不断开发应用新产品、新技术、新工艺，提升产业技术水平；组织实施产学研联合开发工程，加速科技成果转化；推动企业技术中心建设，完善技术创新体系。围绕石油石化、煤电煤化工、特色轻工等支柱产业组织实施了976项自治区重点技术创新项目和82项国家高新技术产业发展项目。

3.1.3 农业与牧业的发展

以阿瑟·刘易斯的“二元经济论”和舒尔茨的“改造传统农业”为代表的农业发展理论认为，农村存在隐性失业，农业劳动的边际生产率为零或者为负数。在对农业生产没有任何不利影响的前提下，农村劳动力可以源源不断地流向城市，加入工业化进程。当农村劳动力流出到一定程度时，农产品产量下降，价格上升，追求利润的动力将促使农民把现代农业的生产要素引进来，从而实现传统农业向现代农业的转变，并促进农业增加值的上升。

1949 年，新疆农业和牧业增加值只有 2.54 亿元和 0.82 亿元，到 1978 年发展为 14.25 亿元和 4.5 亿元，30 年间农业和牧业增加值分别增加 11.71 亿元和 3.68 亿元。1978 年以来，新疆农业发展取得了很大的进步。1985 年，家庭联产承包责任制全面铺开，其效应充分显现，新疆农业和牧业增加值加速增长，1991 年农业增加值突破 100 亿元，2009 年突破 500 亿元，2013 年农业增加值突破 1000 亿元，2015 年达到 1147.6 亿元。1991—2015 年，新疆农业增加值由 110.2 亿元发展为 2015 年的 1147.6 亿元，年均增长率为 10.26%。在农业发展的带动下，新疆牧业增加值也得到长足发展，2004 年牧业增加值突破 100 亿元，2013 年突破 300 亿元，2015 年达到 374.5 亿元（见图 3–6）。

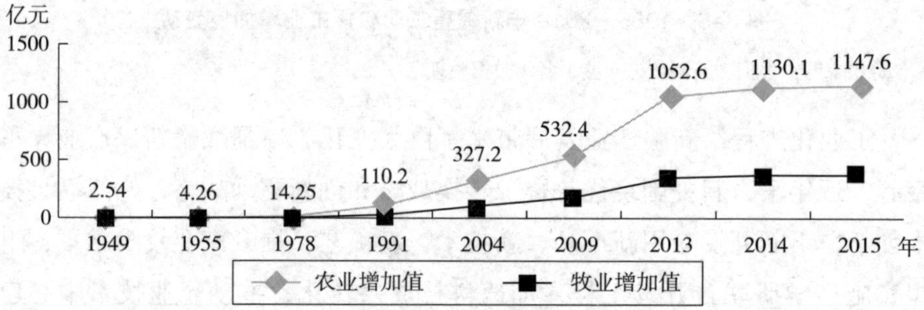

图 3–6 新疆农业与牧业增加值变动

资料来源：根据《新疆统计年鉴》各年数据整理所得。

3.2 优势产业的发展与问题

3.2.1 资源型产业的发展

新疆紧紧依托资源优势，做大做强资源型产业，形成了以石油、天然气开采、石油化工为主导，煤炭、轻工、纺织、建材、机电、钢铁、有色、电力等行业为支柱，适合新疆区情，资源型特征明显的工业经济体系。

3.2.1.1　石油化学工业迈上新台阶

1978年，新疆石油工业还处于起步阶段，开采能力和加工能力有限，原油产量为353.1万吨，天然气为2.5亿立方米，石油和化学工业总产值仅为2.4亿元。2007年，新疆原油产量为2604万吨，比1978年增长6.4倍；天然气产量为210亿立方米，比1978年增长82.7倍。"西气东输"输气量由建成初期2004年的6亿立方米提高到2007年的137亿立方米；2014年，新疆石油工业增加值为1422.76亿元，化学工业增加值为307.47亿元。2018年，新疆石油工业增加值为1360.07亿元，比2014年略有下降；化学工业增加值为382.58亿元，比2014年增加75.11亿元。

石油化学工业是新疆的第一大产业，新疆积极推动石油工业增产增效，努力打造石油石化下游精细化工产业链条。百万吨大芳烃、百万吨乙烯、千万吨炼油等一批提升石油化学工业发展水平的重大项目相继投产，氯碱工业规模跃居全国第二位，西气东输二线建成投运，西气东输三线、四线和伊宁—霍尔果斯线加快推进，能源大通道体系初步形成，使石油化学工业继续保持国内战略领先地位。

3.2.1.2　推进煤电煤化工产业

丰富的煤炭资源成为新疆近年来推进新型工业化进程中最具吸引力和潜力的优势资源。以准东、吐哈、伊犁、库拜四大煤田为重点，吸引了一大批企业进驻新疆，如神华集团、兖矿集团、新汶集团、鲁能集团、徐州矿务局等在全国煤炭行业排名前列的企业，以及国电、华电、大唐等大型电力集团进行巨额投资注入，新疆的煤电煤化工基地建设正在全面推开。2010年以来，新疆高水平发展新型煤化工产业，支持实施一批煤制天然气、煤制烯烃、煤基多联产等现代煤化工重点项目。庆华伊犁55亿立方米煤制天然气项目、新汶伊犁20亿立方米煤制天然气项目和中电投60亿立方米煤制天然气项目已获得国家发展改革委核准。截至2017年，新疆共有煤化工项目94个，总投资14647亿元。其中，已建成现代煤化工项目有新疆神华68万吨煤制烯烃项目、新疆庆华一期13.75亿方煤制天然气、新疆广汇120万吨甲醇制80万吨二甲醚项目、新疆天业25万吨乙二醇和20万吨丁二醇项目、新疆新业集团10万吨甲醇制芳烃项目等。

3.2.1.3　建立优势产业基地

2010年以来，新疆煤炭深加工、化工、特色金属资源加工、装备制造业等产业发展不断提速，产业链条不断延伸，整体发展水平稳步提升，形成了一批产业基地。

（1）国家大型油气生产加工基地：以中石油实施“新疆大庆”计划为契机，加快油气、炼化及石油石化下游产品精深加工、非常规油气资源开发利用。奎屯—独山子、克拉玛依、乌鲁木齐、库车等石化产业基地初步形成，油气当量居全国第二位，原油加工量居全国前列。

（2）大型煤炭煤化工基地：重点建设准东、伊犁、库拜、和克、吐哈5大煤炭煤化工基地，煤制天然气等煤炭资源深加工项目开始起步，呈现广阔的发展前景。

（3）电解铝生产基地：依托能源优势，新疆引进山东信发、东方希望、四川其亚等一批大企业，促进电解铝产业快速发展，初步形成全国重要的电解铝生产基地。

（4）盐化工基地：利用盐和无机盐等特色化工资源，以新疆中泰、新疆天业、宜化为代表，建成一批氯碱工业项目，聚氯乙烯产能居全国第一位。国投新疆罗布泊300万吨钾肥、新疆硝石钾肥60万吨硝酸钾（钠）项目正在抓紧进行，新疆钾肥产能居全国前列。

（5）钢铁工业基地：依托新疆资源，以八一钢铁为主体，吸引首钢、山东钢铁、新兴铸管等大企业入驻新疆，建成西北地区最大的钢铁基地。截至2015年底，新疆钢铁企业总数140家，其中铁矿山采选企业54家，冶炼及压延企业86家，百万吨规模以上的综合钢铁企业8家。新疆钢铁产能已达到2530万吨/年，其中乌鲁木齐市及周边1220万吨，北疆420万吨，南疆720万吨，东疆170万吨。全疆除和田地区以外，其他区域都有钢铁企业。

（6）机械装备工业基地：以特变电工、金风科技、新能源等一批企业为龙头，输变电装备产业规模和技术全国领先，新能源装备、农牧机械等在全国具有一定优势，汽车工业初步形成产业集群。

（7）电力工业基地：新疆为“丝绸之路经济带”核心区，不仅是新丝绸之路的交通大动脉，也是未来欧亚各国与中国的能源大通道。由新疆向巴基斯坦供电的 ±660 千伏输电线路已启动，由哈萨克斯坦经新疆向河南送电的 ±1100 千伏特高压线路也已进入规划。2015 年，建成中电投乌苏热电等一批重点电源项目，新疆电网与西北电网的三个通道——750 千伏双通道和哈密—郑州 ±800 千伏通道已建成投运，真正实现了"疆电外送"的格局。

3.2.2　新疆旅游业的发展

旅游业是第三产业的重要组成部分，是世界上发展最快的新兴产业之一，具有产业关联度高、产业链长、对相关行业带动性强等特点，拥有"朝阳产业"的美称，旅游资源、旅游设施与旅游服务是旅游业赖以生存与发展的三大要素。新疆地处欧亚腹地，外与 8 个国家接壤，内与三省相连具有很强的地缘优势，其旅游资源具有总量大、类型多、层次高、组合优、功能全等特点。

3.2.2.1　新疆旅游空间布局

旅游空间布局是旅游系统中节点、市场、通道、支撑系统等之间相互关联、相互作用的动态组织关系，表现为旅游经济活动在地理空间上的投影，体现区域旅游业的空间集聚状态及辐射程度。石培基（2003）等以点—轴理论为依据，构建了西北地区旅游点—轴开发结构。汪德根、程晓丽、李红波（2013）等分别以呼伦贝尔—阿尔山旅游区、皖南国际旅游文化示范区的山西省和陕西旅游空间结构与辽宁沿海经济带为例，运用"点—轴理论"对该地区的重要旅游节点、旅游发展轴线进行了分析和测算，构建了该地区的旅游空间结构体系。

2014 年 5 月，第二次中央新疆工作座谈会明确提出，将新疆建设成为"丝绸之路经济带"旅游集散中心，把南疆建设成为丝绸之路文化和民俗风情旅游目的地。

新疆旅游资源分布呈现"一轴两环三带多核心"格局。"一轴"是指亚欧大陆桥，是新疆旅游资源分布最富集的区域；"两环"是指环准噶尔盆地和环塔里木盆地的串珠状旅游资源群；"三带"是指沿阿尔泰山、天山和昆仑山三大山脉分布的旅游资源带，多以自然景观为主；“多核心”是指新疆旅游资源分布较集中的地州或城市，乌鲁木齐及其周边旅游资源分布最密集，属一级核心，在伊犁西北部、哈密地区中部、阿克苏地区东北部、阿勒泰地区北部、喀什地区西部及和田地区中部形成多个次一级核心。2017年，新疆形成“五区三线”为重点的旅游发展格局。“五区”是指以喀纳斯湖为重点的生态旅游区，以天池为中心的风景旅游区，以吐鲁番、库车为重点的古文化遗址旅游区，以喀什为重点的民族风情旅游区，以伊犁为重点的塞外江南旅游区。“三线”是指新疆旅游南线、北线和中线（三条旅游线为：哈密—吐鲁番—库尔勒—塔中—和田—喀什—阿勒泰—库车—乌鲁木齐；乌鲁木齐—天池—乌拉古湖—喀纳斯湖—克拉玛依—石河子—乌鲁木齐；乌鲁木齐—奎屯—阿拉山口—博乐—温泉—赛里木湖—伊犁—金沙滩—乌鲁木齐）。围绕“五区三线”，新疆共建设有12个5A级景区，97个4A级景区。依据《中国旅游资源普查规范》统计，新疆有各类旅游景区（点）1171处，分别归属67个基本类型，占全国分类系统类型总数（74个）的90.5%，居全国各省份之冠。

依托独特的优势，自治区确定在广袤的“三山两盆”间，以“一心一地三带”布局旅游产业，打造“丝绸之路经济带”旅游集散中心；形成以乌鲁木齐为中心，喀什、伊宁、阿勒泰为支点，其他重点旅游城市为节点的国际旅游集散服务体系；建设南疆丝绸之路文化和民俗风情旅游目的地。以绿洲民俗风情、历史文化和沙漠胡杨景区品牌建设为重点，培育南疆旅游产业体系，形成独特的发展优势；以建设特色小镇和自驾营地、完善公共服务体系为重点，培育“天山廊道世界遗产旅游产业带”；以优化边境旅游线路为重点，加快“准噶尔北缘生态旅游产业带”建设；以乡村休闲旅游和康养度假旅游为重点，加快“天山北坡休闲度假旅游产业带”建设。

“一心”连起南北疆的主要城市，织成一张城市景点旅游网，让人们看到一个时尚现代的新疆。“一地”展现给游客的是南疆独有的历史民俗文化和自然风光，让人们看到一个底蕴深厚、韵味独特的新疆。“三带”则是为千姿百态的特种旅游、个性旅游提供了无限的驰骋空间。丰富的旅游产品，对旅游资源区别化的开发，更能充分展示大美新疆的独特魅力；

传统业态的提升和新业态开发，将缓解产品供给总体不足的矛盾；景点景区在南北疆更均衡的布局开发，将有助于改变旅游业发展不均衡的局面。

"一心一地三带"，将天山南北最具知名度的旅游要素串联起来，擘画出一幅新疆旅游发展的远景图。

3.2.2.2　新疆旅游业的发展

新疆作为旅游资源大省，有着丰富的自然资源和人文旅游资源，举世闻名的"丝绸之路"自古以来就是联系东西方之间经济、政治、文化交流的纽带。新疆是一个神奇广袤的旅游胜地，5600 千米的边境线，接壤 8 个国家，具有连接亚欧大陆桥"桥头堡"的特殊地理位置，从而使新疆的旅游业更具有得天独厚的地缘优势和广阔的发展前景。

1986 年，旅游业正式列入新疆维吾尔自治区国民经济和社会发展计划，新疆旅游业走上了发展的快车道，并在 20 世纪 90 年代后取得长足发展。1978—2004 年，新疆累计接待海外旅游者为 348.11 万人次，接待国内游客为 7550 万人次，旅游总收入接近 570 亿元。2004—2017 年，新疆旅游经济总体呈上升趋势。2013 年新疆接待游客为 5205 万人次，实现旅游总收入为 673.24 亿元；2015 年新疆接待游客和旅游总收入分别为 6097 万人次和 1022 亿元；2017 年新疆旅游经济进入快速发展阶段，旅游总收入达到 1821.97 亿元，接待游客突破 1 亿人次，达到 10725 万人次；2018 年新疆旅游收入达到 2579.1 亿元，是 2004 年的 22.13 倍，接待游客数量是 2004 年的 11.8 倍，新疆旅游业对 GDP 的贡献率逐年提升（见表 3–3）。

表 3–3　新疆旅游业发展情况

年份	旅游收入 / 亿元	游客数 / 万人次
1989	0.91	—
1995	7.62	535
2000	63.62	784
2004	116.52	1273
2008	197.95	3632
2013	673.24	5205

续表

年份	旅游收入 / 亿元	游客数 / 万人次
2015	1022.07	6097
2016	1401.02	8102
2017	1821.97	10725
2018	2579.10	15024

资料来源：根据《新疆统计年鉴》各年数据整理所得

为了发挥边境线长、口岸多的优势，新疆各边境口岸开展了“口岸边境游”，霍尔果斯口岸旅游业逐步形成了以国门旅游通道、界碑参观、商业步行街、中亚小商品市场为基点，以阿力麻、可克达拉旅游区为面的“点面结合”的旅游区域。吉木乃口岸主动将口岸作为喀纳斯整体旅游格局的延伸，分别开通了吉木乃口岸与哈萨克斯坦斋桑县、东哈州乌斯卡缅市、赛米州的跨国旅游线路和经吉木乃口岸出境到哈萨克斯坦迈哈布奇盖口岸旅游线路，同时开发了口岸边防会晤站、国门、界桥、战壕、瞭望塔、友谊大桥、联检厅等景点，口岸旅游发展迅猛。

3.2.3 优势产业发展存在的问题

3.2.3.1 主要为高耗能、高污染行业，高新技术行业比重偏低

新疆石油和天然气开采业、石油加工、炼焦和核燃料加工业、黑色金属冶炼和压延加工业、电气机械和器材制造业、电力六个行业产值比重较高。2013 年新疆六大优势产业所占工业增加值比重达到 60.4%，而航空航天器制造业、电子计算机及办公设备制造业、电子及通信设备制造业、医疗设备及仪表制造业、医药制造业等高新技术行业的比重仅占 11.36 %。2017 年，新疆六大高耗能行业增加值增长 11.1%，占规模以上工业增加值的比重为 55.0%。新疆工业中的优势产业主要是高污染、高耗能产业，其比重过高会“绑架”新疆经济、使其形成过度依赖，从而阻碍新疆高新技术产业的发展，进而给新疆产业结构调整优化带来不利影响。

3.2.3.2 产品结构相对单一，附加值低

新疆建材产能占全疆总产能约 75%，产品结构性过剩严重。新疆装备

制造业发展缓慢，钢材需求低迷，对钢铁企业的结构调整支撑不足。企业技术创新投入过低，缺少长远战略规划，不能适应市场变化。

3.2.3.3 钢铁产能严重过剩，供需失衡

2015 年，新疆钢铁产能突破 2530 万吨，粗钢产量为 785.78 万吨，实际消费量为 1110 万吨，与 2014 年相比消费量下降了 410 万吨。新疆钢铁产能实际利用率为 31.05%，低于全国 67.8% 的平均水平。钢材库存高企，价格领跌全国，行业处于严重不景气状态。部分地区钢铁产业发展失控，企业盲目扩张，效率低下，重复建设依然存在。焦化和铁合金规模化程度低，符合国家产业政策和行业准入条件的企业少，兰炭产能严重过剩。

3.3 产业结构的调整与优化

产业结构是指一个国家或地区的各种生产要素在各个产业部门、行业之间的构成比例关系。产业结构优化是新疆经济发展的核心问题，国民经济中长期发展过程中的一切重大难点问题的解决，包括持续增长、启动消费、增加就业、提高竞争力、规避经济运行风险以及实现可持续发展等，最终都要依赖于产业结构的调整与优化。大量实践表明，产业结构调整与优化已经成为当前和今后一个时期实现经济持续增长的关键环节和必要条件。

3.3.1 产业结构优化理论

产业结构优化包含产业结构合理化和产业结构高级化两方面内容。产业结构合理化是指在现有技术水平下，通过要素流动使不同产业之间的供求比例结构达到均衡的状态。产业结构高级化则是指产业结构从低层次向高层次跃迁的过程，在产业中表现为三个方面：一是产业重心发生转移，即从第一产业为重心逐渐转变为以第二产业或第三产业为重心。二是要素密集度发生转移，即从劳动密集型转向资本或技术、知识等高级生产要素密集型。三是产品形态发生转移，即由生产初级产品为主转向生产中间产

品乃至最终产品为主。可以认为，产业结构合理化是推动经济增长的基础，产业结构高级化伴随着经济增长方式产生质的变化。

产业结构与经济增长关系密切，一方面经济增长会伴随着产业结构的优化；另一方面，产业结构的优化又会促进经济增长。从现有研究来看，国外较早对产业结构优化与经济增长的关系进行了考察，从库兹涅茨研究产业结构变动与经济增长的关系开始，国外众多学者对这一问题展开了系统研究。罗斯托认为一国经济的增长不仅包括总量的增长，还包括部门的变化，即产业结构的变动。他强调，产业结构优化才是经济总量增长的实质。Sachs（1994）认为，中国经济迅速崛起的核心动力是落后的产业结构迅速转型。于斌斌（2015）从不同规模城市的经济增长动力入手，分析了产业结构对经济增长的影响效应，结果表明城市的经济增长不仅仅是由全要素生产率的提升推动的，更重要的动力是城市在产业结构合理化的调整过程中获得了较为明显的“结构红利”。李翔、邓峰（2017）认为，产业结构高级化和合理化对我国经济增长的作用具有明显的区域特征，在经济比较发达的东部区域，推动经济增长的主要力量是产业结构合理化；而在经济发展处于中游的中部地区，主要是产业结构高级化促进了经济增长。

3.3.2 产业结构的调整

新中国成立初期，新疆产业结构低下，几乎没有现代工业，仅有的工业企业也大都以私营手工作坊和个体手工业为主，属于封闭的自给性农业和游牧业自然经济结构。1955 年，农业增加值在新疆生产总值中的比重高达 50% 以上，三次产业增加值占新疆生产总值的比重为 54.3∶26.2∶19.5，是典型的以传统农牧业为主体的产业格局。新疆作为一个欠发达地区，传统产业的比重很高，代表现代高新技术前沿的产业比重很小，高科技产业产值占工业总产值的比重不到 1%。在对《新疆统计年鉴》1999—2009 年的数据进行测算后，发现传统产业占新疆生产总值的 90%，工业增加值的 91%，实现利润的 86%，从业人员的 94%，出口的 87%。

经过 70 年的建设与发展，特别是改革开放后，新疆以经济建设为中心，在充分发挥资源优势的同时，大力推进工业化进程，确立优势资源转换战略，积极采取各项措施，鼓励和支持特色产业发展，加快了优势资源向产业优势的转换，使一大批特色产业得到了迅速发展和壮大，产业结构调整取得了显著成效，大大推动了新疆三次产业快速均衡发展，尤其是第二、第三产业得到了迅猛发展。近几年来，新疆积极推进“西部大开发”，按照“优化第一产业，调强第二产业，做大第三产业”的思路，加快产业结构的优化和调整。到 2000 年，新疆三次产业增加值占 GDP 的比重演变为 21.1：43.0：35.9，三次产业增加值构成次序由原来的“一、二、三”型调整为“二、三、一”型，而且新疆“二、三、一”型的产业结构持续到 2014 年结束。之后，新疆三次产业结构不断优化，2015 年，新疆三次产业增加值占 GDP 的比重为 16.7：38.6：44.7，产业结构由“二、三、一”调整为“三、二、一”，到 2018 年，三次产业增加值占 GDP 的比重发展为 13.9：40.3：45.8。由此，新疆形成了以农业为基础，以工业和服务业为主导的现代工业化水平的产业结构，第三产业成为新疆第一增长动力，服务业引领经济增长。

3.3.3　产业结构的优化

新疆是一个欠发达地区，产业结构尚处于资源导向阶段，因而是一个低层次的结构形式。设备落后、能耗高、效益低等诸多问题一直制约着新疆传统产业的发展。调整和优化产业结构，是解决当前经济生活中突出矛盾的当务之急，也是国民经济长远发展的战略任务，这直接关系到在新一轮经济发展中新疆能否抓住机遇，提升自身经济实力。

3.3.3.1　战略性新兴产业的发展

作为欠发达地区，应通过增加要素投入或提高转移支付等手段，培育当地产业的发展。在有一定产业基础的地区制定政策促进产业结构升级，使各种生产要素流动到生产率较高的部门，才能促进经济健康发展。因此，新疆的工业化需要借助于外部资金、技术和人才的输入。在选择主导产业时，首先，要加强资源导向，扩大优势资源的开发规模，发挥规模经济效益；其次，通过资源的综合开发利用发展加工制造业；再次，要围绕主导产业发展的前项、后项和旁侧关联产业，形成结构效益良好的产业体系，要特别重视后项加工环节的发展，以提高资源的综合利用水平，提高产品的附加价值；最后，要有选择地承接发达地域效益递减或即将扩散的产业，引进技术加以改进创新，以加速推进新型工业化进程。

第一次中央新疆工作座谈会召开以来，新疆坚持以结构调整为主线，以科技创新为动力，以企业发展为中心，充分发挥新型工业化第一推动力的作用。2011 年，新疆发布了《加快培育和发展战略性新兴产业总体规划纲要（2011—2015 年）》，确定将重点发展新兴能源、新材料、先进装备制造、生物、信息、节能环保、清洁能源汽车等 7 大战略性新兴产业。由此，新疆战略新兴产业增加值不断上升。2015 年，战略性新兴产业初步形成健康发展、协调推进的基本格局，对产业升级的推动作用明显增强，产值达到 2000 亿元，增加值为 700 亿元，年均增长 30% 以上，占地区生产总值的比重达到 8% 左右。2018 年，新疆规模以上工业战略性新兴产业增加值比 2017 年增长 15.1%，高技术制造业增加值比 2017 年增长 32.1%，分别占规模以上工业增加值的 4.9% 和 1.5%，其增速分别高于规模以上工业 28 个和 11 个百分点。

3.3.3.2 工业结构不断优化

在产业结构调整的基础上，新疆工业结构不断优化。一是改变了石油工业“一业独大”的产业格局。新疆非石油工业增加值的比重由 2009 年的 37.9% 提高至 2015 年的 64.9%；2016 年，新疆石油工业增加值为 741.44 亿元，下降 0.3%；非石油工业为 1699.50 亿元，增长 5.9%。2017 年，新疆非石油工业得到迅速发展，比重从 40% 提高到 70%，支撑作用进一步提升。

二是新疆非公有制经济保持强劲增势。2009—2014 年，新疆非公有制经济总量从 1052 亿元跃升到 2649 亿元，年均增长 16.4%，非公有制经济占全疆经济的比重也由 24.6% 提高到 28.6%；2015 年，新疆非公有制经济增长 8.9%，比公有制经济高 4.9 个百分点；2017 年，新疆非公有制经济占工业比重达到 32%，涌现出特变电工、金风科技等一批在国内同行业中处于领军地位的民营企业，这些企业逐渐成为支撑地方工业发展的生力军。天山南北民营企业如雨后春笋般不断涌现，数量和规模迅速增长、结构进一步优化、质量显著提高。作为国民经济的重要组成部分，非公有制经济已成为新疆经济发展的重要生力军和拉动经济增长的“新引擎”。

3.4　区域产业布局的调整

区域层级的产业布局，一方面要充分发挥区域比较优势与聚集经济，重视人力资本与信息网络的作用，积极建设枢纽—网络空间；另一方面，也要积极发挥区域政策优势，协调区际关系，优化产业空间布局。区域产业布局受到来自生态承载力、自然资源禀赋、产业结构规模以及技术等条件的制约。

3.4.1　区域产业布局的约束条件

从静态的角度看，产业布局是指产业发展所依赖的各生产部门、各生产资料要素在空间上的分布状态和区域上的组合；从动态的角度看，产业布局则是指产业发展所需的资源要素、生产企业为取得最大经济效益或最佳区位而形成的要素在区域空间上的流动、集聚、扩散、重新组合的配置与再配置。由于各地区资源禀赋、环境状况、人口分布、产业政策等不同，导致不同区域形成不同的产业结构，即使在同一地区，也由于处于不同的发展阶段，产业结构不尽相同，因此各产业部门在空间上表现出不同的分布形态而形成不同类型的产业布局。

3.4.1.1　生态承载力的约束

美国的 Park 和 Burgess 于 1921 年提出“生态承载力”概念，即某一特定环境条件下（主要指生存空间、营养物质、阳光等生态因子的组合），某种生物个体存活的最大数量。它是在一定时间、一定空间范围内，生态系统在自我调节以及人类的积极作用下健康、有序地发展，生态系统所能支持的资源消耗和环境纳污能力，以及社会经济发展强度和一定消费水平的人口数量。生态承载力包括两层含义，第一层含义是指生态系统的自我维持与自我调节能力，以及资源与环境子系统的供容能力，为生态承载力的支持部分；第二层含义是指生态系统内社会经济子系统的发展能力，为生态承载力的压力部分，生态承载力的大小决定了一个地区的产业类型以及产业布局的形式。因此，如何优化产业布局，实现产业的良性发展与生态承载力的提高成为学者们研究的重点。基于生态承载力的产业空间布局，是以充分发挥各种资源、环境要素的整合能力和协同效应为基础，追求适合区域发展的产业空间组织的最佳形式，对区域产业定位、产业结构升级具有重要的现实意义。

3.4.1.2　自然资源禀赋的约束

自然条件、自然资源等作为产业发展的基础条件，一方面支撑着产业的发展；另一方面自然资源状况又决定着一个地区的产业类型、产业布局模式等经济活动，一个国家或地区规划发展什么样的产业、如何调整产业布局必须遵循生态经济规律，需要统筹考虑资源和环境约束条件。特别是在工业化初期，产业布局必将优先考虑自然条件和自然资源禀赋有优势的地方。因此，资源和环境条件是影响产业规划和布局优化的基本因素，区域的经济社会活动都不能超越生态承载力极限，只有适宜地域生态环境特点、充分发挥自然资源与经济资源优势的产业布局才具有较强的生存力、拓展力与竞争力。

3.4.1.3　产业结构和规模的约束

产业布局是生产力在空间的分布与组合，它在一定程度上反映了地区或一国的产业结构和规模，而产业结构的调整必须有适应于它的产业布局才能促使其合理运行。由于技术进步不断地改变着产业结构，特别是随着一种新技术的出现，往往伴随着一系列产业部门的诞生，这些产业部门都有不同的产业布局指向性，这就必然对产业布局的状况产生影响，而且如果产业结构调整失误，也会导致产业布局的失调。因此，产业布局是随产业结构的调整而变化的，产业结构的调整和演变对产业布局和区域经济的发展会产生极大影响。

3.4.1.4　技术水平的约束

从原子经济到信息网络时代，人类经历了蒸汽技术、电力技术、信息技术三次科技革命，技术进步改变了交通、通信等条件，压缩了时空距离，扩大了商品交易和人们交流的范围，成为长时间尺度上影响产业布局的决定性力量。一个地区所处的技术层次，决定了该地区产业布局的空间形态。在铁路和高铁时代，快速的交通扩大了经济要素聚散的空间范围。与此同时，铁路与高铁网络建设的非均衡性，导致各个区域的“相对区位”发生改变，对时间、信息、技术、面对面交流等要求较高的产业进一步向核心区域和网点城市聚集，而对物质成本要求更高、对时间成本要求较低的产业则向边缘城市和外围区域布局，从而产生不同产业在不同网络节点布局的宏观格局。伴随着信息技术的大量使用，出现了一种新的空间形式——流动空间。流动空间能对区域资源进行快速动态的优化配置，跨国公司成为控制地方产业布局的重要力量，产业在全球尺度上按照在产业链条中承担的功能进行布局。

3.4.1.5　历史路径的依赖

历史继承性是产业布局的基本特征，历史上形成的产业基础始终是新的产业布局的出发点，产生路径依赖。路径依赖类似于物理学中的“惯性”。在产业布局中，这种“惯性”最初来源于工业区位论中所论述的集聚因子。正是这种路径依赖性的存在，使得一个地区一旦符合规律地选择了某个产业，无论以后它所具有的区位因素是否更具有比较优势，发展该种产业是否更有效率，都很难从这种最初的选择中摆脱出来。产业布局战略性调整的目的，就是要打破已经无效率的路径依赖，并营造新的集聚因子，进行制度创新，创造新的有效率的路径依赖，从而形成新的产业发展空间格局。

资源禀赋及配置格局的变化，必然要求交通条件和交通格局的适应性调整，并共同引致产业布局的战略性调整。交通条件的改善，尤其是交通方式或工具的革命式改进，对某一地区或城市的经济位势会产生较大影响。另外，随着科技进步、社会发展和经济全球化进程加快，影响产业布局和发展重点调整的各个因素，将不断被赋予新的内涵。

3.4.2 产业布局的调整与规划

3.4.2.1 产业布局的调整

2009 年以来，新疆加快产业布局调整，北疆地区突出发展第二、第三产业，产业结构层次进一步优化提升。根据产业基础和资源禀赋情况，在天山北坡经济带优先布局战略性新兴产业，将乌昌地区作为战略性新兴产业的先行区。其他地区重点发展与战略性新兴产业相关的资源深加工产品，形成具有本地特色的新兴产业。北疆工业企业依托各地的特色资源，工业行业的产业布局逐渐形成了较为明显的区域特点。其中，克拉玛依市、巴州、吐鲁番市三地依托石油资源，全力打造石化经济圈，引领当地经济快速发展。哈密市、阿勒泰地区和吐鲁番市，各类金属矿产资源较为丰富，是新疆黑色金属和有色金属工业矿产相对集中的区域，成为新疆的金属矿产基地。乌鲁木齐市、昌吉州两地利用区位优势，大力推进乌昌经济一体化，推动了天山北坡经济带的发展，成为新疆最大的制造业基地。

南疆地区突出发展特色农业，增强农业发展基础。从南疆三地州的第一产业占 GDP 的比重看，2009—2017 年，第一产业占 GDP 的比重虽然有所下降，但与新疆全区相比，仍然高于新疆平均水平；喀什地区、阿克苏地区、和田地区的第一产业占 GDP 的比重均在 25% 以上，而新疆全区的第一产业占 GDP 的比重在 17% 左右波动。从反映相对差距的极值比看，2009 年，南疆与新疆全区第一产业占 GDP 比重的极值比为 2.28，2017 年为 2.03，差距虽有所缩小，但变化较小（见表 3–4）。这表明南疆地区第一产业发展稳定，围绕番茄、葡萄、香梨、石榴、油料、乳、肉等特色资源，大力发展特色农副食品加工业和绿色食品工业，依靠基地化、集约化、规模化、产业化经营，建成了具有特色和竞争优势的全疆番茄制品出口加工基地、红花油生产基地、果蔬饮料基地和肉制品、乳制品深加工等产业基地。特别是林果产品发展潜力大，番茄酱产量居全国第一。2017 年，新疆林果种植面积 1856 万亩，其中南疆地区林果业面积 1564 万亩，林果业收入占到农民人均纯收入的 30% 以上，个别主产县市突破了 50%，特色林果业已成为南疆覆盖范围广、惠及人口多、发展潜力大的富民产业。

表 3-4　南疆与新疆全区第一产业占 GDP 比重的比较　%

	2009 年	2010 年	2011 年	2012 年	2013 年	2014 年	2015 年	2016 年	2017 年
喀什	40.6	42.2	35.9	33.9	31.0	30.0	29.1	34.2	31.5
阿克苏	34.2	34.8	31.9	31.3	31.8	29.4	29.2	29.4	24.6
和田	35.9	35.1	32.1	31.0	30.9	29.5	26.8	27.4	22.3
新疆平均	17.8	19.9	17.3	17.5	17.4	16.6	16.7	17.1	15.5
极值比	2.28	2.12	2.07	1.93	1.78	1.80	1.74	2.00	2.03

资料来源：根据《新疆统计年鉴》各年数据整理所得。

注：极值比 = 样本最大值 / 最小值。

3.4.2.2　产业布局规划

2017 年，新疆在“十三五”规划中，明确建设 3 条产业带：天山北坡产业带、天山南麓产业带和北疆沿边产业带。

天山北坡产业带：重点发展石油化工下游、新型煤化工、电力、装备制造、有色金属下游、轻纺、现代中药民族药和生物制药等优势产业，加快乌鲁木齐、奎屯现代物流等生产性服务业发展，构建“丝绸之路经济带”核心区重要增长极。哈密市、吐鲁番市重点发展新能源及新能源装备、绿色食品健康产业等，成为新疆面向内地市场的资源产品深加工基地和能源大通道。

天山南麓产业带：重点支持纺织服装、果品精深加工、电子产品加工组装、专用机械加工组装、民族医药等产业。在油气、煤炭、黑色金属等矿产和光热资源富集区，加快发展石油天然气化工、钾肥、光伏、新型建材等产业，构建“丝绸之路经济带”向西开放的加工制造业产业基地和商贸物流集散中心，使之成为“丝绸之路经济带”南通道新型工业化的重要增长极。南疆四地州以吸纳就业为导向，大力发展能够带动南疆地区人民群众收入水平大幅增长的劳动密集型产业。

北疆沿边产业带：着力构建塔城地区新型煤化工、煤电、风电产业集聚区和阿勒泰地区有色黑色金属、水电产业集聚区。积极发展优势农牧产品精深加工业，使之成为新疆沿边经济的重要带动区。

2018年，在产业布局上，新疆重点打造创新资源集聚、转换效率高、产业效益好的8～10条战略性新兴产业链，推动建设8～10个有较强创新能力和竞争实力的战略性新兴产业特色产业集聚区。在空间布局上，新疆积极培育打造各具特色的乌鲁木齐、昌吉、克拉玛依等七大制造业基地，通过体制机制创新激发市场活力，发挥园区特色优势，培育特色鲜明、大中小企业协同发展的优势特色产业链和产业集群。

3.4.3 产业园区的建设

改革开放40余年来，新疆产业园区从无到有，发展越来越快。特别是2005年自治区新型工业化建设工作会议和32号文件出台以后，新疆利用自身的资源优势，主动承接内地产业转移的需要，工业园区创办模式逐步多样化，新建项目逐步向园区集中、向加工中心聚集，重点园区核心产业、支柱产业得到快速发展，园区建设步伐明显加快。石油天然气化工园区、地方特色资源加工园区、外向型工业园区、物流园区及对口援疆工业园区等各具特色的园区已初步形成。

新疆经"两级政府"（国务院和省级政府）审批的产业园区由1992年的1个发展到2007年的32个，其中，国家级有8个，自治区级有24个。2016年新疆产业园区达到95个，其中，国家级有23个，自治区级有72个；产业园区比2007年增加63个，分布在全疆17个地州市的70个县市区。新疆有9家工业园区创建成为国家新型工业化产业示范基地，8家工业园区创建成为自治区新型工业化产业示范基地，9家国家新型工业化产业示范基地实现工业总产值972.81亿元（见表3–5）。

表3–5　新疆产业园区的发展　　单位：个

	1992年	2007年	2009年	2014年	2015年	2016年
国家级		8	8	21	23	23
自治区级	1	24	32	69	71	72
合计	1	32	40	90	94	95

资料来源：根据《新疆统计年鉴》各年数据整理所得。

新疆产业园区工业增加值逐年上升，各类产业园区日益成为新疆推进新型工业化、实现产业升级的重要载体和有效平台。2007 年，新疆已批准的产业园区完成工业增加值 193 亿元，占新疆工业增加值的 13.7%，比 2006 年增长 37%，高于新疆平均水平 22 个百分点。2014 年，产业园区工业增加值由 2007 年的 193 亿元上升到 984.4 亿元，占新疆工业增加值的比重由 13.7% 提高到 30.9%，入驻企业由 8150 家增加到 23924 家。园区规模以上企业有 1008 家，其中，世界 500 强企业有 62 家，中国 500 强企业有 170 家在园区投资建厂。工业总产值超过百亿元的园区有 17 个，其中乌鲁木齐经济技术开发区（头屯河区）工业总产值突破 1000 亿元，成为新疆首个产值突破千亿元的园区。2017 年，产业园区工业增加值达到 1580 亿元，占新疆工业增加值的比重达到 47.2%，园区规模以上企业达到 2210 家。新疆产业园区占工业增加值的比重不断上升，表明产业园区的集聚效应明显加强。（见表 3-6）

表 3-6　新疆产业园区工业增加值的发展　　单位：亿元

	2007 年	2014 年	2015 年	2016 年	2017 年
园区工业增加值	193	984.4	863.6	1400.2	1580.0
占全区工业增加值的比重	13.7%	30.9%	32.1%	45.2%	47.2%

资料来源：根据《新疆统计年鉴》各年数据整理所得。

未来两年，新疆围绕社会稳定和长治久安这个总目标，以发展促稳定，加大对各类产业园区的支持力度。通过加大基础设施建设，切实提高园区承载重大项目的能力；通过产业园区转型升级体制机制创新发展，使各类产业园区产业发展水平显著提高，基础设施保障体系更加完善，公共服务体系更加健全，向西开放合作的平台作用更加凸显，成为新疆建设“丝绸之路经济带”核心区的“倍增器”。2020 年，新疆将建成一批具有一定经济规模和较强竞争力的产业园区，其中创建年产值达 1000 亿元的园区 5 个，500 亿元的园区 5 个，100 亿元的园区 30 个，新型工业化产业示范基地 20 个，“两化”融合试验区 15 个。

综上所述，新疆产业园区已经成为区域经济结构调整的助推器，经济增长的引擎，培育产业集聚、发挥产业集群效应和规模经济效益的重要平台，改善民生、促进就业的载体作用日益明显，对加快新型城镇化，带动农牧业现代化和推进新型工业化进程的带动示范作用日益增强。

参考文献

[1] AMITI M. Trade liberalization and the location of manufacturing firms [J]. The world Economy, 1998, 53-62.

[2] BALDWIN R. Agglomeration and endogenous capital [J]. CEPR Discussion Papers, 1998, 43（2）: 253-280 .

[3] BEHRENS K, DURANTON G, ROBERT-NICOUD F.Productive cities: sorting, selection and agglomeration [J]. Journal of Political Economy, 2014, 507-553.

[4] COMBES P P, DURANTON G. Labors pooling, labors poaching and spatial clustering [J] Regional Science and Urban Economics, 2006, 1-28 .

[5] 陈栋生.中国产业布局研究 [M]. 北京：经济科学出版社，1988.

[6] 黄少军.服务业与经济增长 [M]. 北京：经济科学出版社，2000.

[7] 干春晖，郑若谷，余典范.中国产业结构变迁对经济增长和波动的影响[J]. 经济研究，2011（3）：4-15.

[8] 付宏，毛蕴诗，宋来胜. 创新对产业结构高级化影响的实证研究 [J]. 中国工业经济，2013（9）：56-68.

[9] 吕铁，周叔莲.中国的产业结构升级与经济增长方式转变 [J].管理世界，1999（1）：113-125.

[10] 刘伟，李绍荣.产业结构与经济增长 [J]. 中国工业经济，2002（5）：14-21.

[11] 李翔，邓峰.中国产业结构优化对经济增长的实证分析 [J]. 工业技术经济，2017（2）：3-9.

[12] 冯薇. 产业集聚与循环经济互动关系研究 [J]. 中国·人口·资源与环境，2008，18(4)：166-172.

[13] 邬娜，傅泽强，等.基于生态承载力的产业布局优化研究进展述评 [J]. 生态经济，2015 (5)：21-27.

[14] 胡安俊，孙久文.空间层级与产业布局 [J]. 财贸经济，2018 (10)：132-138.

[15] 石培基，李国柱. 点—轴系统理论在我国西北地区旅游开发中的运用 [J]. 地理与地理信息科学，2003 (9)：91-95.

[16] 程晓丽，祝亚雯.基于点—轴理论的皖南国际旅游文化示范区旅游空间结构研究 [J]. 地理科学，2013 (9)：108-115.

第4章　新疆金融发展与经济增长

金融是经济发展的核心，金融发展的质量在很大程度上影响着经济增长，同时经济高质量增长对金融服务实体经济、提质增效也提出了更高的要求。新疆作为“丝绸之路经济带”的核心区，在积极响应“一带一路”倡议的背景下，探究金融发展质量与经济增长之间的关系，对推动经济高质量增长，促进经济、金融的协调发展，增强金融服务实体经济能力和服务“丝绸之路经济带”的建设具有重要的借鉴意义。

4.1　金融机构规模的增长

金融是经济发展的血脉，对促进地方经济发展具有十分重要的作用。新疆金融业紧紧围绕自治区优势资源转换、资源开发、新兴工业化等主导产业，全方位推进民生金融服务，加快金融改革步伐，调整优化信贷结构，健全金融机构管理体制，推进股份制商业银行、地方中小金融机构建设，加强金融服务；提高市场活力，强化服务功能。银行、证券、保险、信托、租赁、期货业蓬勃发展，为新疆经济社会发展提供了全方位、强有力的资金支持和金融服务。

4.1.1　金融机构网点规模

随着市场经济体制的深入改革，新疆打破了传统的计划金融体制模式，同时建立起符合现代市场经济要求的市场金融体制模式，成功实现了由“大一统”银行体系向现代银行体系的历史性转变。1978 年新疆只有中国人民银行支行和若干农村信用社，发展到 2018 年，新疆形成政策性银行、国有商业银行、股份制商业银行、城市商业银行、城市信用社、农村信用社、村镇银行以及金融资产管理公司、信托投资公司、金融租赁公司等多种金融机构、多种融资渠道并存，功能互补、分工协作、协调发展的金融组织体系。传统银行业务模式发生重大转变，从简单的存、贷、汇业务发展到现在多样化、个性化的金融服务。与 40 年前相比，新疆银行业组织体系更加健全，机构种类更加丰富，市场竞争更加充分，服务功能更加完善。

改革开放以来，新疆传统金融机构业务模式不断发生改变，已经从简单的存、贷、汇业务发展到现在多样化、个性化的金融服务。2010 年以来，4 家中资全国性银行、4 家证券公司、5 家保险公司先后入驻新疆，首家全国性城市商业银行——昆仑银行成立，村镇银行、小额贷款公司等新型金融机构从无到有，城市信用社向商业银行的改制全面完成，县域金融机构稳步发展，提前 2 年实现空白乡镇基础金融服务全覆盖。2012 年末，新疆共有中资全国性银行 16 家，外资银行 1 家，城市商业银行 5 家，信托公司 2 家，融资租赁公司 1 家，农村中小法人金融机构 93 家；保险公司 27 家，证券公司 17 家，期货机构 4 家；银行营业网点 4892 个，从业人员 10 多万人，新疆金融业总资产突破 1.4 万亿元，实现金融业增加值 288.8 亿元，年均增长 22.6%，高于全国 2.6 个百分点。

表 4–1 显示，2003 年新疆共有金融机构数 3675 个，从业人员 43747 人；到 2017 年，新疆金融机构数增加到 3848 个，从业人员增加到 69229 人。其中，人民银行机构 69 个、全国性大型银行机构 1946 个、全国性中小型银行机构 252 个、区域性中小型银行机构 561 个，城市商业银行 145 个、农村商业银行 274 个、农村合作银行 25 个、村镇银行 117 个；外资银行 2 个、财务公司 1 个、信托投资公司 2 个、金融租赁公司 1 个、资产管理公司 3 个。形成了以银行、证券、保险、信托、租赁等多种机构并存、功能较为健全的金融业组织体系。

表 4–1　新疆金融机构网点数变化

年份	金融机构数 / 个	金融机构人员数 / 人	银行营业网点 / 个
2003	3675	43747	2533
2004	3582	44117	2645
2005	3606	50940	3452
2006	3578	51190	3342
2007	3493	54145	3224
2008	3376	54001	2567
2009	3136	55189	2922
2010	3282	57297	3298
2011	3381	60331	3416
2012	3521	62070	3284
2013	3567	65741	3483
2014	3663	67131	3604
2015	3785	69048	3656
2016	3851	68905	3596
2017	3848	69229	3649

资料来源：根据 Wind 数据库、新疆维吾尔自治区统计局数据整理所得。

4.1.2　金融机构资产规模

图 4–1 为新疆近十几年金融机构资产总额和增长趋势图。从图 4–1 中可以发现，新疆金融机构资产总额逐年增长。2005 年新疆金融机构资产总额为 4190 亿元；2010 年，新疆金融机构资产总额突破万亿元，达到 11160 亿元；到 2017 年达到 30826 亿元，年均增长 18.91%。但是 2013 年和 2014 年，在新疆金融资产总额增长的同时，其增长速度却急速下降，2013 年增长速度只有 9.56%，首度跌破 10%。这种情况持续了 2 年之久，直到 2015 年金融资产总额增速才有所回升。造成这种情况的原因与金融监管机构监控政策改变密不可分，新疆金融监管目标由扩大金融资产规模为首要目标转变为对金融风险的控制和预防，同时，新疆金融机构不良贷款规模的增加，也导致了金融资产规模增速下降。

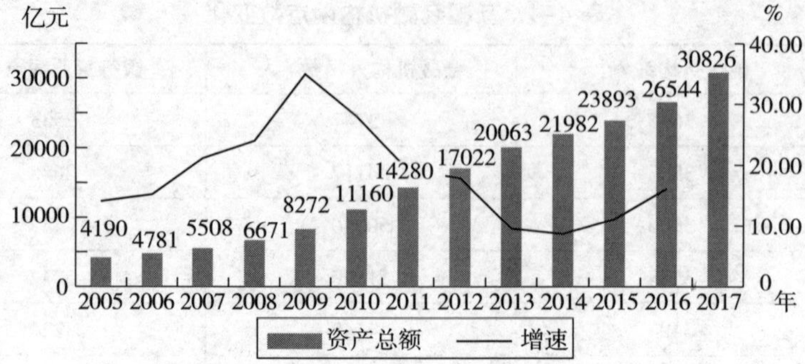

图 4–1　金融机构资产规模总量及增长速度变化

资料来源：根据 Wind 数据库、新疆维吾尔自治区统计局数据整理所得。

4.1.3　金融机构存贷款规模

新疆金融机构人民币存款从 1949 年到改革开放前夕增长速度较慢，沿着缓慢平缓的趋势增长，1965 年突破 10 亿元大关。图 4–2 显示，1985 年开始，金融机构人民币存款开始加速增长，1986 年突破 100 亿元大关，1988 年开始实现飞速增长。1986—1996 年短短 11 年的时间，新疆金融机构存款额从 102.75 亿元猛增至 1012.47 亿元。这一数字的变化，充分体现出改革开放以来新疆居民储蓄水平和企业存款水平的不断提升，是经济发展的一大进步。2011 年末，新疆金融机构人民币存款跨越万亿元，存款突破 1 万亿元大关，是 1996 年的 10.26 倍。而且这一期间的存款额从 1000 亿元突破到 1 万亿元仅用了 6 年时间，几乎比上次的 11 年缩短了一半。截至 2018 年，新疆金融机构存款额高达 22011.49 亿元，存款额增长强劲。

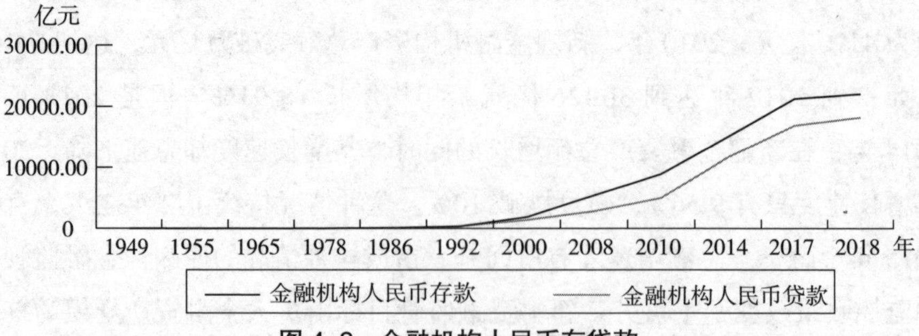

图 4–2　金融机构人民币存贷款

资料来源：根据 Wind 数据库、新疆维吾尔自治区统计局数据整理所得。

在金融机构存款总额增长的同时，新疆金融机构贷款总额同步增长，存贷款变动趋势线一致。1949 年到改革开放前夕增长速度比较缓慢，贷款强劲增长主要表现在 1983 年，金融机构人民币贷款余额达到了 38.848 亿元，比 1982 年增长 38.5%；1887 年，金融机构人民币贷款余额首度突破百亿元大关；1996 年突破千亿元大关，达到 1016.2 亿元；2014 年末，突破万亿元大关，人民币贷款余额达 11671.39 亿元，是 2009 年的 3.09 倍；截至 2018 年，人民币贷款余额达到 18203.14 亿元。1978—2018 年，新疆金融机构人民币贷款年均增长 19.65%。2009—2017 年新增贷款 14420.22 亿元，超过前 60 年（1949—2009 年）累计增量的总和，特别是 2012 年的贷款增速在全国的排名由 2008 年全国第 29 位跃居全国前两位，其增速高于 GDP 增速 13～20 个百分点。

4.2　证券业和保险业的发展

4.2.1　证券业的发展

新疆地处我国西北部，特殊的地理环境和经济发展情况决定了该地区证券市场的形成和发展速度与全国平均水平存在一定差距，这也是新疆第一家上市公司迟至 1994 年才出现的原因。1994 年以后，新疆股票市场得到了快速发展，上市公司如雨后春笋般出现。截至 2010 年底，新疆共有上市公司 36 家，股票筹资额达到 230.4 亿元。由于达不到主板市场对发行企业债券的要求，2005 年以前新疆的债券融资额基本为 0，直到 2006 年出现第一家获准发行 6 亿元的短期企业债开始，新疆债券市场才显示出蓬勃的发展生机，规模不断扩大，市场化程度不断提高。截至 2010 年底，新疆债券市场累计筹资额总计达 200 亿元，其中仅 2010 年的筹资额就达到了 127 亿元，发展速度极其迅猛。近年来，企业资本的形成和扩张越来越多地依赖证券市场。

4.2.1.1 证券公司数量增加

2011年，新疆有地方法人证券公司1家（2006年宏源证券公司收购新疆证券公司），证券营业部70家，上市公司37家，数量位居西北五省区之首。累计发行A股为35只，H股为2只，总股本为231.77亿股，比2009年增长36.4%；流通股本为193.07亿股，增长46.5%；流通股本占总股本的83.3%；累计募集资金为618.09亿元，增长1.2倍。2012年新疆上市公司总数达到41家，居西北五省区首位，新疆企业通过证券市场融资超过前17年的总和。新疆上市公司主营业务涉及农业、金属材料、机械设备制造、纺织、建筑及房地产、能源、金融、食品饮料、城市供水等多个行业。上市公司的蓬勃发展，为推进新疆经济建设起到了重要作用。

2013年，新疆法人证券公司为1家，证券营业部为62家，从业人员为1415人；期货公司为2家，期货营业部为9家，从业人员为276人。证券交易额为7112.32亿元，比2012年增长77.8%；期货交易额为9871.48亿元，比2012年增长11.5%。新疆A股上市公司为40家、H股上市公司为5家，上市公司（家）数居全国第16位、西部12省（区、市）第2位（四川之后）；总股本为338.61亿股，比2009年增长为99.3%；股票市价总值为2650.78亿元，下降12.2%。2013全年通过发行、配售股票共筹集资金为155.06亿元。

4.2.1.2 证券市场交易额持续上升

2000—2018年，新疆的证券市场交易总额由1019.31亿元增加到8364.51亿元，18年间共增加7345.2亿元，年均增长12.40%；新疆的债券交易额增长较快，由2000年的456.51亿元增加到2018年的4573.49亿元，年均增速13.65%。这表明新疆的企业融资主要依赖债券市场的发展（见表4-2）。

表4-2 证券市场交易额变化 单位：亿元

年份	证券市场总交易金额	股票交易额	基金交易额	债券交易额
2000	1019.31	536.92	8.54	456.51
2001	1204.58	365.65	8.92	823.84

续表

年份	证券市场总交易金额	股票交易额	基金交易额	债券交易额
2002	1330.69	273.21	3.92	1026.93
2003	1648.33	344.34	3.19	1273.39
2004	2352.17	398.03	1.27	1930.89
2005	1129.25	272.44	0.81	823.70
2006	836.20	626.98	4.34	73.41
2007	4409.46	3965.54	26.12	29.72
2008	2748.53	2124.94	5.41	18.14
2009	5267.37	4623.15	4.14	64.29
2010	4644.43	4221.45	4.39	228.98
2011	3832.89	2712.77	42.50	1049.82
2012	3953.32	1815.54	26.82	2110.95
2013	6887.62	2827.18	52.14	4007.97
2014	8633.57	4570.99	174.31	3888.26
2015	21522.84	16749.67	986.16	3786.60
2016	9019.82	5189.77	85.18	3754.71
2017	12277.27	4978.23	539.92	6764.56
2018	8364.51	3553.81	235.17	4573.49

资料来源：根据 Wind 数据库、新疆维吾尔自治区统计局数据整理所得。

4.2.2 保险业的发展

新疆保险行业充分发挥经济补偿功能，积极参与社会管理，坚持持续、快速、协调、健康发展，着力开拓业务领域，在服务地方经济社会发展、促进新疆社会稳定和谐方面取得新成果，尤其是积极落实中央支农惠农政策，力推农业保险业务发展，服务农村经济建设，新疆政策性农业保险规模一直在全国名列前茅，为新疆“三农”工作提供了坚强保障。

4.2.2.1 保险机构数量攀升

保险机构数量连年攀升，2006—2016 年保险机构的平均增长率为 5.10%，财产险公司的分支机构平均增长率为 1.14%，寿险公司的分支机构平均增长率达到了 8.48%。2008 年，受全球经济危机的影响，新疆保险机构数量猛增，保险机构平均增长率达到22%，人们为了防范金融风险，增加了对财产的保险需求，财产险公司的分支机构增长率从2007的5%一跃达到30%。在此之后，保险机构数量的增长都呈现出平稳缓慢上升的趋势。2011年末，新疆保险主体为22家，保险机构为1514家，比2009年增加68家。其中，自治区分公司为27家，增加6家；地区级中心支公司为174家，增加24家；县级支公司为416家，增加72家；营销服务部为897家。各级保险机构不断向边远地区、农牧团场延伸。2013年末，新疆共有保险主体29家。保险机构为1714家，比2009年增加265家。其中，营销服务部为935家，营销营业部为4家。专业中介机构为37家，兼业保险中介机构为2776家。截至2016年末，新疆保险机构总数已经达到了1804家，其中财产险公司为669家，寿险公司为1135家。这表明新疆保险机构一直保持着健康、协调和稳定的发展状态（见表4–3）。

表4–3　保险机构数量变化

单位：家

年份	保险公司分支机构数	财产险公司	寿险公司
2006	1083	597	486
2007	1127	629	498
2008	1398	848	550
2009	1449	862	587
2010	1469	870	599
2011	1496	885	611
2012	1524	900	624
2013	1714	618	1096
2014	1743	634	1109
2015	1773	651	1122
2016	1804	669	1135

资料来源：根据Wind数据库、新疆维吾尔自治区统计局数据整理所得。

4.2.2.2　保费收入增长情况

从图4–3中可以发现，1980—2018年新疆的保费收入和支出均呈上升发展趋势。1980—1996年是新疆保险业的起步阶段，该时期保险保费和赔付额度相对较小，但仍然稳定增长。1997年开始，新疆保费收入突破10亿元大关，达到 12.85 亿元，成为新疆保险市场的重大突破。1998—2018 年，在前一阶段的增长基础上，新疆保险收入又实现了大飞跃，增长趋势进一步增强。

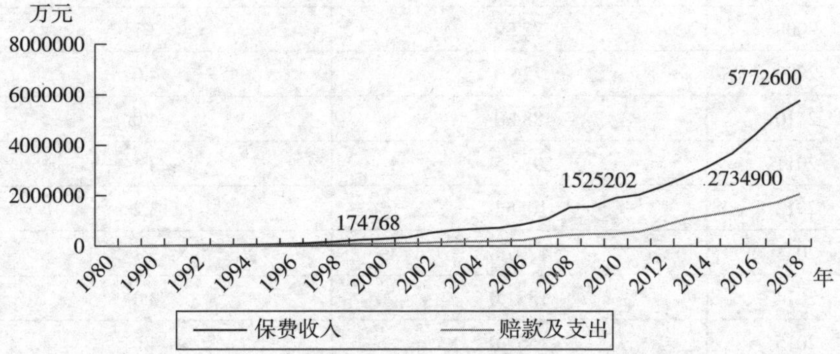

图 4–3　保险公司收入及赔付情况变化

资料来源：根据 Wind 数据库、新疆维吾尔自治区统计局数据整理所得。

2013—2017 年，新疆保险保费收入和赔付总额更是一路猛增。2013 年，新疆实现保费收入 273.49 亿元，同比增长 16.1%，增速高于全国平均水平 4.9 个百分点，高于西部平均水平 2.5 个百分点，高于西北五省区平均水平 1.1 个百分点；保费规模在全国排名第 25 位，在西部 12 省（区、市）排名第 7 位，在西北五省区排名第 2 位，年均增速达 14.9%。2013 年，全年赔付总额首次突破 100 亿元，达到 106.59 亿元，比 2009 年增长 45.1%，年均增长 22%。2017 年，保费收入 523.77 亿元，比 2013 年增长 91.5%，年均增速达 15.98%；全年赔付总额达到 173.39 亿元，比 2013 年增长 62.67%，年均增长 15.44%。保险保费收入和赔付总额基本上呈现同方向变化的趋势。

4.2.2.3　保险密度情况

表 4–4 显示，2006 年新疆保险密度仅为 417 元 / 人；2017 年，新疆保险密度达到 2182 元 / 人，短短 11 年间保险密度翻了五番，年均增长率达到 16.23%。同时，新疆保险深度也发生较大变化，2017 年，新疆保险深度为 4.8%，比 2006 年增长 1.9 个百分点。这表明新疆保险业依然保持着持续、快速、协调和健康发展的态势。

表 4–4 保险密度和深度变化情况

年份	保险密度（元/人）	保险深度/%
2006	417.0	2.9
2007	515.0	3.1
2008	727.9	3.7
2009	726.0	4.0
2010	884.0	4.0
2011	925.5	3.1
2012	1055.0	3.2
2013	1207.8	3.1
2014	1381.0	3.0
2015	1557.0	4.0
2016	1864.0	5.0
2017	2182.0	4.8

资料来源：根据 Wind 数据库、新疆维吾尔自治区统计局数据整理所得。

4.3 金融市场的发展

改革开放以后，随着金融体系的建立，新疆金融市场也得到了进一步发展，企业为了快速壮大自身规模，越来越依赖资本市场，促使新疆股票、债券融资发展十分迅猛。

1990 年，上交所和深交所的相继成立，拉开了中国股市的大幕，新疆企业积极寻求上市，开始通过发行股票的形式筹集资金。新疆第一家上市公司在 1994 年顺利上市。1994 年以后，新疆股票市场得到了快速发展，上市公司如雨后春笋般出现，新疆的融资结构开始改变。虽然银行贷款仍是新疆企业融资的主要渠道，但其在融资结构中所占的比重正在不断下降。与之相对应，股权融资和债券融资的比重呈现迅速上升的态势，企业资金的筹集越来越依赖证券市场，企业的融资需求越来越强烈，融资手段越来越多样化。

4.3.1　股票市场的发展

4.3.1.1　上市公司数量的增加

新疆第一家上市公司诞生于 1994 年，之后上市公司数量快速增加，1996 年同比增长 160.94%，达到历年来最高水平。而后新疆上市公司保持较为稳定的增长趋势：2003—2005 年，新疆上市公司数量一直保持在 27 家，没有增加；2012 年新疆上市公司总数达到 41 家，居西北五省区首位；截至 2018 年，新疆共有上市公司 55 家，上市公司平均年增长率达到 17.18%（见图 4–4）。

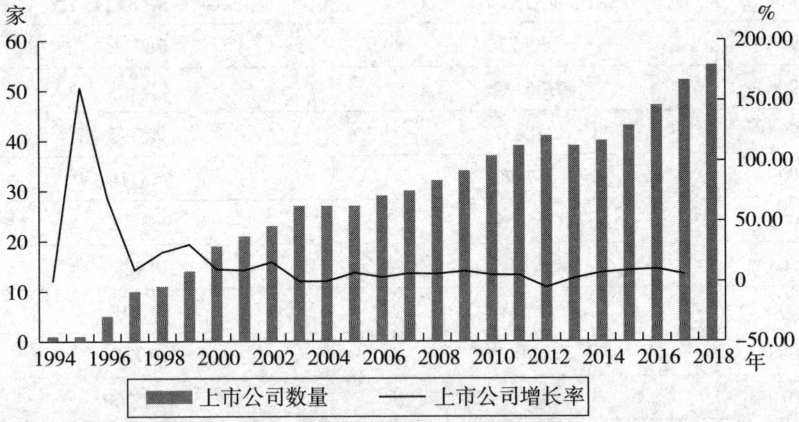

图 4–4　上市公司增长情况

资料来源：根据 Wind 数据库、新疆维吾尔自治区统计局数据整理所得。

4.3.1.2　股票筹资额的增长

新疆的股票总发行股本和股票总筹资额的发展趋势与新疆上市公司的发展趋势是完全一致的，1994 年，随着新疆第一家上市公司诞生，新疆股票市场开始获得发展。1994 年，新疆股票总筹资额为 7.69 亿元，在社会融资规模上首次出现股票融资；1996 年，新疆股票融资规模达到 17.43 亿元，短短两年时间，股票总筹资额突破 10 亿元，这是新疆资本市场的一大突破；1994—2008 年，新疆股票市场飞速发展，股票总股本平均增长率为 24.76%，股票总筹资额增长率达 18.46%；2009 年，受到国际金融危机的影响，新疆股票总筹资额仅为 43.6 亿元，同比减少 84.96%，但是股票总股本并没有受到很大的影响。2009—2018 年，新疆股票增长额呈现波动趋势。其中 2012 年、2013 年股票筹资总额同比大幅减少，增长率一度降到 –27% 和 –31%；2015—2018 年股票筹资额又获得了大幅增长，同比增长率两次超过 50%。正是由于企业有了更多的渠道和方式来筹集资金，所以新疆的资本市场呈现出多元化特征。这表明新疆金融市场在健康发展的同时，仍然存在一些不稳定性，资本市场的稳定发展有待提高（见表 4–5）。

表 4–5　股票市场情况

年份	股票总发行股本 / 万股	股票总筹资额 / 万元
1994	60875	76971
1996	135162	174348
1998	388437	446795
2000	657272	785710
2002	765659	963424
2004	836206	1074286
2006	1001883	804710
2008	1474875	1019715
2010	2054000	2135200
2011	2317700	1567700
2012	2666800	2042900
2013	3386100	1550600
2014	3616800	1135300
2015	5267600	2261100
2016	7686600	2664400
2017	8667800	4437900
2018	9317500	2005000

资料来源：根据 Wind 数据库、新疆维吾尔自治区统计局数据整理所得。

股票融资是企业外源融资的主渠道之一，其较银行信贷更为便利和更加“经济”的融资优势使得越来越多的企业倾向于通过发行股票来筹集资金。但是，新疆股票市场发展出现不稳定性与其企业质量密切相关。

一是新疆大中型企业数量较少、小企业数量所占比重较大，符合上市资格的企业数量偏少，这是新疆股票融资水平大幅波动的原因之一。因此，增加上市公司数量是根本。中小企业中，有能力和有希望上市的应努力发展自身，推进股权分置改革，为积极上市做好准备。国有大中型企业应积极改制上市。作为重点扶植的民族省份，新疆拥有许多国有企业和国有经济，其中一些或多或少存在亏损问题。针对这些国有企业，应及时认清发展形势，在政府的引导下，积极改制上市。

二是一些上市公司经营不善，丧失缺乏配股资格乃至面临退市的风险。目前，新疆一些上市公司由于经营业绩不佳，已不具备配股资格，如百花和中葡等。少数上市公司虽然具备配股资格，但是受到多方面因素的制约，配股存在极大的困难。还有一些上市公司由于经营不善，面临退市风险。针对这些情况，要想摆脱困境，上市公司可以采取资产重组的方式，通过大规模、有计划的资产重组，面临融资困境的上市公司将有望恢复融资能力，进入良性发展轨道。有能力、有潜力的中小企业应加快发展，推进股权分置改革，为积极上市做好准备。

4.3.2　债券市场的发展

4.3.2.1　债券市场的占比情况

新疆金融市场的发展除了占据第一位的股票市场的发展之外，还有债券市场的发展。股票、债券等融资工具的出现以及广泛使用，促使新疆的融资格局由银行主导向多元化发展。图 4-5 为 2000—2018 年新疆证券市场证券交易情况，新疆金融市场的发展主要表现为股票、债券和基金的发展，但是三者中基金发展的比重极小，新疆基金交易额在金融市场中的最大占比出现在 2015 年，也仅占 4.58%，其余年份大部分都在 1% 以下，所以新疆金融市场的发展以对股票市场和债券市场的分析为主。

从图 4-5 可以发现，股票交易额和债券交易额在证券市场交易额的比例呈现此消彼长的关系。当股票交易额增加的时候，债券交易额占比一定是下降的；同理，当债券交易额增加时，股票交易额在证据市场交易额中的占比一定是下降的。

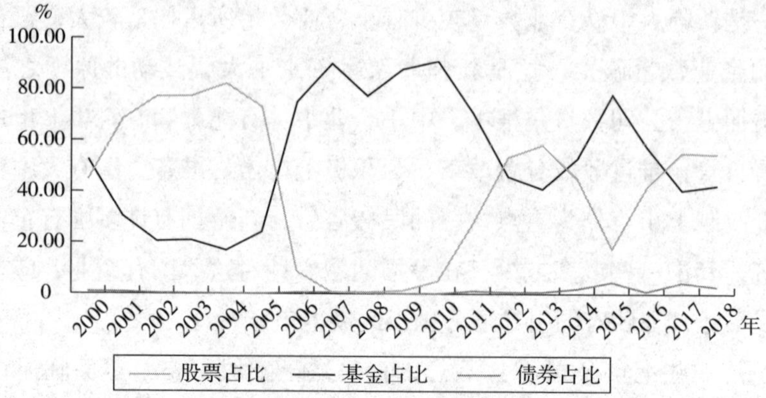

图 4-5　股票市场、债券市场和基金市场占比变化

资料来源：根据 Wind 数据库、新疆维吾尔自治区统计局数据整理所得。

从图 4-5 中我们不难发现，股票交易额和债券交易额两者的关系在 2000—2018 年可以分为四个阶段：第一阶段是 2000—2005 年，这段时间里债券交易额在新疆证券市场中占据主导地位，年平均占比达到 70.44%，股票交易额的年均占比只有 27.58%。第二阶段为 2006—2011 年，这一阶段和上一个阶段刚好相反，股票交易额在这一阶段扭转局势，占据资本市场的主导地位，股票交易额在证券市场交易额中的最大占比也是出现在这一阶段，为 2010 年的 90.89%，几乎占据了新疆整个证券市场。当然，股票交易额在占据较大比例的同时，就意味着债券交易受到挤兑。债券交易额占据整个证券市场额度的最小值也出现在了这一阶段，为 2008 年的 0.66%。2008 年前后，债券交易额占比都很小，分别为 2007 年的 0.67% 和 2009 年的 1.22%。第三阶段为 2011—2013 年，这一时期和第一阶段相似，债券交易额占比高于股票交易额占比，但是二者之间的差距缩小，2011 年两者占比仅相差 7.47%，2012 年两者占比相差 17.14%，这一时期新疆资本市场结构较为均衡。第四阶段为 2103—2018 年，这一时期和第二阶段相似，但是不同于第二阶段两者占比巨大差值的是，股票交易额和债券交易额占比差距进一步减小，但是仍然大于第三阶段的差距。由此本书认为，新疆金融市场中的股票和债券发展表现出此消彼长的关系，是金融市场发展的客观规律。

4.3.2.2　债券筹资情况

我国债券市场的发展起步较晚，自 1981 年恢复国债发行开始，中国债券市场在曲折中前行。从 1996 年末中央托管机构建立开始，债券市场逐渐步入正轨，无论是在市场规模、债券品种还是在市场主体上均得到扩展和丰富，而且交易活跃度不断上升，债券市场的重要性逐渐显现。由于达不到主板市场对发行企业债券的要求，2005 年以前新疆的债券融资额基本为 0，直到 2006 年才出现第一家获准发行 6 亿元的短期企业债券，之后陆续有企业通过发行企业债券尤其是短期融资券来筹集资金，新疆债券市场才显示出蓬勃的发展生机，规模不断扩大，市场化程度不断提高。

从表 4–6 可以看出，2006—2011 年新疆债券市场还未出现中期票据筹资的形式，债券市场只有中长期债券和短期融资券，在此期间债券筹资额不断攀升，2010 年债券筹资额首度突破 100 亿元，2011 年债券融资额突破 200 亿元，达到 242.2 亿元。2009—2010 年债券筹资额连续翻番增长，债券市场发展速度极其迅猛。

表 4–6　债券筹资情况　　单位：亿元

年份	债券筹资额	短期融资券筹资额	中期票据筹资额
2006	6.0	6.0	0.0
2007	16.0	16.0	0.0
2008	12.0	12.0	0.0
2009	39.0	29.0	0.0
2010	127.0	84.0	0.0
2011	242.2	87.0	0.0
2012	415.0	130.0	28.0
2013	168.4	104.0	0.0
2014	613.0	250.0	181.0
2015	579.0	335.0	244.0
2016	856.0	333.0	144.0
2017	103.0	–25.0	78.0

资料来源：根据 Wind 数据库、新疆维吾尔自治区统计局数据整理所得。

2012 年以后，在短期债券的基础上又出现了中期票据，筹资形式更加多元化。2012 年，新疆债券市场首次增加了中期票据融资额 28 亿元，同时该年债券市场的筹资总额比 2011 年增加了 172.8 亿元之多，同比增长 53.85%，位居西北五省区第 2，债券市场融资规模快速增长。但是 2013 年，情况突然出现大逆转，债券筹资额骤减至 168.4 亿元，同比减少 90.19%，其中短期债券筹资同比减少 22.31%，中期票据筹资同比减少 100%；2014—2016 年债券筹资额又开始回升，截至 2016 年，新疆金融市场债券筹资额达到 856 亿元，达到历年最高，这与上市公司的发展和金融市场的健康运行密不可分。随着金融市场的进一步发展，企业的资金需求越来越高，会催生出更多的融资方式来满足资金的供给，进一步促进资本市场的发展。

债券市场是股票市场的良好补充，二者相辅相成。与股票融资相比，企业债券尤其是短期融资券对于提高资金流动性更具优势。众所周知，我国企业债券市场一直处于压制发展状态，国家政策规定企业债券利率不得高于同期国债利率，国有商业银行和证券公司在完成分配的国债发行任务前，不得认购企业债券等，这些“额外条例”压制了企业债券的发展。新疆债券市场起步慢，过于严格的审批条件使得能够获得债券发行资格的企业屈指可数。如何在不违背国家大政方针的情况下，大力发展债券市场，是一个值得讨论的话题。因此，针对新疆特殊的战略发展地位和民族地位，应对其债券市场实施倾斜政策，促进债券市场合理发展。

针对新疆债券融资渠道狭窄的问题，可以从增加债券品种着手，还可以适当降低新疆企业发行企业债券的审批条件，以此来增加发行债券的企业数目，最终达到扩大债券发行规模的目的。另外，适当延长债券兑付期限，提高债券流动性水平。在政府的领导下，建立企业资信评级体系，督促企业调高资信水平，以此降低企业债券的兑付风险。加大创新力度，在企业债券的还款期限、利率等方面丰富企业债券的品种，以此实现扩大企业债券交易额的目的。

4.4 新疆金融发展与经济增长

改革开放以来，随着经济体制和金融体制改革的推进，新疆金融也获得了长足发展，金融的增长不仅将眼光放在金融的增长量上，也对金融发展质量提出了更高的要求。新疆作为“丝绸之路经济带”核心区，探究其金融发展和经济增长关系能够为金融更好地服务实体经济提供理论参考。本书根据1984—2017年新疆金融发展和经济增长的时间序列数据，构建衡量金融发展质量的金融指标，并运用协整检验和格兰杰因果检验对金融发展质量与经济增长的关系进行实证检验。结果表明，新疆金融发展质量同经济增长之间存在长期稳定的协整关系，其中金融发展质量每变动1%，经济增长变动1.73%；金融发展对于经济增长促进作用的时滞性使得二者的发展模式较为符合“需求追随论”。新疆经济增长的冲击对金融发展的影响更加显著，而金融发展对于经济增长变动的解释力度也在不断增强。

4.4.1 金融发展与经济增长关系的理论分析

金融发展与经济增长关系的研究历来是经济学界探索的热点问题，也是存在诸多争执的难点问题。国外早在20世纪初就在金融发展和经济增长方面做了开创性研究，其中，Schumpeter指出，一个国家运行良好的金融系统对该国人均收入水平和增长率具有积极的效应。对于二者关系的分析，主要是探究二者相关性和因果关系两大核心内容。从相关性来看，无论是理论研究成果中Mckinnon和Shaw（1973）的“金融深化”和“金融抑制”理论，还是Goldsmith（1969）在《金融结构与金融发展》一书中的论证，均表明潜在前提是金融发展与经济增长之间具有相关性。对于因果关系的研究，主要起源于早期的“需求追随型”和“供给领导型”两种假说。此后，随着1987年格兰杰因果检验的出现，大量学者进行了二者因果关系的实证研究。由于King和Levin（1993）、Demetriad（2004）对时间段进行不同的划分，Rioja et al.（2005）区分了国家类型差异，Rousseau

和 Wachtel（1998）、Levine 和 Beck（2000）将研究对象的内涵做了不同解释，从而导致了研究结论的差异性。其中，Jalil 和 Feridwn（2011）认为二者存在双向的因果关系；Ang 和 Mckibbin（2007）、Rao 和 Tamazian（2008）认为金融发展与经济增长仅存在单向因果关系；而 Hurli 和 Venety（2008）则认为二者之间存在一定的反馈作用，简单的格兰杰因果检验无法准确反映二者的因果关系。

由于金融发展的相对滞后，国内金融发展与经济增长关系的研究要晚于国外。在此背景下，国内学者对于二者相关性的研究基本相同，主要研究重点是探究二者的因果关系，并进行了大量的实证研究。对于股票市场与经济增长之间的相关关系，国内学者持有三种观点：一是认为股票市场对经济增长有促进作用。如谢洁（2002）通过实证研究，表明股票市场规模的扩大促进了我国经济的增长；胡宏海（2005）采用内生机制模型对股票市场与经济增长的关系进行实证分析，得出股票市场的发展在提高资本配置效率的同时，也会促进经济的发展。二是认为股票市场与经济增长存在负相关关系。如郑长德（2005）通过搜集 1990—2002 年 13 年间深圳和上海两个交易所的面板数据进行实证分析，得出中国股票市场与经济增长总体上存在明显的负相关关系的结论；耿青海（2006）通过研究股票市场规模、股市流通性以及收益率等因素与经济增长之间的关系，发现股票流通市场与经济增长之间基本呈负相关关系。三是认为股票市场与经济增长没有相关关系。如刘建和、曹建刚（2007）在对 1992—2005 年中国股市和宏观经济指标进行实证分析之后，认为股票市场对经济增长的促进作用有限，基本上可以忽略不计；梁琪、滕建州（2005）通过采用多元模型进行实证分析，同样得出股市发展与经济增长之间没有任何因果关系的结论。

由于金融结构视角、影响因素、发展阶段、区域范围的不同导致学者们在研究区域、方法、结论方面各有侧重。

一是从研究区域范围划分看：谈儒勇（1999）、王志强和孙刚（2010）、武志（2010）、杨友才（2014）从国家整体层面展开探究；冉光和等（2006）、周立等（2002）、马宏（2013）从各区域之间甚至各省份之间进行二者的关系分析；张富田（2012）、田晖（2015）等从单一省域层面对二者的关系进行研究。

二是从实证方法看，为克服使用普通最小二乘法时样本数据异质性导致的遗漏变量问题、小样本带来的检测性偏误问题，学者们积极寻找合适的工具变量。虞文美等运用 GMM、2SLS 以及系统方程建模等方法来更加准确地进行二者关系的探究；陆静（2012）认为广义矩估计（GMM）要求的数据类型是面板数据，对于时间序列数据则不适用，2SLS 则对于工具变量的要求较高，若可选指标较少，合理内生解释变量的选用则成为难题；马铁群等（2012）、郭志仪等（2013）认为系统方程建模若选用时间序列数据时，可以运用 VAR 模型、向量误差修正模型（VECM），并且使用格兰杰因果检验进行二者关系的论证。

三是从研究结论看，可以分为不存在因果关系、存在单向的因果关系和互为因果关系三种模式。其中，李泽广等（2007）研究发现：20 世纪 60 年代到 1978 年这一阶段，我国的金融发展与经济增长的关系模式为“双向因果”；1978—1994 年转变为“互不为因果”；1994 年之后为金融发展导致经济增长的“单向因果”模式。

四是田卫明（2017）、江春（2013）认为由于考虑的前提条件不同、资源配置和发展程度差异以及二者影响渠道、机制不同导致了金融发展抑制或促进经济增长的结论同时存在。本书认同金融发展与经济增长之间存在“双向因果”的关系，即同时符合“需求追随”和“供给领导”的理论，而具体更符合哪种类型取决于经济发展所处的阶段和金融发展程度。

已有的文献为本书提供了参考和借鉴，但是还存在以下三个方面的不足：一是在研究区域范围的选择方面，学者大都选择国家、区域或者省份之间比较研究，而对于国家、区域和省份之间的差异性、可比性没有做出合理的解释。此外，对于单一省份的研究较少，特别是对新疆金融发展分析的文献更少，理论基础的缺乏不利于新疆的金融发展和经济建设。二是在因果关系分析层面，大多数文献都是对二者的长期关系采用了协整分析和格兰杰因果检验方法进行探究，但就二者短期的影响、因果关系则鲜有涉及。三是在指标的选取方面，现有文献中金融发展的测度多以“量”（金融规模）或者“质”（金融效率）的某一方面进行评价，鲜有文献同时结合规模和效率两个方面在金融发展与经济增长的关系领域进行测度，这为本书的研究提供了创新的可能。基于已有研究成果，本书尝试构造一个同时考虑金融发展“量”与“质”的指标（金融发展质量指数），结合经济增长数据进行协整分析，并借助格兰杰因果检验和方差分解方法，探究金融发展和经济增长之间的关系，为提升新疆金融发展质量和协调金融发展与经济增长的关系提供理论参考。

4.4.2 变量选取与数据来源

4.4.2.1 变量选取

书中采用两个指标来探究金融发展质量和经济增长之间的关系。第一个指标是金融发展指数（FDI），将其作为解释变量来衡量金融发展质量。其计算方式为：FDI=FIR × FE；其中，FIR 表示金融相关率，FE 表示金融效率。根据 Goldsmith 的基本思想，陶春生（2015）指出，金融相关率（FIR）是指区域金融资产市场总值与区域经济活动总量的比值，但现实中金融资产市场总值的衡量较为困难。因此，本书借鉴目前学者普遍使用的金融机构存款余额与贷款余额的总和与 GDP 的比值来作为衡量金融发展的替代指标变量。当然，单纯只用金融相关率只能体现区域内金融资产的相对存量，无法衡量存量中有效资产的比率。为了能够对金融资产存量中使区域经济产生作用和影响的部分进行有效衡量，进一步选取金融机构存款和贷款的比值作为金融效率（FE），它表示金融机构对资金配置的处理速度，即金融机构将储蓄转换为投资的效率。由此，金融相关率（FIR）和金融效率（FE）的乘积可以看作有效衡量金融资产的相对存量中真正有效资产运作的部分。因此，使用二者乘积表示的金融发展指数可以更加科学地衡量金融发展程度，较金融发展规模 FIR 值更具合理性。第二个指标是新疆人均实际 GDP（SADGP），作为被解释变量来衡量新疆经济增长水平。选择这一指标的目的是消除劳动力规模扩张引起的经济增长和物价上涨因素的影响。

4.4.2.2 数据来源

本书以新疆金融发展质量与经济增长关系为研究对象，利用 1984—2017 年新疆金融机构存贷款余额、新疆地区总人口数、新疆地区生产总值数据和地区生产总值指数数据，分别测算出新疆金融相关率FIR、金融效率FE、金融发展指数FDI和人均实际GDP（SAGDP）。书中数据来源于Wind数据库，《新疆统计年鉴》《中国统计年鉴》，中国人民银行发布的各年份《新疆维吾尔自治区金融运行报告》，国家统计局官网以及中国经济社会大数据研究平台。

4.4.2.3　研究方法

金融发展质量的好坏不仅对其自身发展产生了显著的影响，而且对经济的发展也会造成一定的影响，从而影响经济增长。基于二者这种复杂的作用关系，本书运用协整分析，同时结合基于VAR模型的格兰杰因果检验和方差分解法来厘清二者的因果关系及相互作用程度。

一是格兰杰因果检验。时间序列X、Y之间的格兰杰因果关系定义为，若在包含了变量X、Y的过去信息的条件下，对变量Y的预测效果要优于只单独由Y的过去信息对Y进行预测的效果，即变量X有助于解释变量Y的将来变化，则认为变量X是引致变量Y的格兰杰原因。

二是方差分解。方差分解是通过分析每个结构冲击对于内生变量变化的贡献度（通常用方差百分比形式度量）来揭示变量之间相互影响，进一步评价不同结构冲击的重要性，即分析系统内各分量对内生变量的贡献值，从而反映出各信息对模型内生变量的相对重要性，为分析经济问题提供重要信息。

4.4.3　实证分析

4.4.3.1　模型构建

向量自回归模型（VAR）是基于数据的统计性质建立模型，把系统中的每个内生变量作为系统中所有内生变量的滞后值的函数来构造模型，可以用来描述几个变量之间共同变动的关系，从而将单变量自回归模型推广到由多元时间序列变量组成的“向量”自回归模型。它常常用于预测相互联系的时间序列系统及分析随机扰动对变量系统的动态冲击，从而解释各种经济冲击对经济变量形成的影响。通过其变形（模型的移动平均形式）还可以计算出其中一个变量的微小变化对其他变量产生的影响。因此，本书选择 VAR 模型作为变量间关联机制分析模型的构建基础。经检验，VAR 模型所有根的倒数全部在单位圆内，满足稳定性条件，可以作进一步分析。基本模型如下：

$$Y_t = c + \sum_{i=1}^{k} A_i Y_{t-i} + \varepsilon_t \tag{4-1}$$

其中，Y_t 代表金融发展与相关指数的序列，c 代表常数项，k 代表模型的滞后阶数，A_i 代表模型待估计的参数矩阵，ε_t 代表随机残差向量。

4.4.3.2 数据处理

为了剔除个别变量间存在的异常关系、平滑时间序列指数关系以及消除异方差，对金融发展指数和人均实际 GDP 取自然对数来进行检验和分析，分别表示为 lnFDI 和 lnSAGDP。具体原数据和测算结果见表 4–7。

表 4–7 变量的平稳性检验

变量	检验类型	ADF 值	1% 临界值	5% 临界值	10% 临界值	单位根	平稳性
ln*FDI*	（C.0.0）	–0.298	–3.709	–2.983	–2.623	存在	不平稳
△ ln*FDI*	（C.0.0）	–6.092	–3.716	–2.986	–2.624	不存在	平稳
ln*SAGDP*	（C.T.0）	–1.885	–4.325	–3.576	–3.226	存在	不平稳
△ ln*SAGDP*	（C.T.0）	–4.525	–4.324	–3.58	–3.283	不存在	平稳

注：Δ 表示一阶差分；检验类型（C.T.P）分别表示是否包含常数项、时间趋势项、滞后阶数。

4.4.3.3 单位根检验

自变量金融发展指数 FDI 和因变量人均实际 GDP（SAGDP）都是由时间序列数据测算得出的，因此需要对这两列时间序列进行平稳性检验，对各变量及其一阶差分进行 ADF 单位根检验，借助计量经济学软件 Stata1 4.0 输出检验结果，如表 4–8 所示。

表 4–8 残差 *e* 的单位根检验结果

变量	检验类型	ADF 值	1% 临界值	5% 临界值	10% 临界值	单位根	平稳性
e	（C.0.0）	–3.258	–3.709	–2.983	–2.623	不存在	平稳

注：检验类型（C.T.P）分别表示是否包含常数项、时间趋势项、滞后阶数。

通过表中的结果可以看出，lnFDI 和 lnSAGDP 的 ADF 值在 1%、5%、

10% 的水平上都大于临界值，即认为两个序列含有单位根，也就是不平稳序列。而其一阶差分序列的 ADF 值在 1%、5%、10% 的水平上都小于临界值，即认为两个时间序列不存在单位根，也就是平稳序列。这意味着自变量和因变量在 1% 的置信水平下皆为一阶单整，故可以进行协整检验。

4.4.3.4　协整检验

因变量和自变量满足一阶单整的情况，因此可以进行协整检验。本书使用 EG–ADF 两步法对变量进行协整检验。

以 lnFDI 作为自变量，以 lnSAGDP 作为因变量用普通最小二乘法进行协整回归，得到协整方程：

$$lnSAGDP = 5.8939 + 1.7383lnFDI \quad (2)$$

$$(45.04)\ (13.65)$$

$$R^2 = 0.8612 \quad Adj - R^2 = 0.8566 \quad F=186.22$$

从回归结果可以看出，变量的各个系数值很显著，拟合程度较高，为 0.8612，整体方程的 F 值为 186.22，远高于临界值。这表明模型拟合结果符合统计意义上的检验，较为显著。金融发展质量的系数值为 1.7383，表明金融发展质量每变动 1%，经济增长变动 1.7383%，二者存在显著的正相关关系。

继续生成残差序列 e，并对残差序列 e 进行 ADF 检验，确定其是否为平稳序列。检验结果如表 4–9 所示，在 5% 的置信水平下，残差序列 e 的 ADF 值小于临界值，可以判定残差序列是平稳的，故金融发展指数和人均实际 GDP 存在长期稳定的协整关系。

表 4–9　方差分解结果

时期	1	2	3	4	5	10	15
变量				ln*SAGDP*			
ln***SAGDP***	1.0000	0.9841	0.9584	0.9307	0.9046	0.8177	0.7772
ln***FDI***	1.0000	0.0159	0.0416	0.0693	0.0954	0.1823	0.2227
变量				ln*FDI*			
ln***SAGDP***	0.2163	0.2006	0.1888	0.1812	0.1771	0.1838	0.2021
ln***FDI***	0.7837	0.7994	0.8112	0.8188	0.8229	0.8162	0.7979

4.4.3.5 格兰杰因果检验

自变量和因变量满足一阶单整且协整，因此，本书运用变量一阶差分形式的格兰杰方法来分析检验金融发展质量和经济增长孰为因，孰为果。使用统计软件 Stata1 4.0 对自变量和因变量选取不同的滞后期进行格兰杰因果检验，检验结果如表 4–10 所示。

表 4–10 格兰杰因果检验

原假设	*P* 值					
	滞后 1 期	滞后 2 期	滞后 3 期	滞后 4 期	滞后 5 期	滞后 6 期
ln*FDI* 非 ln*SAGDP*	0.068*	0.129	0.162	0.076*	0.0565*	0.023**
ln*SAGDP* 非 ln*FDI*	0.001***	0.000***	0.000***	0.000***	0.000***	0.000***

注：表格中 *、**、*** 分别表示对应在 10%、5%、1% 的置信水平上；检验表中 lnFDI 非 lnSAGDP 表示 lnFDI 不是 lnSAGDP 的格兰杰原因；*P* 值结果中，只要带 * 就表示拒绝原假设。

由检验结果可以看出，新疆的金融发展质量与经济增长之间存在着一定时期的滞后，二者存在着不对称的格兰杰因果关系。经济增长始终是金融发展质量的格兰杰原因，而金融发展质量并不总是经济增长的格兰杰原因。除中期外，金融发展质量在短期和长期才是经济增长的格兰杰原因。这是因为：① 在短期（1 年以内），人均实际 GDP 在 10% 的置信水平上可以拒绝金融发展指数不是其格兰杰原因的原假设，证明金融发展指数是人均实际 GDP 的格兰杰原因，即金融发展质量变化是引起经济增长变化的格兰杰原因；② 在中长期（2～3 年），人均实际 GDP 无法拒绝金融发展指数不是其格兰杰原因的原假设，无法证明金融发展指数是人均实际 GDP 的格兰杰原因，即金融发展质量的变化不是引起经济增长的格兰杰原因；③ 在长期（3 年及以上），人均实际 GDP 分别在 10% 和 5% 的置信水平上可以拒绝金融发展指数不是其格兰杰原因的原假设，证明金融发展指数是人均实际 GDP 的格兰杰原因，即金融发展质量变化是引起经济增长变化的格兰杰原因；④ 无论是短期、中期还是长期，金融发展指数均能够拒绝人均实际 GDP 不是其格兰杰原因的原假设，因此可以证明人均实际 GDP 是金融发展指数的格兰杰原因，即经济增长始终是金融发展质量变化的格兰杰原因。

格兰杰因果检验表明，新疆金融业发展落后导致金融发展质量与经济增长之间存在着一定时滞，短期和长期二者互为因果，中长期经济增长是金融发展质量的格兰杰单向原因。这说明经济增长始终是金融发展的基础，并产生了对金融服务的更多需求，促使金融业不断发展，金融发展质量不断提升。而金融发展的供给并不总能作用于经济，二者的关系较为符合“需求追随”理论。具体作用机制如下：在短期，金融发展质量的提升能够很好地影响经济增长，表明金融发展质量的提升会在资金的有效配置方面起显著作用。在中长期，经过一定时期的发展后，金融对于经济增长的支持则变得乏力，在统计意义上的影响效果不显著，变为经济增长的非格兰杰原因。这说明金融发展质量的提升在资金资源的中长期配置方面并不能直接对经济增长产生显著影响，同时也说明了二者之间存在不协调性。在长期，这种支持效果逐渐显现并越发明显，说明随着金融发展质量的提升，前期对于其调整的效果逐渐显现，资金资源配置的能力不断增强，同时很大程度上在经济增长过程中成为中坚力量。

4.4.3.6 *方差分解分析*

将解释变量和被解释变量进行方差分解得到第1～5期、第10期和第15期的方差分解结果，如表4–11所示。

表4–11 方差分解结果

时期	1	2	3	4	5	10	15
变量	ln*SAGDP*						
ln*SAGDP*	1.0000	0.9841	0.9584	0.9307	0.9046	0.8177	0.7772
ln*FDI*	1.0000	0.0159	0.0416	0.0693	0.0954	0.1823	0.2227
变量	ln*FDI*						
ln*SAGDP*	0.2163	0.2006	0.1888	0.1812	0.1771	0.1838	0.2021
ln*FDI*	0.7837	0.7994	0.8112	0.8188	0.8229	0.8162	0.7979

由表4–11可以得出：经济增长和金融发展对于各自变动的承载力度（解释力度）较强，维持在80%左右，对于互相之间变动的承载力度（解释力度）较弱，维持在20%左右。其中金融发展对于经济增长变动的解释力

度不断增强，金融发展的作用越发显著。具体分析如下：① 经济增长和金融发展质量主要受自身的影响，分别承载了各自影响的 77.72% 和 79.79%，并且在长期二者对于冲击的解释力度基本趋于一致；② 金融发展对于经济增长变动的承载力度（解释力度）较小但始终不断增长，在第 2 期为 1.59%，到第 15 期时达到 22.27%；③ 经济增长对于金融发展质量变动的承载力度（解释力度）数值呈现“U”形特征，但始终维持在 20% 左右。可以看出，在第 1 期时经济增长对于金融发展质量的解释力度为 21.63%，但在第 5 期下降为 17.71%，而在第 15 期又增长为 20.21%。

4.4.4 结论与建议

4.4.4.1 主要结论

本章结合 1984—2017 年新疆金融发展质量和经济增长的数据，构建了金融发展质量指数这一指标，运用协整检验、格兰杰因果检验和方差分解分析，对新疆的金融发展质量提升和经济增长的关系进行了实证探究。与已有的研究不同，文中对金融发展的测度做了相应的改进，同时结合金融规模（量）和金融效率（质）并构造金融发展质量指数，更加科学地衡量金融发展的状况，并得出如下结论。

（1）新疆金融发展质量与人均实际 GDP 之间存在显著的长期协整关系，金融发展质量的提升对于经济增长具有正向推动作用。从协整检验结果来看，金融发展质量每变动 1%，经济增长变动 1.7383%。

（2）从格兰杰因果检验来看，新疆金融发展质量与经济增长的关系符合“需求追随”理论。经济增长对于金融的发展始终起到支撑作用，而金融发展质量对于经济增长的促进存在时滞性。这是因为新疆金融体系的不完善、基础薄弱导致其资金配置效率低下，从而使得其对于经济发展的促进产生了时滞现象。

（3）从金融发展质量和经济增长对各自变动的反映效果来看，二者对其自身的正向刺激作用大于对彼此的正向刺激作用。方差分解分析显示，金融发展质量和经济增长对于各自变动的承载力度（解释力度 80%）大于对互相之间变动的承载力度（解释力度在 20% 左右），表明金融发展对于经济增长变动的解释力度不断增强，金融在经济发展过程中的地位不断上升。

（4）从金融发展质量和经济增长对相互变动的反映效果来看，经济增长的冲击对金融发展质量的影响更加显著，金融发展质量对于经济增长变动的解释力度不断增强。这说明经济发展是金融发展的坚实基础，同时金融发展在经济增长过程中的地位越发重要。

4.4.4.2 政策建议

为促进新疆金融发展质量与经济增长的协调发展，本章提出以下三点建议。

（1）提高金融资源配置效率，发挥金融发展对经济增长的强力助推作用。

新疆应把握好“丝绸之路经济带”核心区建设机遇，灵活运用信贷政策和产业政策，加强对“三去一降一补”的支持力度，逐步发挥金融业对经济增长的带动作用，形成金融与经济之间协调发展的良性互动机制。从金融资源配置的速率而言，要合理利用互联网平台的便利性完善信贷需求的有效对接，切实解决信息不对称矛盾，促进信贷资源优化配置；从金融资源配置的有效性而言，要准确把握国家政策，引导社会资金和民间资本积极流向具备资源优势、区域经济特色、经营稳健等特征的优质企业，以达到金融资源配置最优、经济效益最大的目的，间接调整经济结构，实现经济发展方式的转变。

（2）推进金融产品创新，促进金融产品和金融服务“脱虚向实”。

随着“丝绸之路经济带”核心区金融服务中心建设提速，国内外金融机构将加快布局新疆，加速资金流通。因此新疆的金融机构应当加快金融产品创新步伐，丰富资本市场产品，深化金融标准化战略，提升金融服务能力，更好地服务于实体经济。对于金融产品创新而言，一是加快金融机构对金融工具的创新，不断完善金融期货、金融期权等金融衍生工具产品市场；二是金融机构在对中小企业的支持上，要从有形资产向虚拟资产转变，尤其是对于一些高新技术的中小企业，要从一般的金融产品向技术含量高的金融产品转变。对于提升金融服务而言，一是建立金融科技创新管理机制，明确创新管理准则、目标和流程，制定创新验证与风险评估规程，引导金融科技创新正确应用；二是建立健全系统重要性金融机构和金融控股公司的监管标准，金融基础设施建设、运营和管理标准，金融资产管理产品等跨市场交叉性金融产品标准。

（3）加大金融业监管力度，积极防控金融风险。

互联网支付、网络借贷、股权众筹融资和网络金融产品销售等新兴金融业态快速发展，高杠杆率、债务违约、互联网金融等风险有所积累，需对银行信贷资产质量、金融稳定等方面重点关注。首先，应建立涵盖金融产品与服务、金融基础设施、金融统计、金融监管与风险防控的新型金融业标准体系，加强金融运行监测和风险分析。其次，应建立并完善银行间市场风险协调机制，加强债券兑付风险预警与防控管理。最后，应把握好支持实体经济和防范金融风险的平衡点，形成逆周期监管的风险控制模式，重点加大对系统性风险的监测和控制，保障金融系统稳定运转。

参考文献

［1］GOLDSMITH R W.Financial structure and development[M]. New Haven：Yale University Press，1969.

［2］MCKINNON R I.Money and capital in economic development［M］. Washington D.C.：The Brookings Institution，1973.

［3］LEVINE R，ZERVOS S. Stock market，banks，and economic growth［R］.World Bank Policy Research Working Paper.，No.1690，1996.

［4］AGHION P，HOWITT P，MAYER-FOULKES D.The effect of financial development on convergence：theory and evidence［J］.Quarterly Journal of Economics，2005，120（1）：173-222.

［5］郑长德．中国西部地区金融发展与经济增长［M］．北京：民族出版社，2007：211-219.

［6］王圣达．金融发展与经济增长研究文献综述［J］．江西金融职工大学学报，2009（5）：73-77.

[7] 王广谦.经济发展中的金融的贡献与效率[M].北京：中国人民大学出版社，1997.

[8] 韩廷春.金融发展与经济增长——理论、实证与政策[M].北京：清华大学出版社，2002.

[9] 殷德生，肖顺喜.体制转轨中的区域金融研究[M].上海：学林出版社，2000.

[10] 周立.金融发展促进经济增长的理论综述[J].经济学动态，2003（9）：68-73.

[11] 谈儒勇.金融发展与经济增长：文献综述及对中国的启示[J].当代财经，2004（12）：42-47.

[12] 朱闰龙.金融发展与经济增长文献综述[J].世界经济文汇，2004（6）：46-64.

[13] 米建国，李建伟.我国金融发展与经济增长关系的理论思考与实证分析[J].管理世界，2002（4）：23-30.

[14] 赵振全，薛丰慧.金融发展对经济增长影响的实证分析[J].金融研究，2004（8）：94-99.

[15] 陈军，王亚杰.我国金融发展与经济增长互动关系研究[J].中国软科学，2002（8）：48-51.

[16] 史永东，武志，甄红线.我国金融发展和经济增长关系的实证分析[J].金融预测，2003（4）：2-7.

[17] 杨德权，梁艳.金融发展与经济增长：国外研究综述[J].财经问题研究，2005（2）：16-19.

[18] 钱方明，孙克，汤钟尧.区域金融发展与经济发展关系实证研究——以浙江为例[J].上海金融，2008（6）：69-72.

[19] 谢太峰，王子博.北京区域金融发展与区域经济增长关系的实证研究[J].金融理论与实践，2008（9）：42-45.

第5章　新疆贸易发展与口岸建设

根据新经济增长理论，贸易开放可以通过产出效应和技术溢出效应来促进生产率的提高和经济增长，而区域市场一体化也有助于推动制造业专业分工的深化。因此，对外贸易和对内贸易对一个国家和地区的经济增长具有先导性和推动作用。新疆地处欧亚大陆腹地，处于东西方文化的交汇处，占据一定的地缘优势，成为我国向西开放的重要通道。新疆不断发挥区位优势，利用其特殊的自然环境大力发展贸易。70年间，新疆对内、对外贸易从无到有、从小到大发展起来，为新疆的经济增长增添了浓墨重彩的一笔。

5.1　对内贸易的发展

对内贸易衡量的是一个国家或地区消费品市场的发展水平，主要衡量指标为该国或地区的社会消费品零售总额。按经营地统计划分，社会消费品零售额分为城镇消费品零售额和乡村消费品零售额；按消费类型统计划分，社会消费品零售额分为商品零售额和餐饮业收入额。

70年来，随着经济建设的快速发展，新疆流通体制改革步伐进一步加快，城乡市场进一步开拓，流通现代化进程得以推进，有力地促进了流通产业的快速发展，为扩大商品流通、平抑市场物价、繁荣城乡经济、促进工农业发展、保证各族人民群众生产和生活需要、推动社会主义现代化建设作出了重要贡献。由此，新疆形成了以商贸城、边疆宾馆、新疆众赢电子广场、新疆华凌综合市场、广汇美居物流园、新疆明珠花卉市场、棉花期货交易市场、乌鲁木齐北园春农副产品批发市场等一批行业前景好、交易规模大、增长潜力大、辐射功能强的龙头市场，这些消费品市场具有资金雄厚、科技含量高、配套设备全、服务现代化的特点，对新疆商品交易市场体系发展和消费品流通起到了十分重要的作用，在全国和西北五省区都有一定的影响力，对新疆重点城市发挥向西开放的“桥头堡”优势，打造现代化国际商贸城有明显的促进作用。

5.1.1 社会消费品零售总额的增长

1950 年发展至今，新疆社会消费品零售额从 1950 年的 2.19 亿元增长至 2018 年的 3186.97 亿元，70 年间增长了 1455.23 倍。本章以改革开放为界，从两个阶段分析新疆地区社会消费品零售额的变化情况。

第一阶段：1950—1977 年，该阶段为震荡增长时期。从图 5-1 可以看出，1950—1977 年新疆社会消费品零售额总体来说处于一种线性增长的趋势，从 1950 年的 2.19 亿元增长至 1977 年的 19.35 亿元，增长了 8.8 倍。从增长率来看，1950—1977 年的平均增长率为 8.42%，增速平稳。

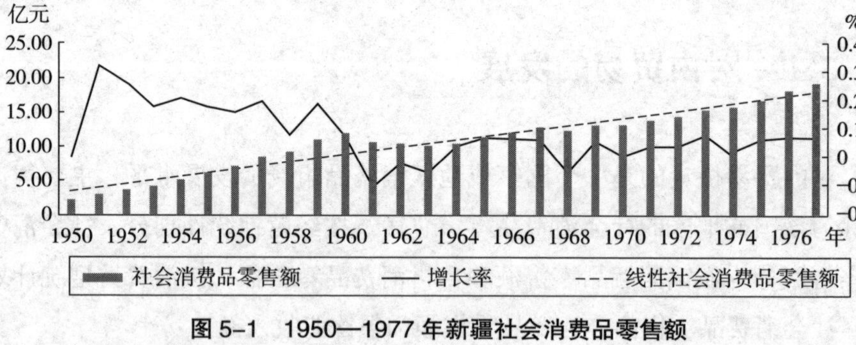

图 5-1 1950—1977 年新疆社会消费品零售额

资料来源：《新中国六十年统计资料汇编》。

第二阶段：1978—2018 年，该阶段社会消费品零售额加速增长。从图 5-2 中可以看出，改革开放以来，新疆的社会消费品零售额处于指数增长趋势，从 1978 年的 21.89 亿元增长至 2018 年的 3186.97 亿元，增长了

145.59倍，年平均增长率为13.26%。2017年，新疆实现全社会消费品零售总额为3044.58亿元，突破了3000亿元大关，并在2018年得到进一步发展。

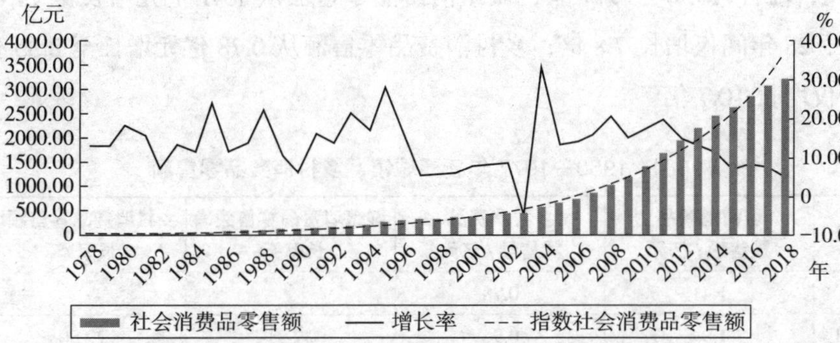

图5-2　1978—2018年新疆社会消费品零售额

资料来源：《新中国六十年统计资料汇编》《新疆统计公报》。

2018年，新疆社会消费品零售总额达到3186.97亿元，比2017年增长5.2%。分类型看，在社会消费品零售总额中，粮油、食品类零售额比2017年增长4.6%，饮料类增长10.2%，化妆品类增长3.5%，中西药品类增长5.8%，家具类增长9.6%，通信器材类增长18.0%，建筑及装潢材料类增长5.6%，石油及制品类增长8.1%；而汽车类比2017年下降10.1%，家用电器和音像器材类下降7.4%，服装、鞋帽、针纺织品类下降4.8%，日用品类下降3.8%，烟酒类下降0.5%，金银珠宝类下降0.1%。①

5.1.2　城乡消费品零售市场的发展

70年来，新疆城乡居民经过艰苦奋斗使新疆一穷二白的面貌得到彻底改变，实现了经济社会发展的历史性跨越。据统计，城镇消费品零售总额和乡村消费品零售总额均有大幅度提升。

① 数据来源：《新疆维吾尔自治区2018年国民经济和社会发展统计公报》。

5.1.2.1　城镇、乡村消费市场分析

改革开放前，全国处于强计划经济时代，新疆也不例外。这个时期商品、物资短缺，凭票定量供应，城镇和乡村的消费市场不景气。从表 5–1 中可以看出，1950—1977 年，城镇消费品零售额从 1.41 亿元增长至 11.02 亿元，28 年间仅增长 7.8 倍；乡村消费品零售额从 0.78 亿元增长至 8.33 亿元，仅增长 10.7 倍。

表 5–1　1950—1977 年新疆城镇、乡村消费品零售额

年份	城镇消费品零售额 / 亿元	乡村消费品零售额 / 亿元	城镇消费品零售额增长率 /%	乡村消费品零售额增长率 /%
1950	1.41	0.78		
1951	1.94	0.96	37.91	22.50
1952	2.36	1.31	21.39	36.14
1956	4.68	2.47	21.84	7.40
1960	6.42	5.49	–2.40	22.57
1961	5.80	4.88	–9.67	–11.07
1962	5.63	4.92	–2.90	0.73
1965	5.31	5.99	1.77	12.47
1966	6.16	5.97	16.15	–0.32
1968	6.62	5.68	–0.66	–9.72
1969	7.35	5.78	11.04	1.84
1972	8.10	6.25	3.14	5.03
1973	8.93	6.54	10.28	4.71
1974	9.07	6.74	1.58	2.98
1975	10.10	6.75	11.36	0.22
1976	10.49	7.64	3.93	13.22
1977	11.02	8.33	4.97	8.98

资料来源：《新中国六十年统计资料汇编》。

从图 5–3 可以看出，新疆城镇和乡村消费品零售额的增长率并不稳定，呈波浪形发展。1959—1977 年，新疆城镇、乡村消费品零售额呈现负增长的情形，并一直维持在较低的增长水平上。这表明改革开放前新疆消费市场不活跃，消费不能有效推动地区经济发展。

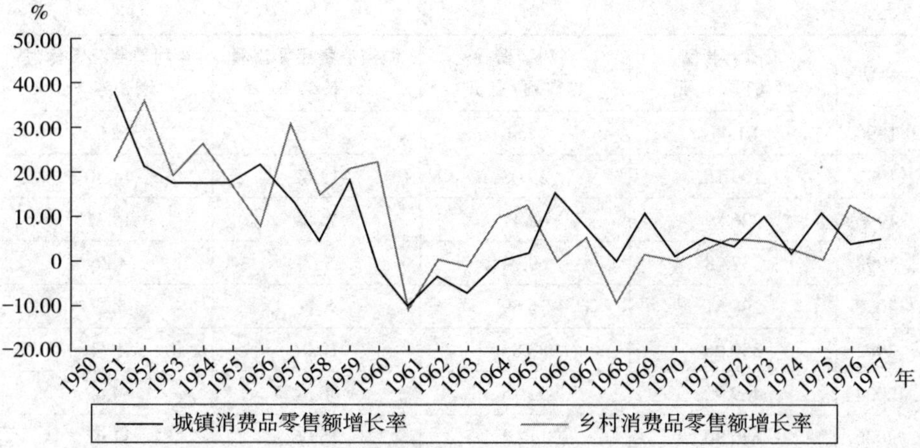

图 5–3　1950—1977 年新疆城镇、农村社会消费品零售总额增长率

资料来源：《新中国六十年统计资料汇编》。

改革开放以来，新疆逐步形成了现代流通格局，消费市场结构变化巨大。这主要源于新疆相继改革计划管理体制，改革工业品、农副产品购销形式；实行政企职责分开，扩大企业自主权；改革商业批发体制，小型零售企业放开经营；大中型企业实行多种形式的承包经营责任制；施行了各种形式的横向经济联合；试行企业“四放开”经营和国有民营改革；建立现代企业制度；等等。

由表 5–2 可知，按不变价格计算，2018 年新疆城镇社会消费品零售总额为 2882.25 亿元，比 1978 年增长 235.67 倍；2018 年新疆农村社会消费品零售总额达到 304.72 亿元，比 1978 年增长 31.58 倍。

表 5–2　1978—2018 年新疆城镇、乡村消费品零售总额

年份	城镇消费品零售额 / 亿元	乡村消费品零售额 / 亿元	城镇消费品零售额增长率 /%	乡村消费品零售额增长率 /%
1978	12.23	9.65	11.04	15.90
1980	17.11	12.25	17.53	19.84
1982	21.32	15.10	11.92	0.46
1984	26.70	19.44	13.86	8.73
1986	43.63	20.27	23.76	–8.42
1988	66.11	22.59	35.10	–3.71

续表

年份	城镇消费品零售额/亿元	乡村消费品零售额/亿元	城镇消费品零售额增长率/%	乡村消费品零售额增长率/%
1990	81.44	22.86	9.16	-2.90
1992	109.16	29.08	13.62	14.30
1996	226.89	68.47	15.89	18.31
1998	257.78	69.74	5.69	4.86
2000	298.81	75.69	8.47	5.23
2002	359.06	83.83	10.04	4.74
2004	469.90	93.75	30.34	54.62
2006	620.80	112.4	15.06	11.67
2008	891.63	149.87	22.08	17.90
2010	1181.26	143.21	17.11	-16.42
2012	1642.24	156.75	16.39	4.33
2014	2220.82	215.68	19.31	17.35
2016	2569.14	256.76	8.23	10.60
2017	2760.64	283.94	7.45	10.59
2018	2882.25	304.72	4.41	7.32

资料来源：《新中国六十年统计资料汇编》《新疆统计公报》。

从图 5-4 中可以看出，新疆农村社会消费品零售总额的年均增长率为 9.98%，城镇社会消费品零售总额的年均增长率为 14.77%，新疆城镇和乡村社会消费品零售总额的年均增长率呈波浪型发展。城镇消费品零售额的最高值出现在 1988 年的 35.10%，最低值出现在 2003 年的 0.41%；乡村消费品零售额的最高值出现在 2004 年的 54.62%，最低值出现在 2003 年的 -27.67%。这表明新疆农村社会消费品零售总额增长率同城镇零售总额增长率相比波动的幅度较大，这主要源于以下几个方面的原因：①新疆农村居民消费正由生存型消费向享受型、发展型消费升级。随着当前消费观念的逐步改变，农村居民在消费品使用上逐渐向城市看齐，对许多消费品都有强烈的购买欲望，农村居民既是生活资料的消费者，又是生产资料的消费者。②部分政策鼓励性消费品增长较快。如“家电下乡”政策、汽车摩托车下乡和“以旧换新”的政策吸引和鼓励着居民消费，有力地扩大了内需、拉动了居民对相关商品的消费，导致部分商品消费增长较大，故而出现大幅度的波动。③农民对消费品的消费比较集中，日常的生活消费较多依赖自给自足，消费支出占总消费比重较低。大多数农村居民忙于外出打工和农业生产，农村消费时间与城市消费存在较大差别。由于农村居民消费的不确定性，农村社会消费品零售额的波动大于城镇消费品零售额的波动。

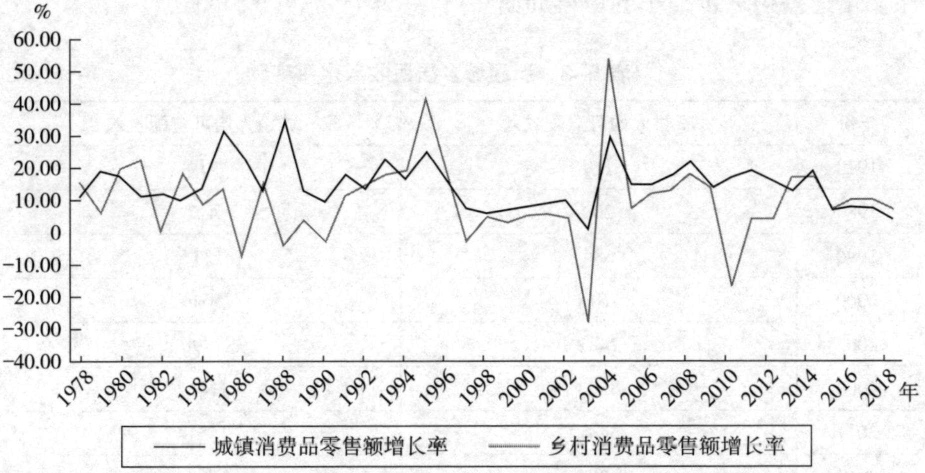

图 5-4　1978—2018 年新疆城镇、农村社会消费品零售额增长率

资料来源：《新中国六十年统计资料汇编》《新疆统计公报》。

5.1.2.2　城乡二元化消费市场趋于弱化

改革开放以来，特别是进入 20 世纪 90 年代以来，新疆城镇居民和农村居民的可支配收入有了显著提高。如表 5-3 所示，新疆城镇居民的可支配收入从 1990 年的 1313 元增长到 2018 年的 32746 元，扣除价格因素，增长了 24.94 倍。与此同时，新疆农村居民的人均可支配收入从 1990 年的 684 元增长到 2018 年的 11975 元，扣除价格因素，增长了 17.51 倍。随着农村居民收入的上升，农村居民的购买力逐步增强，城乡二元化消费市场趋于弱化。

新疆城乡居民收入水平大幅提高，商品物资极大丰富，流通体系网络化布局更加完善，特别是随着农村道路、交通、电力等基础设施能力全面改善，党中央、国务院一系列支农、惠农政策的贯彻落实，增强了农民的购买能力，农村消费品市场出现补偿式的后发赶超增长模式。2018 年，城镇消费品零售额为 2882.25 亿元，增长 4.9%；乡村消费品零售额为 304.72 亿元，增长 7.3%。这一变化表明，随着农民收入的稳步增长，农村消费结构升级逐步扩大化，农村消费潜能进一步释放，对整体消费品市场的平稳发展起到了积极促进作用，同时也出现城乡市场同步增长、共同繁荣、增速差距逐步缩小的可喜局面。

表 5–3　新疆城乡居民收入水平变动　　单位：元

年份	农村人均可支配收入	城镇人均可支配收入
1978	119	319
1980	200	427
1990	684	1313
2000	1618	5644
2005	2482	7990
2008	3503	11432
2011	5442	15514
2012	6394	17921
2013	7847	21091
2014	8724	23214
2016	10183	28463
2017	11045	30775
2018	11975	32746

资料来源：《新中国六十年统计资料汇编》《新疆统计公报》。

5.1.3　商品批发零售市场的发展

新疆的商品批发零售业发展经历了低迷期（1950—1978 年）和快速发展时期，其发展格局日趋多元化。改革开放前，商品批发零售业的发展受到当时一些特定的政治环境和基本国策的影响，整个发展格局是被限制的，贸易形式比较单一，增长乏力。

从图 5–5 可以看出，虽然 1950—1977 年新疆的商品批发零售业收入呈现上涨趋势，但涨幅不大。1950 年商品批发零售业的收入为 1.45 亿元，1977 年为 15.18 亿元，仅增长 10.47 倍，年平均增长率为 10%。从增长率曲线可以看出，商品批发零售业在 1961 年达到最低增长值（–18.73%），出现了负增长的情形。

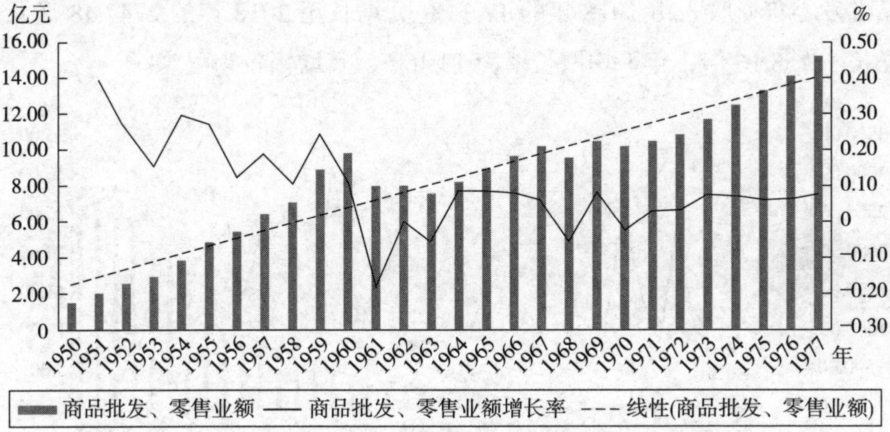

图 5–5　1950—1977 年新疆商品批发零售业收入变化

资料来源：《新中国六十年统计资料汇编》。

改革开放后，批发业流通形式出现深层次变革。随着新疆向西开放格局的逐步形成，外贸事业的发展对批发业起到了明显的推动作用。批发业组织形式更加多元化，形成了现代物流配送公司、专业批发公司、商品交易市场、贸易经纪与代理分工互补的业态格局。批发业的流通环节大大减少，流通速度明显增加。以棉麻、特色农产品、农资、石油、金属材料、供销合作社为主的重点批发企业和外贸进出口公司构筑起外贸经营和农资连锁的网络体系，对国际市场和农村市场的开拓能力不断增强。以番茄酱、棉花等大宗农产品为主的生产、交易活动在国际市场中的主导地位初步确立，在国际市场上占有较大的市场份额。同样的，零售业在 20 世纪 80 年代末起迅速发展，90 年代以来进入大发展时期，至今已形成大型综合百货商店、超级市场、各具特色的专业商店和网络销售“四分天下”的商业新格局。一批大中型零售企业集团以联合、兼并、连锁、特许连锁等形式，实现了低成本的规模扩张，增强了市场的竞争实力。超级市场、仓储式商场、便利店、专业店、无店铺等新型业态，如雨后春笋般地发展起来。

从图 5-6 可以很明显地看出，1978—2018 年，新疆的商品批发零售业收入增长趋势线为指数形态，且在此期间未出现负增长的情形。这正好印证前面所描述的商品批发零售业收入日趋多元化的局面。在此期间，商品批发零售业收入由 1978 年的 17.34 亿元增长至 2018 年的 2742.48 亿元，增长了 158.16 倍，年平均增长率为 13.46%，其增幅较为可观。

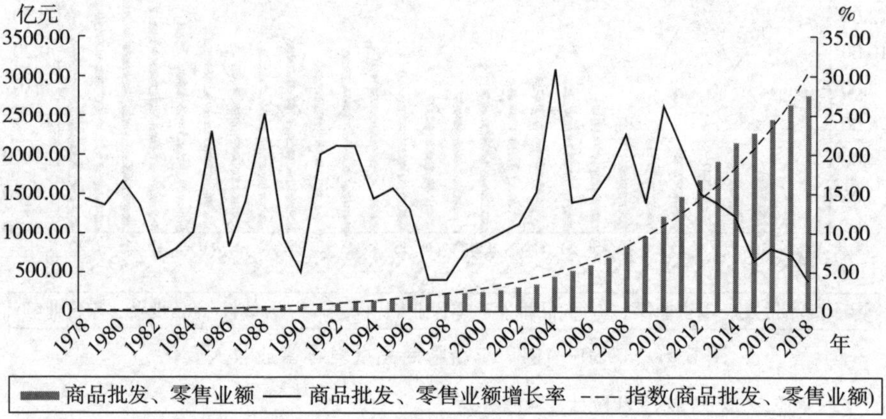

图 5-6 1978—2018 年新疆商品批发零售业收入变化

资料来源：《新中国六十年统计资料汇编》。

5.1.4 餐饮业收入的增长

新疆餐饮业的迅速发展已成为拉动社会消费品零售总额快速增长的主动力。餐饮企业规模、档次不断提高，消费、卫生环境和服务水平明显改善。中高档酒店成为婚宴庆典、商务活动的主要场所，以学生餐、工作餐为主的快餐饮食业发展迅速，带动中式快餐饮食广场建设出现新热潮，满足了现代生活快节奏和家务劳动社会化的市场需求。如图 5-7 所示，2018 年，新疆餐饮业零售总额达到 444.49 亿元，比 1978 年增长 779.8 倍，年均增长 18.91%，比同期新疆社会消费品零售总额年均增速高 5.44 个百分点，在社会消费品零售总额中的比重达到 13.95%，比 1978 年提高 11.34 个百分点。

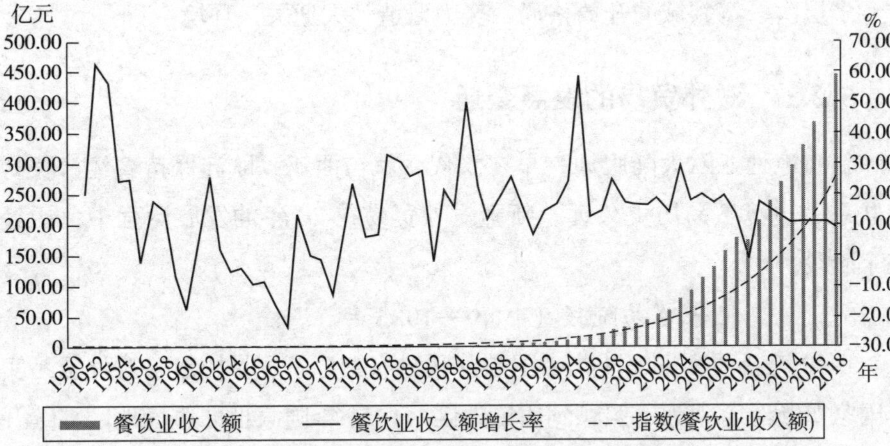

图 5-7　1950—2018 年新疆餐饮业收入额变化

资料来源：《新中国六十年统计资料汇编》《新疆统计公报》。

从图 5-7 中可以看出，用指数型趋势线无法很好地拟合这些年餐饮业收入额的变化情况，这也说明餐饮业发展迅猛，逐渐成为拉动社会消费品零售总额快速增长的主动力。

5.2　对外贸易的发展与特点

在新古典贸易理论中，贸易的发生源于两国要素禀赋和产品密集度的差异，贸易使两国专业化于各自的比较优势而实现了资源的有效配置。这种比较优势催生的贸易模式是产业间贸易，因而生产率的提高是由于资源跨产业的再配置。戴翔、张二震（2017）认为，在要素分工条件下，新型比较优势的形成主要源自比较优势激发效应和比较优势创造效应。所谓比较优势激发效应，主要是指在要素分工条件下，由于生产要素的跨国流动使得不同国家和地区之间的优势要素相结合而产生“强强联合”效应，从而表现为一国或一地区的优势要素甚至是“闲置”要素在与流入要素进行协同生产时所激发出的本国比较优势。新疆利用自身比较优势，坚持“外引内联、东联西出”的全方位对外开放战略方针和“贸易先行、产业联动”的工作思路，充分利用国际国内两个市场、两种资源，不断完善全方位、多层次、宽领域的开放格局，努力营造“大通关”环境。

5.2.1 对外贸易的发展变迁

新疆地处亚欧大陆腹地，早在汉代，就与西亚、欧洲保持着经济贸易的联系，边境贸易历史久远。新疆对外贸易在70年的发展历程中，历经四个阶段。

5.2.1.1 记账贸易阶段（1949—1985年）

1949年新疆和平解放，中国与苏联政府签订了贸易协定，对外贸易实行国家垄断经营，为了照顾到边境地区，1951年国家批准边境地区陆续开展边境贸易，“边境贸易”作为一个专门名词，从此记入新中国外贸史。当时边境贸易的主要形式是记账贸易，即按照国家间达成的协议规定开展贸易。1950—1962年，新疆对外开放的陆运口岸有霍尔果斯、吐尔尕特、吉木乃、巴克图；水运口岸有三道河子、布尔津。出口的商品有农副产品、土特产品、畜产品，各占1/3；进口的商品主要有农业机械、汽车、机床、钢材、木材、化肥等。这一时期的新疆与苏联边境贸易，一直处在上升时期。1951年新疆对苏联进出口总额为1350万美元，1962年降为736万美元。1963年起，由于国际、国内政治形势的变化，新疆各边境口岸相继关闭，每年只有1～2笔贸易。1967年，边境贸易中断，口岸全部关闭，边境贸易处于停滞状态。

1968年，由中国援建的中巴公路通车，中国与巴基斯坦签订协议，从1969年开始，由中国喀什地区同巴基斯坦北部地区吉尔吉特开展边境贸易，并且商定进出口额为2000万巴基斯坦卢比，每年按10%的比例递增。由于自然条件和交通运输的制约，每年只有5月1日至10月底半年时间通车过货，增长幅度基本上按原来双方商定的协议执行。新疆对巴出口商品主要有棉布、棉纺织品、陶瓷等，从巴基斯坦进口的商品主要有尼龙纱、干果、卷烟、药材等。

1983年，先后开通了中国新疆同苏联边境的霍尔果斯和吐尔尕特两个通商过货口岸，使新疆对苏出口大幅度上升，从1981年的80.9万美元上升到1985年的2239.1万美元；对苏贸易额占新疆出口总额的比重从1981

年的1.7%上升到1985年的12.4%。在此期间，除我国港澳地区和日本外，苏联成为新疆的第三大贸易伙伴。新疆对苏出口的商品主要是轻纺产品、医药保健、食品，进口的商品主要有钢材、磷肥、水泥等生产资料及钢琴、电冰箱、艾德莱丝绸等市场紧缺的生活用品。

对东欧各国的贸易为协定记账贸易。从1981年开始，新疆向捷克、罗马尼亚等国出口棉花、啤酒花及羊肠衣、鬃尾等部分畜产品，但在外贸出口中所占比重很小。

5.2.1.2　易货贸易阶段（1986—1990年）

1986年1月23日，中、苏两国政府同意发展中国新疆同苏联中亚哈萨克斯坦、吉尔吉斯斯坦、塔吉克斯坦、乌兹别克斯坦、土库曼斯坦5个加盟共和国和俄罗斯共和国的阿尔泰、克拉斯诺亚尔斯克两个边疆区和克麦洛沃自治州的边境贸易。1988年新疆施行“东进西出，双向开放”战略，使中苏边境贸易在徘徊5年之后出现转机，当年边境地方贸易进出口额达3599万美元，并给伊犁、克孜勒苏等自治州下放了边境贸易进出口权。为了适应新疆对苏贸易的需要，1989年7月开通了乌鲁木齐—阿拉木图的航线。1989年3月，中蒙两国政府商定，开放了新疆阿勒泰地区青河县的塔克什肯口岸，新疆同蒙古边境地区科布多省布尔干县的边境贸易同时起步，当年中蒙边境贸易进出口总额为22.21万美元，其中出口额为9.71万美元。

5.2.1.3　易货、现钞、现汇贸易阶段（1991—1995年）

1990年9月12日，中苏两国在中国阿拉山口至苏联德鲁日巴实现了中国兰新铁路和苏联土西铁路接轨，贯通了第二座亚欧大陆桥，新疆阿拉山口铁路口岸开放。1991年6月，中蒙边境又开放了新疆哈密地区巴里坤哈萨克自治县的老爷庙、昌吉回族自治州奇台县的乌拉斯台和阿勒泰地区福海县的红山嘴边境口岸。1991年新疆对外贸易规模突破1亿美元大关。

1991年苏联解体，各加盟共和国相继独立。我国实施沿边开放战略，加快了外贸体制改革，同时制定了一系列边贸优惠政策，主要包括：国发〔1992〕33号文件及国函〔1992〕61号文件，进一步放宽边贸经营主体，放宽边贸进出口管制。新疆又恢复开放了巴克图、吉木乃、阿黑土别克、都拉塔、木扎尔特口岸，为新疆易货贸易的发展创造了极为有利的条件，当年边境易货贸易进出口额达3.1亿美元，比1986年增长64.52倍。1993年4月23日，经国务院批准，同意开放喀什机场口岸，同意开通喀什与吉尔吉斯斯坦的奥什、乌兹别克斯坦的安集延航线。1993年4月25日，新疆交通运输代表团前往阿拉木图与哈萨克斯坦交通运输部康采恩签订了开通中哈直达国际汽车客货运输10条线路的协议，其中客运5条，货运5条。1993年11月1日，新疆维吾尔自治区政府宣布，阿拉山口公路口岸正式对外开放，与铁路口岸并行为国家一类口岸。1993年11月12日，经国务院批准，新疆又有34个县对外国人开放，至此，加上已开放的县市，全疆共有60个市县对外国人开放。1993年，新疆边境贸易额达5.77亿美元，比上年增长85.8%。1994年，新疆先后批准开放了乌鲁木齐客运站等7个二类口岸，相继开通乌鲁木齐至新西伯利亚、伊斯兰堡、比什凯克的国际航线。1994—1995年，在全国边境贸易大幅下滑的情况下，新疆边境贸易仍有较大幅度的增长。

5.2.1.4　贸易方式多元化阶段（1996年至今）

随着独联体国家市场经济逐步成熟、完善，市场行为逐步规范，经济得以恢复，加之欧美、东南亚等国的跨国公司涉足独联体市场，市场竞争日趋激烈。我国为适应加入WTO形势的需要，相继出台了国发〔1996〕2号文件及外经贸部、海关总署〔1998〕844号文件，对边贸的管理形式、贸管政策、税收政策等做了调整，同时保留了从周边国家进口商品的关税、增值税减半计征政策，进一步加强对边贸的规范化管理。新疆边境贸易经过不断实践，以哈萨克斯坦、吉尔吉斯斯坦、俄罗斯联邦为中心的边贸市场格局初步形成，边贸方式更趋多元化，包括：易货贸易、现汇贸易、旅游购物、“三来一补”、寄售、租赁、劳务输出、工程承包等。在经济技术合作方面还出现了带料境外加工、援外项目等。随着对边贸企业体制改革的逐步深入，初步建立了现代企业组织机制、管理机制和经营机制。一大批非国有经济企业参与边贸活动，增强了边贸企业的活力和生命力，使新疆边贸沿着健康有序的轨道发展。目前，新疆对外开放的一类口岸有17个，二类口岸有12个。2018年，新疆与世界上的169个国家和地区建立了经贸关系，口岸过货能力明显增强，边境贸易得到长足发展。

5.2.2　对外贸易市场的扩大与多元化

5.2.2.1　对外贸易规模不断扩大，贸易方式灵活多样

新疆外贸经过 70 年的发展，规模不断扩大，改革开放以来，得到长足的发展，特别是 1992 年邓小平南方谈话后，新疆外贸呈现前所未有的大好形势，外贸进出口一年上升一个台阶，1994 年突破 10 亿美元，2004 年突破 50 亿美元，2007 年突破 100 亿美元，2008 年突破 200 亿美元。

图 5-8 为改革开放前新疆进出口总额的变化情况。从图中可以看出，1955—1962 年，进出口总额稳步上升。这一时期的对外贸易基本上以对苏贸易为主，通过设在新疆的口岸过货，开展政府间记账贸易，由新疆外贸部门直接经营。进口的主要是当时工农业生产急需的生产资料，出口的主要是初级产品。1963—1973 年新疆的对外贸易几乎处于停滞状态，1973 年后才得以缓慢发展。这主要是由于 1963 年起，国家设在新疆的对苏口岸相继关闭，新疆的对外贸易开始转向西方国家市场，贸易形式也由直接贸易改为调拨出口。新疆经济也陷入停滞，对外贸易降到了历史最低点。

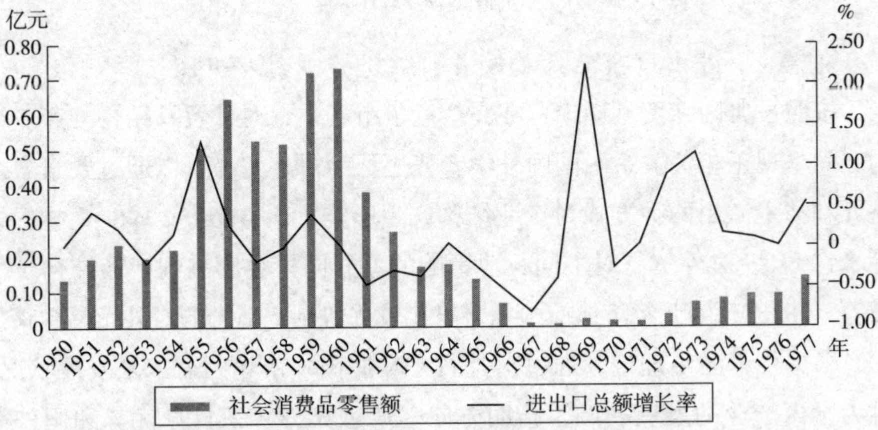

图 5-8　1950—1977 年新疆进出口总额变化

资料来源：《新中国六十年统计资料汇编》。

1978 年，新疆只有几家企业有外贸经营权，贸易方式由现汇贸易和易货贸易两种发展到目前的现汇贸易、易货贸易、边境小额贸易、补偿贸

易、旅游购物贸易、边民互市等灵活多样的贸易方式，形成了国有、集体、私营、三资企业等各种经济成分并存的多层次、多渠道、全方位开放的新格局。同时随着出口主体多元化的形成，越来越多的民营企业、股份制企业参与进出口贸易。在贸易方式灵活多样的驱动下，新疆对外贸易规模不断扩大。2018 年达到 200.10 亿美元，比 1950 年增长 1429.29 倍，平均每年增长 11.2%，比 1978 年增长 870 倍，平均每年增长 18.43%（见图 5-9）。

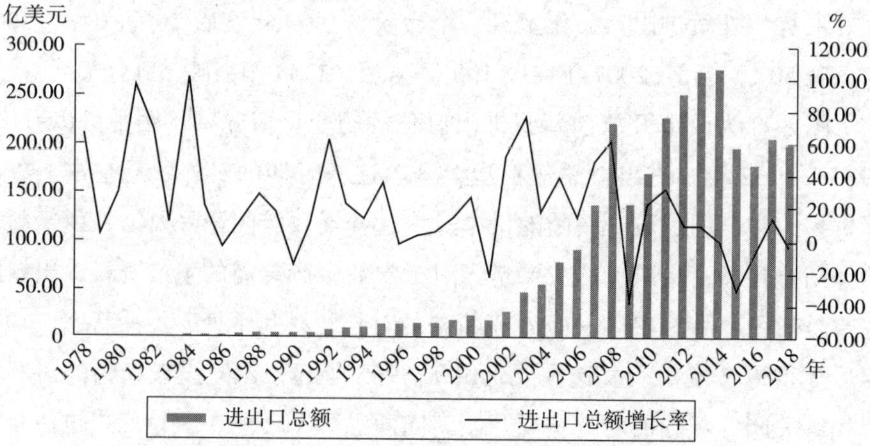

图 5-9　1978—2018 年新疆进出口总额变化

资料来源：《新中国六十年统计资料汇编》《新疆统计公报》。

5.2.2.2　进出口商品结构改善，促进产业结构升级

按照古典国际贸易理论，在完全竞争市场中，对外贸易结构与产业结构之间呈现正相关关系。国内外学者普遍认为对外贸易可以通过要素禀赋差异和技术溢出两种方式对产业结构产生影响（Deardorff，1980；林毅夫等，1999）。对外贸易对不同行业影响的差异同样会影响到产业结构（岳敏等，2016），因此经济体应根据自身比较优势制定适合的对外贸易政策。

根据技术溢出理论，通过对外贸易掌握国外市场的需求及发展状况，可为国内产业的发展和调整指明方向。通过充分认识自身优势和国外需求，有效调整自身优势产业同国外需求的融合和对接，可提升技术溢出效应，实现自身产业结构的优化和升级。对外贸易是消化国内优势产业过剩产能、引进劣势产业短缺产品的重要途径。伴随着经济的持续发展，部分优势产业及部分过时的传统产业可能会出现产能过剩的问题，而这些优势

产业的多余产能和落后产业的过剩产能也可能是国外某些经济体短缺的商品，通过向国外出口过剩产能，可以有效解决国内的产能过剩问题。在产业结构升级过程中，对于自身难以制造的商品可通过对外贸易的形式从国外引进技术或产品，通过消化再吸收来化为已用。产业结构的优化和升级可以提高国内产品的技术含量和附加值，进而满足更多消费者的需求，创造更多的利润。对外贸易的适度扩大又可以通过技术进步、发挥比较优势等途径，对产业结构优化起到积极的推动作用。

新疆进出口商品结构不断优化，以传统产业升级改造为抓手，以做大做强优势产业为重点，以战略性新兴产业为突破点，着力构建以产业结构优、创新能力强、质量效益好、集约水平高、发展模式新、能耗排放低、融合程度深、开放层次高为主要特征的现代产业体系。主要措施包括：①引导产业转型升级。坚持第一产业上水平、第二产业抓重点、第三产业大发展，严格落实地区《产业规划布局实施意见》，优化园区产业布局，加快传统产业转型升级，加强园区基础设施建设，推进产业集群发展，培育壮大特色产业；②深入实施优势资源转换战略，大力支持油气勘探企业加大勘探开发投入，积极发展下游产业，最大限度地使石油、天然气产业链向精细化工产业延伸；③积极引进混纺、化纤纺项目，推动纺织服装全产业链快速健康发展；④全力打造集生产、保鲜、储运、加工、销售于一体的全产业链；⑤加大矿产资源勘探开发，大力发展装配制造、保温、节能等新型建材；⑥新疆统一战略部署，结合地区产业基础和发展需求，大力发展先进装备制造、新材料、新能源、节能环保、生物医药和电子信息等战略性新兴产业。

随着新疆产业结构的不断优化，新疆进出口均根据产业结构的调整不断升级。如表 5–4 所示，2018 年，新疆机电产品平稳增长，机电产品出口为 41.84 亿美元，占出口总值的 20.91%，增长 12.8%；高新技术产品出口实现高速增长，出口为 5.46 亿美元，比 2017 年增长 37.2%，比 2012 年增长 2.61 倍。进口商品以机电、农产品和铜材等为主，其中机电产品进口为 5.79 亿元，占进口总值的 16.12%，下降 0.5%，高新技术产品进口为 1.02 亿美元，比 2017 年增长 46.1%。

表 5-4　2012—2018 年新疆货物进出口总额及变化情况

指标	2012 年		2013 年		2015 年		2018 年	
	绝对数 / 亿美元	同比增长 /%	绝对数 / 亿美元	同比增长 /%	绝对数 / 亿美元	同比增长 /%	绝对数 / 亿美元	同比增长 /%
货物进出口总额	251.71	10.3	275.62	9.5	196.78	–28.9	200.1	–2.7
货物出口额	193.47	15	222.7	15.1	175.06	–25.4	164.2	–6.9
其中：一般贸易	70.09	47	85.1	21.4	68.21	–19.7	43.77	28.5
加工贸易	1.91	–18.6	2.12	10.9	1.48	–50.6	0.35	–39.1
边境小额贸易	89.2	1.1	106.33	19.2	93.5	–27.2	116.8	–13.2
其中：机电产品	44.45	42.3	56.56	27	50.17	–11.4	41.84	12.8
高新技术产品	2.09	20.6	3.31	58.3	3.22	–29.3	5.46	37.2
货物进口额	58.24	–2.8	52.92	–9.1	21.72	–48.2	35.91	22.4
其中：一般贸易	14.43	–15.5	10.02	–30.1	15.55	–37.9	27.4	21.8
加工贸易	0.68	–	2.98	–	1.15	–24.2	0.86	16.0
边境小额贸易	40.84	1.6	37.24	–8.8	2.69	–80.5	3.76	30.2
其中：机电产品	5.46	–21.8	4.43	–18.9	7.38	37.8	5.79	–0.5
高新技术产品	1.14	–54.1	1.13	–0.4	1.63	36.2	1.02	46.1

资料来源：根据《新疆维吾尔自治区国民经济和社会发展统计公报》相关年份整理所得。

5.2.2.3　出口市场进一步拓宽，贸易市场向多元化发展

新疆维吾尔自治区成立之初，与新疆有贸易关系的国家仅有苏联等几个，到 2004 年底，新疆已与 169 个国家和地区建立了贸易关系，逐步形成了中亚、美国、欧盟、俄罗斯等为主的主体市场。主要体现在与哈、吉、塔、巴等丝绸之路沿线等主要贸易伙伴国家贸易的依赖度减小，与俄罗斯、阿富汗、美国等贸易伙伴国家的贸易有新突破。

2018 年，新疆对丝绸之路沿线贸易伙伴进出口总额为 1008.01 亿元，占全区进出口总额的 76.01%，同比下降 11.39%。与哈萨克斯坦进出口总额为 562.90 亿元，下降 11.2%，占全区进出口总额的 42.46%，其中，出口总额为 463.58 亿元，下降 17.9%，进口总额为 99.32 亿元，增长 43.4%。与吉尔吉斯斯坦进出口总额约为 190 亿元，下降 33.1%，占全区进出口总额的 14.33%，其中，出口总额为 187.13 亿元，下降 32.9%，进口总额为 2.86 亿元，下降 45.5%。与塔吉克斯坦进出口总额为 61.20 亿元，下

降 14.7%，其中，出口总额为 60.34 亿元，下降 15.5%，进口总额为 0.86 亿元，增长 157.2%。与巴基斯坦进出口总额为 16.98 亿元，下降 44.8%。

与俄罗斯、乌兹别克斯坦、阿富汗等国的贸易保持较快增长。与前几年相比，对俄罗斯贸易首次突破 100 亿元大关，进出口总额达 114.94 亿元，同比增长 41.4%，其中，出口总额近 106.27 亿元，增长 45.7%，进口总额为 8.67 亿元，增长 3.6%。与阿富汗进出口额近 10.91 亿元，同比增长 2.9 倍。与乌兹别克斯坦进出口总额为 51.11 亿元，增长 28%。同期，与美国进出口总额为 55.03 亿元，增长 73.5%，其中，出口总额为 39.28 亿元，增长 90.7%，进口总额为 15.75 亿元，增长 41.7%[①]。这体现出新疆的出口市场进一步拓宽，贸易市场向多元化发展。

5.2.2.4 外贸依存度不断提高，对国民经济的贡献率逐年上升

随着对外贸易的不断发展，外贸对国民经济的拉动作用加大，外贸依存度不断提高。但在改革开放前，新疆的外贸依存度极低。1952—1977 年，新疆的外贸依存度经历了上升到急剧下降的阶段，主要是由于当时特定的历史背景所造成。如图 5-10 所示，1967—1977 年，10 年间外贸依存度几乎为 0。

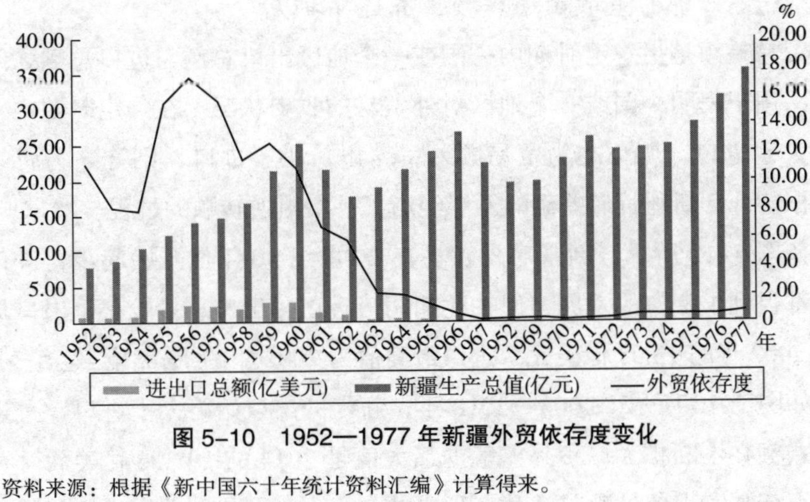

图 5-10 1952—1977 年新疆外贸依存度变化

资料来源：根据《新中国六十年统计资料汇编》计算得来。

① 数据来源：《2018 年度新疆外贸进出口情况分析》。

如图 5-11 所示，新疆外贸依存度由 1978 年的 1.0% 提升至 2018 年的 10.87%。1978—2004 年，新疆外贸依存度持续上升，最高值出现在 2004 年的 21.20%，但近几年有所调整。总的来说，对外贸易已成为推动新疆地区国民经济持续、健康、快速发展的重要因素。

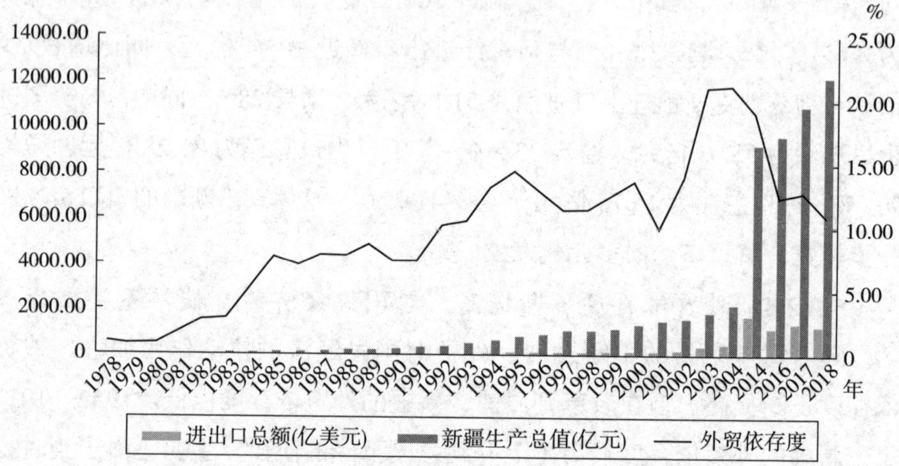

图 5-11　1978—2018 年新疆外贸依存度变化

资料来源：根据《新中国六十年统计资料汇编》《新疆统计公报》整理计算所得。

5.2.2.5　贸易差额由逆转顺，并逐年扩大

贸易差额是指一定时期内一国或一个地区出口总额与进口总额之间的差额，用于表明一国或一个地区对外贸易的收支状况。在一定时期内，若出口大于进口，则称之为贸易顺差；若出口小于进口，则称之为贸易逆差。据统计，新疆贸易差额的发展经历了一个由逆转顺的过程。

如图 5-12 所示，新疆对外贸易在 20 世纪 80 年代开始起步，进口和出口都得到了相应的发展，但在此期间，进口、出口总量较小，出口最高值为 2002 年的 13.08 亿美元，进口最高值为 2002 年的 13.83 亿美元。

如图 5-13 所示，2003—2018 年，新疆的出口始终大于进口，且进出口的差额在不断扩大，贸易差额的最大值是 2014 的 192.96 亿美元。在此期间，新疆实现贸易顺差，其有利之处在于：①贸易顺差促进新疆的经济增长；②增加了外汇储备，增强了综合国力，有利于维护国际信誉，提高对外融资能力和引进外资能力；③有利于经济总量平衡；④加强了新疆

地区抗击经济全球化风险的能力，有助于国家经济安全；⑤有利于人民币汇率稳定和实施较为宽松的宏观调控政策。

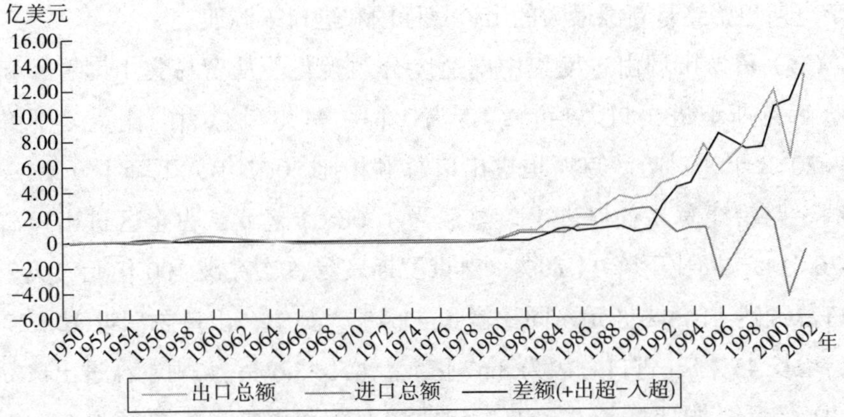

图 5-12　1950—2002 年新疆出口、进口和贸易差额

资料来源：《新中国六十年统计资料汇编》。

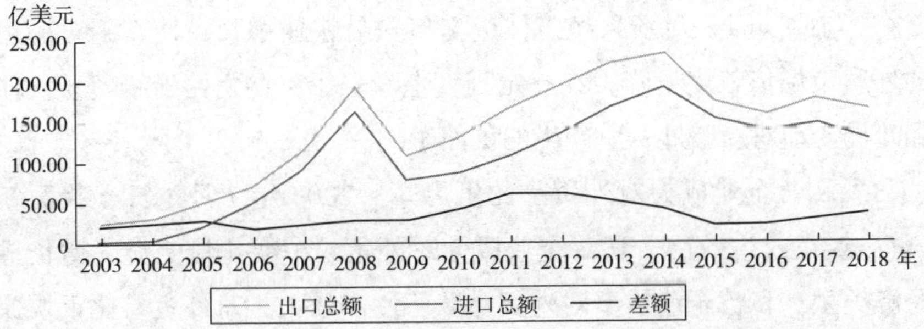

图 5-13　2003—2018 年新疆出口、进口和贸易差额

资料来源：根据《新中国六十年统计资料汇编》《新疆统计公报》整理计算所得。

5.2.3　对外贸易发展的特点

（1）贸易伙伴多元化战略成效显著。改革开放以来，新疆在加快优势资源战略转化过程中，积极巩固和发展与发达国家和地区的贸易关系，依托众多边境口岸对外开放的有利条件，不断扩大和加强边境贸易，出口市场进一步拓宽，贸易伙伴多元化进程进一步加快。截至 2018 年末，新疆与主要贸易伙伴的贸易往来不断加强，与新疆有贸易关系的国家和地区从 2004 年的 132 个增加到 2018 年的 169 个，逐步形成了以中亚、美国、俄罗斯等为主的主体市场。在众多贸易伙伴中，哈萨克斯坦是新疆最大的贸易伙伴，2018年，对哈萨克斯坦进出口额达到85.16亿美元。1993年以来，哈萨克斯坦始终是新疆最大的出口目标国和进口来源地。

（2）贸易市场由过度集中向适度分散转化。从贸易集中度看，新疆对哈萨克斯坦进出口总值持续走高，但占进出口总额的比重呈下降趋势。2018年，对哈萨克斯坦进出口总额相比2017年就下降了9.2%；对丝绸之路沿线贸易伙伴进出口总额为1008.01亿元，占全区进出口总额的76.01%，同比下降11.39%；对俄罗斯贸易首次突破100亿元大关，进出口总额达114.94亿元，同比增长41.4%，其中，出口总额近106.27亿元，增长45.7%，进口总额为8.67亿元，增长3.6%；与阿富汗进出口额近10.91亿元，同比增长2.9倍；与乌兹别克斯坦进出口总额为51.11亿元，增长28%；同期，与美国进出口总额为55.03亿元，增长73.5%，其中，出口总额为39.28亿元，增长90.7%，进口总额为15.75亿元，增长41.7%。与此同时，对新兴经济体进出口贸易快速增长，使新疆对周边国家的外贸市场依赖度下降，在一定程度上减轻了丝绸之路沿线贸易伙伴经济和政局变动对新疆外贸所产生的负面影响。

（3）私营企业成为对外贸易的生力军。2004年7月1日，我国新的《外贸法》正式生效后，私营企业成为对外贸易中变化最明显、增长最快的经济类型。私营企业从事对外贸易队伍逐步壮大，对外贸易比重快速提升，成为新疆对外贸易发展的重要力量。2018年，民营企业进出口总额为1056.71亿元，占全区进出口总额的79.68%，其中，出口总额为977.70亿元，进口总额为79.01亿元。

（4）边境贸易支柱作用显著。由于新疆独有的边境贸易政策和特殊的地缘优势，边境贸易平稳发展。1995年以来，边境贸易累计进出口为1738.99亿美元，年均增长18.07%。

如图5-14所示，1996年以来，边境贸易已连续18年占据新疆对外贸易的“半壁江山”。占进出口总额的比重由1996年的52.1%提高到2008年的79.41%的峰值后逐渐回落，2015年回落到48.88%；2016年后，边境贸易占进出口总额的比重超过50%，边境贸易总额达到百亿美元以上，始终是新疆最主要的对外贸易方式。

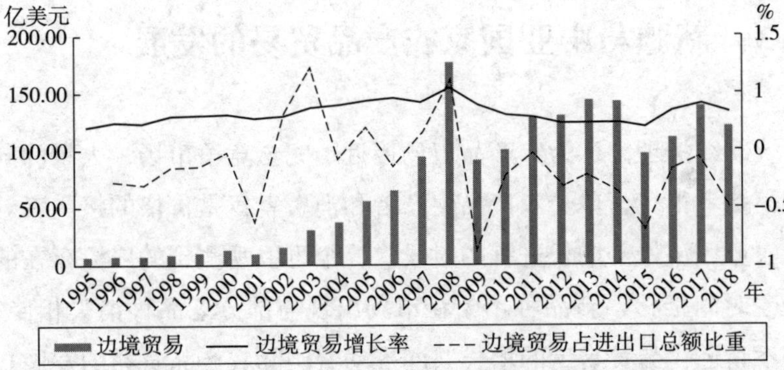

图 5–14　1995—2018 年新疆边境贸易额变化情况

资料来源：根据《新疆统计年鉴 2016》《新疆统计公报》及乌鲁木齐海关相关数据整理计算所得。

（5）一般贸易增长迅猛。1995—2018 年，反映贸易质量提升的一般贸易明显增长，呈现一种波动增长的态势。1995—2018 年，一般贸易累计进出口总额为 885.25 亿美元，年均增长 15%，并在 2003 年达到增长峰值 78.57%。一般贸易进出口占进出口总额的比重由 2008 年的 17.22% 上升到 2018 年的 35.57%，反映出新疆地区的贸易质量在进一步提升（见图 5–15）。

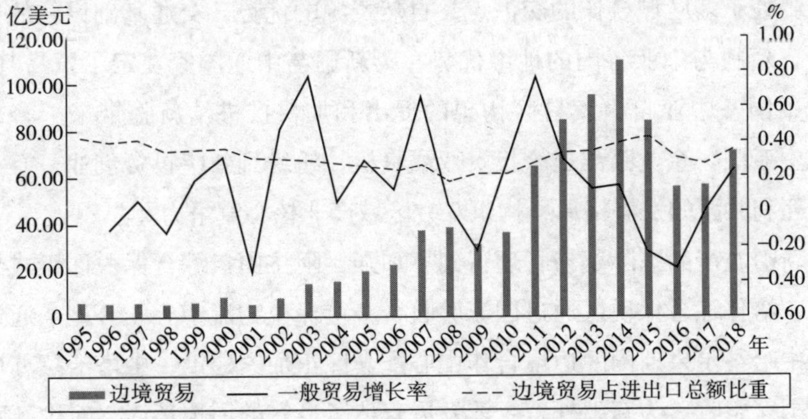

图 5–15　1995—2018 年新疆一般贸易额变化情况

资料来源：根据《新疆统计年鉴 2016》《新疆统计公报》及乌鲁木齐海关相关数据整理计算所得。

5.3 新疆与中亚国家农产品贸易的发展

传统的经济理论认为农产品市场接近于完全竞争市场，大量的同质生产者和消费者很多，单个农产品生产者和消费者仅是价格的接受者。在一个地区农业经济处于增长进程的时候，一个可以观测到的广泛存在的事实就是随着时间推移，新品种不断在市场出现与部分老品种消失相伴相随。品种的不断进化与贸易量的增长共同推动着国际农产品贸易的发展。随着发展中国家城市化、收入增长及世界各国的食品进口需求不断增长，食品价格持续高企，工农业产品比价的变动使得大量农业投资涌入新兴市场，农产品贸易呈现增长势头。

5.3.1 新疆与中亚国家农产品贸易的基础

5.3.1.1 新疆与中亚国家农产品贸易的基础

新疆农业产业自成立以来飞速发展，总体实力显著，企业规模不断扩大，但也面临土地制约突出、产业空间狭窄、企业生产成本加大等问题。但新疆处于多区域合作的交汇点，自然资源的优势，交通基础设施的日益完善，新疆与中亚各国的地缘优势，为新疆与中亚国家奠定了贸易基础。随着中国—中亚自由贸易区构想的提出和加快推进给新疆带来了多重机遇，中亚国家企业瞄准这个投资双赢良机，纷纷到新疆投资创业，有利于创造互利共赢的发展格局，构筑双方区域产业核心竞争力。

新疆农产品国际贸易管理得到了加强，阿拉山口综合保税区正式封关运营，喀什综合保税区通过国家验收，奎屯保税物流中心（B型）通过验收，中哈霍尔果斯国际边境合作中心配套区正加紧建设，中塔卡拉苏口岸通过国家验收。为新疆外贸企业发展营造了良好的周边环境，对渝新欧等8条中欧班列和乌鲁木齐—中亚西行国际货运班列实行365天24小时通关，保证货物30分钟办结转关、4小时内完成通关手续。不断提升实际监管效能，加强了对运输工具的登临检查，全面加强进出境旅客行李和行邮物品监管。加强风险分析运用，完善风险联合研判机制。积极在上海合作组织、中亚区域经济合作组织框架内开展双边、多边协调协作，进一步增强了双方的良性互动。

5.3.1.2 新疆与中亚农产品贸易存在互补性

（1）自然资源上的互补。中亚国家总体经济水平不高，各国所处的自然环境也有较大差异，其出口的商品大多是原料型初级产品，双方在资源利用上具有较强的互补性。

（2）贸易结构上的互补。双方国民生产生活多种多样，近年来双方贸易商品构成也发生了很大的变化，初级产品的比重不断下降。

（3）吸收外资方面的互补。新疆与中亚不断吸收外国投资也不断向国外投资，双方投资政策更为自由与优惠。

（4）经济发展水平方面的互补。新疆与中亚各国处于不同层次的经济发展水平，相互之间发展差异大，中亚本身经济总量不大，总体竞争力不够强，大部分国家竞争力很弱。新疆经济一直保持持续增长，具有较强的经济实力与一定的规模，工业门类丰富。

（5）产业结构方面的互补。中国各地经济发展水平和产业结构层次的差别很大，自然资源是形成产业间互补的主要原因，中亚相对不发达的国家倾向于自然资源出口，而这正好缓解了中国资源压力，进一步促进产业分工不断深化。另外，双方相互尊重领土主权完整和各自选择的发展道路，政治互信进一步增强。关税税率降低，中国对中亚各国已减免了多种产品的关税，中亚各国对中国平均关税也有不同程度的降低。

5.3.2 新疆与中亚国家农产品贸易的发展

21世纪初，新疆依据自身所具有的特色农产品资源、经济和技术等方面的比较优势，与中亚国家开展了双边和多边的贸易合作，大力推进新疆与中亚国家的农产品贸易。新疆与中亚在农产品的贸易中实现了贸易结构的调整和产业升级，达到了促进双方经济发展的目的，并产生可持续发展的后劲。2001年，我国成功加入WTO，新疆农产品贸易借此契机，得到迅速发展。

2001—2018年，新疆农产品出口贸易具体情况如表5–5所示。新疆农产品2001年的出口贸易额为1.94亿美元，占中国农产品出口额的1.21%；发展到2018年，新疆农产品出口贸易额达到60.68亿美元，年均增长3.26亿美元。

表5–5 2001—2018年新疆农产品出口情况

年份	新疆农产品出口贸易额/亿美元	占新疆出口总额的比重/%	占全国农产品出口额的比重/%
2001	1.94	28.96	1.21
2002	3.75	28.69	2.08
2003	3.21	12.65	1.51
2004	2.76	9.09	1.2
2005	3.99	7.93	1.47
2006	4.00	5.61	1.29
2007	5.97	5.19	1.63
2008	8.16	5.04	1.57
2009	7.90	5.13	1.59
2010	8.52	4.28	0.78
2011	9.35	4.81	0.84
2012	8.43	4.36	1.33
2013	8.45	3.79	1.24
2014	9.02	3.84	1.25
2017	44.65	25.18	2.62
2018	60.68	36.96	—

资料来源：根据《新疆统计年鉴》及《中国统计年鉴》整理所得。

2006年，新疆确立了特色优势农业发展战略，大力发展外向型农业，重点建设粮油、棉花、特色林果和畜牧四大基地，农产品出口额首次突破4亿美元。此后两年新疆对外农产品贸易额突飞猛进，到2008年，新疆农产品出口贸易额达到8.16亿美元。

2008年爆发的金融海啸席卷全球，世界经济集体陷入低迷，债务危机频发，国际市场购买力下降，再加上新疆内部的社会稳定问题，使得新疆农产品的出口遭遇下滑之势。2009年，新疆农产品贸易出口额为7.90亿美元。自此之后，新疆出口贸易再度保持增长态势，2014 年，新疆农产品出口贸易额达到历史峰值 9.02 亿美元，比 2013 年增长 8.16%，占新疆出口总额的 3.84%，占中国农产品出口额的 1.25%。2018 年新疆农产品出口贸易额为 60.68 亿美元，占新疆出口总额 36.96%（见图 5–16）。

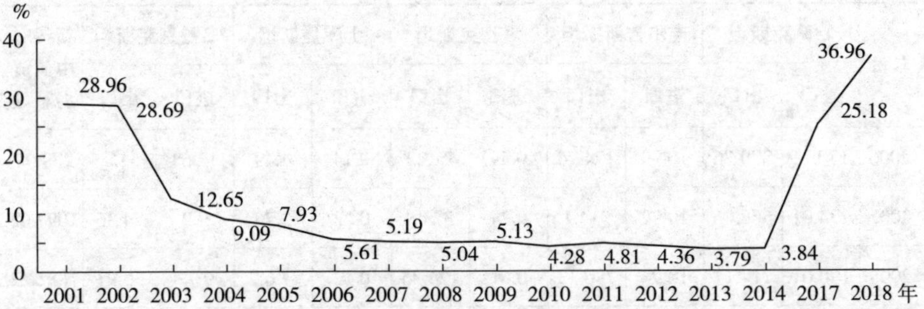

图 5–16　2001—2018 年新疆农产品出口贸易占新疆及中国出口贸易比重

如图 5–16 所示，2002—2014 年，新疆农产品出口贸易在新疆总出口贸易中的比重不断下降，由 28.69% 下降到 3.79%；新疆农产品贸易出口比重的不断下降说明了新疆第二、第三产业产品的出口贸易比重不断增加，这从侧面反映出新疆的产业结构不断升级。2014 年后，农产品出口贸易额占新疆出口贸易额的比重有所回升，到 2018 年，新疆农产品贸易占出口贸易额的比重达到 36.96%。这说明新疆在调整产业结构的同时，重视特色农业的发展。

5.3.3　新疆与中亚国家的农产品贸易

2001 年以来，新疆与中亚的农产品贸易额不断增加、农业合作不断加强，逐渐形成协同发展的良好格局。新疆盛产林果、畜牧产品及花卉等特色农产品，因此新疆对中亚的出口主要在畜牧产品和果树园艺等方面，而中亚出口到新疆的农产品主要有棉花、茶叶、羊毛等。从贸易规模上看，2006 年新疆与中亚国家农产品贸易总额仅为 74 亿美元，其中进口额为 15.51 亿美元，出口额为 58.49 亿美元。到 2014 年，新疆与中亚农产品的进出口贸易总额达到 171.36 亿美元，是 2006 年贸易总额的 2.31 倍。其中出口额为 154.78 亿美元，是 2006 年时的 2.6 倍，进口额为 16.58 亿美元，是2006年的1.06倍。由于受到2009年金融危机的影响，2010年新疆对中亚的农产品贸易总额急剧下降，仅为75.124亿美元。除此之外，新疆与中亚国家的农产品进出口贸易一直呈现增长趋势。

表 5-6 新疆与中亚五国的农产品进出口贸易 单位：千万美元

年份	哈萨克斯坦		吉尔吉斯斯坦		塔吉克斯坦		土库曼斯坦		乌兹别克斯坦		新疆对中亚贸易总额
	进口	出口	进口	出口	进口	出口	进口	出口	进口	出口	
2006	130.71	370.76	10.99	174.74	0.59	21.22	0.14	4.19	12.63	14	739.97
2007	134.91	562.46	10.92	314.1	0.24	37.48	0.22	3.73	9.2	24.36	1097.62
2008	190.01	717.11	10.94	786.32	0.61	124.85	0.12	7.62	9.72	33.91	1881.22
2009	165.1	524.7	4.46	292.8	0.49	86.28	1.12	6.12	13.48	25.13	1340.85
2010	243.1	682.8	6.89	258.84	1.52	106.06	1.89	10.99	39.17	22.97	1432.24
2011	393.17	666.5	8.48	372.07	3.83	168.4	1.18	10.64	42.44	31.7	1698.41
2012	402.8	776.74	5.09	398.81	4.02	136.72	0.36	12.25	44.64	38.47	1120.89
2013	388.55	836.94	0.48	104.02	0.92	157.58	0.4	13.46	38.02	49.18	1589.55
2014	134.2	878.75	3.8	405.97	1.04	200.12	0.28	13.01	26.52	49.94	1713.64

资料来源：根据《中华人民共和国乌鲁木齐海关数据》整理所得。

如表5-6所示，新疆出口哈萨克斯坦农产品的贸易额在近几年一直处于上升状态而且趋势比较稳定。2006年新疆对哈萨克斯坦的贸易总额为50亿美元，占总量的67.6%；2014年为101.27亿美元，占总量的59.1%。虽然增长速度比起中亚五国的总贸易额比重有所下降，但是哈萨克斯坦仍是新疆出口中亚五国的最大国。新疆对塔吉克斯坦的农产品贸易额位居第3，虽然贸易量比不上哈萨克斯坦和吉尔吉斯斯坦，但其增长速度却是最快的，由2006年的2.12亿美元增长到2014年的20.01亿美元，年均增长率为32.37%。新疆与乌兹别克斯坦的农产品贸易额也有所增加，但相比与哈萨克斯坦和吉尔吉斯斯坦的贸易来说，对乌兹别克斯坦的出口贸易额占比较低。

5.4　边境口岸的分布与建设

新疆自古以来就是东西方交通的枢纽，是古丝绸之路的重要通道，是现代“丝绸之路经济带”的“核心区”，有着许多传统的商道和口岸。随着我国对外贸易的发展，新疆边境口岸由原来客货进出的“中转站”，逐渐演变为拥有经济辐射功能的经济系统，扮演着越来越重要的角色。

5.4.1　边境口岸分布状况

从新疆边境口岸分布情况看，新疆 5600 千米的边境线上分布着国家一类口岸 17 个，其中有 2 个为航空口岸，15 个为陆地边境口岸。在陆地边境口岸中，北疆有 11 个，南疆有 4 个。在北疆，边境口岸大多与哈萨克斯坦和蒙古国两国接壤；其中，霍尔果斯、巴克图、阿拉山口、都拉塔、吉木乃、阿黑土别克、木扎尔特等 7 个边境口岸与哈萨克斯坦接壤，阿黑土别克口岸和木扎尔特口岸尚未开放；老爷庙、乌拉斯台、塔克什肯、红山嘴等 4 个边境口岸与蒙古国接壤。在南疆，边境口岸主要向吉尔吉斯斯坦、塔吉克斯坦和巴基斯坦等三国开放；其中，伊尔克什坦和吐尔尕特口岸向吉尔吉斯斯坦开放，卡拉苏口岸与塔吉克斯坦接壤，红其拉甫口岸向巴基斯坦开放。因受边界争端、地缘政治、经济等因素的影响，与阿富汗、印度、俄罗斯等国家至今仍未开通边境口岸。

新疆边境口岸根据在对外开放中的地位、作用以及自然条件等情况可分为国际口岸、双边口岸、常年口岸和季节性口岸等类型。国际口岸在对外贸易中的地位高，发挥国际互联互通中的重要交通要道的作用；双边口岸在新疆与对方国家之间起重要的连接作用，发展潜力需要进一步挖掘。新疆幅员辽阔，各边境口岸区域自然环境差异大，有些口岸位于自然条件良好、常年平均温度较高、地貌平原、与支撑县城的距离较短、交通路况优良的区域，这类口岸一般为常年开放，部分口岸处于寒冷的高寒区域，与县城的距离较长，一般为季节性口岸（见表 5–7）。

表 5–7　新疆国家一类边境口岸基本情况

口岸名称	常年 / 季节口岸	国际 / 双边口岸	依托城镇	距离依托城镇 / 千米	依托城镇人口 / 万人	少数民族比重 /%
老爷庙	常年	国际	巴里坤哈萨克自治县	172	10.45	46.85
乌拉斯台	季节	双边	奇台县	248	23.86	26.82
塔克什肯	常年	国际	青河县	90	6.53	83.42
红山嘴	季节	双边	福海县	240	7.55	38.18
阿黑土别克	季节	双边	哈巴河县	117	8.74	71.69
吉木乃	常年	国际	吉木乃县	24	3.89	46.88
巴克图	常年	国际	塔城市	17	16.87	36.37
阿拉山口	常年	国际	博乐市	73	25.8	32.91
霍尔果斯	常年	国际	伊宁市	90	58.75	60.03
都拉塔	常年	双边	察布查尔县	50	19.67	60.03
木扎尔特	季节	双边	昭苏县	109	18.77	75.79
吐尔尕特	常年	双边	乌恰县	170	6.06	91.66
伊尔克什坦	常年	国际	乌恰县	150	6.06	91.66
红其拉甫	常年	国际	塔什库尔干塔吉克自治县	130	4.04	92.3
卡拉苏	季节	双边	塔什库尔干塔吉克自治县	62	4.04	92.3

资料来源：《新疆统计年鉴》、乌鲁木齐海关网站。

从新疆边境口岸的分布可以看出，新疆地缘战略地位极其重要，与俄罗斯、印度、哈萨克斯坦和巴基斯坦等多个国家地缘接壤，是中国通往中亚乃至欧洲的陆路交通枢纽，在周边国家政治、军事、经贸、文化等领域合作中扮演着极其重要的角色，是中国进一步向西开放的重要前沿地带，其口岸优势赋予新疆在“一带一路”建设中“核心区”地位的使命和历史机遇。

5.4.2　边境口岸的建设

随着我国沿边开放战略和“西部大开发”战略的稳步推进，新疆边境口岸经济获得迅猛发展，无论是在口岸过货量、进出口贸易额，还是在出入境客运量方面都呈逐年增长态势。2000—2015 年，新疆边境口岸累计过货量达 32348 万余吨，年均增速为 17%；累计进出口贸易额达 20176.50 亿元，年均增速为 24.6%；累计出入境人数累计达 1946.6 万余人，年均增速为 13%。

5.4.2.1　边境口岸过货量的变化

如图 5-17 所示，2000—2015 年，新疆边境口岸过货量年均增速为 15.5%，从 2000 年的 537 万吨上升至 2015 年的 4136 万吨，增长 8 倍，年均过货量 2129 吨。其中，2013 年达到最高水平。

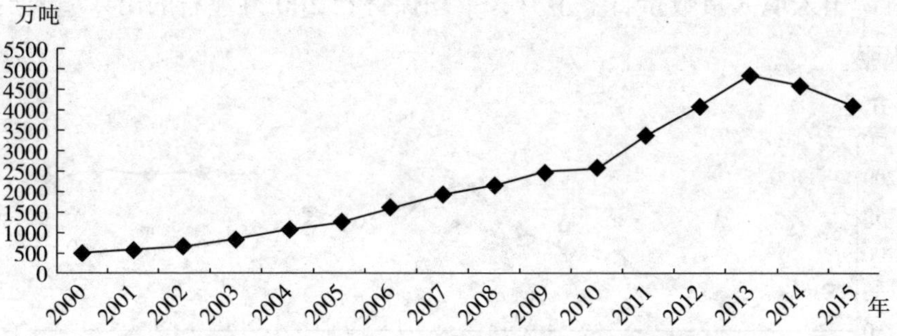

图 5-17　2000—2015 年新疆边境口岸过货量趋势

资料来源：《新疆统计年鉴》。

2011 年，从哈萨克斯坦、土库曼斯坦等中亚国家直通中国内地的原油和天然气管道正式投入运行，新疆边境口岸过货量迅猛增加。2011 年新疆边境口岸过货量比 2010 年增长 828 万吨，同比增长 32.27%；新疆边境口岸过货量从 2011 年的 3394 万吨增加到 2013 年的 4884 万吨，增加 1490 万吨，同比增长 43.9%；其中，我国从哈萨克斯坦进口原油达 1184.08 万吨，从土库曼斯坦进口天然气达 1980.72 万吨；同年，霍尔果斯铁路口岸完成了 165.16 万吨过货量。随着我国整体经济增长速度的减缓，2013 年开始新疆边境口岸的过货量逐渐下降。

5.4.2.2　边境口岸出入境客运量的变化

如图 5-18 所示，2000—2015 年，新疆边境口岸出入境人数总体上呈增长趋势，但个别年份略有波动，新疆边境口岸出入境人数的波动趋势与我国及世界经济形势发展状况相吻合。新疆口岸出入境人数从 2000 年的 56 万人增加至 2015 年的 193 万人，年均增速为 8.58%；2008 年国际金融危机发生，全国和新疆经济发展也受到影响，这一年成为新疆口岸出入境人数变化的分水岭。2002—2007年，我国经济正处于快速增长期，新疆边境口岸出入境人数呈上升趋势，表明新疆边境口岸出入境人数与我国整体经济发展形势相一致。2008年新疆边境口岸出入境人数出现迅速下降，其原因在于2008年美国爆发次贷危机并很快波及全球，我国新疆也不例外，对外贸易遭受巨大冲击，导致新疆口岸出入境人数出现锐减。2011年开始，美国次贷危机的影响逐渐消失，国内外经济开始进入恢复期，新疆边境口岸出入境人员数量日益上升，平均保持在200万左右的出入境人员流量水平。

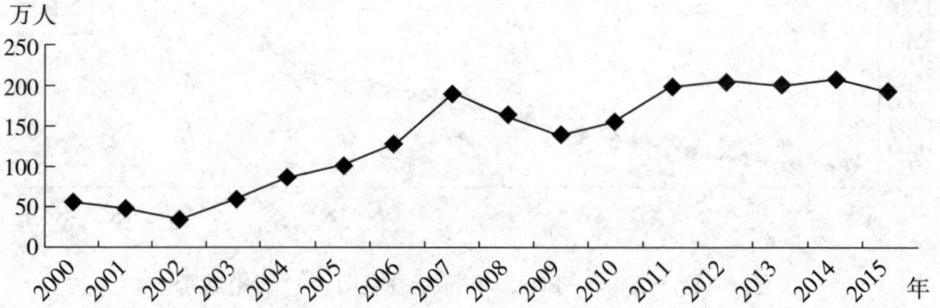

图 5-18　2000—2015 年新疆边境口岸出入境人员数量变化趋势

资料来源：《新疆统计年鉴》。

从长期分析，新疆边境口岸出入境人员数量和过货量成正比，两者都保持持续增长趋势。从短期分析，新疆边境口岸出入境人员数量浮动或波动时，过货量仍然平稳增长，原因在于新疆边境口岸出入境人员数量较大程度上受边境小额贸易的影响，很容易出现波动情况，但是以新疆边境口岸为依托的中国与新疆周边国家之间进行的能源贸易、物质矿产贸易、大型机械装备贸易比较稳定，不会轻易发生较大的浮动。

5.4.2.3　边境口岸进出口贸易额的变化

1986年，对外经贸部批准新疆开展同周边国家的地方边境贸易，并逐渐成为新疆对外经贸发展的优势所在。2018年，边境口岸贸易额为120.58亿美元，占进出口总额的60.26%。由此可见，边境口岸贸易已成为新疆外贸进出口的重要方式。

2000—2015年，新疆边境口岸进出口贸易额呈现持续增长态势，新疆进出口贸易额平稳增长，进出口贸易额从 2000 年的 141 亿元上升至 2015 年的 2265 亿元，增长约 16 倍，年均贸易额为 1261.03 亿美元，年均增速为 20.33%（见图 5-19）。

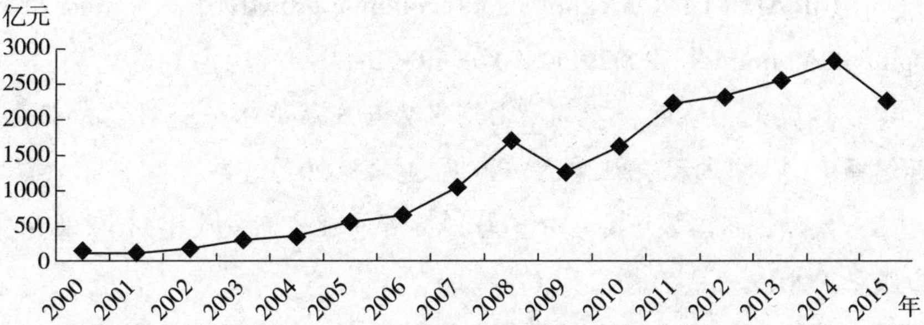

图 5-19　2000—2015 年新疆边境口岸进出口贸易额变化趋势

资料来源：《新疆统计年鉴》。

随着新疆口岸过货量的迅速增长，新疆边境口岸贸易额同步上升，但是贸易额的年均增速和增长倍数远远大于过货量的增速和增长倍数。2000—2015 年，新疆边境口岸过货量年均增速为 15.5%，而贸易额的年均增速为 24%；2015 年新疆口岸过货量相比 2000 年增长 8 倍，贸易额增长 16 倍。其中除价格因素的影响之外，主要是新疆边境口岸进出口货物的科技含量越来越高，日益朝着高科技方向发展。

总体来看，新疆边境口岸客流量、过货量、总贸易额等口岸经济要素均实现了快速增长。相较于边境口岸贸易量、过货量，新疆边境口岸客运量的增速较慢。原因在于边境口岸通关机制不畅，办理签证程序复杂、花费时间长，严重影响了出入境人员的通关效率，限制了劳动力、商务人士、旅游人士的交流和往来，亟须改革边境口岸通关管理体制，提高边境口岸的通关协作效率，为新疆边境口岸人员出入境创造良好的制度环境。

参考文献

[1] DEARDORFF A V. The General validity of the law of comparative

advantage［J］. Journal of Political Economy，1980，88（5）：941–957.

［2］HELPMAN E，COE D T，HOFFMAISTER A W.North–south R&D spillovers［J］. Economic Journal，1997，107（1）：134–149.

［3］IBRAHIM I. On exports and economic growth［J］. Journal of Development Economics，2002，12（1）：59–73.

［4］林毅夫，蔡昉，李周．比较优势与发展战略——对“东亚奇迹”的再解释［J］．中国社会社学，1999（5）：14–20.

［5］戴翔，张二震．要素分工与国际贸易理论新发展［M］．北京：人民出版社，2017.

［6］邓平平．对外贸易、贸易结构与产业结构优化［J］．工业技术经济，2018（8）：27–34.

［7］王晰．农产品贸易与新新贸易理论：文献述评［J］．当代经济管理，2018（5）：32–39.

［8］卢志虎．新疆农村消费品市场潜力及营销对策研究［D］．乌鲁木齐：新疆财经大学，2012.

［9］穆沙江·努热吉．新疆边境口岸经济与地方经济协调发展研究［D］．乌鲁木齐：新疆大学，2018.

［10］艾翅翔，刘变叶．试论新疆边境口岸的城镇化发展［J］．区域经济，2016（9）：64–65.

［11］王乾星．新疆对外贸易出口商品市场结构研究［J］．克拉玛依学刊，2018（5）：50–54.

［12］尼牧昆．新疆与中亚五国农产品贸易问题研究［D］．石河子：石河子大学，2015.

［13］阿布都瓦力·艾百，吴碧波．中国新疆与中亚国家农产品贸易发展研究［J］．世界农业，2016（7）：217–221.

第 6 章　新疆经济发展的禀赋结构

禀赋结构决定了一个地区在经济发展初期阶段所依赖的要素和资源。在经济发展初期阶段，有什么样的禀赋结构，就应该有什么样的发展基础；一个经济体的发展路径，必须建立在自身禀赋结构之上，土地、资源、资本和劳动力构成地区最基础的发展条件和发展动力。在经济发展的每一个阶段，新疆根据自身禀赋结构的变化，因势利导地建立相应的产业发展政策。伴随着经济的跨越式发展，新疆依托教育、互联网技术和基础设施建设的改善，改变自然资源禀赋，促使禀赋结构升级。

6.1　禀赋结构理论

6.1.1　要素禀赋理论

要素禀赋理论最早是在 1919 年由 Hecksche 提出，后经瑞典经济学家 Ohlin 进一步完善而发展起来，这一理论在实际应用中取得了很大的成功。20 世纪初到 70 年代末，要素禀赋理论在国际贸易理论中占据统治地位，是传统贸易理论发展的巅峰。

要素禀赋理论主张各国按照要素禀赋的不同来源进行国际分工和专业化生产，各国应该出口密集使用本国富裕的生产要素生产的产品，而进口密集使用本国稀缺的生产要素生产的产品。要素禀赋理论将国家视为贸易活动的主体，在这一理论的前提假设中，将国家设为研究对象，在生产可能性边界的设定，贸易发生机制和贸易得益的分析方面，都以国家为单位。各国的贸易只能由要素禀赋来决定，放任自由，无须干涉，也不能改变国际贸易的流向。

但是，国家间技术相同的假设限制了该理论的发展，从而促使 David 和 Ricardo 提出比较优势理论，最终形成要素禀赋匹配理论。该理论中的要素禀赋指资本劳动比率（Basu and Weil，1998），或熟练劳动力与非熟练劳动力比率（Acemoglu and Zilibotti，2001）。Caselli and Coleman（2006）认为，发展中国家的技术及要素禀赋与发达国家存在差异，这种差异性使得发展中国家适宜的技术与发达国家先进的技术不具备可比性和匹配性（林毅夫和张鹏飞，2006）。一方面，熟练劳动力与非熟练劳动力比率是适宜技术选择的重要影响因素，且在国家间存在差异；另一方面，引进的先进技术成本较高，且是在发达国家而非在发展中国家要素禀赋结构的环境和条件下完成的（Acemoglu and Zilibotti，2001）。

6.1.2 禀赋结构理论

一个经济体的禀赋结构是指支撑一国经济增长的自然资源、劳动力、人力资本和物质资本的相对丰裕程度。禀赋结构在每一个特定的发展水平上是给定的，并随着发展水平的不同而不同，因而一个经济体的最优产业结构也会随着发展水平的不同而不同。不同的产业结构不仅意味着不同的产业资本密集度，不同的企业规模、生产规模、市场范围、交易复杂程度以及不同的风险种类等，这些要素禀赋结构还进一步决定着一个经济体的增长潜力。可见，经济增长潜力开发是一个技术创新、产业不断创新、结构不断变化的过程，经济结构内生决定于要素禀赋结构。因此，禀赋结构决定经济增长的潜力以及潜力开发的动力机制。

关于禀赋结构变化对经济发展影响的研究，主要有两个视角：一是国际经济学视角，沿着传统的 Heckscher-Ohlin 模型，探讨要素禀赋及其变化对开放经济体经济增长的作用。这些研究普遍认为，要素禀赋对经济增长起着重要作用，促进一个地区经济发展（Gustavsson et a1.，1999；Engerman et a1.，2002）。二是以林毅夫（2014）为代表的新结构主义经济学视角，认为要素禀赋结构决定了各种要素的相对价格，企业会根据价格选择遵循经济比较优势的产业和技术。

现实世界中生产要素的空间分布是不均衡的。对要素禀赋结构的运用，实质上是将空间维度纳入经济分析之中。经济发展总是伴随着生产要素的大规模流动，从而改变区域禀赋结构。正如皮埃尔·菲得普·库姆斯等（2011）把工业化称作区域现象而不是国家现象一样，中国各区域农业因其生产要素空间分布极为不均，更多地体现出区域的性质。一般认为，东部地区资本要素丰富，中部和西部地区农业劳动力要素丰富，而东北地区则是土地要素丰富。改革开放以来，中国农业部门各生产要素的数量都发生了显著变化：一是农业劳动力大量转移，农村出现了“空心化”；二是日益增长的农业投资，导致了农业“资本深化”；三是工业化、城镇化的快速发展，使农村土地资源日趋紧张。

6.2　经济发展中的要素禀赋

新疆自然资源丰富，经济增长主要依赖自然资源禀赋优势。自然资源的“有与无”会产生分工，这种“有与无”决定了新疆地区能够生产某种优势产品，而另一些地区根本不能生产这种产品，只能依赖进口。自然资源的“多与少”也会产生分工，国内一些地区尽管蕴藏着较少的自然资源，但其需要量很大；新疆地区尽管蕴藏量比较大，但其需要量相对比较小。新疆通过自然资源禀赋发展农业和石化工业等，满足国内其他地区的需要。

6.2.1　能源资源优势

在新疆 166.49 万平方千米的土地上，蕴藏了全国陆上 30% 以上的油气资源量（见表 6–1）。自古以来新疆盆地聚集区域富含油气，“三山夹两盆”的地形成为新疆境内具有多个油田分布的重要原因。2015 年新疆原油产量为 2795 万吨，占全国陆上石油资源量的 30%，现石油保有储量居全国第2位，未动用石油储量居全国之首。2016年，新疆四大油田（塔里木油田、克拉玛依油田、吐哈油田和西北油田）的总产量超过4800万吨，随着塔里木油田的上产、新疆油田新资源的发现、西北油田建设的推进，新疆成为中国第三个年产超过5000万吨的油气产区。

2016年，新疆的煤炭地层面积为30.7万平方千米，煤炭储量为162.31亿吨，占全国总量的40.7%，居全国之冠。

表6–1　1978—2008年新疆能源生产量情况

年份	能源生产总量／万吨标准煤	占能源生产总量的比重/%			
		原煤	原油	天然气	水电
1978	1410.8	60.0	35.8	2.4	1.8
1980	1527.7	58.4	36.5	3.1	2.0
1982	1576.5	58.2	36.5	3.5	1.8
1984	1861.7	60.4	34.6	3.2	1.8
1986	2216.9	58.6	35.5	3.4	2.5
1988	2432.1	58.5	36.2	2.5	2.8
1990	2801.6	58.8	35.8	2.4	3.0
1997	5130.6	46.2	45.4	5.5	2.9
1998	5095.2	45.1	45.7	6.2	3.0
2000	5419.8	40.6	48.7	7.9	2.8
2002	6156.1	39.5	47.3	10.5	2.7
2003	6657.4	41.1	46.0	10.2	2.7
2004	7113.0	41.4	45.3	10.7	2.6
2005	8175.7	37.9	42.1	17.3	2.7
2006	9528.7	37.3	37.1	22.9	2.7
2007	10735.8	36.7	34.7	26.0	2.6
2008	12669.1	41.9	30.6	24.8	2.7

资料来源：《新中国六十年统计资料汇编》。

如表6–2、图6–1所示，新疆能源资源处于稳步增长态势。新疆原油生产量由1998年的1626.5万吨增加到2015年的2795.1万吨，年均增长64.9万吨；汽油生产量由1998年的225.86万吨增长到2015年的323.63万吨，年均增长5.43万吨；焦炭生产量由1998年的81.9万吨增加到2015年的1662万吨，年均增长87.78万吨。天然气生产量由1998年的23.84

亿立方米增长到2015年的293.02亿立方米，年均增加14.95亿立方米。

表6-2 1998—2015年新疆能源资源发展情况

能源	1998年	2002年	2007年	2012年	2013年	2014年	2015年
原油产量/万吨	1626.5	2015.2	2604.3	2670.6	2792.5	2875.2	2795.1
汽油产量/万吨	225.86	197.87	276.76	239.24	277.31	320.82	323.63
焦炭产量/万吨	81.9	106.34	430.58	1263.8	2137.0	2235.0	1662.0
天然气产量/亿立方米	23.84	46.08	210.2	251.55	283.98	296.7	293.02

资料来源:《中国统计年鉴》各年数据。

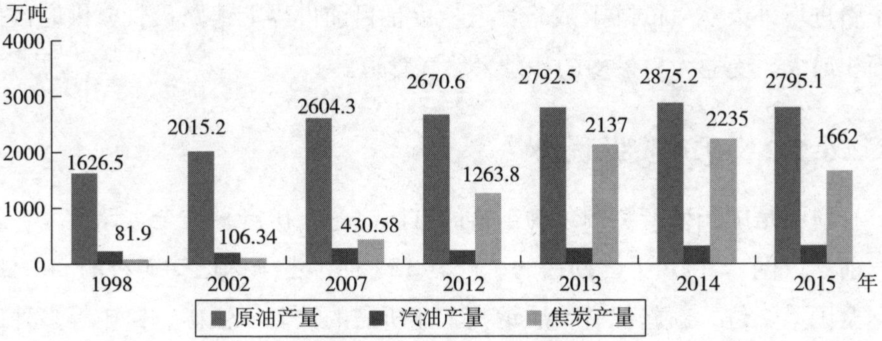

图6-1 新疆能源资源发展趋势

资料来源:《中国统计年鉴》各年数据。

克拉玛依油田是新中国成立后开发建设的第一个大油田，原油产量居中国陆上油田第4位、连续25年保持稳定增长，累计产油为2亿多吨。2002年，原油年产突破1000万吨，成为中国西部第一个千万吨大油田。塔里木油田是新疆第一、中国陆地第三大油田，2017年油气产量达到2500多万吨。中国石化西北油田探明原油地质储量为13.8亿吨，天然气地质储量为1710亿立方米，累计产油超过1亿吨、天然气为230亿立方米，实现了中国石化西部资源接替的战略。2006年，西北油田跻身我国陆上十大油田之列，2013年油气产量近900万吨。2018年1月23日，西北油田累计原油产量突破1亿吨，这是继“沙参二井”突破、“塔河油田”发现和“顺北油气田”发现之后又一历史标志性事件。新疆吐哈油田负责吐鲁番市、哈密市的石油勘探与开发，2010年累计生产原油为5490万吨。

2016 年，新疆天然气储量为 10251 亿立方米，约占全国陆上天然气资源量的 35%。分布在新疆的塔里木气区是中国四大气区之一，天然气的年生产能力达 234 亿立方米以上，是仅次于长庆气区的第二大气区。新疆霍尔果斯口岸不仅是能源进入我国的第一站，也是亚洲最大天然气集输场站。仅 2017 年前三季度，中亚天然气管道就通过霍尔果斯压气站向中国输送天然气为 281.5 亿标方。从新疆境内管道线路来说，密集的油气管网，西气东输二线是近期最为引人瞩目的一条。整个二线工程全长为 8704 千米，西至霍尔果斯，东至香港，横跨中国的西北和东南，不仅是我国第一条引进境外天然气的陆上战略管道，也是目前世界上线路最长、供应覆盖面积最大、受益人口最多的一条天然气管道。

6.2.2 矿产资源优势

新疆是中国矿产资源最为丰富的省区之一，矿产种类全、储量大，开发前景广阔。2016 年已勘探的矿产有 138 种，占全国已知矿种的 80.7%，居全国第 2 位，新疆拥有发展钢铁工业所需的铁矿、锰矿、铬矿等多种矿产；拥有发展盐化工的石盐、芒硝、钾盐等。2016 年，新疆天然沥青、钠硝石、芒硝、蛭石、页岩等 8 种矿产资源的探明储量居全国首位，新增铅锌资源储量为 2867.43 万吨，升至全国第 3 位。

如表 6-3 所示，新疆矿产资源储量丰富。铁矿储量由 2004 年的 2.86 亿吨增加到 2016 年的 8.3 亿吨，年均增长 0.41 亿吨；2004—2016 年，新疆钒矿储量每年保持在 0.16 万吨左右，锰矿储量每年维持在 400 万吨以上，铬矿储量每年维持在 42 万吨以上。

表 6-3　新疆矿产资源储量情况

矿产	2004 年	2007 年	2010 年	2012 年	2013 年	2014 年	2015 年	2016 年
铁矿储量 / 亿吨	2.86	2.88	3.57	4.27	4.56	5.21	8.26	8.3
锰矿储量 / 万吨	473.10	467.80	410.43	569.93	567.17	560.17	562.40	562.43
铬矿储量 / 万吨	59.26	59.18	48.95	44.18	44.01	44.68	44.70	42.86
钒矿储量 / 万吨	0.16	0.16	0.16	0.16	0.16	0.15	0.16	0.16

资料来源：《新疆统计年鉴》各年数据。

从全国矿产资源的分布来看（见表6–4），矿产资源富集区主要集中在产业相对不发达、资源环境承载力较低的民族地区，容易陷入“矿产资源开发—生态环境脆弱和恶化—经济发展水平低—生活贫困—矿产资源开发加快—生态环境更加恶化”的恶性循环。因此，经济发展初期，新疆在产业结构选择上，遵循传统的经济发展模式，以资源环境承载力确定产业布局，充分发挥资源优势。

表6–4　民族地区自然资源分布

省区	矿产资源	特色农产品
新疆	铁矿、锰矿、铬矿、钒矿	棉花、亚麻、红枣、乳制品
内蒙古	煤炭、铜矿、铅矿、稀土	乳制品、白小麦、葵花籽、羊
青海	锌矿、金矿、天然气、盐	黑枸杞、富硒大蒜、三文鱼、牦牛肉
宁夏	煤矿、非金属矿产	枸杞、长枣、葡萄
贵州	磷矿、锰矿、铝土矿	辣椒、药材、山野菜、芸豆
云南	铜矿、铅矿、锌矿、磷矿	普洱茶、黑山羊、紫米
广西	锌矿、锰矿、锑矿、锡矿	沙田柚、荔枝、桂圆、香蕉
西藏	铜矿、铁矿、石膏	牦牛肉、青稞、藏药

资料来源：根据民族八省区政府网站整理得到。

作为我国重要的土地资源后备地，新疆人均占有耕地为3.08亩，为全国人均水平的2倍。其中，牧草天然地总面积为5111.37万公顷，居全国第2位。土地和牧草等自然资源是新疆农业生产和发展的基础，是传统农业布局的依据。农业资源的空间分布及其组合对区域农产品生产与发展具有重要影响。

6.3　经济发展中的禀赋结构升级

禀赋结构升级是指一个地区所拥有的生产要素由低级（土地、劳动力）向高级（资本、技术）密集的过程。各地区要素禀赋不同，生产不同产品时所需要的要素配置也不一样。禀赋结构升级会带来三种变化：一是资本、技术和信息等生产要素的扩大，将促进资本与技术含量高的制造业及相关产业链发展，从而推动产业结构改变；二是禀赋结构升级有利于提升本地区在价值链分工中的地位与资源配套能力，产生更大的经济收益，进而影响经济非均衡化发展程度；三是随着技术、互联网和基础设施等要素禀赋比例增大，使该地区在价值链分工中的地位得到提高。禀赋结构的提升引导产业结构逐步由技术水平较低的劳动密集型向技术水平较高的资本密集型转换，促进技术进步。

6.3.1 教育水平的提高促使禀赋结构升级

自舒尔茨（Schultz）提出人力资本的概念以来，人力资本理论及人力资本对经济增长的影响便成为国内外学者研究的热点。经典的人力资本理论认为，教育在国民经济中充当着人力资本生产部门这一重要角色，并以教育层次提升、教育年限延长、教育存量累积等形式提升一国的整体人力资本水平。Nelson 和 Phelps 的研究认为，人力资本是科技创新的关键投入要素，在一国的科技创新与技术进步中扮演着重要的知识吸收与溢出的转换角色，教育人力资本及其溢出效应不仅体现在对经济增长的影响上，也体现在对科技创新水平的影响上。教育人力资本溢出效应对科技创新的影响，主要表现为平均受教育水平较高的群体环境往往会激发人们进一步提高自身的人力资本水平，从而间接提升群体的科技创新能力。显然，某一地区内教育人力资本存量越大、层次越高，该地区的企业内或产业内人员间的相互学习和相互交流越多，科技知识的传播和扩散越有效，教育人力资本溢出效应对该地区科技创新的影响也就越大。“看中学”与“干中学”等技术知识外溢机制的存在有助于平均受教育水平较高的地区提升地区的整体科技创新能力。

6.3.1.1 教育体系不断完善

1949 年，新疆仅有学院 1 所，中专 11 所，中学 9 所，小学适龄儿童入学率 19.8%，教育基础极为薄弱。到 2018 年，新疆有普通小学 3368 所、初中 935 所，普通高中 343 所，中等职业教育学校 158 所，普通高等学校 42 所，小学学龄儿童净入学率为 99.94%，小学毕业生升入初中升学率为 99.35%。

具体而言，2001—2018年，新疆普通高中由472所减少到343所，在高中减少的同时，中等职业教育学校增加较多，由2001年的99所增加到2018年的158所，普通高校由21所增加到45所；高校在校学生数由2001年的11万人增加到2018年的37.49万人，中等专业学校在校学生数由9.73万人增加到25.37万人。新疆不断加强基础教育，实现九年义务教育的县（市、区）已达65个；各类成人教育进一步发展，多层次、多形式的职业技术培训体系基本形成。

2001年，新疆单独设置的民族中小学有5882所，占全疆中小学总数的69%。同时还有不少学校实行民汉合校。2018年，新疆已形成结构合理、多层次办学、协调发展的少数民族教育体系。根据目前生源的实际情况，在高等学校招生考试中，对少数民族考生采取降低分数线的优惠政策等。

2013年9月23—24日，第四次全国对口支援新疆工作会议在北京召开，提出教育优先，全面提高新疆各级各类学校教育质量，加快农牧区和偏远地区寄宿制学校建设，在南疆全面实行高中阶段免费教育。自此，南疆实现从学前教育、小学、初中到中等职业教育的14年免费教育；2.3万名未就业普通高校毕业生赴援疆省市和国家部委188所院校接受培训，7.5万名2009年前未就业大学毕业生全部实现就业。

6.3.1.2 受教育水平逐步提高

从新疆学生净升学率看，1978—2018年，新疆初中阶段适龄少年净升学率由88.67%上升到99.35%，缓慢增长并保持稳定，99%以上的适龄少年参加义务教育。1978—2018年，新疆初中进入高中阶段净升学率由48.22%上升到97.3%，上升幅度较大，41年间上升49.08%；特别是2010年后初中升高中阶段净升学率稳定在83%以上，受教育人口比例显著增大，青壮年文盲率已降至1.5%以下。这说明新疆学生的受教育程度不断提高，有利于新疆人力资本的提升，促使禀赋要素升级。

1978年与2017年相比，新疆各类学生人数在全区人口中占的比重由1978年的23.34%上升到2017年的24.08%，其中大学生在全区学生总数中所占的比重由1978年的0.36%上升到2017年的8.44%，中学生在全区学生总数中所占的比重由1978年的28.02%上升到2017年的35.81%，而小学生在全区学生总数中所占的比重由70.50%下降到2017年的55.75%，下降了14.75%。从以上数据可以看出，新疆地区的教育发展水平逐渐提升，高学历人口在全区人口中所占的比例越来越高，教育发展越来越倾向于高学历水平发展。2018年的小学学龄儿童入学率为99.94%，比1978年增长了3.94个百分点；小学升初中升学率为99.35%，比1978年上升了10.68%；初中升高中的升学率为97.3%，比1978年上升了49.08%，高中阶段升学率大幅上升，表明越来越多的学生能够接受高中教育，教育水平得以提升（见图6-2）。

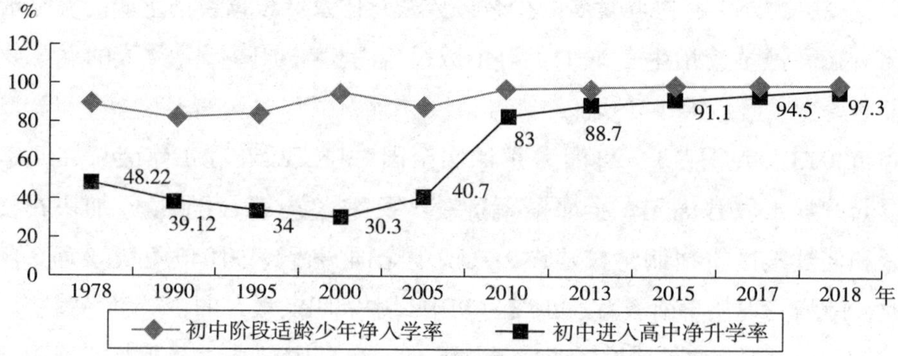

图6-2 1978—2018年新疆初高中净升学率变动

资料来源：根据《新疆统计年鉴》各年整理所得。

分地区看，近年来南疆四地州的教育水平得到了大幅提升，2017年四南疆地州的普通高等学校招生人数占新疆普通高等学校招生人数的比重为7.73%，比2010年上升了0.07个百分点；中等职业学校招生人数占新疆中等职业学校招生人数的38.34%，上升了5.47%；普通高中招生人数占新疆普通高中招生人数的44.18%，上升了5.32%；小学招生人数占新疆小学招生人数的54.69%，上升了9.9%。南疆四地州贫困地区的教育水平虽然与新疆的水平相比还有差异，但教育水平也逐渐在提高。教育水平的提高能让当地的孩子学到更多的知识技能，从基础上改善新疆劳动力因为技能低下、劳动素质不高而就业困难的状况。

6.3.2　互联网信息技术促成禀赋结构升级

Kahn（2002）认为互联网能降低企业的信息搜集成本，提高管理水平；Teece（2010）主张互联网能直接催生新经济模式和新兴产业；Androutsos（2011）发现互联网与传统产业的融合能够改进生产方式，提高交易和生产效率。互联网通过与传统产业融合创新催生新业态，优化产业结构，革命性推动技术进步。互联网促进传统集中大规模生产转向市场导向的按需制造、个性化、柔性化生产，催生虚拟制造、智能制造等新业态，显著带动了一系列技术创新（杜娟等，2014）。互联网的兴起直接催生电子信息产业以及信息技术的融合运用等新投资热点，引导“三高一资”产业的资本投资流向新兴产业，推动信息技术资本取代传统资本，增加资本数量、提升资本质量，推动良性资本深化。

6.3.2.1　电子商务的发展

从新疆企业使用电子商务的情况看，2013年有电子商务交易活动的企业为176家，到2016年发展为628家，4年间增加了452家，短期增长较快（见图6–3）。

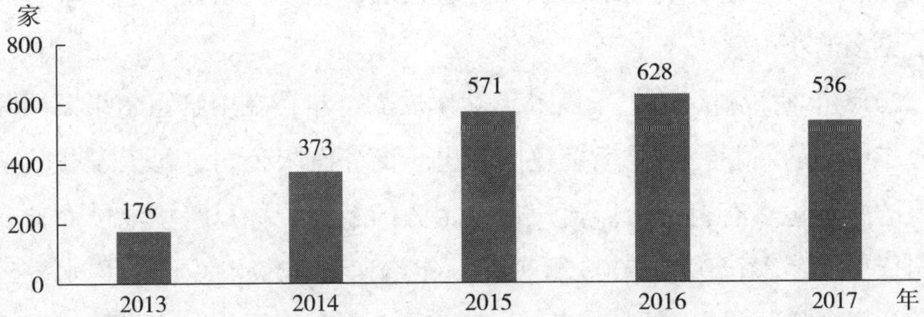

图6–3　参与电子商务活动的企业数量

资料来源：《中国统计年鉴》（2013—2018年）。

新疆企业参加电子商务活动的数量不仅增长快，电子商务交易量也增长迅速。如图6–4所示，2013年新疆企业的电子商务采购额和销售额分别为50.6亿元和187.6亿元，到2015年分别发展为562.2亿元和711.2亿元，特别是电子商务采购额增长最快，增加了660.6亿元。虽然新疆企业的电子商务销售额不及采购额增长快，但也出现了两位数的增长。

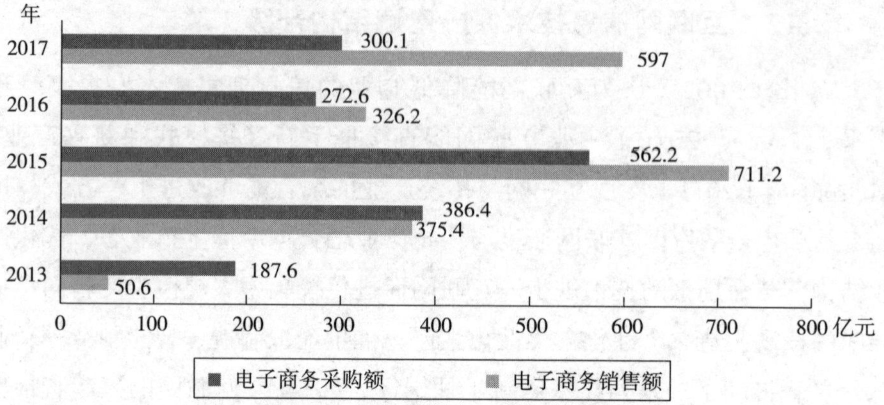

图 6-4 新疆企业电子商务交易量

资料来源：《中国统计年鉴》（2013—2018 年）。

新疆电子商务的发展不仅体现为企业电子商务活动的增加，农村电子商务也出现跨越式发展。根据新疆商务厅的数据统计，2015 年以来，新疆共建设农村电子商务县级运营中心 43 个、仓储物流中心 71 个、乡村电商服务站点 1867 个。其中，在南疆四地州，深度贫困乡镇建设电商服务站 63 个，深度贫困村建设村级电商服务点 479 个。新疆借助电子商务推进精准扶贫脱贫，促进了贫困地区经济社会发展，也使群众在共建共享发展中有了更多的获得感。

2018 年是新疆跨境电子商务迅猛发展的一年，在中哈霍尔果斯国际边境合作中心的新疆霍尔果斯橙色国际电子商务有限公司，每天发往哈萨克斯坦的跨境包裹有上百个。落户乌鲁木齐的新疆野林猫跨境电子商务有限公司线上交易额已突破 5000 万美元，年增速约 30%。位于乌鲁木齐经济技术开发区的智景电商创新创业中心，2018 年吸引了 140 多家跨境电商落地，创造了 30 亿元交易额，实现了 8 亿元产值和 3200 万元税收，业务半径扩展到欧洲多国。

6.3.2.2 互联网宽带用户数不断增加

新疆互联网发展呈现逐年上涨态势，2001—2017 年，互联网宽带接入用户数由 12.8 万户增长到 569.9 万户，共增长 43.5 倍，年平均增长率为 27.67%；特别是 2003 年同比增速达到 251.4%，表明新疆企业和居民对互联网宽带的发展非常看好。

2016年，新疆维吾尔自治区人民政府与中国电信集团公司在乌鲁木齐签署“十三五”战略合作框架协议，有助于新疆步入互联网信息化时代。未来5年，中国电信集团将投入300亿元，全面加快新疆信息化建设。实施“互联网+平安新疆”“互联网+民生”“互联网+产业”等八大信息化工程，加快新疆信息化发展步伐。中国电信还将积极以物联网、云计算、大数据等信息化新技术，推动新疆新产业、新业态蓬勃发展，全面助力新疆经济发展、结构优化、动力转换。

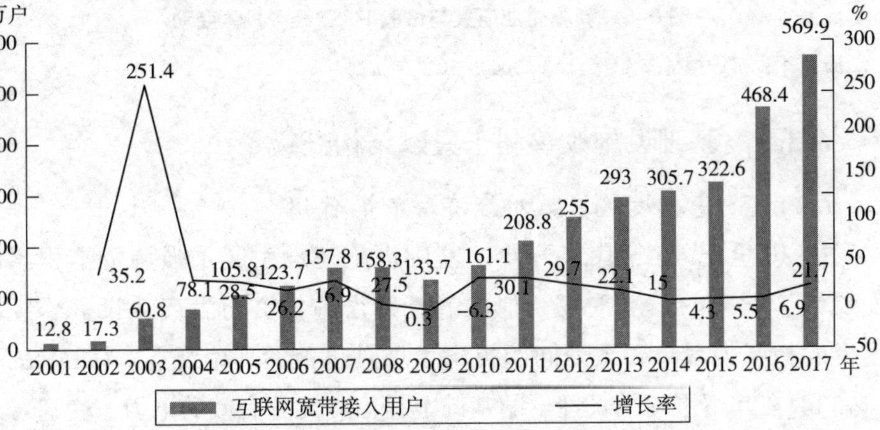

图6-5 新疆互联网宽带使用情况

资料来源：《中国统计年鉴》（2001—2018年）、《新疆统计年鉴》（2001—2018年）。

6.3.2.3 企业科学研究与试验发展（R&D）经费投入猛增

R&D经费是指用于基础研究、应用研究和试验发展的经费支出总和，是衡量一个地区创新能力强弱的重要标志。从新疆企业R&D经费投入情况看，1999年R&D经费投入为2.5亿元，到2007年突破10亿元，2017年达到57亿元，年均增长率为18.97%；特别是2004年和2008年新疆R&D经费投入的增速较高，达到58%以上。从经费投入强度看，2007—2017年R&D经费投入强度缓慢上升，并保持相对稳定，2007年R&D经费投入强度为0.28%，到2017年达到0.52%，说明新疆企业在科技创新方面投入力度加大（见图6-6）。

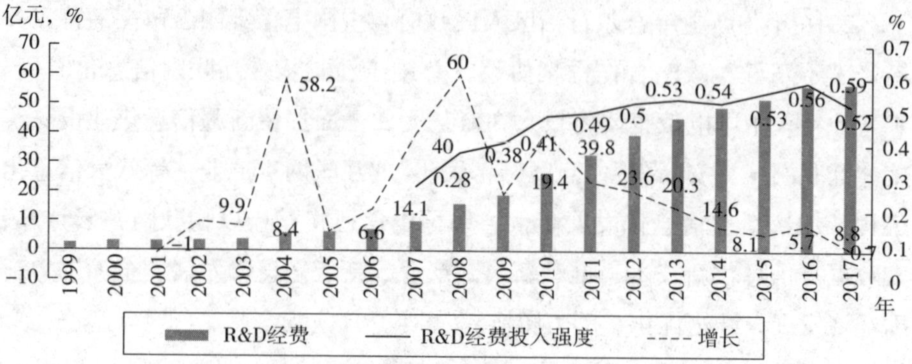

图 6–6　新疆企业研究与试验 R&D 经费投入变动

资料来源:《中国科技统计公报》(2000—2017 年)。

6.3.3　基础设施改善利于禀赋结构升级

6.3.3.1　基础设施禀赋对经济增长的作用

从 20 世纪 40 年代末开始，基础设施建设引起了强调资本积累的发展经济学家的广泛重视，他们就基础设施投资与生产性投资、经济发展的相互关系等一系列问题提出了极具价值的理论观点。Hirschman（1958）在其不平衡增长理论的基础上提出，充分有效的电力、交通、通信等基础设施是经济发展的最基本前提。以 Solow（1956）为代表的新古典增长理论认为，基础设施作为要素投入，加大基础设施投资，会形成更多的社会资本存量，可以直接推动经济增长。内生增长理论认为，企业研发、人力资本和基础设施投资等活动是经济长期增长的根本源泉，特别是基础设施作为公共资本具有外部性，这种外部性提高了私人资本的边际生产能力（Arrow and Kurz，1970）。政府通过提供公共基础设施等公共服务可以给私人资本带来溢出效应，致使私人资本的边际报酬不会出现递减，从而提高长期经济增长率（Barro，1990）。对实体性基础设施包括交通、电信、电力、水利等进行投资，通过促进市场交易的便利化以及为企业或行业带来积极的外部性，提高了全要素生产率，也会促进经济的长期增长（Jimenez，1994）。

基础设施禀赋对经济增长产生溢出效应的主要渠道有：①要素供给质量提高。基础设施供给能力的改善，可以提高劳动力、土地等要素供给的质量，从而提高全要素生产率，进而促进产出的增长。②市场交易的便利化。基础设施特别是交通运输设施的改善，有助于生产资料及产品的空间转移，扩大市场交易范围，提高市场的交易能力和效率；通信基础设施的改善，有助于提高企业的决策质量，降低交易成本，提高交易效率，有效促进经济增长。③分工与专业化协作。基础设施的改善，可以促进生产分工和专业化水平提高，降低生产部门和企业的生产成本，提高技术效率，对经济增长形成规模效应；分工专业化也会影响生产者和消费者的经济决策，影响生产要素的流向，对经济增长形成集聚效应。④技术扩散与创新。基础设施的改善对经济增长具有集聚效应，在集聚经济体内部，企业间的相互学习、模仿和示范，有利于促进企业的技术扩散与创新，对经济增长形成显著的技术溢出效应。⑤区域经济一体化。基础设施的改善，还可以加速区域经济一体化的形成，进而引导发达地区对落后地区形成经济增长溢出效应，有助于提高欠发达地区的经济快速增长和区域经济的协调发展。

6.3.3.2 新疆基础设施的发展

新中国成立前的新疆，人们远行、运物主要借助畜力，现代交通基本为空白。新中国成立 70 年米，新疆的交通运输业发生了翻天覆地的变化。

（1）新疆铁路和公路的发展。

新疆的铁路运输从无到有，不断发展。1962 年，兰新铁路铺轨到乌鲁木齐，建起了沟通新疆与内地的运输大动脉。“六五”期间，建成了全长 475 千米的南疆铁路吐鲁番—库尔勒西段，结束了南疆没有铁路运输的历史。“七五”期间，兰新铁路向西延伸到阿拉山口，架通了亚欧第二座大陆桥。“八五”期间，完成了兰新铁路复线建设。“九五”期间，完成了南疆铁路西延至喀什工程建设。“十五”期间，新疆第一条电气化铁路——精伊霍铁路开工建设。新疆铁路从最初的“一”字形铁路到“人”字形铁路，再到如今包括兰新线、南疆线、乌准线、精伊霍线、兰新高铁等在内跨越“三山两盆地”的全新路网布局。

如表 6-5 所示，从新疆铁路营业里程看，1958 年只有 231 千米，1965 年为 988.4 千米，1978 年为 1030.5 千米，1995 年突破 2000 千米，2008 年接近 3000 千米，2017 年达到 6200 千米。1990 年，从乌鲁木齐至阿拉山口全长460千米的兰新铁路西线顺利建成通车，贯通第二亚欧大陆桥；1999年，全长975千米的南疆铁路库尔勒西至喀什段建成通车；2014年，库尔勒至青海格尔木、和田至若羌铁路动工，预计2019年建成通车。新疆已构成横贯东西、连接南北疆、衔接内地、沟通亚欧的铁路运输干线。

表6-5 新疆铁路和公路建设情况

单位：千米

年份	铁路营业里程	公路里程
1949	—	3361
1955	—	8820
1958	231.0	18731
1960	824.9	22722
1962	903.0	22887
1965	988.4	22675
1974	996.5	23401
1976	1006.4	23615
1978	1030.5	23818
1980	1103.1	21148
1985	1579.0	22232
1990	1578.0	25425
1995	2038.0	30298
2000	3010.0	80875
2005	2925.0	89531
2008	2925.0	146652
2017	6200.0	220000

资料来源：《新中国六十年统计资料汇编》。

新疆的公路建设取得突破性进展。从公路里程看，1949年新疆只有几条简易公路，通车里程仅为3361千米，1956年突破1万千米，1959年突破2万千米，1978年为23818千米；改革开放以后，新疆的公路建设实现大跨越，1995年突破3万千米，2000年突破8万千米，2008年达到146652千米，2017年达到22万千米。穿越塔克拉玛干大沙漠的沙漠公路，是世界上首次在流动性大沙漠上修筑的长距离等级公路。

公路建设逐步推进，先后续建、新建了国道312、314、217、216线新疆境内段及68条省道和一批县乡公路。建成沙漠公路、吐—乌—大高等级公路、乌—奎高速公路，结束了区内没有高速公路的历史。2018年，新疆高速公路里程已突破4800千米。全区105个县级行政单位中72个通高速或者一级公路，103个通二级公路。新疆15个地州市和所有县（市）全部通柏油路，99.6%的乡镇和90%以上的行政村通了公路。现已基本形成了以乌鲁木齐为中心，以国道干线为主骨架，横贯天山，连接南北疆，东联甘肃、青海，南接西藏，西出中亚、西亚各国，四通八达的干支线公路运输网络。

（2）新疆民航运输的发展。

新疆地处亚欧大陆腹地，幅员辽阔。在166万平方千米的区域内，民航作为重要的交通运输方式，不仅是促进新疆区域协同发展的"助推器"，也拓展了现代综合交通体系的通达能力，极大地提高了新疆各族群众出行的便利性和舒适性。

70年来，新疆先后完成了乌鲁木齐、喀什、阿勒泰、克拉玛依、伊宁、塔城、图木舒克等21个机场的建设与改造，完善了通信、导航、服务设施，扩大、更新了民航机队，民航运力迅速增加。

1978年改革开放以前，新疆共建有6个机场（乌鲁木齐、喀什、伊宁、阿勒泰、阿克苏、富蕴可可托海机场）；改革开放后，新疆大力发展民航运输，共建有15个机场。2018年12月26日，图木舒克唐王城机场通航，至此，新疆21个民用支线机场投入使用。新疆由此成为国内运输机场最多的省份。

从民航通航里程看，1949—1978年新疆没有民航通航里程的记载，1978年新疆的民航通航里程只有4800千米，2000年突破15万千米，到2017年达到318900千米，40年间增长66倍（见图6-7）。

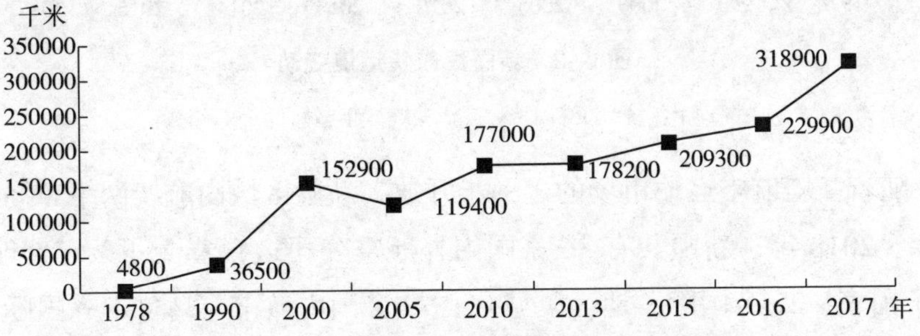

图6-7　1978年以来的新疆民航通航里程

资料来源：《新中国六十年统计资料汇编》《新疆统计年鉴》。

从民航客运量和货运量看，如图 6-8、图 6-9 所示，1978 年，新疆民航的客运量仅为 7 万人次，货运量为 0.12 万吨；2010 年客运量为 490.3 万人次，货运量达到 3.73 万吨。2017 年，新疆民航客运量突破 3000 万人次、货运量 18.74 万吨、起降 35.9 万架次，同比分别增长 8.3%、2.95%、8.72%；其中，乌鲁木齐机场完成客运量 2150.1 万人次，同比增长 6.44%，运营航空公司 49 家，航线 257 条，17 个国家、24 个国际（地区）城市、73 个国内城市与乌鲁木齐机场通航。

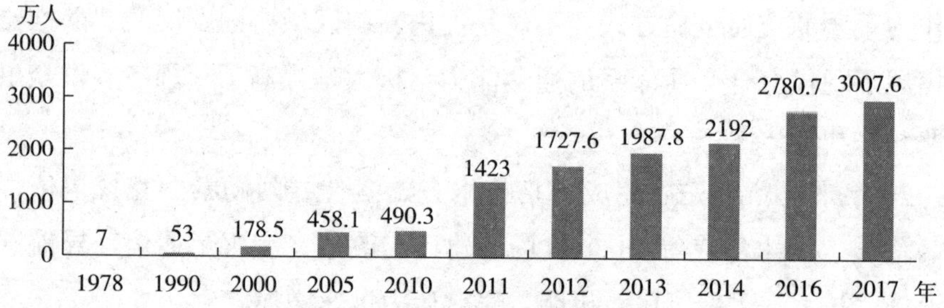

图 6-8　新疆民航客运量变动

资料来源：《新中国六十年统计资料汇编》《新疆统计年鉴》。

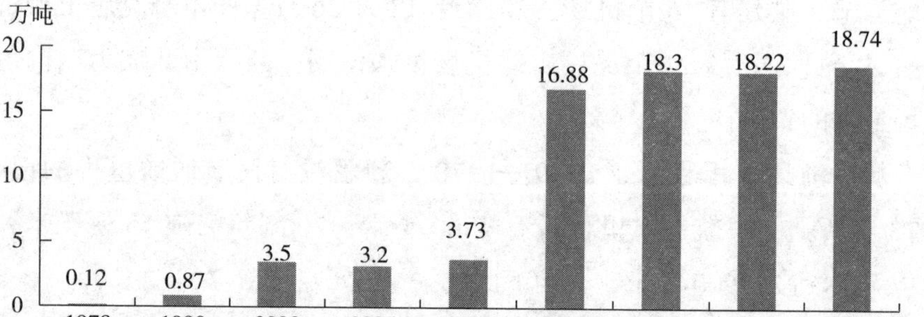

图 6-9　新疆民航货运量变动

资料来源：《新中国六十年统计资料汇编》《新疆统计年鉴》。

随着新疆航空运输市场的进一步开放，新疆区域内航线网络布局逐步改善。2018 年，新疆共有 36 家国内外航空公司运营着 254 条定期航线，16 个国家、25 个国际（地区）城市、79 个国内城市与乌鲁木齐国际机场通航，疆内支线机场间互通航线 31 条，支线机场直飞内陆城市航线 42 条。机场旅客吞吐量、运输起降架次每年呈 10% 左右速度的增长。新疆已成为我国拥有航站最多、航线最长的省份。

参考文献

［1］艾伯特·赫希曼．经济发展战略［M］．北京：经济科学出版社，1991.

［2］CASELLI F，COLEMAN W. The world technology frontier［J］. The American Economic Review，2006，96（3）：499-522.

［3］SOLOW R M. A contribution to the theory of economic growth［J］. Quarterly Journal of Economics，1956，70（1）：65-94.

［4］ARROW K J，KURZ M. Public investment，the rate of return，and optimal fiscal policy［M］. Baltimore The John Hopkins Press，1970.

［5］BARRO R J. government spending in a simple model of endogenous growth［J］. Journal of Political Economy，1990，98（5）：103-126.

［6］BARRO R J. Economic growth in a cross section of countries［J］. Quarterly Journal of Economics，1991，106（2）：407-443.

［7］JIMENEZ E. Human and physical infrastructure：public investment and pricing policy in developing countries［Z］. Policy Research Working Paper，1994，1281.

［8］ASCHAUER D A. Is public expenditure productive?［J］. Journal of Monetary Economics，1989，23（2）：177-200.

［9］MUNNELL A H. Why has productivity growth declined? Productivity and public investment［J］. New England Economic Review，1990，30（1）：3-22.

［10］林毅夫，张鹏飞．适宜技术、技术选择和发展中国家的经济增长［J］．经济学（季刊），2006（3）：85-106.

［11］姜巍．海上丝绸之路倡议下东盟基础设施禀赋的经济增长效应及其启示［J］．广西财经学院学报，2018（4）：52-59.

[12] 梁军，赵青．教育人力资本及其溢出效应对中国科技创新的影响研究[J]．上海大学学报，2018（11）：122-127.

[13] 李海舰，田跃新，李文杰．互联网思维与传统企业再造[J]．中国工业经济，2014（10）：135-146.

第 7 章 新疆经济发展中的收入增长

新中国成立 70 年来，新疆经济发展方式转变和经济结构调整取得重大进展，长期困扰新疆经济发展的结构不合理状况有了明显改观，经济运行的质量和效益显著提升，内生动力不断增强，为人民生活迈向高质量奠定了较好的基础。在经济增长的基础上，新疆不断深化收入分配制度改革，持续提高低收入群体收入和保障水平，不断壮大中等收入群体规模，使国民收入分配关系逐步改善。

7.1 财政收入增长与结构变化

财政收入是衡量一国政府财政财力的重要指标。财政收入往往作为政府支配的用于公共政策、公共职能和公共服务得以实现的财力保障。纵观历史，保持财政稳定增长始终是世界各国的主要财政目标。地方财政收入被视为地方经济实力的“晴雨表”，谋求地方财政收入增长更为地方政府所重视。

7.1.1 财政收入增长情况

财政收入是一个复杂的概念，在不同的体制下有着不同的含义。常见的财政收入主要包括全口径财政收入、地方财政收入及一般预算收入等。本章中的财政收入是指一般公共预算收入，即税收收入与非税收收入之和。

新中国成立以来，新疆的财政收入持续增长。1950 年，新疆的一般公共预算收入为 0.22 亿元，占全国财政收入的 0.34%。1955 年新疆维吾尔自治区成立，其一般公共预算收入为 1.73 亿元，是 1950 年的 7 倍多。1960 年，新疆一般公共预算收入达到 6.33 亿元，为改革开放前新疆财政收入的顶峰（见图 7-1）。这主要是因为 1958 年前后开展“人民公社运动”，调动了广大农民的生产积极性，促进农业经济的发展，使农业税收收入激增，带来财政收入整体的提高。而后新疆财政收入出现萎缩态势，1961 年下降 45.50%，1977 年财政收入为 3.63 亿元，相比于 1960 年下降近 34.65%。1950—1977 年，财政收入增长近 15 倍，年均增长率达 20.73%。

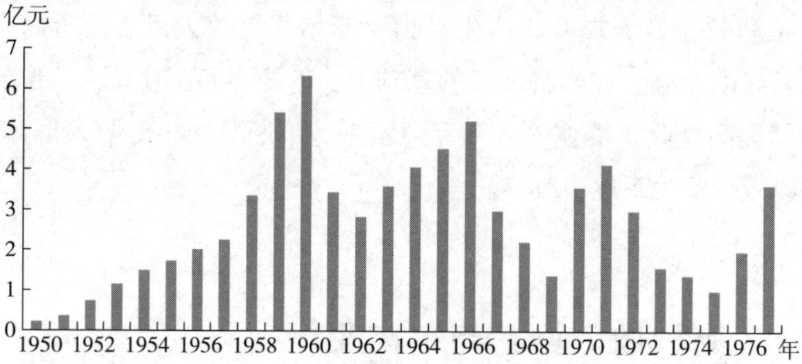

图 7-1　1950—1977 年新疆一般公共预算收入

资料来源：《新中国六十年统计汇编》及历年《新疆统计年鉴》。

1978 年改革开放后，新疆的财政收入整体呈现上升趋势，部分年份出现下降。1978—1993 年，财政收入年均增长率为 24.22%，其中 1978 年和 1982 年的年增长率分别为 96.69%、165.45%。1978 年新疆财政收入 7.14 亿元，较 1977 年翻一番，同期，新疆地区生产总值增长率仅为 9.53%。1986 年后公共预算财政收入的绝对规模进入双位数字的时代，从 1986 年的 10.2 亿元增长至 1993 年的 35.13 亿元，增长了 2 倍多（见图 7-2）。

1994 年“分税制”改革后，新疆公共预算财政收入持续增长，绝对规模迅速提高，相对规模呈上升趋势。1994 年新疆公共预算财政收入为 28.7 亿元，2003 年公共预算财政收入达到 128.22 亿元，增长了 3 倍多，同期，新疆地区生产总值仅增长了 1 倍多。2018 年，新疆公共预算财政收入已达 1531.46 亿元，较“分税制”改革前的财政收入增长了 53.36 倍，年均增长率为 14.37%。其中，1995 年和 2011 年公共预算财政收入的年均增长率最高，增速超过 33%（见表 7–1，图 7–3）。

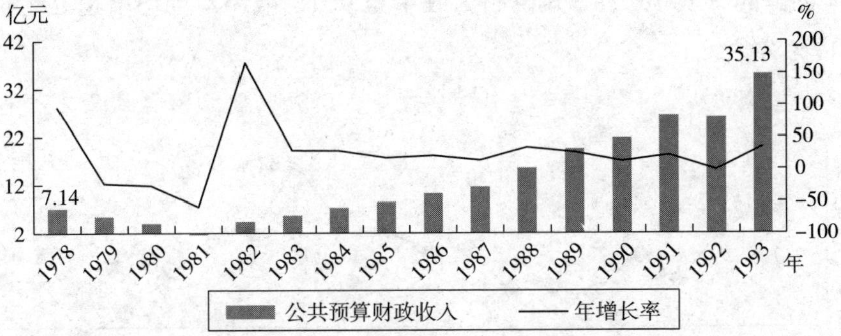

图 7–2　1978—1993 年新疆公共预算财政收入

资料来源：《新中国六十年统计汇编》。

表 7–1　1994—2018 年新疆公共预算财政收入　　单位：亿元

年份	公共预算财政收入
1994	28.7
1996	48.31
1998	65.39
2000	79.01
2002	116.47
2004	155.7
2006	219.46
2008	361.06
2010	500.58
2012	908.97
2013	1128.49
2014	1282.34
2015	1330.85
2016	1298.95
2017	1466.52
2018	1531.46

资料来源：《新中国六十年统计汇编》、历年《新疆统计年鉴》。

1950—2018年，新疆公共预算财政收入从0.22亿元增长至1531.46亿元，69年间公共预算财政收入的绝对额飞速增长，其年均增速为20.42%。其相对规模的增长呈现波动性，年均增速最快的阶段是1978—1993年，此阶段以20.42%的年均增速使公共预算财政收入实现较大的跨越。1949年“分税制”改革至2018年，其年均增速几乎保持在17%左右。

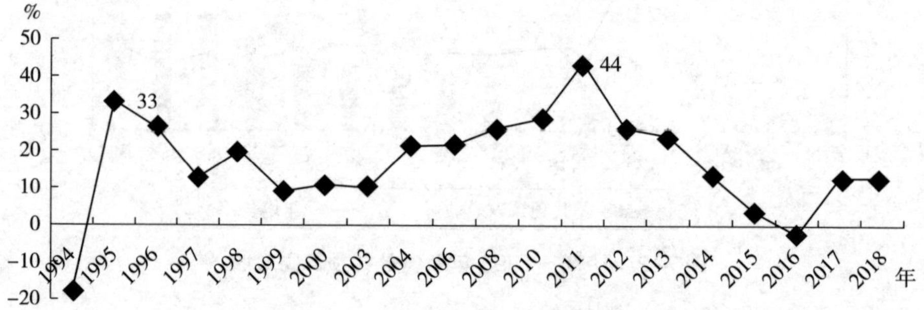

图7-3 1994—2018年公共预算财政收入年均增长率

资料来源：《新中国六十年统计汇编》、历年《新疆统计年鉴》。

7.1.2 财政收入结构的变化

公共预算财政收入主要包括两部分：税收收入和非税收收入。1994年“分税制”改革后，新疆公共预算财政收入在实现绝对规模快速增长的同时，其收入结构也随之发生改变。

如表7-2所示，2017年，新疆公共预算财政收入为1466.52亿元，较1994年的28.7亿元增长近32.87倍，年均增长率为17.54%。其中，税收收入从1994年的25.03亿元增至2017年的943.3亿元，增长37倍多，但是其占公共预算财政收入的比例却由87.21%降至64.32%；非税收收入从1994年的3.67亿元增长到2017年的522.14亿元，增长超过百倍，其在公共预算收入中的占比也由1994年的12.97%增至2017年的35.60%。非税收收入主要包括行政事业性收费、国有资本经营效益、国有资产有偿使用收入等，新疆拥有丰富的自然资源和规模巨大的国有资产，带来了矿产资源补偿、探矿权、采矿权使用费及价款收入、排污费、水资源使用费、国有资产收益等具有调节经济作用的有偿使用收入。同时，房地产事业的蓬勃发展，使土地出让金收入也成为新疆地方财政收入的重要来源。2009 年，仅国土资源一个部门的非收税收入就占新疆全部非税收入总额的 40.43%。

表 7-2 1994—2018 年公共预算财政收入构成与占比

年份	公共预算财政收入 / 亿元			税收占比 /%	非税收占比 /%
	税收收入	非税收收入	小计		
1994	25.03	3.67	28.70	87.21	12.79
1998	53.05	12.34	65.39	81.13	18.87
2000	64.53	14.54	79.09	81.61	18.39
2002	86.47	30.00	116.47	74.24	25.76
2004	123.19	32.51	155.70	79.12	20.88
2006	174.54	44.93	219.46	79.53	20.47
2008	286.56	74.51	361.06	79.36	20.64
2010	416.23	84.34	500.58	83.15	16.85
2011	593.41	127.02	720.43	82.37	17.63
2012	698.93	210.04	908.97	76.89	23.11
2013	826.34	302.15	1128.4	73.23	26.77
2014	887.79	394.55	1282.3	69.23	30.77
2015	861.73	469.12	1330.8	64.75	35.25
2016	869.18	429.77	1298.9	66.91	33.09
2017	943.30	522.14	1466.5	64.32	35.60
2018	1051.78	479.68	1531.46	68.68	31.32

资料来源：《新中国六十年统计汇编》及历年《新疆统计年鉴》。

7.1.3 新疆财政收入与全国平均水平的比较

尽管新疆财政收入持续增长，但与全国水平相比，仍然存在较大的差距。1952 年，新疆公共预算财政收入为 0.74 亿元，同期全国公共预算财政收入已达到 174 亿元，仅占全国公共预算财政收入的 0.42%；1965 年，新疆公共预算财政收入为 4.53 亿元，较 1952 年时增长超百倍，而全国预算财政收入仅增长 2.72 倍，远低于同期新疆预算财政收入的增长速度；到 1978 年改革开放时，新疆公共预算财政收入增长至 7.14 亿元，全国公共预算财政收入增速加快，增长至 1132 亿元；1995 年，全国预算财政收入为 6242 亿元，新疆预算财政收入仅占其 0.61%；2017 年，新疆预算财政收入为 1466 亿元，较 2005 年虽然增长了 7.18 倍，但在全国预算财政收入中的占比仅为 0.85%（见图 7–4）。

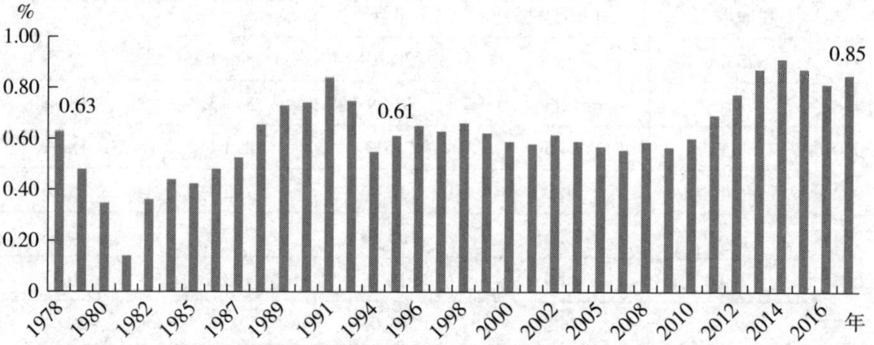

图 7–4　新疆公共预算财政收入在全国公共预算财政收入中的占比

资料来源：历年《新疆统计年鉴》。

1978—1985 年，新疆的公共预算财政收入波动起伏较大，由预算财政收入的连连下降，到 1981 年突然转为上涨，1982 年增速达到 165%（见图 7–5）。这主要源于改革开放初期，实施家庭联产承包责任制，使广大农民的生产积极性空前高涨，农业生产总值迅速提高，带来农业税收收入的增加，而新疆又主要以第一产业为主，因此，相对来说新疆公共预算财政收入增速较快。同期，全国公共预算财政收入维持增长趋势，2008 年前，全国的公共预算财政收入的增长幅度较稳定，而新疆公共预算财政收入增长率的波动性较全国公共预算财政收入的增长率要大。2008 年至今，新疆公共预算财政收入的增长速度与全国公共预算财政收入的增长速度略平稳，且有下降的趋势。这主要是因为 2008 年爆发的全球金融危机，使得地区经济发展缓慢，同时国内“去产能，降杠杆”的经济结构改革等一系列措施的实施，影响了传统企业的经营发展，导致一部分公共预算财政收入水平收缩。

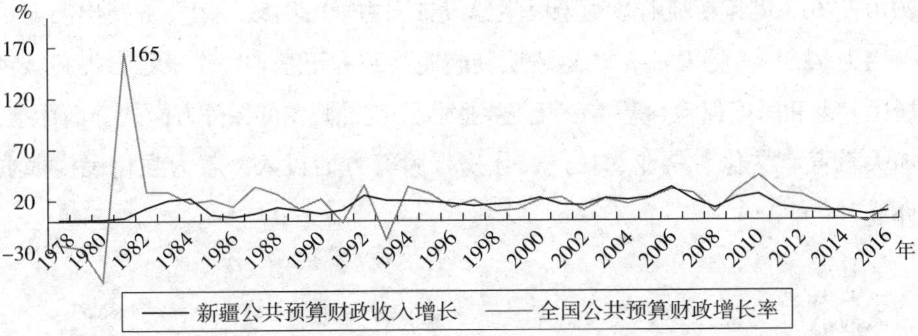

图 7–5 全国预算财政收入与新疆预算财政收入年增长率

资料来源：历年《新疆统计年鉴》。

7.1.4 新疆财政收入与财政支出的关系

7.1.4.1 财政支出情况

如图 7–6 所示，1978 年，新疆财政支出只有 17.02 亿元，到 1996 年财政支出突破 100 亿元，2008 年突破 1000 亿元；1996—2008 年，新疆财政支出由 114.88 亿元增长到 1059.36 亿元，共增长 945 亿元，平均每年增长 72.65 亿元，增速较快。2008 年后，新疆财政支出加速上升，2011 年突破 2000 亿元，2013 年突破 3000 亿元，2016 年突破 4000 亿元，到 2018 年达到 4985.57 亿元。新疆财政支出由 2011 年的 2284.49 亿元增长到 2018 年的 4985.57 亿元，8 年间共增长 2701 亿元，年均增长 11.7%。新疆财政支出的大幅增长，主要得益于“西部大开发”和“丝绸之路经济带”建设。新疆维吾尔自治区政府大力支持“丝绸之路经济带”交通枢纽、商贸物流、金融、文化科教、医疗卫生“五大中心”和“十大进出口产业聚集区”建设，推进新疆与“丝绸之路经济带”沿线国家的全方位务实合作，拓宽新疆经济发展空间，促使财政支出迅速增加。

从新疆财政支出结构来看，新疆财政支出主要用于民生工程，用于民生的财政支出占一般预算支出的 70% 以上，有效保障就业、教育、医疗、扶贫、安居等惠民工程顺利实施。2010 年，新疆财政用于民生建设的支出为 1198 亿元。到 2018 年，新疆财政用于民生建设的支出为 3552.1 亿元，用于民生的财政支出年均增长 10.83%。从民生建设支出占预算支出的比重看，

2010—2018 年，新疆财政用于民生建设支出占地方财政一般预算支出的比重平均为 72.3%（见表 7–3）。这表明新疆主要致力于基本民生工程，提高城乡居民养老和医疗保险、基本公共卫生服务经费、城乡低保等方面的补助标准，加大教育、文化、就业、扶贫、住房保障等方面投入，着力强化民生薄弱环节。

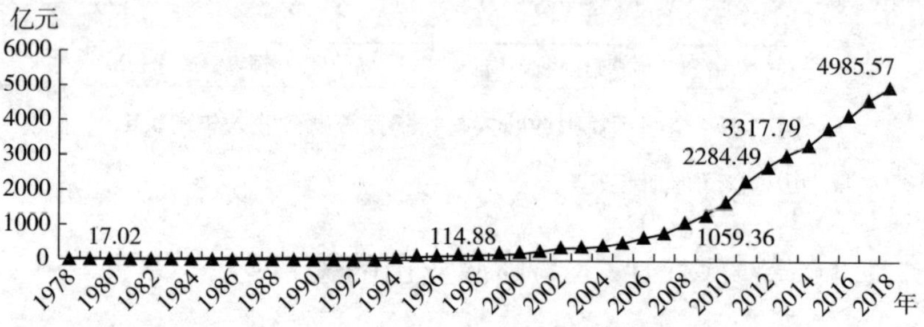

图 7–6　1978—2018 年新疆财政预算支出情况

资料来源：历年《新疆统计年鉴》。

表 7–3　新疆财政用于民生建设支出情况

项目	2010 年	2011 年	2012 年	2013 年	2014 年	2016 年	2018 年
民生支出 / 亿元	1198	1670.5	1975	2237	2336	3094	3552.1
占一般预算支出的比重 /%	71	73.2	72.6	73	70.3	74.7	71.3

资料来源：历年《新疆统计年鉴》。

7.1.4.2　财政收入与财政支出的关系

从财政学理论看，财政收支的因果关系主要有 4 种理论假说：①“以收定支”假说，即认为政府预算安排先于支出预算安排，财政收入的变化导致财政支出的变化。②“以支定收”假说，即认为政府支出预算安排先于收入安排，故财政收入对财政支出不存在因果性影响。早在 19 世纪中叶，马克思就曾写道，“每一个预算的基本问题是预算收支部分之间的对比关系，是编制平衡表，或者为结余，或者为赤字，这是国家或者削减或者增加税收的基本条件”。③“收支同步”假说，即认为政府是从社会福利最大化角度出发进行收支预算的一揽子安排，这意味着财政收支之间存在双向因果关系。④“收支分离”假说，即认为政府的收支预算是彼此独立的，因此财政收支之间不存在任何因果关系。根据这 4 种理论假说，本章将探讨新疆的财政收支关系符合哪种假说。

首先对1950—2017年的新疆财政支出（公共预算财政支出）与财政收入的数据分阶段考虑（以1994年为节点，该年实施“分税制”改革），构建散点图。发现1994年前和1994—2017年这两阶段，无论是以新疆财政支出为横轴还是以财政收入为横轴，两者之间都存在着因果关系，这种因果关系既符合“以收定支”也符合“以支定收”（见图7-7、图7-8）。

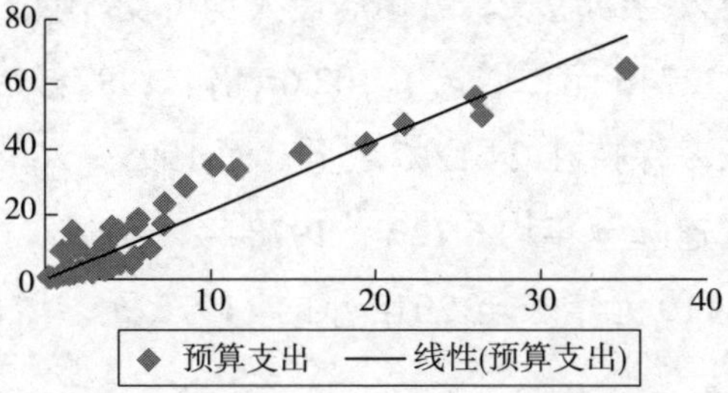

图7-7 1950—1993年财政收支散点图

资料来源：历年《新疆统计年鉴》。

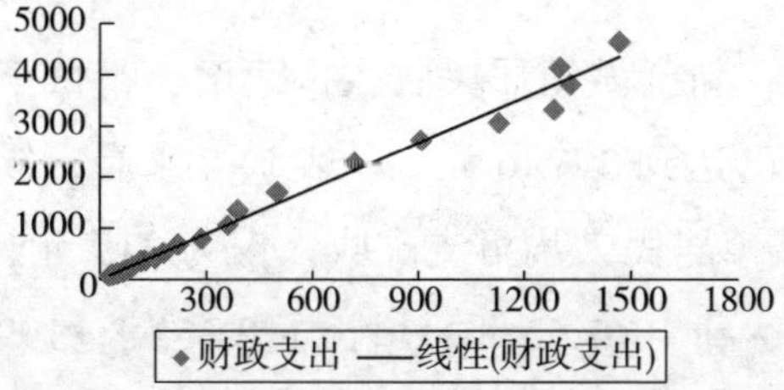

图7-8 1994—2017年新疆财政收支散点图

资料来源：历年《新疆统计年鉴》。

如果考察1950—2017年新疆财政收支的整体情况，构建两者的散点图，可以发现两者的因果关系更偏向于“以支定收”。因此，综合考虑后认为，新疆的财政收支关系倾向于“以支定收”（见图7-9）。

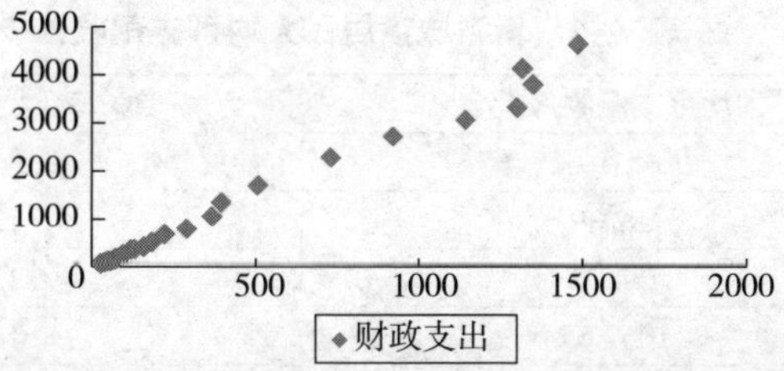

图7-9 1950—2017年新疆财政收支散点图

资料来源：历年《新疆统计年鉴》。

7.2 城乡居民收入增长与变化

改革开放以来，新疆经济高速发展，人们的生活水平不断提高，新疆城乡居民的绝对收入持续增长。城镇居民人均可支配收入由 1978 年的 319 元增至 2018 年的 32746 元，增长了 102.65 倍。1992—1994 年城镇居民人均可支配收入增长率保持在 24.12% 之上，而 1995—2005 年，城镇居民人均可支配收入的增速降至年均 6.22%。1978 年，新疆农村居民人均可支配收入由 1978 年的 119 元增长至 2018 年的 11975 元，增长了 100.6 倍，年均增长率为 12.21%。

7.2.1 城镇居民收入的增长

改革开放以来，新疆城镇居民收入持续增长，截至 2018 年，城镇居民人均可支配收入已达到 32746 元。从表 7–4 来看，纵观这 41 年的数据可知，1978 年，城镇居民人均可支配收入仅为 319 元；1988 年，城镇居民人均可支配收入达到 1067.65 元，增长了 2.35 倍；1998 年，城镇居民人均可支配收入突破 5000 元；进入 2000 年后，城镇居民人均可支配收入更是以较快的速率增长，2007 年新疆城镇居民人均可支配收入突破万元大关；2012 年，新疆城镇居民人均可支配收入为 17921 元，较 2007 年增长 73.77%；截至 2018 年末，新疆城镇居民人均可支配收入为 32746 元，与 2012 年相比增长了 82 个百分点，在 1978 年的基础上增长了 102.65 倍。

表 7–4 新疆城镇居民人均可支配收入 单位：元

年份	人均可支配收入 / 元	增长率（上年 =100）/%
1978	319	
1981	482.39	12.95
1985	734.82	13.27
1988	1067.65	16.00
1990	1313.54	11.72

续表

年份	人均可支配收入 / 元	增长率（上年 =100）/%
1995	4163.44	31.33
1998	5000.79	3.22
2000	5644.86	6.11
2002	6553.78	5.45
2004	7503.42	7.10
2006	8871	11.03
2007	10313	16.26
2010	13644	11.31
2012	17921	15.52
2014	23214	10.07
2016	28463	8.33
2017	30775	8.12
2018	32746	6.40

资料来源：历年《新疆统计年鉴》及《新中国六十年统计汇编》。

改革开放以来，新疆城镇居民人均可支配收入整体持续增长。从图 7–10 可以看出，1980—1990 年，新疆城镇居民人均可支配收入的增长趋势较平稳，1994 年出现短暂的快速增长，这之后的 10 年间，城镇居民人均可支配收入以一种相对稳定的增长率增长，2008 年后城镇居民人均可支配收入的增速再次进入较快的增长阶段，其中 2013 年新疆城镇居民人均可支配收入较上一年增长 17.69%。

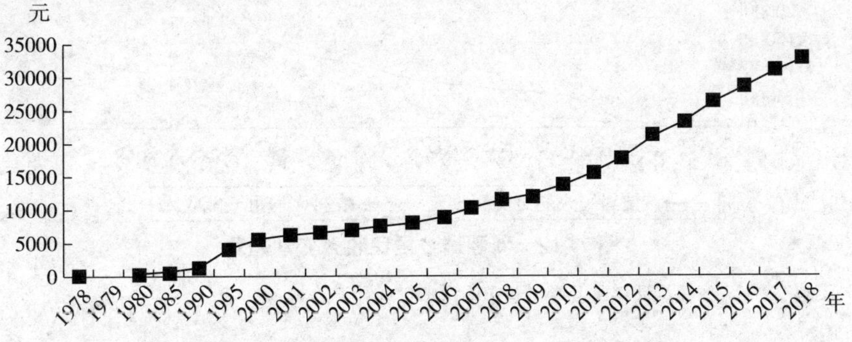

图 7–10　1978—2018 年新疆城镇居民可支配收入

资料来源：历年《新疆统计年鉴》及《新中国六十年统计汇编》。

7.2.2 城乡居民收入水平的变化

纵观历史来看，新疆城镇居民人均可支配收入增长快于农村居民人均可支配收入增长，1978 年农村居民人均可支配收入为 119 元，40 年后的 2018 年增长至 11975 元，增长了 100.6 倍；与此同时，新疆城镇居民人均可支配收入在 1978 年仅为 319 元，经过改革开放 40 年的经济发展，到 2018 年增长至 32746 元，增长了 102.6 倍。由此可见，新疆城镇居民人均可支配收入增长水平高于农村居民人均可支配收入增长水平（见图 7–11、图 7–12）。

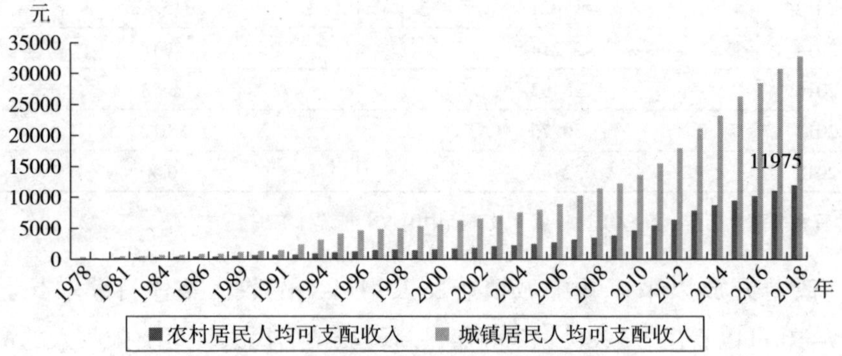

图 7–11 新疆城乡居民可支配收入增长情况

资料来源：《新疆统计年鉴》及《新中国六十年统计汇编》。

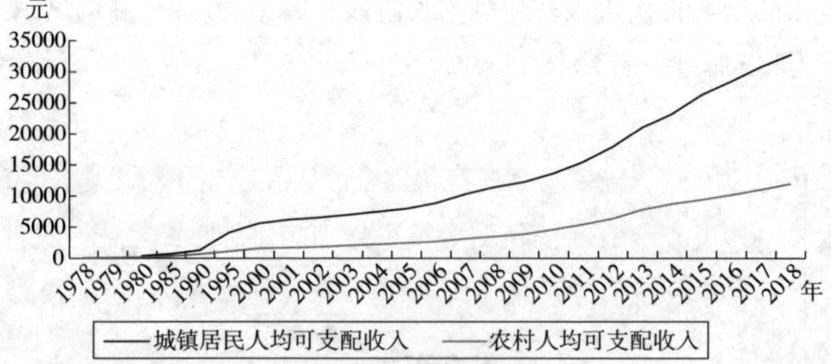

图 7–12 新疆城乡居民收入变动趋势

资料来源：《新疆统计年鉴》及《新中国六十年统计汇编》。

分阶段看，1995—2010 年，农村居民人均可支配收入的增速略高于城镇居民人均可支配收入的增长速度。农村居民人均可支配收入由 1995

年的1137.45元增加到2010年的4643元，增长了4.08倍，年均增速为10.01%；城镇居民人均可支配收入由1995年的4136元增加到2010年的13644元，增长了3.28倍，年均增速为8.28%，农村居民人均可支配收入的年均增速比城镇居民人均可支配收入的平均增速快了1.72个百分点。

1978—1990年，城乡居民收入水平增长速度较快。城镇居民人均可支配收入从319元增长到1314元，年均增长速度是12.5%；农村居民人均可支配收入则从119元增长到683元，增长了5.7倍，年均增长速度为15.09%；虽然农村居民人均可支配收入的增长速度高于城镇居民的增长速度，但增长量明显小于城镇居民的收入增长量。这一时期，农村居民人均可支配收入的年均增长速度高于城镇居民的平均增长速度，主要是因为农村地区大力推行家庭联产承包责任制，在很大程度上调动了农民进行农业劳动的积极性，从而使得农民的收入不断提高，同时城镇人口数量还远远低于农村居民数量。

1991—2000年，新疆城乡居民可支配收入虽有一定程度的提高，但波动幅度较大。城镇居民人均可支配收入增速远高于农村地区，9年间增长了3.78倍，年均增速为15.9%；而农村居民人均可支配收入的增长相对缓慢，年均增速仅为9.7%。这一时期是计划经济向市场经济转化的过渡期，国民经济发展迅速，新疆的经济实力也不断增强，城镇涌现出大量的民营企业，促使城镇居民的收入在结构上趋于多元化，在一定程度上促进了城镇居民人均可支配收入水平的提高，而民营企业的涌现为农村剩余劳动力就业提供了有利条件，促进农民增收。

2001—2018年，新疆城乡居民可支配收入在稳定中缓慢增长。该时期城镇居民人均可支配收入的年均增长率为10.7%，增长速度比农村低2.7个百分点。这一时期新疆城乡居民收入的增长幅度相差不大，究其原因主要是国家重视“三农”问题，新疆维吾尔自治区政府更为关注新疆农牧业的发展，不断增加对第一产业的投资力度，并采取了一系列政策措施增加农民收入，从而使得农民收入水平有了进一步提高，城镇和农村居民收入的增长速度相差不大。同时，国家高度重视西部地区的发展，不断增加对西部地区的投资，并实施“西部大开发”等援疆措施，从经济、社会保障、教育等方面支援新疆。同时在2013年提出的“一带一路”的经济发展倡议，也为新疆经济的发展注入活力，这些政策在一定程度上促进了当地居民收入的提高。

7.2.3 新疆城乡居民收入与全国平均水平的比较

改革开放40余年来，新疆经济快速发展，居民收入不断提高，但与全国平均水平相比，新疆居民收入水平与全国平均水平之间的差距却在日益扩大。

从农村居民收入水平的比较看，1978年，新疆农村居民人均可支配收入为119元，和全国农村人均可支配收入相比，差距仅为14.57元；到1995年，全国农村人均可支配收入为1577.74元，新疆农村居民人均可支配收入为1137.45元，相差440.29元；进入21世纪后，新疆农村居民人均可支配收入与全国平均水平的差距更大。2001年，新疆农村居民人均可支配收入和全国水平差距为656元；2007年新疆农村居民人均可支配收入突破3000元，达到3183元，增加了445元，增长了16.3%，增速高于全国4个百分点，但和全国农村人均可支配收入的差距扩大到958元。截至2017年，新疆农村人均可支配收入与全国农村居民人均可支配收入的差距扩大到2387.4元。

从城镇居民收入水平的比较看，1980年，新疆城镇居民人均可支配收入为427.08元，与全国城镇居民人均可支配收入的差距仅为225.02元；1989年，新疆城镇居民人均可支配收入与全国城镇居民人均可支配收入的差距突破1000元；2002年，两者间的差距突破5000元，扩大至5205.72元；2005年，新疆城镇居民人均可支配收入与全国城镇居民人均可支配收入间的差距扩大至9184.65元，达到峰值。在之后的10年间，新疆城镇居民人均可支配收入的增长速度与全国城镇居民人均可支配收入的增长速度几乎保持一致，两者间的差距较2005年的绝对差距有所收缩，但是仍然呈现扩大趋势，2017年，两者间的差距为5621.2元（见图7-13）。

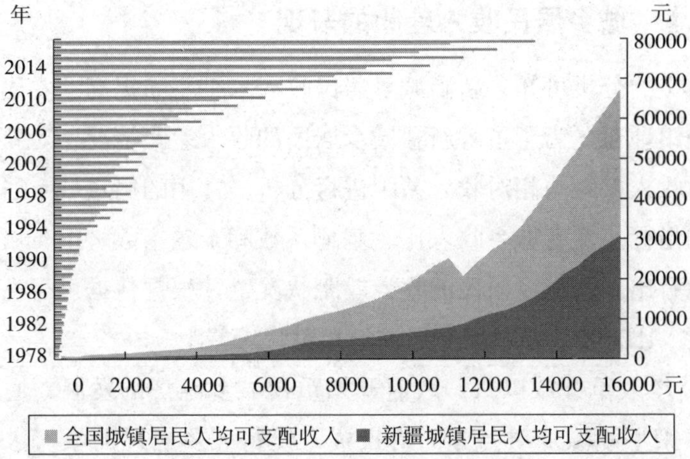

图 7-13　新疆城乡居民与全国城乡居民人均可支配收入比较

资料来源：《新疆统计年鉴》及《新中国六十年统计汇编》。

7.3　城乡居民收入差距与影响因素

城乡收入分配差距问题一直是我国经济社会发展中的突出矛盾和关注焦点。作为考察居民内部收入分配差异状况的重要指标，国家统计局公布的 2015 年我国居民收入基尼系数为 0.642，虽然这已是基尼系数自 2009 年以来的“七连降”，但从绝对值来看基尼系数一直处于较高水平，仍然超过国际公认的 0.4 的社会贫富差距“警戒线”。而城乡收入的不平等是造成我国整体收入分配不平等的主要来源。近年来，我国城乡收入比总体上处于高位波动性变动态势，2002 年以来一直高居“3”倍以上，并于 2007 年扩大到改革开放以来的最高水平 3.33∶1。虽然 2010 年以来我国农村居民收入增速高于城镇居民收入增速，使得我国城乡收入比不断下降，但降幅较小。作为西部欠发达地区的新疆，其居民收入分配的变化是否与全国一致，本章需要进一步探讨。

7.3.1 城乡居民收入差距的表现

由前文的分析可知，新疆城乡居民收入水平不断提高，农民收入水平远低于城镇地区。为了了解新疆城乡居民的收入差距情况，对新疆城乡居民的绝对收入差距与相对收入差距进行分析。常用的衡量城乡居民相对收入差距的指标主要有城乡收入比、基尼系数和泰尔指数，由于城乡收入比能直观地看出新疆城乡居民的收入差距状况，并根据数据可得性，主要采用城乡收入比来描述新疆城乡居民的相对收入差距。

1978 年改革开放以来，政府开始重视城乡经济的发展，通过制定各种惠民政策不断增加对各方面的投资，使得城乡居民的收入水平不断提高，但城乡居民收入差距过大问题却不容忽视。1980 年，新疆城镇居民人均可支配收入与农村居民人均可支配收入分别为 427 元和 200 元，绝对差值为 226，收入差别比值为 2.13：1。到 2018 年城乡收入差别比值达到 2.73：1，表明这 38 年间新疆城乡居民收入差距不断增加，相对收入差距有所扩大。这在一定程度上反映出新疆的城乡居民收入差距问题严峻（见表 7–5）。

表 7–5 新疆城乡居民收入差别对比

年份	农村人均可支配收入 / 元	城镇人均可支配收入 / 元	城乡居民收入		
			绝对差	绝对差增幅	差别比（农村 =1）
1978	119	319	200	—	2.68
1981	235.82	482.39	246.57	0.09	2.05
1983	307.28	547.88	240.6	0.02	1.78
1984	362.65	648.71	286.06	0.19	1.79
1988	496.49	1067.65	571.16	0.22	2.15
1990	684	1313.54	629.54	0.00	1.92
1993	777.62	2422.97	1645.35	0.36	3.12
1995	1137.45	4163.44	3025.99	0.35	3.66
1996	1290.01	4649.86	3359.85	0.11	3.60
1998	1600.14	5000.79	3400.65	0.02	3.13
2000	1618	5644.86	4026.86	0.05	3.49
2001	1710	6215	4505	0.12	3.63

续表

年份	农村人均可支配收入/元	城镇人均可支配收入/元	城乡居民收入		
			绝对差	绝对差增幅	差别比（农村=1）
2004	2245	7503.42	5258.42	0.07	3.34
2007	3183	10313	7130	0.16	3.24
2010	4643	13644	9001	0.07	2.94
2013	7847	21091	13244	0.15	2.69
2016	10183	28463	18280	0.08	2.80
2017	11045	30775	19730	0.08	2.79
2018	11975	32746	20771	0.05	2.73

资料来源：《新疆统计年鉴》及《新中国六十年统计汇编》。

由表7–5可知，新疆城乡居民收入绝对差距不断增加，但是以城乡收入比衡量的新疆城乡居民相对收入差距总体上呈现先快速扩大，再缓慢缩小的趋势，并且表现出阶段性特征。本章将改革开放以来新疆城乡居民收入差距的变动趋势划分为四个阶段。

第一阶段：1978—1983年。这一时期新疆的城乡居民收入差距逐渐缩小。新疆城乡居民收入比从1978年的2.68∶1降到历史最低点，即1.78∶1。出现这种情况的原因是该时期处于改革开放初期，以农村发展为中心的经济改革在新疆拉开了帷幕，家庭联产承包责任制的实施以及农副产品价格的大幅上升极大地调动了农民进行农业生产的积极性，不少农民从中获益，收入水平不断增加。与此同时，新疆城市经济体制改革刚刚起步，发挥作用的效力较低，使得城镇居民的收入增长缓慢，因此新疆的城乡居民收入差距不断缩小。

第二阶段：1984—1995年。这一阶段城乡居民收入差距迅速拉大。从城乡居民收入比来看，新疆城乡居民收入比由1984年的1.79∶1上升到1995年的3.66∶1，上升速度加快。这主要是因为随着经济体制改革的深入以及社会主义市场经济的发展，中国经济改革的重心发生了改变，开始重视城市地区的发展，使得城镇居民收入水平不断提高。而这一时期农村地区的产业结构没有顺应市场需求及时作出调整，导致农业发展缓慢，从而造成城乡差距的扩大。

第三阶段：1996—2000 年。新疆城乡居民收入差距出现小范围下降趋势。这一时期城乡居民收入比由 1996 年的 3.60：1 降到 2000 年的 3.49：1，下降幅度不大。由于新疆城乡收入差距问题比较严重，引起了新疆政府的重视，在农村开始推行土地承包制度改革，并对农产品施行支持价格，同时倡导各地区平衡发展的战略措施，在农村剩余劳动力转移的基础上提高了农民的收入水平，从而缩小了新疆城乡居民收入的差距。

第四阶段：2001—2018 年，新疆城乡居民收入差距在波动中缓慢下降，新疆城乡居民收入比由 2001 年的 3.63：1 下降到 2018 年的 2.73：1。这一阶段新疆的城乡居民收入差距一致维持在较高水平，并呈现波动趋势。这一时期，第九届全国人民代表大会第四次会议制订了“第十个五年计划”，确定实施“西部大开发”战略，同时国家加大了对西部地区特别是城镇地区基础设施的建设力度，为新疆城镇地区提供了良好的发展机遇，另外“三农”问题不断得到重视，国家出台了一系列政策措施促进农村地区的发展，强化农业的基础性地位，并把增加农民收入作为经济活动中最为重要的任务。这在一定程度上提高了农民的收入水平，缓解了新疆城乡居民收入差距的扩大趋势。

7.3.2 城乡居民收入差距的影响因素

尽管 2001 年以来，新疆城乡居民收入差距有缩小的趋势，但依然很大，城乡居民收入差距问题较为严重。新疆城乡居民收入差距的扩大是内因与外因相互作用的结果，需要对造成新疆城乡居民收入差距的因素进行分析。

7.3.2.1 经济发展水平对新疆居民收入差距的影响

从传统经济向现代经济转型的过程中，城镇与农村居民的收入会拉开一定的距离，尤其是在工业化过程中，这个差距达到最大。而这种差距是与一定的经济发展水平相对应的，是经济发展的必然结果。根据库兹涅茨的假说，对于发展中国家来说，在其经济发展早期，国家为了推动经济发展，会不断推行各种政策措施增加居民收入，但是城乡居民收入并没有均衡增长，城镇居民收入增长快于农村居民收入增长，因此城乡居民收入差距拉大。当经济发展到中等发达国家水平的时候，经济发展已经不是主要目的，此时有一定的经济实力，通过补贴扶持贫困地区发展对居民进行再分配，从而缩小收入差距。新疆城乡居民收入差距的存在一定程度上受经济发展的影响。

总体来看，新疆各地州市的经济发展不平衡，存在显著的地域差异。由于受到自然条件、资源禀赋等因素的影响，北疆经济发展程度远优于南疆，其城乡居民的收入水平也远高于南疆。南疆不仅经济增长缓慢，而且城乡居民收入差距问题也更为严重。南疆 4 个地州 2017 年的人均 GDP 远低于新疆全区的平均水平，而北疆人均 GDP 高于全疆平均水平，发展程度比较好。出现这种情况的原因是，与北疆相比，南疆虽然地大物博，但其自然条件恶劣，交通相对不便利，经济基础较薄弱，并且主要以传统的农牧业为主，这些都在一定程度上造成当地的经济增长缓慢，抑制了居民收入水平的提高。

新疆产业结构的变更对城乡居民收入差距的影响主要体现在就业结构的变更上。第二、第三产业的发展在促进经济发展的同时，还为社会提供不少就业岗位，从而使大部分农村剩余劳动力从农业中抽离出来，转而从事第二、第三产业的生产经营活动，农民的收入水平有了一定程度的提高，从而对城乡居民收入差距的缩小产生积极作用。改革开放以来，新疆的产业结构发生了一系列变革。从变化情况看，1978 年新疆第一、第二、第三产业的增加值在新疆地区生产总值中所占比例分别为 35.8：47.0：17.2，三大产业就业人数比重分别为 16.6：42.6：40.8；到 2015 年，新疆三大产业增加值的比重分别变为 16.7：38.2：45.1，相应的就业人口比重分别变为 44.08：15.16：40.76。经过 30 多年的发展，非农业生产部门（第二、第三产业）从业人员数不断增加，与此同时，从事农业生产的人数有了大幅下降，使新疆的产业结构得到一定程度的优化。产业结构的调整不仅有利于城市的发展，而且在一定程度上通过转移农村剩余劳动力，提高农民的收入水平，对缩小新疆城乡居民收入差距起到了积极作用。

7.3.2.2　二元经济结构对新疆城乡居民收入差距的影响

城乡分割的二元经济结构对城乡居民收入的影响一直以来都很显著

（见表 7-6）。随着经济的发展，工业化进程加快，农业发展比较缓慢。工业化进程主要发生在城市，农村地区主要进行农业的生产活动，从而导致城乡在产业结构方面存在较大差异。随着先进技术的引入，非农部门的劳动生产率提高，其投资回报与收入水平比农业部门要高很多，从而造成城镇居民与农村居民收入水平上的差距。

表 7-6 1978—2014 年新疆二元经济结构程度 %

年份	非农业劳动力比重	农业劳动力比重	非农业GDP 比重	农业 GDP比重	非农业比较劳动生产率	农业比较劳动生产率	二元对比系数
1978	27.94	72.06	64.2	35.8	2.3	0.5	4.63
1980	29.99	70.01	59.6	40．4	1.99	0.58	3.44
1985	35.8	64.2	61.8	38.2	1.73	0.6	2.9
1990	38.73	61.27	60.2	39.8	1.55	0.65	2.39
1995	42.58	57.42	70.5	29.5	1.66	0.51	3.22
2000	42.32	57.68	78.9	21.1	1.86	0.37	5.1
2005	48.46	51.54	80.4	19.6	1.66	0.38	4.36
2006	48.94	51.06	83.5	17.3	1.69	0.34	4.99
2007	49.7	50.3	82.2	17.8	1.65	0.35	4.67
2008	50.29	49.71	83.5	16.5	1.66	0.33	5
2009	50.65	49.35	82.2	17.8	1.62	0.36	4.5
2010	51.03	48.97	80.2	19.8	1.57	0.4	3.89
2011	51.34	48.66	82.8	17.2	1.61	0.35	4.56
2012	51.27	48.73	82.8	17.2	1.61	0.35	4.58
2013	53.83	46.17	83	17	1.54	0.37	4.19
2014	54.62	45.38	83.4	16.6	1.53	0.37	4.17

资料来源：《新疆统计年鉴》。

由表 7-6 可知，从两部门的比较劳动生产率来看，非农部门大于 1，农业部门普遍小于 1。因此，二元对比系数的值越大，说明这两个部门间的比较劳动生产率差距越大，二元经济程度就越强。从数据上看，新疆的二元对比系数在改革开放初期相对较低，21 世纪后，随着技术的不断提高，新疆的二元对比系数在波动中缓慢下降，从 2000 年的 5.10 下降到 2014 年的 4.17，说明新疆的城乡二元经济程度在总体上有所缓解，二元经济程度的弱化使得新疆城乡居民收入差距的影响程度降低。尽管如此，从理论上说，城乡分割的二元经济结构的存在可能会拉大新疆城乡居民收入差距。

7.3.2.3　城镇化水平对新疆城乡居民收入差距的影响

城镇化水平对城乡居民收入差距产生了重要影响。一般来说，城镇化进程的加快能够在一定程度上提高农民的收入水平，有利于抑制城乡居民收入差距的拉大，但由于受到户籍制度的限制，农民享受不到城镇化带来的好处，反而会拉大城乡居民的收入差距。

新疆地大物博，虽然人口数量较少，以城镇人口与总人口的比值计量的城镇化率也不高，但发展迅速。1949 年新疆城镇化率为 12.2%，到 2017 年增加到 49.4%。70 年间增长了 37.2 个百分点，增幅较大。2001—2014 年，新疆与全国的城镇化水平都发展迅速，但一直低于全国平均水平，而且这个差距呈现扩大趋势。2001 年新疆与全国城镇化率相差 2.46 个百分点，到 2014 年这个差距扩大到 8.69 个百分点（见图 7-14）。

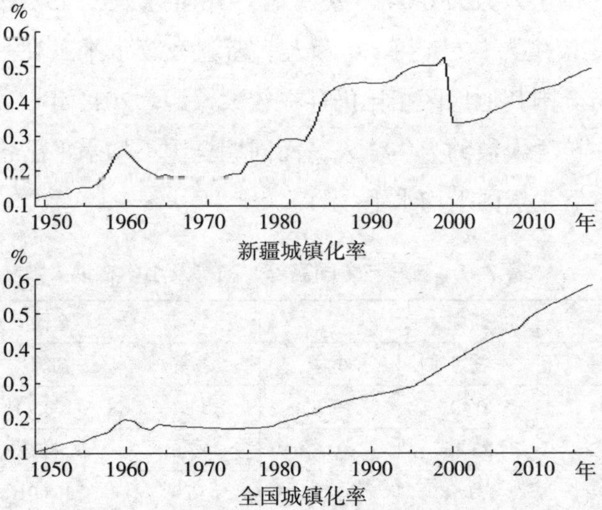

图 7-14　新疆与全国城镇化率对比

资料来源：《新疆统计年鉴》。

新疆的城镇化水平不仅与全国平均水平存在差异，而且各地州的城镇化发展也很不平衡。新疆的城镇化进程主要集中在北疆，南疆城镇化进程缓慢。2018 年，北疆尤其是克拉玛依和乌鲁木齐户籍人口城镇化率都在 90% 以上，南疆除巴州地区户籍人口城镇化率为 78.9%，其他地区人口城镇化水平都很低。城镇化水平在一定程度上与城乡居民收入差距紧密联系。北疆城镇化水平普遍较高，而且城市众多，这有利于周边农村地区的发展，通过吸收周边的剩余劳动力，在发展城市的同时增加了周边地区农民收入的水平；南疆城镇化率低于北疆，这不利于城市群的辐射效应，从而导致农民收入，主要是农业生产经营收入，长期徘徊在较低水平，而南疆城镇居民收入水平相比农民要高很多，在一定程度上造成南疆城乡居民收入差距较大。

7.3.2.4 人力资本对新疆城乡居民收入差距的影响

人力资本是投资在个人身上所形成的可以增加未来收益的资本，在劳动者身上主要体现为知识与技能水平的提高。人力资本积累到一定程度能够提高城乡居民收入水平，从而缩小城乡居民的收入差距。由表 7–7 可以看出，新疆的教育资源较全国平均水平偏低。1949 年，新中国成立初期新疆普通高等在校生人数为 0.04 万人，到 1978 年增长到 1.02 万人；此时全国普通高等在校生人数已达 85.6 万人。新疆教育水平虽在一定程度上有所提高，但与全国其他地区相比仍存在较大差距。2017 年，新疆每一万人中普通高校在校生人数约为 142 人，而同期全国平均水平已超过 248.8 人，教育水平远落后于全国平均水平。

表 7–7 新疆与全国高等、初等及小学在读人数 单位：万人

年份	新疆			全国		
	高等	初等	小学	高等	初等	小学
1949	0.04	0.49	19.79	11.7	103.9	2439.1
1978	1.02	83.86	202.88	85.6	6548.3	14624
2000	7.41	131.18	247.74	556.09	7368.91	13013.25
2005	18.88	171.74	214.38	1561.777	8580.898	10864.066
2010	26.38	168.4	193.6	5843.3	7706.6	9940.7
2011	27.28	167.5	191.9	6041.2	7521.6	9926.4
2012	28.41	165.2	190.1	6292.8	7230.3	9695.9
2013	29.52	163.3	189.4	2034.9	6876.0	9360.5

续表

年份	新疆			全国		
	高等	初等	小学	高等	初等	小学
2014	30.76	163.9	194.3	6771.2	6785.1	9451.1
2015	32.27	168.2	204.9	6904.7	6686.4	9692.2
2016	33.90	173.5	215.9	6956.7	6696.0	9913.0
2017	36.73	177.5	228.6	8595.2	6816.6	10093.7

资料来源：《新疆统计年鉴》。

教育是可持续发展的基础。新疆西部和南部地区受教育程度相对较低，这些地区城乡居民收入差距也较大。造成这种情况的主要原因是，这些地区位置偏远、教育资源匮乏，使得当地人得不到相对平等的教育机会来学习技术从而参与公平竞争，工资水平普遍较低。要缩小新疆的城乡居民收入差距，必须把重点放在偏远地区，不断提高这些地区尤其是农村的教育水平，加大对各项教育的投入，通过提高城乡居民的劳动能力增加其收入，实现城乡均衡发展。

7.3.3 新疆城乡居民收入差距与全国水平比较

与全国的经济发展程度相比，新疆的经济发展落后于全国平均水平，其城乡居民的收入水平也低于全国平均水平。2014 年，新疆城镇居民人均可支配收入是 23214 元，与全国平均水平的 28844 元相比相差 5630 元；新疆农村居民人均纯收入为 8723 元，与全国平均水平的差距为 1168 元。无论是全国还是新疆，虽然城乡居民收入水平都有很大程度的提高，但城乡居民的收入差距都比较大，问题较为严峻。

由图 7-15 可知，从城乡居民收入比变化的总体趋势来看，新疆城乡居民收入差距的变动趋势比全国略微平缓，全国城乡居民收入比波动幅度大于新疆城乡居民收入比，且全国城乡居民收入比的平均水平高于新疆。1992 年，全国城乡居民收入比达到 6.17，新疆只有 2.64；2005 年，全国城乡收入比为 5.37，新疆为 3.22；2006 年以后，新疆城乡收入比与全国保持一致，并且均呈现下降趋势。

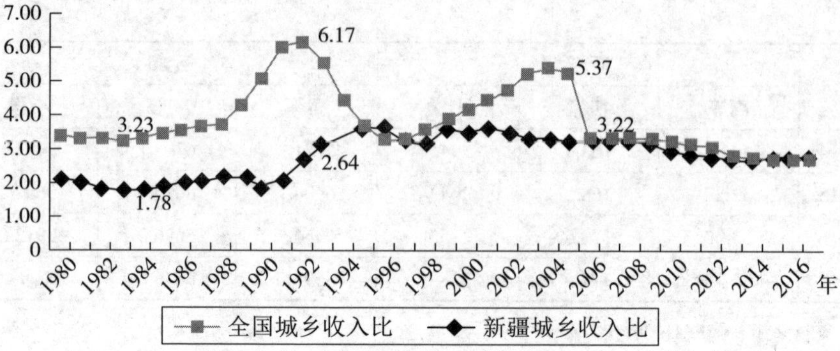

图 7-15 全国和新疆城乡居民收入比

资料来源:《新疆统计年鉴》及《新中国六十年统计汇编》。

改革开放初期，新疆与全国的城乡居民收入差距有轻微波动，但相差不大，新疆的城乡居民收入差距略低于全国平均水平，这一时期虽然也存在城乡收入差距问题，但情况并不是很严重。这是因为在改革开放初期，国家开始重视经济的发展，并将经济发展的中心放在农村，通过各种措施增加农民收入，使得该时期农民收入的增长幅度快于城镇居民，从而使得城乡居民收入差距维持在较低水平。在随后的十几年间，两者的城乡居民收入比有了一定幅度的增加，尤其是全国城乡居民收入比从 1983 年的最小值 3.32 上升到 1992 年的 6.17，城乡收入差距达到最大。而 1992 年新疆的城乡收入比是 2.64，波动幅度相对来说比较缓和。这与当时的经济政策有一定的关系，这一时期国家将经济发展中心转向城市，注重城市地区的发展，从而忽视了农村地区经济发展，不利于农民收入水平的提高，使得城乡收入差距不断扩大。而新疆地处边疆，交通不便，同时受到自然条件和民族文化的限制，因而城乡居民收入差距问题比全国缓和得多。进入 21 世纪后，两者的城乡居民收入比变化趋势基本吻合，均呈现下降趋势，但下降幅度比较缓慢，城乡居民收入比基本维持在 2.5。这主要是因为这段时期国家重视“三农”问题，不断增加对“三农”的扶持力度，使得农民收入水平不断提高；同时，为了促进西部地区的发展，加大对农业的扶持力度，使得新疆农民收入不断增加，城乡居民收入差距问题相对缓和。

7.4　新疆经济增长与收入分配

通常情况下，一个地区经济增长是产量的增加，但不能保证增长收益均匀地分配在各群体之间。世界银行（2001）认为，给定某一增长速度，减少贫困的程度取决于增长带来的收入分配的变化、初始资产收入的不平等，以及让穷人分享增长的各种机会。而库兹涅茨早在1950年便提出经济增长与收入分配不平等呈现“倒U”型关系的假说，即在收入水平较低阶段，经济增长与收入分配差距扩大相伴随；当收入水平达到一定程度后，经济增长有助于缓解收入分配不平等。

7.4.1　经济增长与收入分配关系的理论分析

7.4.1.1　理论基础

（1）库兹涅茨倒“U”形假说。1955年，美国经济学家库兹涅茨提出关于收入分配和经济发展关系的倒“U”形曲线——库兹涅茨倒“U”形假说。该假说认为，在经济发展初期，收入分配的不平等性随经济增长而增加；但随着经济的持续发展，收入分配状况趋于公平、合理；至经济发展的后期，收入分配状况会逐步好转，更加公平，使库兹涅茨曲线呈倒“U”形。

（2）二元经济结构理论。发展经济学家刘易斯于1954年提出二元经济结构理论，该理论认为，在发展中国家经济结构中传统的农业部门和现代城市部门共存，农业部门以农业生产活动为主，城市部门主要以工业生产为主，经济增长伴随着农村劳动力不断向城市转移。由于人口在城乡间自由流动规律的作用，农村人口不断减少，农村传统部门最终将消失，成为现代城市部门的一部分。城乡实现一体化发展，城乡二元经济结构消失，二元经济转换为一元经济。经济社会进入稳定发展阶段，但二元经济向一元经济转换的过程需要较长时间，只有当经济社会发展到一定程度后，才能实现这种转换。城乡居民收入差距随着农业部门“零值劳动人口”[①] 不断向城市部门转移先扩大后缩小。

7.4.1.2 国内外相关研究

对于经济增长与收入分配的研究问题，学者们从不同角度进行了研究。部分学者基于倒“U”形曲线假说展开，Khan et al.（1992）、李实（1993）和赵人伟（1999）利用我国跨省、跨县的城乡内部收入的界面数据来研究我国的倒“U”形关系，研究结论并未证实倒“U”形假说。王小鲁和樊纲（2005）利用除西藏外我国30个省（区、市）1996—2002年的城乡收入面板数据来检验倒“U”形假说，其结果表明，城乡居民收入基尼系数的变动趋势在数学上体现库兹涅茨曲线的特征，在现实中我国的收入差距还处于上升期。王亚芬、肖晓飞和高铁梅（2007）的研究指出，虽然我国发达地区的经济发展和收入分配差距已呈现倒“U”形规律，但总体上看城镇内部的收入差距还在继续扩大。而有的学者认为经济增长与收入差距扩大对于农村贫困的变动有影响，如：Dollar and Kraay（2000）发现经济增长会给包括穷人在内的所有人都带来好处，政府的干预政策无法影响穷人的收入份额，反贫困政策的中心在于经济增长；陈绍华和王燕（2001）考察了中国20世纪90年代的贫困变动，发现经济增长显著促进了贫困率的下降，不断增长的分配不均又使贫困率上升。也有学者认为城市化的进程对于居民收入不平等的影响也是不容忽视的，如：Schultz（1978）和Erson et al.（1986）指出，发展中国家的城市偏向政策通过“剪刀差”的方式实现，即政府通过扭曲产品价格和生产要素价格，获取农业剩余来补贴工业的发展；陆铭、陈钊（2004）认为，经济开放、就业所有制结构调整、政府参与经济活动的程度及财政支出结构等方面的城市偏向的经济政策是造成1978—2001年城乡收入差距扩大的原因。

7.4.2 经济增长与居民收入关系的统计描述

7.4.2.1 人均GDP增速与居民收入增长

1978年以来，新疆的人均GDP与城乡居民收入增速都较快（见图

① 零值劳动人口：当农业的边际生产效率趋于零甚至是负增长时的那部分过剩的劳动力。

7-16）。到2017年，新疆人均GDP已经达到44941元，较1978年增长143倍；城镇居民人均可支配收入为30775元，较1978年增长96.47倍；农村居民可支配收入为11045元，是1978年的92.82倍。1978—2017年，新疆人均GDP年均增速为13.81%，城镇居民人均可支配收入年均增速是12.47%，农村居民人均可支配收入增速是12.58%。

整体来看，新疆人均GDP增速高于新疆城乡居民收入的增长速度，部分年份出现不同的情况。改革开放以来，随着经济发展的不断深化，人均GDP的增速几乎高于城乡居民收入的增速。但在1992年前后却出现了逆转，人均GDP增长率低于城乡居民收入增长率。2012年前后也出现了与1992年相似的情况，这主要源于2008年全球金融危机和我国经济转型带来的经济增速放缓。

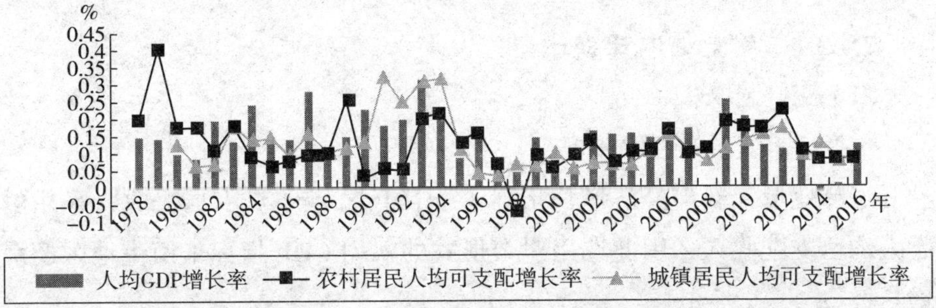

图7-16　1978—2017年新疆人均GDP、城乡居民收入增长率

资料来源：根据《新中国六十年统计汇编》及历年《新疆统计年鉴》整理所得。

7.4.2.2　新疆人均GDP、城乡居民收入增长率与全国比较

新疆经济增长与城乡居民收入关系大致可以分为三个阶段（见图7-17）。1978—1992年为第一阶段，新疆人均GDP增速、城乡居民收入增长率几乎与全国水平接近，城镇居民收入与农村居民收入之间的增长差距较小。1992—2005年为第二阶段，新疆人均GDP、城乡居民收入增长率出现不一致的变化。2005—2017年为第三阶段，新疆人均GDP、城乡居民收入的增长率远低于全国的平均增长率，城乡居民之间的收入差距较大。

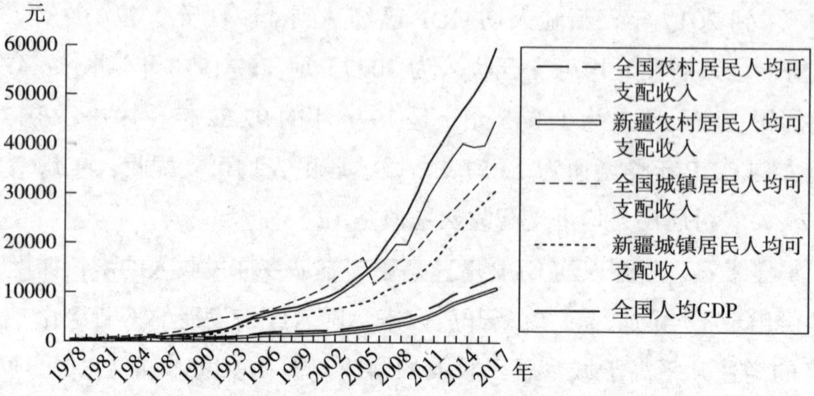

图 7-17　1978—2017 年新疆人均 GDP、城乡居民收入和全国比较

资料来源：根据《新中国六十年统计汇编》及历年《新疆统计年鉴》整理所得。

7.4.3　变量选取与数据来源

7.4.3.1　变量选取及描述

（1）变量选取。

本章所需变量的选取如下。

解释变量：新疆经济增长指标（lnGDP）。鉴于城乡居民收入采用的是人均可支配收入，因此选用对数形式的人均 GDP 指标来衡量地区经济增长。

被解释变量：城乡居民收入差距指标（GAP）。考虑到指标数据的连续性和可比性，选取新疆年度“城乡居民人均收入比”作为城乡收入差距的指标，记为 GAP。其中城镇居民收入采用“城镇居民人均可支配收入”指标，农村居民收入以“农村居民人均可支配收入”来衡量，则有 GAP= 城镇居民人均可支配收入 / 农村居民人均可支配收入，城乡收入比 GAP 的数值越大，城乡居民收入差距问题越严重。

（2）变量的描述。

从表 7-8 可以看出，新疆城乡收入差距的均值为 2.788，标准差为 0.62，波动幅度较为缓和。而人均 GDP 的均值为 8.592，标准差为 1.48，波动幅度相对较大。

表 7-8　相关变量的统计指标

变量	均值	最大值	最小值	标准差
GAP	2.788	3.660	1.783	0.620
ln*GDP*	8.592	10.713	6.016	1.480

本章的实证分析均采用年度数据，由于部分年份数据缺失较多，所以样本区间为1980—2017年，所涉及的相关数据来自《新中国六十年统计汇编》及历年《新疆统计年鉴》。

7.4.4　实证分析

7.4.4.1　单位根检验

对于非平稳时间序列来说，只要各变量间存在协整关系便能够直接建立VAR模型。而由于非平稳时间序列是变量间存在协整关系的前提，所以在检验变量之间是否存在协整关系之前，先对相关变量数据进行平稳性检验。本章检验新疆人均GDP和城乡居民收入差距指标GAP两个变量之间的平稳性（见表7-9）。

表 7-9　经济增长与城乡居民收入分配差距的平稳性检验

序列	ADF 值	5% 的临界值	*P* 值	结论
GAP	−1.733	−2.946	0.407	非平稳
ln*GDP*	−2.149	−2.943	0.228	非平稳
D（*GAP*，2）	−7.347	−2.948	0.000	平稳
D（ln*GDP*，2）	−7.708	−2.951	0.000	平稳

从表7-9的单位根检验结果可以看出，GAP和lnGDP的ADF检验值分别是−1.733和−2.149，原序列的ADF值大于5%的临界值且概率*P*值大于5%，说明存在单位根。两个变量的二阶差分序列（*D*表示差分序列）的ADF值都小于5%临界值且概率P值都小于0.05，此时二阶差分序列不存在单位根。因此，GAP和lnGDP两个变量满足进一步协整分析的条件。

7.4.4.2 协整检验

Johansen 协整检验考察的是两个变量之间有没有存在长期均衡，通过迹统计量（见表 7–10）和最大特征根统计计量（见表 7–11）的检验，来判断变量之间协整关系的个数。

表 7–10 Johansen 协整迹统计量检验结果

原假设：协整方程的个数	特征值	迹统计量	5% 显著性水平上临界值	*P* 值
没有	0.289	14.412	12.321	0.0220
至多一个	0.057	2.121	4.130	0.1713

表 7–11 Johansen 协整最大值特征值统计检验结果

原假设：协整方程的个数	特征值	最大特征值统计量	5% 显著性水平上临界值	*P* 值
没有	0.289	12.291	11.225	0.0324
至多一个	0.057	2.121	4.123	0.1713

通过观察，可以判断 GAP 与 lnGDP 之间存在一个协整关系。这说明新疆经济增长与城乡居民收入分配之间存在一个协整关系。同时得到经济增长与城乡居民收入差距间的协整方程为

$$GAP = 1.345 + 0.0148lnGDP \quad (1)$$

$$(0.0087)\ (0.0095)$$

$$R^2 = 0.8945 \quad F=94.34$$

从回归方程看，R^2 为 0.89，表明拟合度较好。在 1% 的显著性水平上，人均 GDP 每增长 1%，收入分配差距将扩大 0.0148%。

7.4.4.3 SVAR 模型构建

上文的 Johansen 检验已经表明本章所选用的新疆人均 GDP 的对数 lnGDP 和城乡收入比 GAP 两个变量之间存在着协整关系，所以直接建立 SVAR 模型。同时在做 Johansen 检验时，确定模型最优滞后阶数为 3，所以在此建立如下模型：

$$Y_t = A_1Y_{t-1} + A_2Y_{t-2} + A_3Y_{t-3} + \mu_t \qquad t = 1,\ 2,\ 3,\ \cdots,\ T \quad (2)$$

其中，$Y_t=\begin{bmatrix} GAP \\ \ln GDP \end{bmatrix}$，$A_i=\begin{bmatrix} \alpha_{11}^i & \alpha_{12}^i \\ \alpha_{21}^i & \alpha_{22}^i \end{bmatrix}$，$u_t=\begin{bmatrix} u_{1t} \\ u_{2t} \end{bmatrix}$；

式中，A_I 表示变量之间滞后第 i 阶的系数矩阵，u_t 表示随机扰动项向量。

估计 SAVR 模型后，需要通过特征值判断该模型系统是否为平稳过程，即关键就是要看被估计模型系数的特征值是否都落在了单位圆内。如果是，则证明 SVAR 模型是稳定的。图 7-18 直观地让我们看到特征根都处在单位圆内。所以上述模型是稳定的，为之后进行脉冲响应函数分析以及方差分解作了铺垫。

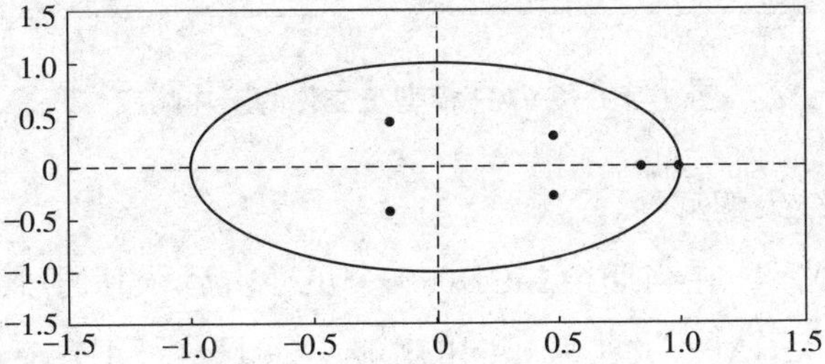

图 7-18　特征根

7.1.1.1　实证结果与分析

（1）实证结果。

鉴于 SVAR 模型包含很多参数，而这些参数的经济意义很难解释，所以在 SVAR 模型的实际应用中常常并不关注一个变量的变化对另 个变量的影响有多大，而是把注意力集中于脉冲响应函数。因此，本章通过脉冲响应图分析经济增长扰动项冲击与收入比扰动项之间存在的相关性，在这里选取 Cholesky 分解法来剔除各个扰动项的相互影响。

图 7-19—图 7-21 描述了经济增长 lnGDP 和城乡居民收入比 GAP 依次作为因变量对一个标准差的其他变量（包括自身）的随机扰动项所生成的响应，横轴代表着冲击作用的滞后期数（以年度为单位），纵轴表示变量对冲击的响应程度，实线为脉冲响应函数，虚线表示正、负两倍标准差偏离带，追踪期数为 10。

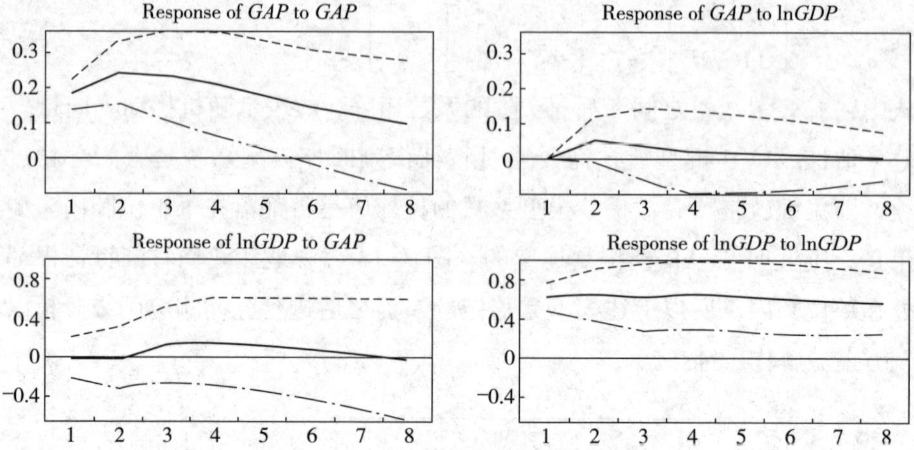

图 7-19　SVAR 模型正交化的脉冲响应

（2）实证结果的解释。

图 7-20 显示，在当期给 lnGDP 一个正冲击后，其通过某些作用渠道传递给城乡收入 GAP，并带来正向的影响。而且这种正效应影响在前 2 期会不断增大，在第 2 期达到最大值，而后急速下降并逐渐趋近于零（无影响）。这表明经济增长受外部条件冲击后，给城乡收入差距带来了正向的冲击。合理的解释为，随着经济的发展，在一定时期内造成了城乡居民收入分配差距的扩大。作为弱势群体，要求提高自身收入，缩小城乡居民收入间差距的愿望也越发强烈，这从主观及客观条件上促使政府通过发展经济来缩小城乡居民收入间的差距。

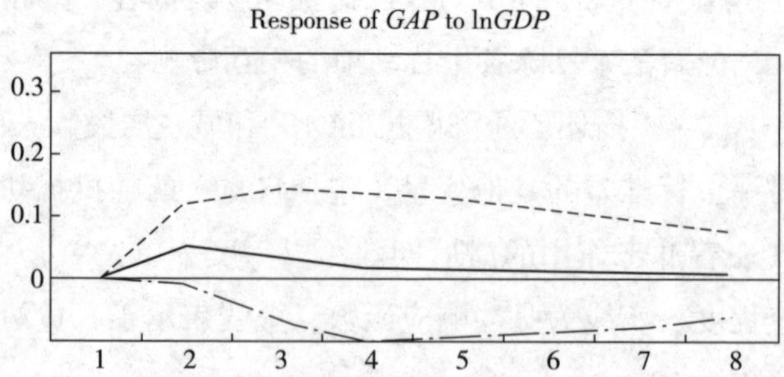

图 7-20　GAP 对 lnGDP 的脉冲响应

从图 7-21 中可以看出，城乡居民收入比 GAP 的正冲击经某些渠道传递给经济增长 lnGDP，并带来一定的影响。在前 2 期中城乡居民收入分配的差距几乎不会给经济增长带来影响，但是从第 3 期开始城乡居民收入分配差距给经济增长带来正向效应，在第 4 期时达到最大值，而后逐渐下降至 0 并在此突破 0 延伸至负值。这说明城乡居民收入差距的扩大会对人们产生激励作用，在这种激励作用的影响下，人们积极从事生产并提高生产效率，进而带来经济增长。但是这种激励作用具有一定的时效性。

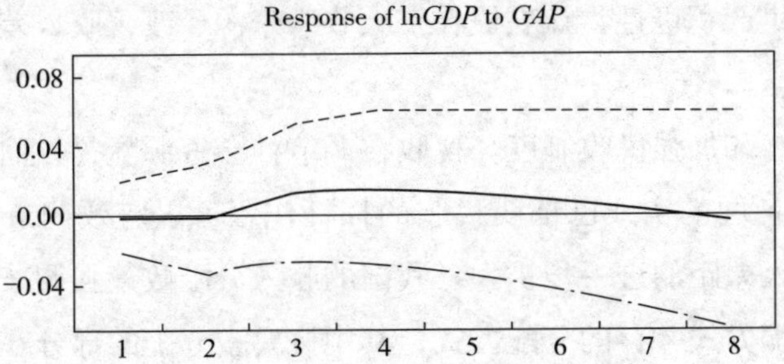

图 7-21　ln*GDP* 对 *GAP* 的脉冲响应

7.4.5　结论与建议

本章利用 1980—2017 年的新疆人均 GDP、城乡居民收入比等相关数据，建立了 SVAR 模型，并通过脉冲响应函数检验了经济增长与新疆城乡居民收入分配差距之间存在长期均衡关系，经济增长对城乡居民收入分配差距具有显著的正向作用，经济增长对城乡居民收入分配的综合效应系数为正。因此，在经济快速发展的同时，应该协调城乡居民收入分配之间的差距，尽量收窄两者之间的差距，保障社会的和谐稳定发展。

一是根据新疆的实际情况，大力发展农村经济。解决收入分配差距问题的根本方法就是大力发展经济。只有经济保持持续、稳定的发展，才能使贫困的问题得到彻底解决。新疆城乡间经济发展的差距严重影响了社会整体的发展和城市的进一步发展。新疆地大物博，资源丰富，要大力发展新疆特色经济，特别是农村经济，用经济增长带动收入分配合理化。加大对农业的投入，进一步加强农业基础设施的建设。新疆农牧业的发展受自然气候和环境影响比较大，农区和牧区都应加强农业基础设施的建设，从而增强其抵御自然灾害的能力。另外，还可以促进农牧业产业化发展和农副产品的深加工，这样不仅能为农牧民创造直接的经济效益，还可以使大量的农村剩余劳动力转移到农副产品的深加工上。

二是加快推进城镇化进程。积极稳妥地推进城市化，合理规范地将城乡纳入一体化发展。在城市化进程中，要充分发挥城市化的扩散作用，以城市带和城市圈为核心，辐射带动周边地区发展。同时要控制好城市化所带来的回波效应。要大力拓宽收入渠道，鼓励城乡居民创收，政府要充分调动农民的生产积极性，让农民在扩大收入来源、改善收入差距的过程中真正得到实惠。

三是完善和加强税收制度。税收在调节社会资源配置方面的作用是非常重要的。各国的实践已证明税收的杠杆作用可以有效调节各种收入差距，限制收入差距的进一步扩大。我国的收入分配政策强调按劳分配为主体，各种分配方式并存的分配方式，其中按要素分配的部分在初次分配中能够得到较高的收入，而按劳分配的部分在初次分配中所得到的收入则较少，税收的作用就在于调节初次分配，尽量减少高收入者与低收入者之间的收入差距。

参考文献

[1] 陈治国，辛冲冲，李成友，等. 西部欠发达地区财政收入的影响因素分析——以新疆为例 [J]. 石家庄经济学院学报，2016 (1)：21-29.

[2] 王江宏. 我国地方经济发展与财政收入增长的实证分析 [J]. 西安交通大学学报 (社会科学版)，2013 (6)：35-46.

[3] 孙永强. 金融发展、城市化与城乡居民收入差距研究 [J]. 金融研究，2012 (4)：62-73.

[4] 李亚玲. 中国城乡居民收入差距的原因分析——基于改革开放后的研究 [J]. 安徽理工大学学报 (社会科学版)，2013 (4)：17-25.

[5] 马斌，张富饶. 城乡居民收入差距影响因素实证分析 [J]. 中国农村经济，2008：53-59.

［6］尹恒，龚六堂．当代收入分配理论的新发展［J］．经济研究，2002（8）：24-36.

［7］陆铭，陈钊，万广华．因患寡，而患不均——中国的收入差距、投资、教育和经济增长的相互作用［J］．经济研究，2005（12）：53-68.

［8］王少平，欧阳志刚．我国城乡收入差距的度量及其经济增长的效应［J］．经济研究，2007（10）：38-46.

［9］尹恒，龚六堂，周恒甫．收入不平等与经济增长：回到库兹涅茨假说［J］．经济研究，2005（4）：13-19.

［10］罗楚亮．经济增长、收入差距与农村贫困［J］．经济研究，2012（5）：15-27.

［11］李建伟．普惠金融与城乡收入分配问题研究［D］．北京：首都经济贸易大学，2017.

［12］杨海生，聂海峰，陈少凌．财政波动风险影响财政收支的动态研究［J］．经济研究，2014（3）：51-62.

［13］郭婧，岳希明．财政收支因果关系研究文献综述［J］．金融研究，2017（2）：28-37.

［14］邓晓兰，金博涵，李铮．我国地方财政收支互动性研究——基于省级面板 VAR 模型的实证［J］．财政研究，2018（7）：47-53.

［15］贾亚男，崔光莲．新疆非税收入运行状况分析［J］．新疆财经，2010（4）：35-41.

第8章 新疆经济发展中的城镇化建设

城镇化的内涵分为三个层次：一是乡村向城镇聚集，城镇人口增加；二是城镇规模扩大，聚集效应和辐射功能不断增强；三是第一产业在经济社会发展中的比重逐步下降，第二、第三产业向城镇聚集并日趋发达。新疆70年经济发展中人口城镇化和经济城镇化建设不断完善，城镇空间布局趋于合理，通过城镇化发展有力地促进了经济增长。

8.1 城镇化发展的理论基础

8.1.1 城镇化发展的国内外研究与理论基础

8.1.1.1 国内外相关研究

在城镇化与经济增长的关系研究方面，国外学者普遍认为，城镇化有利于经济增长。克鲁格曼的新经济地理模型在垄断竞争的市场结构和报酬递增的假设下将外部性内生化，认为在不完全竞争市场条件下人口和经济集中便于经济活动利用相互间技术和金钱的外部性，提高生产率，带动资本形成，推动经济增长。从总体关系看，城镇化与经济发展水平呈现正向关联特征（Berry and Smith，1970）。从传导机制来看，城镇化能够为现代工业和服务业发展进行资本积累（Ranis and Fei，1961）。伴随着农村人口向城镇的转移，通过就业能够提高居民的收入水平和消费能力（Todaro，1969），同时能为城市经济发展提供劳动力，进行人力资本的积累

（Lucas Jr，2004）。此外，也有较多学者从时间和区域视角分析城镇化与经济增长的关系。例如，17—19 世纪，美国经历了城镇化从起步到完成的各个阶段，不同阶段均对应着不同的经济效应，产业处于不断升级和转型的过程中（Dobkins and Ioannides，2001；Overman and Ioannides，2001；Black and Henderson，2003）；德国城镇化发展对经济增长的影响效应呈现出东德和西德之间的区域差异（Brakman，Garretsen and Schramm，2004）；芬兰在经历 1880—2004 年的城镇化进程中，推动了整个国家的空间经济发展格局转化（Tervo，2010）。随后，更多的学者开始将注意力转向发展中国家，认为城镇化是发展中国家实现经济快速增长的重要引擎，是推动国家发展的主要动力（Krey et al.，2012）。

近几年国内学者通过理论与实证方法检验了城镇化与经济增长的关系。王国刚（2010）提出，中国经济发展方式的转变是从以工业经济为主要推动力转变为工业经济和城镇经济共同推动的过程。吕健（2011）、项本武、张鸿武（2013）得出中国城镇化与经济增长存在正向关系。王稳琴、王成军和刘大龙（2011）得出中国城镇化与经济增长呈现二次多项关系，不同城镇化时期经济增长分布不同。王婷（2013）采用 1996—2011 年中国省域面板数据进行分析，人口及空间城镇化主要通过投资传导促进经济增长，没有形成对消费的推动。

国内学者根据中国经济发展的特点，对城镇化的研究热点主要包括人口城镇化和城镇化的推进方式。首先，在人口城镇化的研究方面。近 30 年来，人口城镇化一直是学界研究的热点问题，各领域的学者对此进行了广泛研究和深入探讨。如人口城镇化与土地城镇化（陈春，2008）、人口城镇化与工业化（段禄峰、张沛，2009）、人口城镇化与非农化（姚士谋等，2009）、人口城镇化的道路：以小城镇（费孝通，1984）为重点或以中等城市（马庚存、冷静，2001）为重点。其次，在城镇化的推进方式研究方面。随着改革开放的不断深入，中国城镇化的空间格局及其经济背景都发生了深刻变化，在推进新型城镇化的进程中，简单的“工业化决定论”已经难以解释中国的城镇化现象，将“政府推动”和“市场拉动”的城镇化机制结合起来，推进工业经济和城镇经济共同发展是目前学术界的主流思想。李强、陈宇琳（2012）从城镇化的动力机制和空间模式两个视角理解中国城镇化“推进模式”的特征，发现中国城镇化的突出特征是政府主导、大范围规划、整体推动、土地的国家或集体所有、空间上有明显的跳跃性。

8.1.1.2　相关理论基础

（1）集聚效应和扩散效应理论。

亚当·斯密提出绝对优势理论，李嘉图提出比较优势贸易理论以及之后发展补充的 H–0 要素比较理论都属于差异范畴理论，[①] 认为比较的前提是差异。由于各国劳动生产率的不同造成了国际分工不同，如两国在生产两种产品的生产效率上存在差异，那么两国就应该专门生产本国劳动生产效率较高的一种产品，即具有比较优势的产品，在不考虑关税和贸易壁垒的前提下能够通过贸易进口获得比较劣势的产品，这样通过专业分工，双方在同等劳动下都能够获得最大收益或更多的产品，有利于促进生产专业化和国际分工。该理论可以解释具有普遍性的贸易利得问题，并推动了自由贸易的发展，如发展中国家应发挥比较优势出口劳动密集型产品，进口比较劣势的资本和技术密集型产品；发达国家则反其道为之。将比较优势理论运用到城镇化建设中，城镇化最终是将农业生产方式向非农业生产方式转变，由于二者的生产效率不同，我们将生产效率较高的非农业生产解释为具有比较优势的产品，农业生产解释为比较劣势产品。非农业生产解释为比较优势产品，作为“惜地”产业的非农业生产能够吸纳更多的农业剩余劳动力，拓宽就业渠道，节省土地资源；非农产业的高边际生产效率强化了资本的流动效率，前期有利于形成规模效应使得优质生产要素在非农产业集聚，推动城镇化规模扩大，后期要素集聚到一定程度又会产生扩散效应加强对周边城镇的辐射效应，形成健康的城镇发展体系。城镇化的发展对提高非农产业效率作用显著，大量的基础设施和配套公共服务的形成体系不仅为非农产业的发展提供了基础需要，而且能够吸引各类技术人才和人力资本，满足非农产业发展的人才需求。

---

① 大卫·李嘉图. 政治经济学及赋税原理［M］. 北京：商务印书馆，2013.

（2）刘易斯的二元经济结构理论。

刘易斯（Lewis）的二元经济结构理论认为：国家的经济发展是二元经济结构，存在以传统农业部门为代表和以资本主义工业部门为代表的两大生产部门。假设条件为：传统农业部门存在大量的剩余劳动力，资本主义部门不存在失业，农业剩余劳动力被吸收完全前工资保持不变，在第一阶段传统农业部门的边际生产率为零或负数。由于工业部门的机器大生产的生产效率高对劳动力的需求大，与农业生产部门的工资差异使得农业剩余劳动力纷纷向工业部门转移，剩余劳动力的转移导致农业部门生产总量不变，边际劳动生产率提高。而工业部门一方面吸纳剩余劳动力创造更大的剩余价值用于再投资扩大规模，另一方面边际劳动生产力下降导致工资水平的下降，这种转移过程会一直持续直到工业部门的资本扩张不再能够吸纳更多的剩余劳动力为止，此时工业部门的工资水平与农业部门相一致。美国经济学家费景汉和拉尼斯对其做了重要补充和修订，提出了经济转换理论，从动态的角度研究农业部门和工业部门劳动力的三阶段转换过程，把农业部门的剩余劳动力向工业部门转移的过程中，在边际劳动生产力和农业总产量的变动过程中必然引起工资的变动，劳动力在价格机制的引导下从农业生产部门向工业生产部门转移的前提条件是农业生产率提高使得农业生产部门出现剩余农业劳动力，当两部门生产效率相同时，劳动力不再流动，最终完成二元经济结构向一元经济的转变。该理论认为均衡发展工业、农业两个生产部门是破解二元经济结构的最终解决方法。

（3）托达罗的经济结构理论。

20 世纪 60—70 年代，发展中国家农村流入城镇的人口远远超过了城镇工业部门的吸纳能力，导致了严重的失业问题。美国经济学家托达罗假定，人口是否做出从农村迁入城镇决策的决定因素在于城乡预期收入差异：当差异存在且城镇预期收入高于农村劳动力收入时，差异越大，剩余劳动力的迁移规模就越大。因此他提出了迁移决策和就业概率劳动力流动行为模型。该模型用 V（0）表示迁移者计划期内预期城乡收入差异的净贴现值：若 V（0）大于 0，表示城镇预期收入高于农村预期收入，剩余劳动力就会从农村迁移到城镇，城镇的净流入人口增加；若 V（0）小于 0，表示农村预期收入高于城镇预期收入，剩余劳动力不愿意迁移甚至会出现V形回流，出现城镇的劳动力倒流入农村。托达罗的模型虽然存在缺陷，但是其蕴含的政策含义对中国新型城镇化建设具有重要意义。该模型建议应当控制农村剩余劳动力向城镇化迁移的规模，破除二元经济结构势必要减少城镇失业人口，充分利用剩余劳动力大力发展农村经济进而缩小城乡差异。

8.1.2　城镇化发展的特征

8.1.2.1　由传统城镇化向新型城镇化演变

城镇化建设是一个由低级向高级、由传统向新型演化的必经历程，传统城镇化仅以人口城镇率作为衡量城镇化水平的唯一指标，但是城镇化不仅仅是简单的人口在地理空间上的移动问题，而是社会生产力变化引起的人类生产方式、生活方式各方面的改变；城镇化建设不仅是物质基础的极大进步，更是精神文明的汇集和融合。表8-1从发展目标、经济结构、发展方式、城乡关系、城镇体系等方面将新型城镇化与传统城镇化进行了比较，取代了传统城镇化的片面认识，多角度、多层次地解释了新型城镇化的本质和内涵，由过去片面注重追求城镇规模扩大和空间扩张改变为以提升城镇建设质量为导向，形成以人为本、城乡一体、集约高效、环保可持续的发展模式，使城镇真正成为宜人之所。

表8-1　传统城镇化与新型城镇化的比较

	传统城镇化	新型城镇化
发展目标	以物为本、产业非农化、土地非农化、追求GDP和地方财政收入的增长	以人为本、人的全面发展和幸福成为城镇化的最终目标
经济结构	以粗放型农业，高消耗、高污染、高排放的工业为主	改变单一的经济结构，发展高科技产业、出口导向产业和现代服务业，走现代化、集约化、信息化道路
发展方式	围湖造田，牺牲农业和粮食以及生态和环境为代价	产业结构调整、土地集约化、加强社会管理、户籍改革、资源支撑、生态环保
城乡关系	区域分割、重城轻乡、优先发展城镇、二元结构突出	统筹城乡发展、城乡发展一体化，城乡差距缩小、公共服务均等化
城镇体系	突出特大城镇和大城镇的经济引导作用，优先发展大城镇	适当发展大城镇，合理发展中等城镇，积极发展小城镇，建立城镇经济圈

新型城镇化注重“质”与“量”的双重提升，“新”主要表现为三个特征：一是以人为本。城镇化最初是指农业人口向非农业人口转换，“新”是由过去的追求规模扩张改变为以城镇的交通、土地、燃气、绿化等基础建设为重点，实现城乡一体化和公共服务均等化，不断提升居民的幸福指数。二是“质”与“量”双重提升。农业人口向非农人口迁移，农村生活方式向城镇生活方式转变，传统城镇化建设集中在城镇规模扩张和速度，人口城镇化率提高速度过快导致卫生、医疗、基础建设各方面跟不上，遗留下很多“城镇病”。因此新型城镇化不仅要注重物质基础的积累，更要提高城镇的综合承载能力，实现质与量双重提升。三是和谐发展。由于我国优先发展城镇，加之受经济二元结构和户籍制度限制，致使城乡差异愈演愈烈，需要统筹城乡发展，破解二元经济结构难题。

8.1.2.2 城镇化的增长极效应

（1）城镇化促进产业增长极的形成。

1955 年法国经济学家佩鲁提出，区域和工业发展的基本情况是经济增长首先出现在一些点或极核上，而不是各区域同时增长。一个增长极是一个与周围环境结合的增长诱导单位，在这个紧密相联、充满活力的环境中，新企业的建立会产生各种广泛的集聚和互补效应。根据佩鲁的分析，一个地区增长极的形成，首先依赖该地区产业发展，特别是推进型产业发展以及相关产业的空间聚集，通过产业发展产生集聚效应，从而形成新的增长极。

城镇化所具有的集中和集聚功能对产业发展产生促进作用。美国城市理论家刘易斯·芒福德等曾用“磁场效应”理论来解释城市的集聚功能：城市巨大的磁力吸引着人、财、物和厂商聚集于此。从传导机制看，城镇化能够为现代工业和服务业发展进行资本积累（Ranis and Fei，1961）。随着农村人口向城镇的转移，通过就业能够提高居民的收入水平和消费能力（Todaro，1969），还能为城市经济发展提供劳动力，进行人力资本的积累（Lucas Jr，2004）。

国内学者桂恒恒、朱冠雷（2007）认为城镇化是产业集群的推进器。李小东（2007）通过研究认为，产业集群是城镇化进程中要素的空间集聚，劳动力的转移和人口集聚的载体，通过产业集群的成长和发展，为城镇化水平的提高提供产业支撑。梅福林提出城镇化发展的重点是推行产业化，推进城镇工业和第三产业发展，推进农业产业化的发展等。周冰（2011）认为，城镇化的实质在于产业的选择与产业聚集。郭彩霞（2009）对我国城镇化与第三产业发展因果关系进行了计量经济分析，认为随着经济水平的提高，一国城镇化进程与其服务业的发展水平呈现高度的正相关性。曹宗平（2009）分析指出，城镇化为第三产业的发展寻找到了一个最佳的空间依托，城镇所具备的聚集功能、辐射功能、带动作用等均为第三产业所共享。

作用机制：以集聚为特征的城镇化—提供相对密集的人口、相对集中的企业群—推动第二产业和第三产业发展—产生产业聚集效应—推动区域增长极形成。

（2）城镇化推动以中心城市辐射周边地区增长极的形成。

布代维尔赋予增长极的概念以地理性，认为“经济空间是经济变量在地理空间之中或之上的运用”，并将其与城市等级相联系；他认为增长极是位于城市中心并通过扩散效应带动周围腹地增长的相关产业的空间聚集。赫尔曼、缪尔达尔等经济学家进一步将城市作为区域的增长极，认为增长极是一个带动周围区域经济增长的城市中心，中心城市等地理单元在区域发展中具有积极作用和影响。地区城镇化有利于城市群建设，城市群建设有利于生产要素在更大空间优化配置，使产业链延伸更趋合理、基础设施获得规模效应，从而带动区域内大中小城市分工协作、竞争共长、功能互补、可持续发展。

在增长极支配的整个城市体系层次中，增长极的经济主要是由资本密集型的制造业、金融服务业、出口贸易、商品批发、邮政通信等产业活动所组成，其与其他大中城市之间的商品、资金、信息等的交流构成高层次循环；而在广大的周边地区，其经济循环则由非资本密集型制造业、零售水平上提供服务的非现代服务业、非现代化的小规模贸易活动所组成，形成较低层次的循环。

作用机制：以产业发展为特征的城镇化—吸引人口和生产要素进一步向城市集中—通过扩散效应辐射周边地区—区域增长极形成。

8.2 人口城镇化水平与质量

城镇化是现代化的必由之路，是我国最大的内需潜力和发展动能所在。70 年来，在农村经济体制改革、户籍制度改革等系列政策的推动下，新疆城镇化进程显著加快，逐步实现了由城乡分割向城乡一体化发展的转变，城乡发展协调性显著增强。

8.2.1 人口城镇化水平缓慢上升

城市地理学家诺瑟姆（Ray.M.Northam，1975）根据人口比重将城镇化划分为 3 个阶段：城镇人口比重在 10%～30% 时，城镇化处于起步阶段，水平较低；比重在 30%～70% 为城镇化的加速发展阶段；比重超过 70% 后城镇化进入相对稳定的成熟期。

1949 年，新疆和平解放时，共有城镇人口 52.93 万人，占总人口的 12.21%；1955 年，新疆维吾尔自治区成立时，城镇化水平为 15.1%；1977 年为 22.9%；1949—1977 年新疆城镇化率增长 10.69%，年均增长 0.36 个百分点，增速缓慢（见图 8-1）。主要原因在于，改革开放前，新疆的产业结构以农业为主，农村户籍人口数远远大于城镇人口。

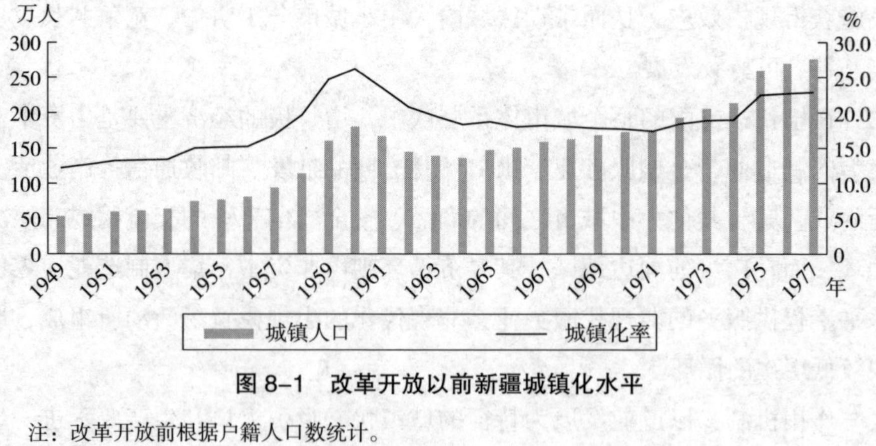

图 8-1 改革开放以前新疆城镇化水平

注：改革开放前根据户籍人口数统计。

资料来源：《新中国六十年统计资料汇编》。

改革开放以后，新疆的城镇化水平增长出现波动。1978—1990 年，新疆城镇化率上升较快，由 26.1% 上升到 44.9%，年均增长 1.46 个百分点。1990 年以后，新疆根据常住人口统计城镇化水平，导致 1990—2000 年城镇化水平出现一定幅度的下降。2000 年以后新疆城镇化率开始缓慢上升，由 2000 年的 33.82% 上升到 2018 年的 50.91%，19 年间共增长 17.09%，年均增长 0.89 个百分点（见图 8–2）。虽然 2000 年后新疆的城镇化率增长缓慢，但年均增长水平仍然高于改革开放前，说明新疆产业结构的转型有助于城镇化水平的提高。

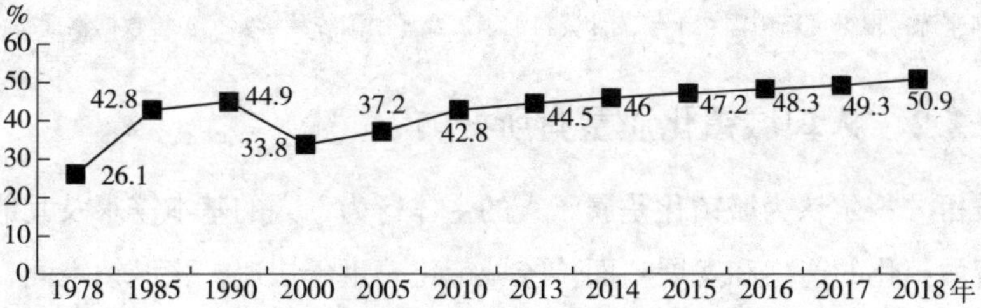

图 8–2 改革开放以来新疆城镇化率变动

注：1990 年以后根据常住人口数统计。

资料来源：《新中国六十年统计资料汇编》。

将新疆城镇化水平与全国的平均水平进行比较发现，2000 年以前，新疆的城镇化水平高于全国的平均水平。可能的原因在于，新疆地广人稀，总人口较少（2000 年新疆总人口为 1849.41 万人，仅占全国人口的 1.4%）。2000 年以后，根据常住人口统计，新疆的城镇化水平低于全国的平均水平，且差距逐渐增大。2000—2018 年，新疆城镇化水平与全国平均水平的差距由 2.39 个百分点上升到 8.67 个百分点（见表 8–2，图 8–3）。这表明新疆的城镇化进程落后于全国，新疆必须借助“一带一路”契机加大城镇化建设，推动新疆经济增长。

表 8–2 新疆人口城镇化率变动情况 %

项目	1949 年	1955 年	1978 年	2000 年	2008 年	2010 年	2014 年	2016 年	2017 年	2018 年
新疆	12.2	15.1	26.1	33.82	39.65	42.85	46.07	48.35	49.38	50.91
全国	10.64	13.48	17.92	36.21	46.98	49.94	54.77	57.35	58.52	59.58

资料来源：根据《新中国六十年统计资料汇编》及《中国统计年鉴》各年数据整理所得。

注：1990 年以前根据户籍人口统计，1990 年以后根据常住人口统计。

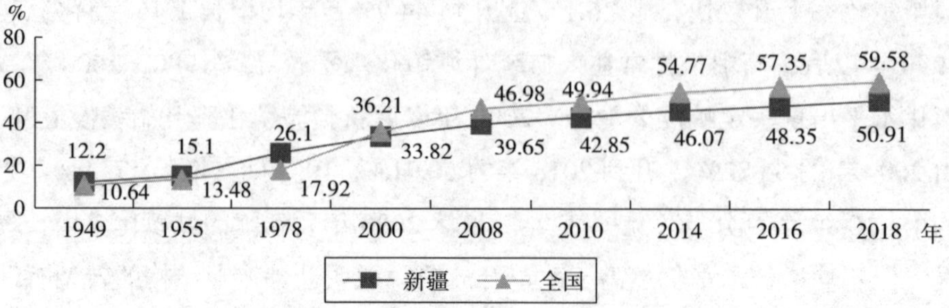

图 8-3 新疆城镇化率与全国平均水平比较

资料来源：根据《新中国六十年统计资料汇编》及《中国统计年鉴》各年数据整理所得。

8.2.2 人口城镇化质量有所好转

彼得·霍尔认为城镇化是属于人的主体行为，人的基本需求及其能动性驱动着城镇化的产生和发展。而传统城镇化着重于快速扩张城镇空间，忽略人的因素及城镇化发展的质量，带来了环境破坏、资源过度消耗、城乡失调等突出问题。因此以人为本，注重提高人口城镇化质量成为新的发展方向。

人口城镇化不仅要求加大农业人口转移为非农业人口，并向城市集中，城市在空间数量上增多、规模扩大；同时，也要求地方政府为迁入城镇的居民提供较好的公共服务，提高居民生活质量以及基础设施建设水平，即经济关系和生活方式以及功能和设施逐步完善。因此，一个地区的人口城镇化质量主要通过“恩格尔系数、城乡居民收入比、社会保险参保人数”衡量。

8.2.2.1 城镇与农村居民恩格尔系数差距变小

恩格尔系数是指居民家庭食品消费支出在全部消费支出中所占的比例，可以衡量一个国家和地区人民的生活水平状况。根据联合国粮农组织提出的标准，恩格尔系数达到 59% 以上为贫困，50%～59% 为温饱，40%～50% 为小康，30%～40% 为富裕，当恩格尔系数低于 30% 时，为最富裕。表 8-3 显示，2010 年后，新疆居民的恩格尔系数在 30%～40% 区间，表明新疆已迈入富裕阶段。从农村与城镇的差距看，农村居民恩格尔系数整体上高于城市居民，反映出农村居民生活水平普遍低于城镇居民这一现实。1980—1985 年，新疆农村居民恩格尔系数与城镇居民恩格尔系数的差距由 3.5 个百分点扩大至 11.1 个百分点；2000 年农村居民恩格尔系数与城镇居民恩格尔系数差距达到新高，为 13.6%；之后逐年降低，2018 年农村居民与城镇居民恩格尔系数差距下降到 0.7%。2018 年，我国精准扶贫进入决胜阶段，中央对新疆精准扶贫给予大力支持，促使新疆农村居民的生活水平得到大幅度改善。

表 8-3　新疆城镇居民与农村居民恩格尔系数情况　%

项目	1980年	1985年	1990年	1995年	2000年	2005年	2008年	2010年	2013年	2018年
城镇居民	57.3	46.8	47.8	44.8	36.4	36.4	37.3	36.2	33.9	31.6
农村居民	60.8	57.9	53.7	50.1	50.0	41.8	42.5	40.3	35.0	32.3
绝对差	3.5	11.1	5.9	5.3	13.6	5.4	5.2	4.1	1.1	0.7

资料来源：《新中国六十年统计资料汇编》《新疆统计年鉴》。

图 8-4 显示，2000—2018 年，新疆农村居民恩格尔系数降低了 17.7 个百分点，城镇居民恩格尔系数降低了 4.8 个百分点，农村居民恩格尔系数下降的幅度快于城镇居民，并且与城镇居民之间的差距不断缩小，相对富裕程度逐渐提高。这表明新疆农村居民消费结构发生明显改善，尽管生存资料消费支出仍占绝对比重，但发展和享受资料消费，如生活用品及服务、交通通信和教育文化娱乐消费增长较快，说明农民生沽消费选择项越来越多，消费层次不断提升。

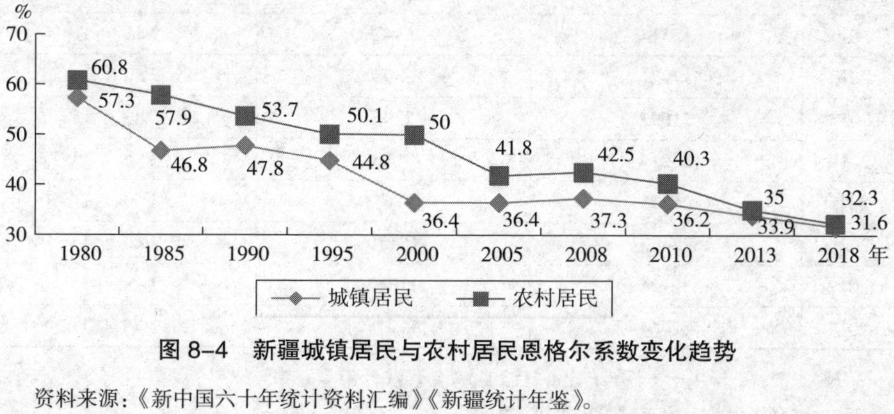

图 8-4　新疆城镇居民与农村居民恩格尔系数变化趋势

资料来源：《新中国六十年统计资料汇编》《新疆统计年鉴》。

8.2.2.2 城乡收入比的变化

城乡居民收入比是反映人口城镇化质量的一个负向指标，即城乡居民收入差距越大，城乡协调程度和城镇化质量越低。表 8-4 显示，改革开放以后，新疆城镇居民收入增长幅度快于农村居民增长幅度。新疆城镇居民可支配收入由 1978 年的 319 元上升到 2018 年的 32764 元，41 年间共上升 32445 元，平均每年上升 791.3 元；农村居民人均纯收入由 1978 年的 119 元上升到 2018 年的 11795 元，41 年间共增加 11676 元，平均每年上升 284.7 元。可以看出，新疆城镇居民可支配收入的增长幅度是农村居民人均纯收入增长的 2.78 倍。

表 8-4 新疆城乡居民收入比变动

年份	城镇居民可支配收入 / 元	农村居民人均纯收入 / 元	城乡居民收入比
1978	319	119	2.68 ∶ 1
1985	735	394	1.87 ∶ 1
1990	1314	684	1.92 ∶ 1
1995	4163	1137	3.66 ∶ 1
2000	5645	1618	3.49 ∶ 1
2005	7990	2482	3.22 ∶ 1
2006	8871	2737	3.24 ∶ 1
2007	10313	3183	3.24 ∶ 1
2008	11432	3503	3.26 ∶ 1
2009	12258	3883	3.16 ∶ 1
2010	13644	4643	2.94 ∶ 1
2011	15514	5442	2.85 ∶ 1
2012	17921	6394	2.80 ∶ 1
2013	21091	7296	2.89 ∶ 1
2014	23214	8113	2.86 ∶ 1
2015	26275	8765	3.00 ∶ 1
2016	28463	10179	2.80 ∶ 1
2017	30775	11045	2.78 ∶ 1
2018	32764	11975	2.73 ∶ 1

资料来源：《新中国六十年统计资料汇编》《新疆统计年鉴》。

注：城乡居民收入比 = 城镇居民可支配收入 / 农村居民人均收入。

如图 8-5 所示，1978—1990 年，新疆城乡居民收入比出现短暂下降，由 2.68：1 下降到 1.92：1，1995 年又上升到 3.66：1，说明这一阶段新疆城乡居民收入差距波动较大。1995 年后，新疆城乡居民收入比逐年下降，波动趋势趋于稳定，由 1995 年的 3.66：1 下降到 2017 年的 2.78：1，表明新疆城镇居民收入与农村居民收入的差距逐渐缩小，人口城镇化质量趋于好转。

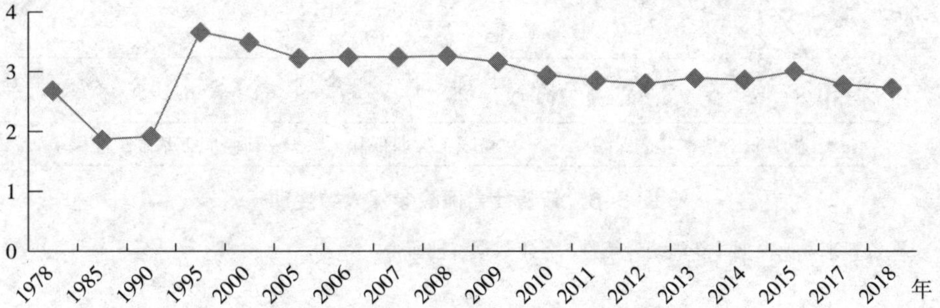

图 8-5 新疆城乡居民收入比变动趋势

资料来源：根据《新中国六十年统计资料汇编》《新疆统计年鉴》各年数据整理所得。

8.2.2.3 社会保险参保情况

随着人民生活水平的提高以及社会保障制度的完善，新疆社会保险参保人数逐年增加。2018 年，新疆参加职工基本养老保险共 523.27 万人，比 1997 年的 82.97 万人增加 440.3 万人，投保人数年均增长率为 9.66%；城镇职工参加失业保险 261.78 万人，比 1997 年增加 145.12 万人，投保人数年均增长率为 4.86%；城镇职工参加医疗保险 441.59 万人，比 1997 年增加 395.88 万人，年均增长率为 8.67%。社会保险参保人数的增长，表明新疆人口城镇化质量迈上新的台阶（见图 8-6）。

从深度贫困地区南疆四地州的社会保险参保情况看，2007—2017 年，南疆四地州的城镇职工参加基本养老保险由 18.02 万人增加到 85.69 万人，年均增长 16.88%；参加基本医疗保险由 47.64 万人增长到 72.65 万人；参加失业保险由 25.62 万人上升到 43.3 万人。深度贫困地区的保险事业得到较大的发展，参保人数急剧增加，一方面说明深度贫困地区城镇化质量有所提升，另一方面通过保险缓解地区贫困情况，使得因疾病、年龄和失业造成的贫困人口大幅减少。

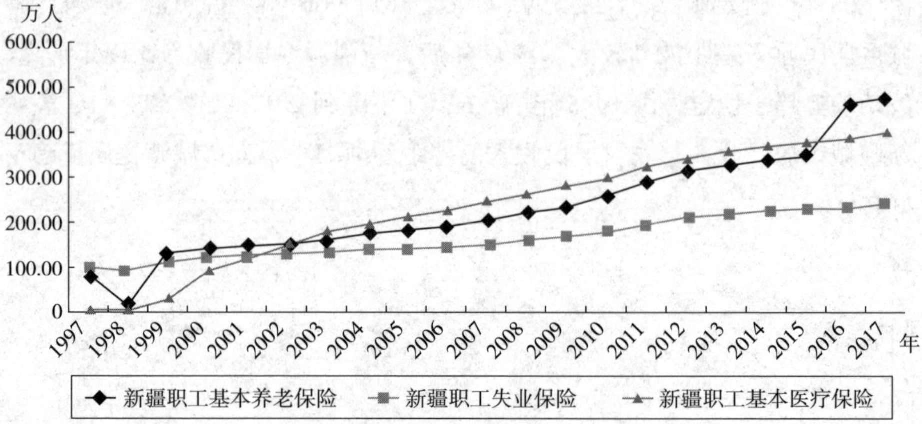

图 8-6　新疆社会保险参保人数变动

资料来源：根据《新疆统计年鉴》各年数据整理所得。

8.3　经济城镇化的发展

经济城镇化是在新型城镇化的理念下提出的，新型城镇化不仅包括人口城镇化，还包括经济城镇化。经济城镇化是在利润最大化动机下众多企业、行业向城市集聚，其经济活动具有一种空间集中的向心力，能够使企业和行业获得集聚经济。经济城镇化是城镇化的核心之一，表现为地区工业化水平不断提升、产业结构不断升级的过程。经济城镇化与人口城镇化相互作用，是人口城镇化的动力与支撑。韦伯（Webb）等从劳动力市场共享、中间产品投入、技术外溢、交通与区位、外部经济等因素和角度论述了经济城镇化对人口城镇化的作用机制。一般来讲，衡量经济城镇化的指标主要有两个：一是人均 GDP；二是非农产业增加值占地区 GDP 的比重。

8.3.1　人均 GDP 逐年上升

人均 GDP 是衡量一个地区经济发展程度的重要指标，也是反映经济城镇化水平的主要衡量指标，相比于 GDP 总量，人均 GDP 更能反映社会发展与人民生活状态。1949—1978 年，新疆人均 GDP 上升缓慢，由 135 元上升到 313 元，30 年间共上升 178 元，平均每年上升 5.93 元，反映出新疆经济发展缓慢。1978 年改革开放以后，新疆人均 GDP 实现了飞跃式上升，1987 年新疆人均 GDP 突破 1000 元，1996 年突破 5000 元，2004 年突破 1 万元大关，到 2018 年新疆人均 GDP 达到 49475 元，41 年间共上升 49162 元，平均每年增加 1199 元（见图 8-7）。这表明新疆人民生活实现了质的发展。

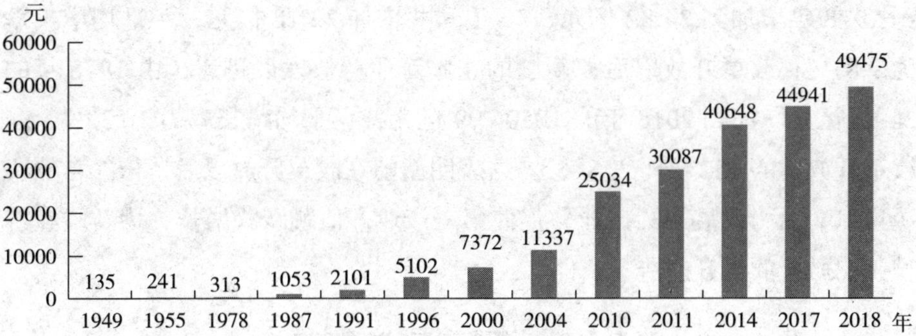

图 8-7　新疆人均 GDP 变动

资料来源：根据《新中国六十年统计资料汇编》及《新疆统计年鉴》各年数据整理所得。

尽管改革开放后新疆人均 GDP 得到飞速发展，但与全国平均水平相比，仍然存在一定的差距。本章以极值比反映地区间差距，极值比越大，表明差距越大。从新疆人均 GDP 与全国人均 GDP 的极值比看，1987 年为 1.05，到 2018 年为 1.31，极值比出现扩大的趋势，说明新疆经济城镇化水平与全国平均水平相比还存在一定差距，需要借助"一带一路"的契机，加速经济城镇化建设（见表 8-5）。

表 8-5　1978—2018 年新疆人均 GDP 变动情况　　单位：元

	1978年	1987年	1996年	2000年	2004年	2010年	2012年	2014年	2016年	2017年	2018年
新疆	313	1053	5102	7372	11337	25034	33796	40607	40427	44941	49475
全国	381	1112	5898	7858	12478	30808	39874	47005	53680	59201	64644
极值比	1.21	1.05	1.15	1.06	1.10	1.23	1.17	1.16	1.32	1.32	1.31

资料来源：根据《新中国六十年统计资料汇编》及《中国统计年鉴》各年数据整理所得。

注：极值比 = 样本最大值 / 样本最小值。

8.3.2 非农产业的发展

经济城镇化最直接的推动因素是工业化，反映一个地区经济总量的提高和经济结构的非农化，特别是第二、第三产业的发展。第二产业和第三产业为社会提供的就业岗位多，能较好地解决农村人口向城市转移带来的就业问题。表 8–6 反映了新疆 1949—2018 年非农产值的增加以及非农产值占 GDP 比重的上升。1949 年，新疆的非农产业产值只有 1.64 亿元，到 1978 年增加到 24.82 亿元，30 年间共增加 23.18 亿元，年平均增长率为 9.81%；改革开放以后，新疆的非农产业产值发展迅速，由 1978 年的 24.82 亿元增加到 2018 年的 10506.99 亿元，年平均增长率为 16.32%，是改革开放前的 332 倍（表 8–6）。这表明新疆在改革开放以后，依托自然资源禀赋，大力发展第二产业，促使第二产业产值跳跃式增长，为新疆经济城镇化质量的提升创造了条件。

表 8–6 新疆非农产业发展情况

年份	地区生产总值 / 亿元	非农产业产值 / 亿元	非农产业占 GDP 的比重 /%
1949	4.18	1.64	39.23
1955	12.31	8.05	65.39
1965	24.2	15.4	63.63
1977	35.67	23.35	65.46
1978	39.07	24.82	63.52
1985	112.24	69.29	61.73
1990	261.44	150.97	57.74
2000	1363.56	1003.02	73.56
2010	5434.47	4057.57	74.66
2012	7505.31	5830.31	77.68
2013	8443.34	6637.23	78.60
2015	9324.8	7319.42	78.49
2017	10881.96	8568.72	78.74
2018	12199.08	10506.99	86.10

资料来源：根据《新中国六十年统计资料汇编》《新疆统计年鉴》各年数据整理所得。

图 8-8 显示，新疆的非农产业总产值占 GDP 的比重逐年上升，1949 年为 39.23%，1955 年新疆维吾尔自治区成立时该比值为 65.39%，1978 年为 65.46%，2018 年新疆的非农产业总产值占 GDP 的比重为 86.1%。1949—1978 年，新疆非农产业总产值占 GDP 的比重上升了 24.4%，年均上升 0.81 个百分点；1978—2018 年非农产业总产值占 GDP 的比重上升 20.64%，年均上升 0.5 个百分点。从整个波动图看，1949—1955 年新疆非农产业发展较快，由 1949 年的 39.23% 增长为 1955 年的 65.39%，7 年间共上升 26.16%。主要原因为：1949 年新疆和平解放时主要以农业为主，第二产业相当落后，几乎没有第三产业；1955 年新疆维吾尔自治区成立时，新疆第二产业得到大力发展，并且兴建了一批第三产业企业。总体来看，新疆非农产业总产值占 GDP 的比重逐年上升，表明经济城镇化对人口城镇化的支持力度增大，城镇化质量明显好转。

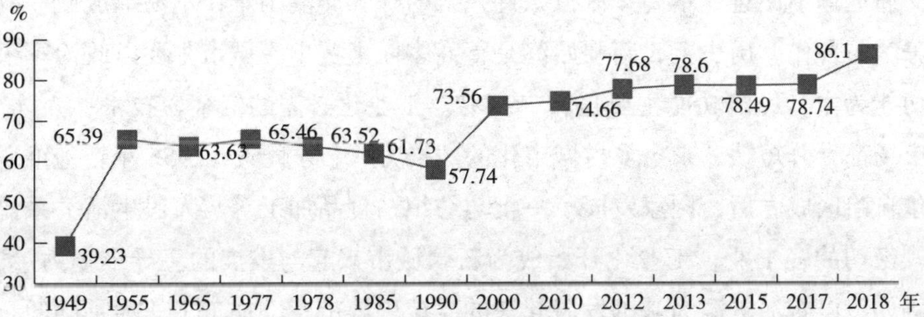

图 8-8　新疆非农产业总产值占 GDP 比重变动

资料来源：根据《新中国六十年统计资料汇编》《新疆统计年鉴》各年数据整理所得。

在新疆非农产业发展中，主要是第二产业的发展，特别是采掘业和石油化工产业的产值增长快，而第三产业门类少、规模较小，导致新疆城镇化经济承载力不足而难以吸纳农业人口的顺利转移，可能面临就业岗位不足的问题。

8.4 城市化进程与城镇体系建设

一个地区城镇化布局遵循两种模式：一是内源发展模式，即自下而上的自发城市化发展道路，由农村集市贸易发展形成市镇，再形成城市。二是外源发展模式，采取自上而下的城市化发展道路，由国家使用强制力如以行政、军事手段建立的城市。内源发展模式主要是“推力”，外源发展模式主要是“拉力”。

8.4.1 新疆的城市化进程

新疆因其特殊的地理位置以及地貌特征，绿洲之间的空间距离过远，交通运输不便且成本高，区位条件差，与外界交流困难，不易形成产业的分工与合作。历史上，新疆始终是行商多而坐贾少，城市主要以政治军事功能为主，经济功能主要是转口贸易。工业化必需的资金、技术、人才、市场都十分短缺，来自乡村城市化的“推力”十分微弱。1955 年新疆维吾尔自治区成立后，国家发展了一批与纺织、食品加工等与人民生活关系比较密切的轻工业，工业化开始成为新疆城市兴起与发展的主导推动力量。例如，以石油资源为基础发展起来的克拉玛依市，以加工工业为基础的石河子市和以机械工业为主的乌鲁木齐市等。总体而言，新疆城市化动力主要来自国家的直接支持，属于比较典型的外源发展模式。

新疆城市化进程可以分为以下三个阶段。

1949—1977 年为新疆城市缓慢发展阶段。1949 年新疆仅有 1 个城市——迪化市（今乌鲁木齐市），城市人口不到 10 万人，约占当时新疆总人口的 2.3%。到 1977 年新疆共有建制城市 7 个，其中，地级城市仅乌鲁木齐市 1 个，县级市有克拉玛依、石河子、伊宁、奎屯、喀什、哈密等 6 个城市。

1978—2000 年为新疆城市快速发展阶段，这一时期相继设立了昌吉、塔城、阿尔泰、吐鲁番、阿克苏、和田、博乐、阿图什、阜康、米泉等城市。克拉玛依由县级市发展为地级市，县级市由 6 个增加到 17 个。

2001—2018 年为新疆城市稳步发展阶段。地级市由 2 个增加到 4 个（乌鲁木齐市、克拉玛依市、吐鲁番市、哈密市），县级市由 17 个增加到 24 个，县数保持在 62 个。24 个县级市分别为：阿克苏市、喀什市、和田市、昌吉市、阜康市、博乐市、阿拉山口市、库尔勒市、阿图什市、伊宁市、奎屯市、霍尔果斯市、塔城市、乌苏市、阿勒泰市、石河子市、阿拉尔市、图木舒克市、五家渠市、北屯市、铁门关市、双河市、可克达拉市、昆玉市。在 4 个地级市中，乌鲁木齐市人口数为 350 万，为特大城市；克拉玛依市、吐鲁番市、哈密市 3 个城市人口数在 20 万～50 万，为中等城市。在 24 个县级市中，人口数在 50 万～100 万的有 5 个，分别为伊宁市、库尔勒市、石河子市、阿克苏市、喀什市。有 6 个县级市人口数在 20 万以内，为小城市。

表 8–7 显示，1978—2018 年，新疆地级市由 1 个增加到 4 个，县级市由 6 个发展为 24 个，伴随着工业化建设，新疆城市化进程逐步加快。从全国来看，2010 年全国有地级市 283 个，县级市 370 个，县 1461 个，新疆在全国所占比重分别为 0.7%、5.13%、4.24%。2018 年全国有地级市 294 个，县级市 363 个，县 1355 个，新疆在全国所占比重分别为 1.36%、6.61%、4.57%；与 2010 年相比，新疆地级市数在全国的比重提高了 0.66 个百分点，县级市在全国的比重提高 1.48 个百分点。

表 8–7　新疆城市发展情况　　单位：个

城市	1978 年	1986 年	1996 年	2000 年	2004 年	2010 年	2012 年	2015 年	2017 年	2018 年
地级市	1	1	2	2	2	2	2	3	4	4
县级市	6	15	16	17	20	19	22	24	24	24
县	62	62	62	62	62	62	62	62	62	62
自治县	6	6	6	6	6	6	6	6	6	6

资料来源：根据《新疆统计年鉴》各年数据整理所得。

8.4.2 城镇体系结构不完善

尽管新疆的城市化进程在加快，但大城市出现断层，中等城市和小城市较多。2010 年，从全国来看，人口数在 400 万以上的地级及以上城市为 14 个，新疆为 0；人口数在 200 万～400 万的城市有 30 个，新疆只有 1 个（乌鲁木齐）；人口数在 100 万～200 万的城市有 81 个，新疆为 0。2017 年，从全国来看，人口数在 400 万以上的地级及以上城市有 19 个，新疆为 0；人口数在 200 万～400 万的地级市有 42 个，新疆只有 1 个（乌鲁木齐）；人口数在 100 万～200 万的地级市有 100 个，新疆为 0；新疆人口数在 20 万～50 万的地级城市有 3 个，占全国的 7.14%。这表明新疆没有超大城市，在特大城市和中等城市之间缺少人口数在 100 万～200 万人之间的大城市，城市体系结构不完整。

表 8-8 2017 年新疆地级城市人口分布

地区	地级城市 / 个	按照城市市辖区年末总人口分类				
		400 万以上	200 万～400 万	100 万～200 万	50 万～100 万	20 万～50 万
全国	294	19	42	100	86	42
新疆	4	0	1	0	0	3
比重 /%	1.36	0	2.38	0	0	7.14

资料来源：根据《中国统计年鉴》各年数据整理所得。

新疆在建制市下还有若干建制县和普通市镇，但是这些城镇普遍发展滞后，一是数量甚少，分布稀疏；二是人口和经济规模都不大，缺乏产业支撑；三是相当一部分城镇对外交通不便，经济要素流动不畅，发展动力不足，因而对农牧业人口的吸纳能力有限，城市化“拉力”甚弱。

8.4.3 城镇空间布局不均

新疆工业化的重点在北疆，新兴的工业城市也大多集中在北疆沿铁路线一带，北疆城市化水平较高。而南疆工业化水平低，城市化水平不高。新疆城市化呈现“北快南慢”和“北高南低”的特点，其结果是南疆和北疆城市化发展不平衡的问题比较突出。

8.4.3.1　新疆城镇空间布局不均衡

从城市分布看，2017 年，北疆有 1 个特大城市，而占新疆人口约 40%、占新疆面积约 60%的广大南疆四地州没有特大城市；人口数在 50 万～100 万的 5 个大城市中，有 2 个在北疆，有 3 个（喀什、库尔勒、阿克苏）在南疆；在 16 个中等城市中，北疆有 14 个，南疆仅 1 个；在 6 个小城市中，南疆有阿图什、图木舒克、阿拉尔 3 个城市，人口数均在 20 万以内。

从城市数量上看，2017 年，北疆有 21 个城市，而人口和面积约占全疆一半的南疆四地州，只分布了 7 个中小城市，只有北疆城市的 1/3。

从城市建制上看，4 个地级市（乌鲁木齐、克拉玛依、吐鲁番、哈密）在北疆和东疆，南疆没有 1 个地级市。这说明南疆城市数量不仅比北疆少，而且建制也偏低。

表 8–9　新疆城市空间分布　　单位：个

地区	合计	特大城市	大城市	中等城市	小城市
北疆	20	1	2	14	3
南疆	7	0	3	1	3

资料来源：根据《新疆统计年鉴》各年数据整理所得。

注：哈密位于新疆东部，属于东疆。

8.4.3.2　城市发展程度差异明显

从空间结构变化来看，生产力的布局按照“点—群—轴—带—面”的顺序逐渐演化。城市是区域内人口和产业积聚的点状区位，一定区域内城市的建设和发展，自然成为区域经济的增长点，所以，城市的建设和空间分布格局对生产力布局具有决定性影响。

北疆以特大城市乌鲁木齐为核心，涵盖工业化、现代化水平较高的昌吉市、米泉市、石河子市、克拉玛依市等城市，构成天山北坡城市带，占新疆地区生产总值的 70%，以省会城市为中心的特大城市优先发展，在集聚效应和乘数效应的作用下，各类生产要素纷纷涌入中心城市。乌鲁木齐、石河子、克拉玛依等城市集中了全疆 70%的工业和 25%的农业。其中石油、石油化工、煤炭、煤化工、棉、毛纺织、机械、电子、轻工、食品占有很高的比重，具有很大的开发潜力，这些城市着力发展石油、石油化工、盐、盐化工、煤炭、煤化工和机械电子等高精尖产业。

本章选取克拉玛依市与和田市作为北疆和南疆的典型城市，通过数据比较发现，和田市与克拉玛依市发展差距很大。2017 年，克拉玛依市地区生产总值为 722.4 亿元，人均 GDP 为 172906 元，全市规模以上工业企业实现工业增加值 546.4 亿元；而和田市地区生产总值为 75.11 亿元，人均 GDP 18967 元，全市规模以上工业企业累计完成总产值 0.804 亿元，与克拉玛依市分别相差 9.6 倍、8.51 倍和 701 倍。

新疆是一个内陆省区，既没有沿海的港口城市，又没有沿大江大河的内河港口城市。全区的主要城市大都沿交通干线（铁路、公路）分布。因此，新疆的城市布局及城市化的进程，只能运用点轴开发和优势区位理论进行聚集。即以沿线现有的主要城市为基点，在这些主要城市形成一定规模的工业基地后，通过这些城市的点线辐射、扩散，进而发展为点轴相连的城市片、城市带。可以在增加城市数量的基础上，适度改变城市布局。

一是增加南疆城市数量过少的问题，可以将有条件的县城改设为市。如作为“西气东输”的起点站——库车县（约 50 万人），是丝绸之路的历史文化名城；南疆人口大县——莎车县（约 70 万人），曾为叶尔羌汗国的首府，历史上长期为南疆的第一大商贸中心城市；焉耆县（约 10 万人），为丝绸之路的历史文化名城，也是开都河流域的中心城市。

二是着力打造以喀什为中心的南疆西南部城市群、以库尔勒为中心的南疆东北部城市群和以伊宁为中心的伊犁河谷城市群，优化城市体系内部结构，培育多层次的市场体系，将喀什、库尔勒和伊宁等城市建设成为百万人口的大城市，成为“新丝绸之路经济带”的重要中心城市和经济增长极。

三是借助“一带一路”机遇，发展沿线的特色城镇，增强中心城镇辐射带动功能，有利于促进大中小城镇协调发展，有助于缩小城乡差距，平衡地区间的发展。

参考文献

［1］ANDREWS R B. The mechanics of the urban economic base［J］. Land Econo，1992.

［2］DEMATTEIS G. Towards a metropolitan urban system in Europe：core centrality versus network distributed centrality［J］. Urban networks in Europe,(Eds，Pumain，D. and Saint-Julien，TH) Paris(John *Libbey*)，1996：19–28.

［3］TERANISHI J. Interdepartmental transfer of resources，conflicts and macro stability in economic development［C］// Economic Development and Roles of Government in the East Asian Region，1997.

［4］HIGGINS B，SAVOIE D J. Regional economic development［M］. London，1988.

［5］弗朗索瓦·佩鲁 . 增长极概念［J］. 经济译丛，1988（9）.

［6］王国刚. 城镇化：中国经济发展方式转变的重心所在［J］. 经济研究，2010（12）：70–81.

［7］王稳琴，王成军，刘大龙. 中国城市化与经济增长关系研究［J］. 山西大学学报（哲学社会科学版），2011（2）：123–128.

［8］王婷 . 中国城镇化对经济增长的影响及其时空分化［J］. 人口研究，2013（9）：54–59.

［9］李强，陈宇琳 . 中国城镇化推进模式研究［J］. 中国社会科学，2012（7）：83–99.

［10］柳建文 . 新型城镇化背景下少数民族城镇化问题初探［J］. 西南民族大学学报，2013（1）：16–20.

［11］崔许锋 . 民族地区的人口城镇化与土地城镇化［J］. 中国人口·资源与环境，2014（8）：63–70.

［12］孙建丽 . 中国西部城市化基本特征分析——以新疆为例［J］. 中

国人口·资源与环境，2000（4）：45-51.

［13］牛汝极，黄达远．实施城市优先发展战略，加快新疆城市化进程的构想［J］．新疆社会科学，2010（3）：37-42.

［14］何一民．新疆城市百年巨变：数量与规模［J］．民族学刊，2014（1）：28-35.

第 9 章　新疆生态环境建设与绿色发展

新疆维吾尔自治区位于我国西北部，属内陆干旱地区，降雨稀少，气候干燥，沙漠化土地和沙漠面积大，生态环境极为脆弱。同时，新疆地处三北防护林的最北区域，是我国最重要的生态屏障之一。因此，新疆的生态环境保护事关我国整体自然生态安全。新疆的生态地位和资源富集的优势，要求推行绿色低碳经济，探索出一条适合新疆经济发展和环境保护的可持续发展之路。

9.1　生态环境的建设与运行模式

70 年来，新疆在国家财政政策的支持下，坚持依靠广大群众，广泛动员全社会的力量共同参与生态环境建设，大力开展植树种草，治理水土流失，防治荒漠化，建设生态农业，在生态修复和环境保护方面取得了突出的成绩。

9.1.1　生态环境建设的现状

新疆按照“以重大生态建设项目解决重大生态环境问题”的思路，推进生态建设步伐。2000 年以来，新疆启动实施了一系列重大生态建设项目，极大地促进了区域、流域生态环境的改善。加大对生态环境的监管力度，重点对西气东输、塔里木河治理、公路建设和影响生态环境的建设项目进行了环境影响评价、现场环境监察和竣工环保验收工作，对旅游景区、石油天然气开发、矿产资源勘探开发项目进行生态监察，有效地保护了生态环境，促进了建设项目施工现场的生态环境保护。有机食品生产试点工作进展顺利，新疆已有牛羊肉、红花、哈密瓜、小麦、高白鲑等20种农畜产品通过了国家有机食品认证。

9.1.1.1 森林资源

改革开放以来，新疆生态环境保护工作有了较大发展。尤其是“西部大开发”战略的实施，有力地推动了新疆生态保护与建设。从图9-1可以看出，随着人们对森林资源及生态环境的重视，全国的森林资源都在逐步增长，新疆森林面积由2004年的484.07万公顷增长到2017年的698.25万公顷，森林覆盖率也从2004年的2.9%增长到2017年的4.2%。整体来看，森林资源在稳步地扩增，但与全国森林覆盖率的21.6%相比，还存在一定的差距，新疆的森林资源保护工程还需进一步推进。

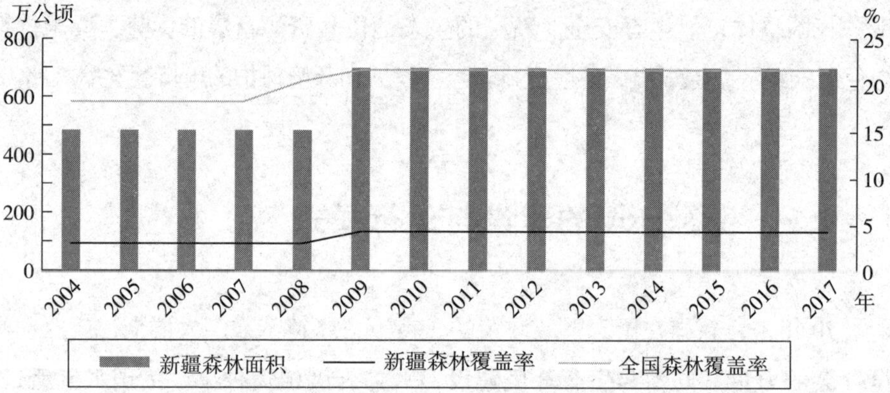

图9-1 新疆森林面积及森林覆盖率与全国水平对比

资料来源：国家统计局。

9.1.1.2 自然保护区

从图9-2中可以看出，新疆自然保护区数量从1990年的20个增加到2017年的31个，国家级自然保护区从2005年的7个增加到2017年的13个。截至2017年末，新疆自然保护区面积达到1958.4万公顷，且自然保护区面积占其辖区面积的比重达到11.8%。与1990年的自然保护区面积1005.3万公顷相比，增长速度达到94.8%，面积增加近一倍。这些保护区在典型生态系统、珍稀濒危物种及其生存的保护中发挥了重要作用。

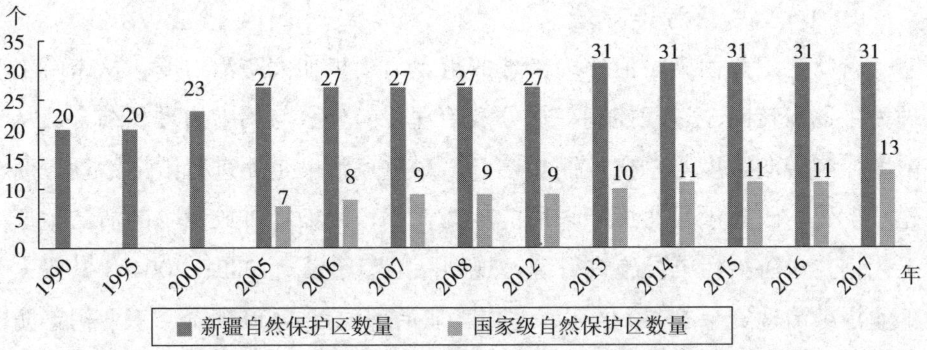

图 9–2　新疆自然保护区、国家级自然保护区数量统计

资料来源：国家统计局各分省年度数据、《新中国六十年统计资料汇编》。

9.1.1.3　造林面积

党的十八大以来，新疆依托“三北”防护林工程、退耕还林工程、塔里木盆地周边防沙治沙工程、退牧还草工程、水土保持和小流域综合治理等，完成沙化土地治理 5069.01 万亩。

截至 2017 年，如图 9–3 所示，新疆造林总面积达到了 282380 公顷，退耕还林工程造林面积已完成 33066 公顷，“三北”及长江流域等防护林建设工程造林面积达到了 129121 公顷。共完成沙化土地综合治理 450 万亩，安排沙化土地封禁保护项目试点 18 个县，落实中央投资 1.9 亿元，新增 4 个沙漠公园。

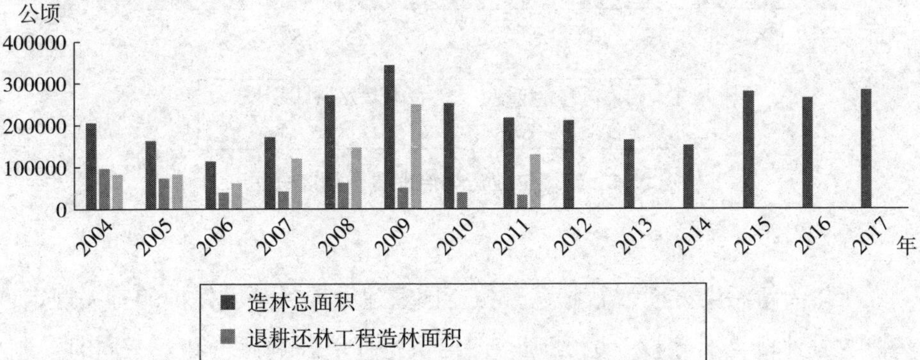

图 9–3　新疆造林面积分布

资料来源：国家统计局各分省数据。

9.1.1.4　工业污染防治

新疆把工业污染防治作为治理的重点，逐步加大防治力度，从末端治理为主逐步转向全过程控制；从分散治理转向分散与集中治理相结合；从浓度控制转向浓度与总量控制相结合。对重点污染企业进行限期治理，新建、扩建、改建项目尽可能采用能耗物耗小、污染物排放量少的清洁生产工艺，并对防治污染设施进行统一规划、配套建设。1985—2004 年共投入工业污染治理资金 65.30 亿元，完成工业治理项目 4000 多个，工业污染防治取得成效，“三废”治理率继续稳步提高。

图 9–4 显示，新疆在工业污染治理上一直在追加投资，治理废水项目及废气项目中的投资也在同比增长。2004 年，新疆工业污染治理完成投资 3.80 亿元，到 2014 年增加为 31.65 亿元，11 年间共增加工业治污投资额为 27.84 亿元，年均增加 2.53 亿元。特别是 2013 年和 2014 年，新疆工业污染累计完成投资 53.66 亿元，治理废气累计完成投资 44.40 亿元。表明近两年新疆对工业污染治理投入资金量大，不断加大对工业污染项目的防治。

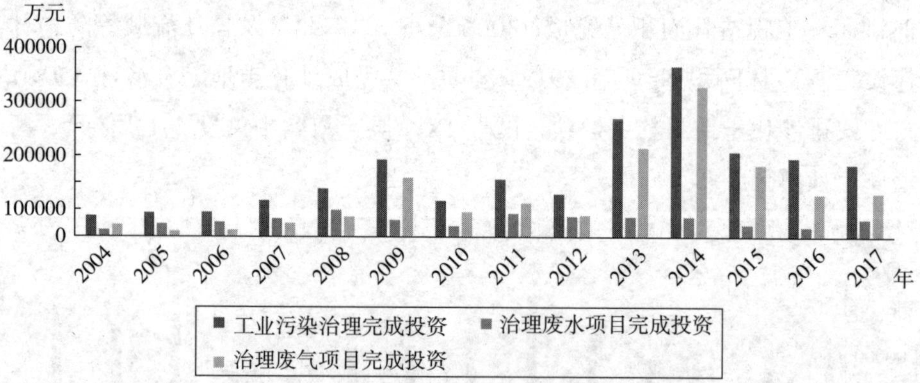

图 9–4　新疆工业污染治理投资额度分布

资料来源：国家统计局。

在防治新污染方面，新疆认真执行国家建设项目环境保护的有关规定，坚持“先评价，后建设”的原则，严格执行环境影响评价和“三同时”制度，加强对工业合理布局和建设项目选址的管理。2014 年，共审批建设项目环境影响评价 2496 项，其中，执行环境评价制度 2366 个，环评执行率为

94.8%；当年应执行“三同时”的项目767个，实际执行项目744个，“三同时”执行率为97.0%，“三同时”合格项目683个，合格率为91.8%。

9.1.2　生态环境建设存在的主要问题

我国西部地区地域辽阔，区域差异大，自然环境复杂，生态系统类型多样，生态环境脆弱；西北地区降雨稀少，干旱高寒，经济欠发达，生态环境恶劣，林草植被一旦遭受破坏，极难恢复。长期以来，由于资源过度利用，自然生产力遭到破坏，水土流失和土地荒漠化问题严重。塔里木河地区的生态破坏严重，导致中下游地区生态环境急剧恶化，已经引起有关部门的高度重视。总体上看，新疆地区面临三大生态环境问题：一是水资源短缺与浪费并存，二是水土流失，三是风蚀沙化。

9.1.2.1　水资源短缺与浪费并存

总体上看，除了四川盆地和零星地区，西部大部分地区严重缺水，但缺水情况有所不同。在西北干旱和半干旱地区，年降水量在200毫米左右，多年平均年蒸发量高达1200毫米以上，水资源供需矛盾突出。在气候干旱和人口增长的压力下，不少湖泊水位降低，水面缩小甚至干涸，河流干涸断流。山地植被减少与水土流失形成了恶性循环，破坏了水源涵养功能、加剧了用水紧缺状况。

20世纪50年代新疆湖泊面积约9700平方千米，1975年末锐减为4748平方千米。罗布泊、玛纳斯湖、艾丁湖、台特马湖等相继干涸，塔里木河下游年均来水量由20世纪60年代的11亿立方米减少到90年代的2.89亿立方米，塔里木河河道缩短200千米以上，大面积耕地因缺水弃耕沙化。新疆共有大小河流570条，其中大部分是流程短、水量小的河流，年径流量在1亿立方米以下的河流就有487条，占河流总条数的85.3%，其径流量仅有82.9亿立方米，占总径流量的9.4%；年径流量大于10亿立方米以上河流共18条，占河流总条数的3%，但径流量达534亿立方米，约占总径流量的60.4%；湖泊面积大于1平方千米的有139个，面积为5504.5平方千米（不包括已干涸的罗布泊和台特马湖），占全国总湖泊面积75610平方千米的7.3%。

表 9-1 显示，2017 年，新疆水资源总量为 1018.6 亿立方米，地下水资源总量为 587 亿立方米，人均水资源量为 4206.41 立方米 / 人。新疆多年平均降水总量为 2429 亿立方米，其中 84% 降于山区；新疆冰川面积约 23021.1 平方千米，占全国冰川总面积的 40.7%；冰川储量为 21346.6 亿立方米，占全国冰川总储量的 42.7%；高纬度、低海拔的阿尔泰山冰川后退速度快于低纬度、高海拔的昆仑山冰川；山谷冰川后退速度快于悬冰川和冰斗冰川。水是西部开发过程中生态环境建设所必需的首要条件。一方面，西北地区干旱缺水，另一方面，作为黄河中上游的西北地区水资源利用粗放、水资源浪费严重。灌区灌溉渠系水利用系数低，几乎没有节水灌溉设施。农业生产中采用大水漫灌，加剧了水资源的供需矛盾，还带来了土地盐碱化问题。

表 9-1 新疆水资源概况

年份	水资源总量 / 亿立方米	地表水资源量 / 亿立方米	地下水资源量 / 亿立方米	地表水与地下水资源重复量 / 亿立方米	人均水资源量（立方米 / 人）
2004	855.39	809.15	502.63	456.4	4357.56
2005	962.81	910.65	562.57	510.41	4808.9
2006	953.1	903.84	554.11	504.85	4695.08
2007	863.77	816.64	513.99	466.86	4167.79
2008	815.6	772.5	518.5	475.3	3859.91
2009	754.31	713.66	470.47	429.82	3516.6
2010	1113.1	1051.2	624.3	562.3	5125.2
2011	885.65	840.97	540.2	495.51	4031.34
2012	900.63	851.6	557.04	508.01	4055.51
2013	955.99	905.63	560.15	509.79	4251.88
2014	726.93	686.55	443.93	403.55	3186.91
2015	930.3	880.1	544.9	494.7	3994.25
2016	1093.4	1039.3	610.4	556.3	4596.05
2017	1018.6	969.5	587	537.9	4206.41

资料来源：国家统计局。

9.1.2.2 森林和草地植被锐减，水土流失十分严重

人口持续增长和资源开发力度加大使西部地区的植被越来越少，新疆地区的平均森林覆盖率为5%，只及全国平均水平的1/3。植被减少导致水土流失不断加剧。森林是新疆绿洲生态的基础，以天山、阿尔泰山为主的山区森林，是自治区森林的主体，面积为1725万亩。迹地更新率达99.66%，完成迹地更新合格面积为234.97万亩。新疆荒漠林、河谷林管护面积为5696万亩，其中胡杨林地面积为630万亩。新疆塔里木盆地分布着世界上最大的胡杨原始森林。由于中上游过度引水用水，如今塔里木河下游来水比20世纪50年代锐减了近80%，两岸的胡杨林大片枯死。塔里木河下游地区的地下水位由20世纪60年代的2米下降至目前的16米以下。

9.1.2.3　开发不当导致土地风蚀沙化

风蚀沙害严重，荒漠化加剧是西部地区普遍面临的又一个生态环境问题。截至1994年底，新疆沙漠面积达43.04万平方千米。1949年以来，新疆沙漠面积平均以84.2平方千米/年的速度增加，其扩大速度是人类历史时期沙漠扩大速度的2.44倍。新疆草场退化面积已达1.2亿亩。日益恶化的生态环境，给新疆的经济和社会发展带来了极大危害，严重影响可持续增长。一是加剧了贫困程度。目前，农村贫困人口90%以上生活在生态环境比较恶劣的地区。恶劣的生态环境是当地群众贫困的主要原因之一。二是加大了经济和社会发展的压力。如果不能有效地控制水土流失和土地荒漠化，将严重影响西部地区的可持续发展和安定团结。三是加剧了自然灾害的发生。新疆部分地区的自然灾害发生得比较频繁，主要有旱灾、风灾、洪灾和地质灾害。除一些灌区外，部分地区“十年九旱”，生态环境恶化导致自然灾害发生的频率加快，危害加重。

9.1.3　生态环境建设的运行模式

新疆地广人稀，各地情况差别很大。应遵循自然规律和经济规律，采取科学的方法，因地制宜，治理与保护相互结合、生态环境建设与农民脱贫致富相互结合；保护天然林、天然草场和野生动植物资源，保护新疆独特的生物多样性；大力开展植树种草，治理水土流失、防治土地荒漠化，发展具有可持续性的生态农业，遏制新疆生态环境恶化的趋势。因此，新疆生态环境建设要因地制宜、区别对待，积极发展多种模式和办法。

9.1.3.1 以水土流失治理为主的模式

水土流失是西部地区普遍存在的生态环境问题。生态环境问题严峻地区，气候干旱、植被稀疏、水土流失十分严重，侵蚀面广、冲刷强度高，易受到风沙、次生盐碱化以及水资源不足的威胁。这一地区土地和光热资源丰富，但水资源缺乏。长期以来，农业生产广种薄收，产量低且不稳，贫困与环境恶化形成恶性循环。加快这一区域生态环境治理，不仅可以解决农村贫困问题，改善生存和发展环境，而且对治理黄河至关重要。

生态环境建设应当从合理开发利用自然资源着手，搞好以坡改梯为主的基本农田建设、以小型水利设施为主的水利建设以及自然资源保护。禁止滥垦乱伐，过度利用自然资源；坚决控制人为造成的水土流失；必须大力实施天然林保护工程；要努力营造水土保持林、水源涵养林和人工草地；优先建设一批经济林和水土流失综合治理工程；加快天然林区森工企业转产，停止天然林砍伐；因地制宜开展小流域综合治理，分期分批使陡坡耕地退耕还林还草，缓坡坡地可以改修梯田；通过建设生态农业工程，推广水土保持耕作技术；通过恢复和扩大林草植被，控制水土流失。

9.1.3.2 以抵御风蚀沙化为主的模式

在新疆大部分干旱地区，风沙面积大，多沙漠和戈壁。由于自然条件恶劣，干旱多风，植被稀少，草地“三化”严重，生态环境十分脆弱。农村燃料和饲料缺乏，严重影响当地人民的生产和生活。受人口增长、气候干旱和鼠虫灾害的影响，超载过牧和滥垦乱挖现象严重，江河水系源头和上中游地区的草地“三化”加剧，有些地方已经无法放牧。

生态环境建设，应当因地制宜兴修各种水利设施，推广旱作节水技术。依托“三北防护林”建设工程，在主要大中城市、厂矿、工程项目周围宜林则林，宜草则草。生态环境建设要与提高农牧业生产水平结合起来。以增加沙区林草植被为主，生物措施、工程措施相互配套。采取植物固沙、建立农田保护网、改良风沙农田、绿肥改土等各种有效措施，减轻风沙危害。禁止毁林毁草开荒，实行围栏、封育和轮牧，遏制荒漠化扩大的势头。在草原区，保护好现有林草植被，大力开展人工种草和草场改良，加强草原鼠虫害防治。提高牧业生产水平，实现草场永续利用。草地畜牧业可持续发展。在沙漠边缘地区，采取综合措施，努力增加沙区林草植被，控制荒漠化扩大趋势。

9.1.3.3　沙漠绿洲生态环境的建设模式

新疆的沙漠绿洲主要分布在准格尔盆地、塔里木盆地以及甘肃的沙漠边缘地区。在农业开发方式上属于典型的干旱沙漠绿洲灌溉区。近十几年来，不少绿洲地面植被遭到人为破坏，几十年到几百年树龄的梭梭、红柳等灌木林大量被砍伐。遇到大风，流沙飞扬移动，耕地被侵蚀沙化，生态环境严重恶化。为了制止沙漠扩展，必须对沙漠进行综合治理和开发利用，一方面有效地保护地面植被，另一方面种植经济树种，开发旅游业，使耕地沙化得到遏止。

生态环境建设首先应当合理开发利用水资源，搞好节水工程建设，整修管理防渗渠道，有计划地开发地下水，以解决地表水灌溉不足的问题。全面治理开发沙漠资源。以“三北”防护林建设规划为指导，引水营造防护林、经济林为重点，建立完整的农田防护林体系。因地制宜，大搞生物治沙。大量种植耐干旱、耐盐碱、耐寒冷，生长快，可以防风固沙的沙枣树。经过综合整治，建成完整的农田防护林体系，使沙化得到遏制，生态环境得到改善。有条件的绿洲可以开发沙漠旅游产业，促进农村经济发展。

9.2　生态补偿实践与机制构建

9.2.1　生态补偿的相关理论

9.2.1.1　生态补偿的内涵

生态补偿，在国外相关理论和实践中被称为生态系统服务付费（payments for ecosystem services，PES），可以激励生态系统服务利用和管理的变革，同时获得有效的保护资金，是环境正外部性内部化的有效途径，是命令控制型工具的重要补充。关于生态补偿的概念界定并不统一，不同国家的生态补偿实践也不尽相同。

（1）科斯理论视角的生态补偿概念。

科斯理论认为，只要交易成本为零且产权界定明确，资源拥有者就可以通过谈判机制内部化环境服务的外部性，依靠市场而无须政府介入提供社会所需要的环境服务。基于这样的理论认识，Wunder 最先将生态补偿定义为环境服务购买者与提供者之间就环境服务买卖所达成的一种自愿交易，并根据其工作经验，提出了生态补偿的四个界定标准：一是基于谈判的自愿交易；二是交易的环境服务是明确规定且可度量的；三是有确定的、至少一个的买者和卖者；四是作为补偿的支付是有条件的，当且仅当提供者按合约要求提供服务时，购买者才对其进行支付。

Engel 等基于降低交易成本的考虑，从两个方面对 Wunder 的定义进行了拓展。一是将服务的购买方从实际受益者扩大到包括第三方，如政府和国际组织；二是考虑到集体产权在实践中的作用，将社区等集体组织纳入服务提供方范畴。自提出开始，Wunder 的生态补偿定义就遭受诸多质疑。Farley 与 Costanza 认为，Wunder 的定义过于狭隘与严格，而且界定标准不合理，又很少符合实际，首先，信息不对称会明显削弱交易双方的谈判能力，实际上，环境服务交易双方的自愿程度并不高；其次，环境服务难以度量，这有可能损害交易的可持续性；再次，交易本身需要良好的监管体系，而这通常会导致很高的交易成本；最后，强调环境交易双方发生资源转移，意味着将直接支付与投资目标捆绑在一起，偏离了关注环境保护行为的主旨。

（2）庇古理论视角的生态补偿概念。

庇古理论强调通过政府收税和补贴的方式而不是市场来消除边际私人收益与边际社会收益、边际私人成本与边际社会成本之间的背离，从而使环境服务的外部性得到内部化。由于私人部门并不愿意对环境服务进行支付，许多生态补偿实践都依靠国家和社区来运作，需要通过税收或强制性服务收费来融资，并严格依赖于制度基础。

Muradian 等认为，生态补偿涉及的环境服务具有公共品特征且往往依赖集体行动，需要所有活动参与者通力合作，而生态补偿的主要目的就是为这些服务的提供建立激励以改变那些引发环境资源过度恶化的个体或集体行动。因此，他们将生态补偿定义为“自然资源管理中旨在为使个体或（和）集体土地使用决策与社会利益一致而提供激励的社会活动参与者之间的一种资源转移”。这种货币或非货币转移体现特定的社会关系和价值观，并以生态补偿机制的设置和结果为条件，在实践上可通过市场或其他如由监管手段确定的激励或公共补贴机制来实现。在他们的定义中，生态补偿体现了激励的重要性、转移的直接性与环境服务的商品化程度，而并不强调生态补偿的市场交易属性。

与 Wunder 的定义相比，Muradian 等的定义内涵更广，也更符合将生态环境可持续与合理分布而不是将市场效率排在第一位的生态经济学观点。事实上，迄今为止，世界各地大多数生态补偿计划都或多或少体现了这一含义。

（3）超越科斯和庇古理论的生态补偿概念。

Schomers 和 Matzdorf 在分析拉丁美洲哥斯达黎加、尼加拉瓜和哥伦比亚的区域综合林草牧复合生态系统管理计划（RISEMP）以及印度尼西亚、菲律宾和尼泊尔的高山贫困居民环保服务奖励计划（RUPES）后指出，这两个案例蕴含的特质既无法从庇古理论中找到解释，也与科斯理论的观点有异。他们认为，实践中很少顾及产权分配的结构问题，也很少评估交易成本的影响，生态补偿计划不一定会带来环境服务的空间转移，金钱也不是唯一的激励因素，因而，应当将生态补偿定义为“广义的地区局部的制度转型”。这与 Corbera 等早先将生态补偿定义为“旨在通过经济激励加强或改变自然资源管理者与生态系统管理相关行为的新的制度设计”相类似。值得注意的是，Corbera 等所指的制度既包含所有调整特定环境下行为选择的正式与非正式规则，也包含 Vath 所指的“解决集体选择问题的手段”。

上述分析表明，国外并没有统一的生态补偿定义。正因为生态补偿概念的多层次化，使得许多不同的保护工具都被贴上了生态补偿的标签。但无论从哪个角度出发，生态补偿都强调了以激励换取生态环境保护这一核心内涵。当然，不同的定义方法也强调了社会个体和组织在生态环境保护中的不同责任。

9.2.1.2 生态补偿机制的相关理论

Drechsler 和 Johst（2001）针对生物多样性保护的生态补偿机制进行了研究，利用生态学与经济学相结合的方法，设计了一套生态经济模拟程序，用于设计生物多样性保护的生态补偿方案。Farley（2010）认为，充足的可持续资金是实施有效生态补偿项目的先决条件，一个理想的融资机制应该符合三个标准：第一，每个出资人的边际支付至少应该与其所接受的收益或造成的损害成比例；第二，随着对生态系统服务威胁的变化而增加或降低收缴的费用；第三，交易成本应该最小化。

Tacconi 认为，补偿支付应当体现条件要求，但要确保监管成本不大于由此带来的损失，对于提供环境服务者应当给予补偿激励。在生态补偿计划中，环境服务提供者的自愿参与比服务使用者的自愿参与更具有决定性意义，严格的产权并不是在公共土地实施生态补偿计划的必要条件。虽然很难准确评估服务增益，在大多数已有实践中也没有展现出评估增益的重要性，但在生态补偿机制设计时应充分重视这一问题，以免浪费用于保护环境的稀缺资源。将信息及时反馈给利益相关者的透明度对于生态补偿计划的成功至关重要。尽管从政策层面强调生态补偿目标的多重性，但并不妨碍根据最优标准来设计性价比高的生态补偿机制。因此，生态补偿机制应是“针对环境增益服务而对自愿提供者进行有条件支付的一种透明系统”。

任勇等（2006）认为生态补偿机制是为改善、维护和恢复生态系统服务，调整相关利益者因保护或破坏生态环境活动产生的环境利益及其经济利益分配关系，以内化相关活动产生的外部成本为原则的一种具有经济激励特征的制度。建立生态补偿机制不仅是完善环境政策、保护生态环境的关键措施，而且是落实科学发展观、建立和谐社会的重要途径。要调整相关利益主体间的环境与经济利益的分配关系，协调生态环境保护与发展的矛盾，促进和谐发展。

杜强（2011）认为生态补偿机制是针对广义生态环境这类特殊的公共产品，进行诸如消费、保护与恢复行为而设计的以协调生态补偿相关利益关系的一种制度化安排，以维持生态环境良好的生态产品生产力。萨础日娜（2011）提出了建立民族地区生态补偿机制的总体框架，其中包括生态补偿的基本要素、管理机制和保障措施三个方面。民族地区生态补偿的基本要素有补偿主体、客体、标准、方式和途径等，是整个补偿体系的基础和核心；生态补偿的管理机制包括科学决策机制、综合协调机制、责任追究机制、绩效评估机制和社会参与机制，是生态补偿制度能够良好运行的基础。

9.2.2 新疆的生态补偿实践

新疆的生态环境原本就很脆弱，经过几十年的粗放式发展已积累了相当多的问题。尽管近年来在中央政府的大力支持下，通过一系列的转移支付及项目治理，新疆局部地区的生态环境有所改善，生态环境恶化的趋势有所缓解，但由于历史欠账太多，加上新疆特殊的自然地理条件，恢复生态成本高、难度大，生态恢复任务十分艰巨。而且随着新疆大建设、大开放、大发展热潮的来临，新疆加速新型工业化、农牧业现代化、新型城镇化进程，生态环境将面临更大的压力。因此，建立健全生态补偿机制，防止对现有生态环境的继续破坏，并尽可能恢复已经被破坏的生态环境，是新疆经济建设与环境保护协同共进，实现跨越式发展和长治久安两大历史任务的迫切要求和必然选择。

9.2.2.1 实施一系列的生态建设工程

随着国家生态环境补偿政策的相继出台，针对自身的实际情况，新疆对建立生态补偿机制开展了积极而有益的探索，开展了天然林保护、荒漠植被恢复、塔里木盆地和准噶尔盆地综合治理、“三北”防护林、退耕还林、退牧还草等一系列重点生态工程建设，切实起到了生态补偿的作用，在一定程度上缓解了新疆经济发展与环境不协调的状况。2005 年开始，新疆设立了地方森林生态效益补偿基金，补助资金 6000 万元，并将 2000 万亩地方公益林全部纳入补助范围。天然林保护工程的实施，使新疆山区天然林面积、畜牧面积和覆盖率均实现了增长。

9.2.2.2 扩大生态补偿领域，进行多部门的补偿实践

2017 年，新疆的生态补偿领域已涉及森林、矿产资源、湿地、流域、退耕还林还草、草原、自然保护区等，补偿范围不断扩大；补偿形式、补

偿主体日趋多元，补偿内容趋于丰富，分别涉及林业、农业、水利、环保等部门，并且各部门根据自身业务性质，分别进行了生态补偿的实践。如林业部门推行了生态公益林补偿、天然林保护工程及退耕还林工程，农业部门推行了退牧还草工程，水利部门推行征收水土保持生态补偿费、水资源费等。通过在重点领域开展试点工作，由点到面、先易后难、逐层推进，为探索构建覆盖各领域的生态补偿机制奠定了重要的实践基础。

9.2.2.3　实施以项目为载体的生态补偿实践

以项目为载体是实施生态补偿的重要方式，也是推动生态补偿制度达到预期目标的关键。就退耕还林工程而言，因新疆荒漠化面积占新疆总面积的 47.7%，生态环境极为脆弱，荒漠区的生产力水平比较落后。实施退耕还林工程，新疆各地结合当地实际栽种适宜的经济树种，实行林草、林药间作模式，把退耕还林工程同生态环境改善、产业结构调整、农民增收结合起来，走出了一条实现生态改善、经济发展的双赢之路。如：吐鲁番市实行枣草间作，于田、墨玉、皮山、吉木萨尔、奇台等县实行人工种植红柳接种大枣，新和县建成一条由核桃树构成的长达 47 千米的防风固沙林带。若羌县充分利用独特的水土光热资源优势，结合退耕还林工程，大力发展红枣产业，不仅改善了县域生态环境，而且使红枣种植成为当地农民增收的主要渠道，成为新疆第一个农民收入过万元的县。木垒哈萨克自治县在推行农业灌溉用水“总量控制，定额管理，以水定地，配水到户，公众参与，水量交易，水票运转，城乡一体”的运行机制后，该县水资源得到有效配置，当地农民意识到自己拥有水权，开始自发调整作物种植结构，实现了既节水又增收的效果。

9.2.2.4　水资源补偿机制建设滞后

水资源是基础性的自然资源和战略性的经济资源，是支撑新疆经济社会可持续发展的核心要素，与新疆各族人民的生产生活息息相关。由于特殊的气候地理条件，新疆水土资源匹配不佳，水资源时空分布严重不均，呈现结构性缺水状况。水资源始终是制约新疆经济社会发展的重要因素，科学配置水资源事关新疆经济社会发展的全局。而水资源开发利用过程中的生态补偿问题，涉及新疆区域内各方利益的重新分配，也关系到维护新疆社会公平与协调发展。

全长 1321 千米的塔里木河，是我国最长的内陆河，被称为南疆的“母亲河”，流域面积达 92.06 万平方千米，占塔里木盆地总面积的 86.57%。塔里木河流域维系着一个占全区面积近 1/9 的生态系统，其水资源弥足珍贵。塔里木河流域历史上形成的天然绿洲，是阻挡塔克拉玛干沙漠侵袭、保护人类生存环境的天然屏障。然而，多年来由于水权关系不清、水权管理机制缺位，致使上游用水大量挤占下游用水、支流用水大量挤占干流用水、经济系统用水大量挤占自然生态用水等状况难以得到有效制止。加上因水价形成机制缺失，水价与水资源开发利用成本严重背离，造成水资源利用率低、浪费严重。

2009 年起，新疆塔里木河流域开始尝试探索建立生态环境补偿制、水费补偿制和水票制，但是由于整个流域涵盖多个行政区域，并且不同的区段承担着不同的生态保护和经济功能，加上新疆生产建设兵团、地方实行不同的管理体制，如何统一管理全流域，明确上游的“生态”责任和下游的“补偿”责任，使其作为一个整体来实现利益最大化，则是一个需要不断实践探索的艰巨任务。跨流域调水给水资源调入地带来了巨大的经济效益和生态效益，但也给水资源调出地造成了一定的经济损失和生态损失。因此，实施跨流域调水不仅需要先进的工程技术，而且需要建立健全相应的经济生态补偿机制，从而消解跨流域调水工程所带来的负面影响。如：新疆的“引额济克”“引额济乌”工程，的确给克拉玛依等地区带来了综合效益，但对阿勒泰地区生态环境的影响很大。因此，建立科学、有效的生态补偿机制，确保水资源调出地的生态保护，是当前及今后必须认真探索、实践的重大课题。

9.2.3 生态补偿机制的构建

9.2.3.1 建设完备的生态补偿制度

《中华人民共和国国民经济和社会发展第十一个五年规划纲要》明确提出要“按照谁开发谁保护、谁受益谁补偿的原则，建立生态补偿机制”。

以立法的形式规范生态补偿行为是保障生态补偿机制实施和运行的前

提。生态补偿既是对人与自然关系的调整，更是人与人之间利益的调整和再分配，必定会涉及各相关主体的切身利益。其实施与落实需要国家立法和地方立法的刚性约束。新疆可考虑出台生态补偿办法或指导意见，或依照森林、矿产、草原、湿地、水资源等生态系统分别制定各自领域生态补偿办法，切实明确不同领域的生态补偿主体、受益主体、补偿程序等。明确生态补偿相关利益主体之间的权利和义务，以及资源开发利用的受益者应有责任向资源环境的保护者、建设者提供相应的经济补偿，对因社会经济活动而对环境造成损坏的相应责任者应当且有责任向其受损者给予经济赔偿；并对受损环境进行应有的修复，切实形成有效、规范的生态补偿机制，有效体现和落实新疆资源开发可持续、生态环境可持续的指导思想。

9.2.3.2 明确生态补偿主体和标准

新疆的生态补偿应体现重点生态功能区及生态示范区的保护与建设，限制开发和禁止开发主体功能区生态修复与保护。例如：自然保护区、野生动物保护区的保护，森林、草原、河滩、水源地和重要湿地的保护，水、石油、天然气、煤炭等能源及重要矿产资源开发区的环境保护和土地复垦，其他重要生态工程建设和环境保护。对因承担生态保护任务而使自身发展受到影响的地区和个人，对其生态保护区的发展机会成本、生态建设与维护成本和生态服务价值要予以体现，并加以补偿。

从生态补偿标准看，因南疆和北疆资源禀赋、生态要素、生态保护成本、发展机会成本和自身条件的差异，以及各地发展要求的不同，应考虑采用不同的生态补偿标准，推行差别化生态补偿政策，并依据当地财政能力实行动态调整，分阶段逐步提高补偿标准。结合国家和新疆实施主体功能区规划的要求，形成以生态保护为目标，以公共服务均等化，促进环境保护、生态建设与区域协调发展为导向的生态补偿方式，形成重点开发区域对禁止开发区域的生态补偿机制。基于限制开发区域和禁止开发区域因承担生态保护功能而失去或减少发展机会，从而影响其经济社会发展水平的提高；基于限制开发区域和禁止开发区域往往又是经济落后区域，完全依靠自身的财政力量难以承担生态的维护成本，以及保护和治理生态应予以必要的资金和物资投入。

从生态补偿主体来看，一是明确中央政府和自治区政府对新疆生态补偿的职责，对自然保护区和关系国家生态安全的区域应由中央政府承担相应的生态补偿，适当提高新疆限制开发区域和禁止开发区域的财政转移支付力度，对当地政府、居民以及实施生态工程建设予以补偿，从而体现财政对这些区域的倾斜。二是在实施“西气东输”“疆煤东运”“疆电东送”等过程中，应明确资源开发利用受益地对新疆生态补偿的职责，在对口支援新疆的基础上，划出一部分资金用于新疆生态补偿；或以征税的方式，或以税收附加的方式，或以专项基金的方式，为构建我国区域间横向生态补偿机制作有益的尝试和积极的探索。

9.2.3.3 促使生态补偿由资金补偿向能力建设转变

生态环境是影响一个国家和地区经济社会发展的“软实力”，其自身拥有的潜力既是一种生产力，更是未来发展的后发优势。新疆应倡导“谁开发谁保护、谁受益谁补偿、谁污染谁治理、谁破坏谁恢复”的新观念，使资源开发利用受益者通过缴纳生态补偿费或完成生态恢复工程的形式，承担起相应的损害生态环境的经济责任和社会责任。改变市场经济条件下缺乏经济与生态保护分工的观念，倡导全新的资源观、发展观和财富观。在市场经济条件下，生态服务不仅有价，而且保护生态所带来的价值，与物质财富同等重要，在经济社会发展的某一阶段，其价值甚至远大于物质财富。

9.2.3.4 重点领域先行先试，为构建生态补偿机制积累经验

新疆可选择在一些重点领域，如水、森林、草原、石油、天然气、煤炭等领域开展生态补偿的试点，因地制宜地选择生态补偿模式，不断完善现有各项生态补偿政策措施，积极推广已有的成功经验，逐步加大生态补偿力度，由点到线到面，努力实现生态补偿的制度化、规范化。

水资源是生态环境脆弱的新疆的核心要素，是支撑新疆生态系统的物质基础，一旦水资源环境的损坏达到难以恢复的程度，其他资源的开发利用便无从谈起，新疆的长远发展必须始终坚持水资源可持续发展优先的原则，把构建水资源补偿机制作为重中之重。可从以下四个方面着力构建水资源补偿机制。

一是提高水资源费的征收标准，完善水资源有偿使用制度。

二是合理确定水价，发挥水价配置水资源的调节作用，促进节约用水和持续利用，提高水资源的利用效率。对农业用水采用“一次核定，逐步到位”的原则，农业供水推行终端水价制度，建立并完善计量合理、管理规范的水费计收体制。对工业用水，依照工业供水类型和区域水资源平衡稀缺程度来核定工业水价。依照水资源的公益性和商品性，实行差异化水价政策，对农业、工业及服务业用水实行超定额累进加价制度。积极推进城市居民生活用水阶梯式水价制度。

三是本着流域管理与区域管理相结合、区域管理服从流域管理的原则，确定水资源开发利用控制红线，全面推行流域、区域取用水总量控制，实行区域地下水取水总量和地下水位控制制度，确定用水效率控制红线和水功能区限制纳污红线，积极推动水资源管理体制创新。

四是在巴州、博州、昌吉州、塔城等经济条件较好的区域，积极推进水权交易和转让，以点带面，逐步推广到新疆。

9.3 绿色低碳经济的发展

改革开放以来，新疆经济得到了迅速发展，同时取得了一定的成就。但其经济发展模式主要依靠数量型的不断扩大来推动经济增长。由于总体技术水平不高，能源转化率很低，消耗的资源就很多，而且严重破坏环境。为了促进新疆经济的可持续发展，应发展绿色低碳经济，通过提高技术水平，有效地利用资源，提高能源的转化率，依靠节能环保产业发展来带动总体经济增长。这样做不仅可以大量节约资源，而且可以有效地解决经济发展与生态环境保护的矛盾问题。这种新的经济发展方式不仅涉及新疆经济结构的调整，而且涉及新疆未来经济长远发展的根本战略。

9.3.1　绿色低碳经济的相关研究

2003 年，英国政府在能源白皮书《我们未来的能源—— 创建低碳经济》中首次提出低碳经济的概念，即“通过消耗更少的能源资源和产生更小的环境污染，创造更多的经济产出”。

Jorge F. Carrasco（ 2014 ）指出，减少温室气体的排放不仅是一个环境问题，也是经济、社会和政治问题。为此，有必要关注发展低碳经济面临的气候变化问题。Massimo 和 Tavoni（ 2011 ）等指出，在稳定的气候条件下，经济价值与低碳技术联系密切。Andrew 和 Wilkinson（ 2014 ）指出，缓解气候的变化为健康提供了附加好处，低碳经济可以平衡可持续发展模式。Vanessa 和 Peter（ 2015 ）指出，目前全世界都在广泛实行低碳经济，可以通过“终端用户”在城市中进行碳减排来获得利益和机会。

国内有关低碳经济的研究在近些年取得了很大的进展。姚露露、高志刚（2011）通过对新疆地区碳排放量进行分析，提出了发展新疆低碳经济的策略。孙久文、姚鹏（2014）以多个低碳指标为基础对新疆低碳发展水平进行了评估，分析了中国低碳经济发展水平的地区差异。

陈诗一（2012）基于 SBM-DDF-AAM 低碳经济分析理论机制，构建了低碳转型进程的动态评估指数，并对改革开放以来中国各省级地区的低碳经济转型进程进行了评估和预测。孙杰群（2014）指出，我国走低碳经济发展道路是必然的选择，尤其是当前国际竞争如此激烈，先进高效的低碳技术将会成为未来长时间内国家竞争的制高点，而低碳经济也会成为新的经济增长点。吴战勇（2015）指出，发展低碳经济已经成为当前国际社会的共识，并结合 1978—2010 年的相关数据，对河南省发展低碳经济的效率进行了评价。

国内外学者从不同角度探讨了发展低碳经济的重要性，分析了低碳经济带来的附加值，主要集中在低碳概念的识别、低碳经济指标构建、低碳政策研究以及低碳大工业领域。这些研究主要是从宏观角度构建低碳发展模式，研究在全球一体化背景下发展低碳经济面临的问题和挑战。

现阶段大多数有关低碳经济发展的文章都是以发展较为迅速且经济实力较强的省市为主要研究对象，对落后地区绿色低碳经济发展的研究还很少。

9.3.2 绿色低碳经济的发展

9.3.2.1 碳排放情况

新疆能源消费需求逐年增加，碳排放量不断增大。随着新疆经济的快速发展，能源消费需求的逐年增加，能源消费总量由 1990 年的 1835 万吨标准煤上升到 2016 年的 18985 万吨标准煤，年均增长 9.4%。经济快速发展、能源消费增长与碳排放量之间有很强的相关性。随着新疆能源消费量的增加，新疆的碳排放量也在不断增长，由 1990 年的 1283.4 万吨增长到 2013 年的 8980.19 万吨，年均增长 8.83%。

“十三五”期间（2016—2020 年），新疆将完成碳排放权交易市场建设，控制二氧化碳排放下降 12%，推动经济社会向绿色低碳转型发展。2017 年，新疆地区生产总值二氧化碳排放下降 2.52%。

本章分别将原煤、原油和天然气消耗量转化成相对应的标准煤消耗量之后计算碳排放量，得出全国及新疆的碳排放量。碳排放量的转化标准为：1 吨原煤 = 0.714 吨标准煤；1 吨原油 =1.43 吨标准煤；1000 立方米天然气 =1. 33 吨标准煤。

碳排放量的计算公式为

$$C_t = \delta_f E_f + \delta_m E_m + \delta_n E_n \tag{9-1}$$

其中，C_t 为碳排放量，E_f 为煤炭消耗折标准煤量，δ_f 为煤炭消耗的碳排放转换系数；E_m 为石油消耗折标准煤量，δ_m 为石油消耗的碳排放转换系数；E_n 为天然气消耗折标准煤量，δ_n 为天然气消耗的碳排放转换系数。

因水、风、电等能源的碳排放系数为零，所以不作为考虑对象。根据表 9–2 所示的不同能源的碳排放系数可以计算中国和新疆的碳排放量和万元 GDP 碳排放量，计算结果见表 9–3 和表 9–4。

表 9-2　不同能源的碳排放系数

项目	煤炭（t/t 标准煤）	石油（t/t 标准煤）	天然气（t/t 标准煤）
转换系数	0.7476	0.5825	0.4435

资料来源：中国发展改革委员会能源研究所编制的《中国可持续发展能源暨碳排放情景分析》。

由于新疆积极发展绿色低碳经济，制定并修订了一系列法律法规，将减排目标纳入“十二五”规划，新疆的碳排放量有所下降。根据表 9-3、表 9-4 和图 9-5 看出，2000—2016 年，新疆万元 GDP 碳排放量呈明显降低趋势。由 2000 年的 1.814 吨 / 万元降低到 2016 年的 1.343 吨 / 万元。

表 9-3　2000—2016 年新疆碳排放量

年份	煤炭消费总量 / 万吨标准煤	石油消费总量 / 万吨标准煤	天然气消费总量 / 万吨标准煤	碳排放量 / 万吨	万元 GDP 碳排放量（吨 / 万元）
2000	1929.5	1531.9	311.8	2473.1	1.814
2001	1952.1	1539.2	460.7	2560.3	1.716
2002	2069.2	1613.1	459.8	2690.4	1.668
2003	2273.4	1700.5	539.3	2929.3	1.553
2004	2593.1	1879.2	718.3	3351.8	1.517
2005	2756.0	2329.1	750.9	3750.1	1.440
2006	3167.5	2593.5	865.0	4262.3	1.400
2007	3529.8	2678.9	928.5	4611.1	1.309
2008	4075.9	2775.0	928.9	5075.5	1.213
2009	5296.2	2857.0	903.5	6024.4	1.409
2010	5787.9	3301.1	1066.0	6722.7	1.236
2011	6957.9	3715.8	1263.8	7926.7	1.199
2012	8588.0	3710.6	1355.9	9183.2	1.224
2013	10142.7	3661.9	1694.6	10467.3	1.240
2014	11486.9	3851.1	2259.3	11832.8	1.276
2015	12394.5	3560.0	1939.7	12200.1	1.308
2016	13555.3	3507.5	1760.7	12957.9	1.343

资料来源：根据《新疆统计年鉴》（2000—2018 年）数据计算所得。

与全国平均水平相比，新疆碳排放量高于全国平均水平。2000 年，新疆万元 GDP 碳排放量为 1.814 吨 / 万元，而全国平均水平为 0.953 吨 / 万元，比全国高 0.861 吨 / 万元；2016 年新疆万元 GDP 碳排放量为 1.343 吨 / 万元，比全国平均水平高 0.99 吨 / 万元。主要原因在于，新疆能源消费总量持续增加，能源消费结构仍以煤为主，能源使用效率较低。

表 9-4　2000—2016 年全国碳排放量

年份	煤炭消费总量 / 万吨标准煤	石油消费总量 / 万吨标准煤	天然气消费总量 / 万吨标准煤	碳排放量 / 万吨	万元 GDP 碳排放量（吨 / 万元）
2000	100670.3	32332.1	3233.2	95528.5	0.953
2001	105772.0	32976.0	3733.1	99939.3	0.901
2002	116160.3	35611.2	3900.3	109314.7	0.898
2003	138352.3	39613.7	4532.9	128517.5	0.935
2004	161657.3	45825.9	5296.5	149897.5	0.926
2005	189231.2	46523.7	6272.9	171351.3	0.915
2006	207402.1	50131.7	7734.6	187685.8	0.855
2007	225795.5	52945.1	9343.3	203789.0	0.755
2008	229236.9	53542.0	10900.8	207400.2	0.650
2009	240666.2	55124.7	11764.4	217249.7	0.623
2010	249568.4	62752.8	14425.9	229528.7	0.557
2011	271704.2	65023.2	17804.0	248898.1	0.510
2012	275464.5	68363.5	19302.6	254319.7	0.472
2013	280999.4	71292.1	22096.4	261402.5	0.441
2014	279328.7	74090.2	24270.9	262747.9	0.410
2015	273849.5	78672.6	25364.4	261805.8	0.382
2016	270320.0	79788.0	27904.0	260943.2	0.353

资料来源：根据《中国统计年鉴》（2000—2018 年）数据计算所得。

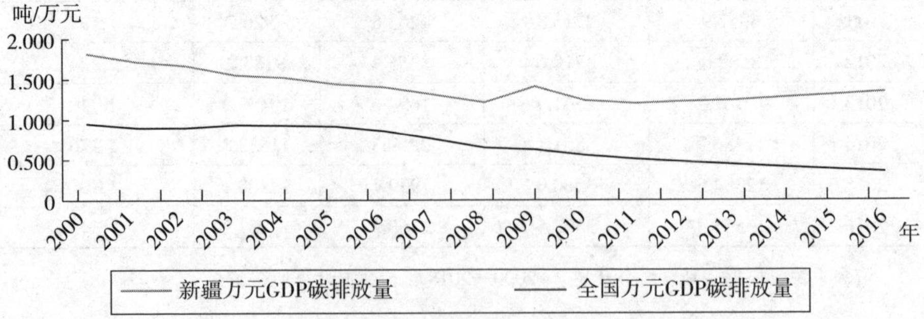

图 9-5　新疆与全国万元 GDP 碳排放量趋势比较

资料来源：根据《全国统计年鉴》及《新疆统计年鉴》（2000—2018 年）数据计算所得。

9.3.2.2　节能降耗情况

2017年，新疆重点耗能工业企业单位吨原煤生产综合能耗下降2.3%，单位油气产量综合能耗下降6.0%，单位电解铝综合能耗下降1.2%，炼焦工序单位能耗下降6.8%，每千瓦时火力发电煤耗下降0.6%。

2018年，新疆重点耗能工业企业单位吨原煤生产综合能耗下降14.0%，炼焦工序单位能耗下降8.1%，单位烧碱生产综合能耗下降4.0%，吨水泥综合能耗下降5.2%，单位铝锭综合交流电耗下降0.7%，每千瓦时火力发电标准煤耗下降2.2%。

9.3.2.3　能源消费情况

新疆资源种类丰富、储量大，在已有的矿产资源中，多数储量居全国首位。根据新一轮油气资源评估，新疆三大盆地石油资源预测量为213亿吨，占全国陆上石油资源量的30%；天然气预测资源量为10.84万亿立方米，占全国陆上天然气资源量的32%；新疆煤炭预测储量为2.19万亿吨，占全国预测总量的40%，目前已探明储量为1160亿吨，仅占资源预测储量的5.3%，占全国探明储量1万亿吨的11. 6%。

1978年以来，新疆能源消费总量持续增长。从1978年的979.27万吨标准煤增长到2017年的17391.7万吨标准煤，年均增长7.66%（见表9–5）。从增长率看，在新疆能源消费中，天然气消费的增幅最大，其次是水电风电等能源，煤炭的增长率最小，而石油的消费量呈下降趋势。从能源消费主体结构看，近年来，新疆天然气消费增长很快，清洁能源的使用也呈现出快速增长的趋势，煤炭依然是新疆能源消费的主体。新疆主要是以煤炭为主要的消费能源，煤炭在能源消费结构中占70%以上，其消费比例居高不下。随着新疆经济持续快速地发展，能源消费需求量逐年增加。

表9–5　新疆能源消费总量及构成

年份	能源消费总量/万吨标准煤	占能源消费总量的比重/%			
		煤炭	石油	天然气	水电、风电、太阳能等能源发电
1978	979.27	72.5	21.5	3.4	2.6
1980	1017.30	72.0	21.3	4.6	2.1

续表

年份	能源消费总量 / 万吨标准煤	占能源消费总量的比重 /%			
		煤炭	石油	天然气	水电、风电、太阳能等能源发电
1985	1395.50	72.7	19.6	5.2	2.5
1990	1898.00	70.6	22.8	3.5	3.1
1995	2707.90	66.8	24.1	5.6	3.5
2000	3316.03	63.6	23.3	8.6	4.5
2002	3622.40	62.2	20.5	12.7	4.6
2004	4784.83	61.0	20.1	15.0	3.9
2006	6047.27	56.7	24.7	14.3	4.3
2008	7069.39	61.7	20.3	13.1	4.9
2009	7525.56	65.9	16.9	12.0	5.2
2010	7915.18	65.7	15.3	13.0	6.0
2011	9474.46	66.9	14.9	12.9	5.3
2012	11293.68	66.8	14.9	12.5	5.8
2013	13631.79	66.0	13.7	12.5	7.8
2014	14926.08	65.1	12.4	15.2	7.3
2015	15651.20	65.8	13.2	12.4	8.6
2016	16302.01	66.5	13.9	10.1	9.5
2017	17391.70	66.4	13.3	8.8	11.5

资料来源：《新疆统计年鉴 2018》。

9.3.3 发展绿色低碳经济的路径选择

走绿色发展道路，是走资源节约型、环境友好型发展道路，这是我国经济发展步入新常态的新形势下，应对全球气候变化、缓解国内经济发展与环境资源约束矛盾的战略选择。

9.3.3.1 调整产业结构，转变经济增长方式

刘再起等（2010）选取 1990—2004 年多个国家的碳排放量及产业结构相关数据，实证分析了产业结构调整与低碳经济的相关关系，认为产业结构调整对低碳经济有很大的影响，三次产业发展均会增加二氧化碳排放量，但单位产出增加量逐次减少。因此发展低碳经济必须调整产业结构。

新疆应注重各个产业的协调发展和低碳经济理念的贯彻，将低碳化、绿色化作为新一轮的经济增长点。同时注重利用互联网来建立高速安全的信息交互平台，这是一种低能耗、零污染的低碳产业，还有培育和发展高新技术产业和服务业。要在积极调整技术水平不高的前提下，扩大规模来发展经济的方式，转变为不断追求总体技术水平提高的前提下，依靠技术革命和技术创新推动节能环保产业发展，以带动总体经济不断增长的方式。总体技术水平不断提高，可以有效地利用资源，提高能源的转化率从而摆脱资源瓶颈的束缚。依靠节能环保产业发展来带动总体经济增长，不仅可以大量地节约资源，而且可以有效地解决经济发展与环保的矛盾问题。这种新的经济发展方式不仅涉及新疆经济结构的调整，而且涉及新疆未来经济长远发展的根本战略。

9.3.3.2　将发展清洁能源作为突破口

一是大力发展风能。新疆是全国风力资源最丰富的省区之一，大型并网型风力发电非常适合新疆的地域特色。新疆应进一步利用风力资源丰富、风能开发起步较早、风电设备制造技术较先进、开发已颇具规模等优势，进一步加强风电产业优化资源配置、改善电源结构、减轻城市污染等方面建设。

二是加快利用太阳能。目前新疆已具备开发太阳能的条件，但仅限于太阳灶、太阳能洗浴及太阳能暖房等家庭太阳能使用，而大规模的工业用电及家庭用电尚未形成规模。政府应出台相关政策鼓励使用太阳能，对太阳能能源开发实施价格补贴、收费、税收等方面的优惠措施。

三是合理发展生物质能。重点推广生物发电、种植能源作物，开发新型农村能源产业。结合新疆农村畜牧养殖业污染治理，大力发展沼气，促进生物质固体成型和生物质气化，为农村提供高效清洁的生活燃料；采用秸秆气化技术，在高温、高压、厌氧条件下经热解气化成可燃性气体。利用秸秆发酵，发展生物质燃料乙醇和生物柴油，实现产业化发展。发展低碳经济还应在“碳汇”上努力研究，鼓励通过绿化、造林来抵消一部分工业源的二氧化碳排放，并将植树造林与保持和增加草原面积（伊犁大草原和巴音布鲁克草原）、加强草原建设和管理作为清洁发展机制项目以抵消其部分温室气体排放量。

9.3.3.3 鼓励企业走绿色发展之路

绿色发展是企业应尽的社会责任，更是企业增强软实力、提升竞争力、争取竞争新优势的必然选择。原因在于：一是绿色发展为企业提供了广阔的发展空间。绿色发展内容广泛，市场广阔，绿色能源、绿色工业、环保产业、信息技术产业等均属其中。我国绿色发展技术与世界同步，如风电、太阳能发电、智能电网、因特网络、特高压输电、低碳技术等，具有国际竞争力，企业抢占绿色产业技术，就赢得了未来。二是绿色发展可为企业节省成本。节能和环保本身也是减少原材料消耗的根本措施，尽管建设投资设备方面可能增加一定投入，但运行成本可大幅度减少，显著提高竞争力，这与企业谋求自身利益一点也不矛盾。三是绿色发展可为企业赢得市场。随着新疆经济持续较快发展，人民生活水平迅速提高，居民消费结构在不断升级。高质量、高品质、无污染的绿色产品体现了居民消费结构变化的趋势，这是市场需求发展的方向。企业走绿色发展道路，创造绿色品牌，才能抢占国内外市场先机，在未来竞争中立于不败之地。

参考文献

[1] WUNDER S. Payments for environmental services：some nuts and bolts [R]. CIFOR Occasional Paper，2005，42.

[2] HECKEN G V，BASTIAENSEN J. Payments for ecosystem services：justified or not a political view [J]. Environmental Science & Policy，2010，13 (8)：785–792.

[3] CORBERA E，SOBERANIS C G，BROWN K. Institutional dimensions of payments for ecosystem services：an analysis of Mexico's carbon forestry programme [J]. *Ecological Economics*，2009，68 (3).

[4] CARRASCO J F. The challenge of changing to a low-carbon economy：a brief overview low carbon economy [J]. 2014 (1)：1–5.

[5] Massimo Tavoni, Enrica De Cian, Gunnar Luderer, et al. The value of technology and of its evolution towards a low carbon economy [J]. Climatic Change, 2011 (11): 39-57.

[6] ANDREW H, PAUL W. Health in the "low-carbon" economy [M]. springer netherlands, 2014 (1): 657-664.

[7] RANLAND V, NEWMAN P. The global shift to a low-carbon economy [J]. 2015 (5): 13-18.

[8] 袁伟彦，周小柯．生态补偿问题国外研究进展综述 [J]．中国人口·资源与环境，2014 (24): 76-82.

[9] 张晏．国外生态补偿机制设计中的关键要素及启示 [J]．中国人口·资源与环境，2016 (26): 121-129.

[10] 朱丹．我国生态补偿机制构建：模式、逻辑与建议 [J]．广西社会科学，2016 (9): 108-112.

[11] 方珊媛，王勤．进一步建立健全新疆生态补偿机制 [J]．新疆社科论坛，2014 (1): 41-46.

[12] 王永静，程广斌．新疆生态环境建设问题探讨 [J]．宏观经济管理，2012 (10): 77-78.

[13] 贾亚男．民族地区生态补偿机制的效应分析——以新疆为例 [J]．内蒙古科技与经济，2011 (1): 3-8.

[14] 鲍富健．低碳经济：人类社会发展方式的新变革 [J]．中国工业经济，2008 (4): 32-37.

[15] 陈诗一．中国各地区低碳经济转型进程评估 [J]．经济研究，2012 (8): 32-44.

[16] 孙久文，姚鹏．低碳经济发展水平评价及区域比较分析——以新疆为例 [J]．地域研究与开发，2014 (3): 127-132.

[17] 姚露露，高志刚．低碳中国中的新疆：地位、挑战与策略 [J]．新疆财经，2011 (2).

[18] 周灵．绿色"一带一路"建设背景下西部地区低碳经济发展路径——来自新疆的经验 [J]．经济问题探索，2018 (7): 184-190.

第10章　新疆的贫困问题与脱贫攻坚

由于新疆地处边境，多民族聚居，有着复杂的历史文化环境和恶劣的自然条件，贫困问题也相伴而生。新疆贫困问题具有其特殊性，给我国的脱贫攻坚工作带来了严峻挑战。新疆是我国主要的深度贫困地区之一，贫困人口分布众多，贫困程度较深，治理难度较大。为了促进新疆地区扶贫工作效率的提升，帮助贫困地区人口可持续脱贫，确保到2020年农村贫困人口实现脱贫，贫困县全部摘帽，解决区域性整体贫困。本章对新疆地区贫困问题进行深入研究，探讨新疆的贫困现状以及脱贫攻坚成效，对政府更好地开展扶贫工作和实现稳定脱贫提出有益建议。

10.1　城市贫困的规模与分布

我国将贫困人口分为农村贫困人口和城镇贫困人口。长期以来，我国都把贫困问题看作是一种农村现象。农村的贫困治理工作在改革开放以后取得了巨大成就，率先实现了联合国的千年发展目标。按照国际标准，截至2017年，我国农村贫困人口已减少至3046万人，我国为全球的减贫扶贫事业发展作出了杰出的贡献。然而，20世纪90年代开始，随着我国经济快速发展和城镇居民收入迅速提升，城镇居民收入分配差距逐渐加大，涌向城镇的流动人口由于城乡二元结构导致收入不稳定且逐渐趋贫。因此，我国城市贫困问题开始日益严峻。

10.1.1 城市贫困的相关理论

国外城市贫困理论从多维角度对城市贫困特征进行分析研究。Spencer（1985）认为，城市贫困阶层的构成较复杂，各类人群都有可能成为贫困者。Mingione（1993）认为，以占有工作机会的缩减和不稳定劳动力市场的固定形式为特征的后福特经济和就业制度，使得没有受过教育和职业素质培养的大部分人，很难避免或逃脱贫困陷阱。Steward（1993）认为按比例结构来说，儿童、残疾者、老人、在业的低收入者和临时性失业者，以及少部分有劳动能力的个人是主要的贫困者。

国内众多研究贫困的学者从不同的角度对城市贫困概念进行了研究诠释。洪朝辉（2003）认为，城市贫困不仅仅是物质的匮乏，主要表现为缺乏一定资源（包括物质、社会、文化和精神的），还缺乏本应得到的权利（包括就业权、受教育权、住房权、医疗权等）。唐钧（2003）认为我国城市贫困群体可以分为两个部分：一是无能力的贫困群体，即贫困者本人无劳动能力、无经济来源和无法定赡养人，基本处于绝对贫困状态。二是丧失“地位”和“机会”的贫困群体。郭纹龙（2010）认为，根据不同的贫困标准，城镇贫困的规模也不尽相同；从分布情况来看，城镇贫困群体的分布极不均匀。王慧诗、陈晓东（2011）通过对辽宁省贫困群体的调查研究指出城市致贫原因有失业、残疾或疾病、子女上学、单亲或老年等因素。谢永才、王茂福（2015）认为，城镇贫困群体成因复杂，扶贫治理工作困难，政府和中央财政应该勇于承担相应的责任，从制度上对贫困群体进行扶持，财政上适当增加社会救助支出额度，尤其是对贫困群体的子女教育等问题加强重视，防止贫困代际转移。

10.1.2 城市贫困人口的规模与构成

10.1.2.1 城市贫困人口的规模

不同的研究者和各地方政府在对城市贫困进行测量时，所实行的标准不统一，至今没有一个通用的标准。有的学者采用的是贫困发生率，而有的学者采用的是 Sen 指数，还有的学者用 FGT 指数来测量贫困程度。各大城市最低生活保障线划出以后，不少研究者以此为标准来测量贫困规模，本章也采取此标准估算得出新疆城市贫困发生率。

表 10–1 显示，1999—2013 年，新疆的城镇贫困人口绝对数量逐年增加，由 1999 年的 9.61 万人增加至 2013 年的 82.45 万人，年平均增长率为 17.98%，增长幅度较大。与此同时，城市贫困发生率也在不断提高，从 1.03% 上升至 2013 年的 8.19%，并且从 2002 年起新疆的贫困发生率就基本保持在 7%～8% 的水平，远远高于同时期全国 3%～4% 的平均水平。党的十八大以来，在以习近平同志为核心的党中央从理论到实践所形成的"精准扶贫、精准脱贫"贫困治理思想的指导下，我国的扶贫事业取得了很大的进展。我国的城市贫困人口从 2012 年的 2142.5 万人下降至 2017 年的 1264 万人，下降了 41%，下降比例较大；全国贫困人口发生率从 3.3% 降至 2017 年的 1.55%；新疆的贫困人口数量也从 2014 年开始减少，贫困发生率由 7.48% 下降至 2017 年的 5.37%。

表 10–1　1999—2017 年新疆城市贫困发生率

年份	新疆			全国		
	城镇居民低保人数 / 万人	城镇人口数 / 万人	贫困发生率 / %	城镇居民低保人数 / 万人	城镇人口数 / 万人	贫困发生率 / %
1999	9.61	929	1.03	257	43748	0.59
2000	11.77	624.18	1.89	403	45906	0.88
2001	36.11	633.21	5.70	1171	48064	2.44
2002	53.43	644.72	8.29	2065	50212	4.11
2003	57.8	665.11	8.69	2247	52376	4.29
2004	58.84	690.11	8.53	2201	54283	4.05
2005	62.87	746.85	8.42	2233	56212	3.97
2006	62.94	777.77	8.09	2241	57706	3.88
2007	61.5	820.27	7.50	2271	59379	3.82
2008	63.8	844.65	7.55	2334	60667	3.85
2009	64.5	860.21	7.50	2347.7	62186	3.78
2010	85.1	933.58	9.12	2311.1	66978	3.45

续表

年份	新疆			全国		
	城镇居民低保人数/万人	城镇人口数/万人	贫困发生率/%	城镇居民低保人数/万人	城镇人口数/万人	贫困发生率/%
2011	84.8	961.67	8.82	2276.8	69079	3.30
2012	85	981.98	8.66	2142.5	71182	3.01
2013	82.45	1006.93	8.19	2061.3	73111	2.82
2014	79.25	1058.91	7.48	1880.2	74916	2.51
2015	77.85	1114.5	6.99	1708	77116	2.21
2016	78.65	1159.47	6.78	1479.9	79298	1.87
2017	64.8	1207.18	5.37	1264	81347	1.55

资料来源：《新疆统计年鉴》《中国统计年鉴》（2000—2018 年）。

注：由于新疆城市居民最低生活保障自 1998 年开始施行，低保数据自 1999 年才开始统计。城市贫困发生率 = 城镇低保人数 / 城镇人口总数。

从以上数据可以看出，新疆的城镇贫困人口数量较多，并且贫困发生率相对来说较高。新疆的城镇贫困人口在 1999—2013 年出现了较大的增长，尤其是 2001—2002 年以及 2009—2010 年增幅较大，贫困人口数量急剧增加，新疆地区的贫困程度加深。新疆地区的城镇贫困发生率逐渐增加，与全国的城镇贫困发生率之间存在较大差异，甚至当全国的贫困发生率处于下降阶段时，新疆地区的贫困发生率依然在增加，远远偏离全国水平。2014 年开始，由于中央政府精准扶贫政策的实施，新疆的城市贫困人口绝对数量开始逐渐减少，贫困发生率逐步降低，贫困状况在一定程度上得到缓解。

10.1.2.2　城市贫困人口的构成

从城镇最低生活保障人员的构成能够大致看出城镇贫困人口的构成，就全国大部分地区而言，20 世纪 90 年代以前城市贫困群体主要是无劳动能力、无经济来源、无法定赡养人和抚养人的“三无”人员；90 年代以后新出现的城市贫困群体中，大部分人是有工作能力并且愿意工作，但却没有工作机会的失业、下岗人员，这一部分人在 90 年代以后比例逐渐上升，成为贫困人口中不可忽视的一大组成部分。

新疆城镇贫困群体分布具有独特性。新疆城镇贫困人口的构成多元化，主要包括老年人、在职人员、灵活就业人员、失业人员（登记和未登记）和其他。其中，老年人因为缺乏劳动能力，是长期受到政府民政部门救济的对象，占新疆城镇贫困人口的13.34%，也是新疆贫困人口中重要的部分；而在职人员因为有稳定的工作来获得收入以维持自身的生活需要，所以在低保人口中占比较小，仅为0.80%；灵活就业人员是指以非全日制、临时性和弹性工作等灵活形式就业的人员，工作较不稳定，收入来源无法得到保障，占比为9.00%，与登记在册的失业人员占比相近。

表10–2显示，2016年新疆的贫困人口构成中还有一类较为特别且占比较大的被称为“其他”的人员。这是一个非常庞大的群体，占贫困人口总数的31.19%，仅次于未登记失业人员的36.57%，已成为目前新疆社会保障工作的主要对象之一。这一类主要包括未成年人、身患疾病、有残疾的各种低收入居民。而未成年人又分为两部分：在校生和其他未成年人，其中主要是在校生占了较大比例。在新疆贫困人口的构成中失业人员数量最多，占到新疆城镇贫困人口的45.67%，是新疆城镇贫困人口的主体。这说明失业人员是新疆城镇贫困人口的主要构成部分。失业直接造成了一些家庭收入水平下降，或是暂时一段时间丧失收入来源，这将增大家庭的脆弱性，使其无法抵御任何来自生活方面的冲击，很有可能导致他们加入贫困者的行列中。并且，在新疆贫困人口的构成当中占比最大、影响最大的是未登记的在册的那些失业人员，占到了贫困人口总数的36.57%。

表10–2　2016年新疆低保人数构成

低保对象	老年人	在职人员	灵活就业人员	登记失业人员	未登记失业人员	其他
人数 / 人	104947	6270	70774	71600	287624	245307
占比 /%	13.34	0.80	9.00	9.10	36.57	31.19

资料来源：《新疆统计年鉴2017》。

10.1.3 城市贫困人口的分布

10.1.3.1 地域分布特点

地域分布特点受经济发展水平的影响，新疆城市贫困人口在地域分布上很不平衡。如果以北疆、南疆和东疆三大区域对新疆进行划分，则新疆城市贫困人口主要集中在南疆少数民族人口集中的经济欠发达地区，且这个地区城市人口中属于贫困阶层的比重较大，新疆城市贫困人口按区域集中分布的程度已相当突出。

10.1.3.2 行业分布特点

新疆国民经济行业按行业门类划分有 19 个，在市场经济条件下，由于行业的性质差别，各行业掌握的资源不同，享受国家优惠政策的大小不同，行业的经济效益自然也有很大的区别。这就决定了行业间职工收入水平存在着显著差别，继而决定了不同行业的贫困发生率也存在差别（见表 10–3）。

表 10–3 2017 年新疆分行业城镇就业人员平均工资 单位：元

行业	平均工资	行业	平均工资
农林牧渔	41571	房地产	49079
采矿	105881	租赁商务	51948
制造	66523	科研技术	85516
电力、燃气、水	88028	水利环境	49242
建筑	59844	居民服务	43116
交通、运输、仓储	66008	教育	76438
信息传输	91702	卫生环境	76240
批发零售	46880	文体娱乐	80821
住宿餐饮	98251	公共管理	66710
金融	95374		

资料来源：《新疆统计年鉴 2018》。

从表 10–3 可以得出，2017 年，新疆采矿，住宿餐饮，金融，信息传输，电力、燃气、水等行业的收入明显偏高，贫困发生率也较低；而农林牧渔、居民服务、批发零售、水利环境等行业的收入明显偏低，贫困发生率也较高。

10.1.3.3 文化程度分布

一般来说，劳动者的文化素质与收入水平呈正相关关系，劳动者的学历越高，劳动素质也越高，所掌握的技能也越好，能获得的收入就越高。所以劳动者文化素质的高低对贫困发生率会产生直接影响：文化素质越高，贫困发生率越低；文化素质越低，贫困发生率越高。由表 10-4 可以看出，在新疆居民户主文化程度的占比中，小学文化程度和高中文化程度人数的占比较高，说明新疆人口的受教育水平主要集中在这两个阶段，而大学专科及大学本科以上学历的人数则较少。

表 10-4 2014—2017 年新疆居民的文化程度 %

年份	户主文化程度	未上过小学	小学	初中	高中	大学专科	大学本科以上
2014	全区人口	3.4	24.4	36.5	18.2	12.1	5.2
	城镇居民	2.5	11.4	27.4	28.2	21	9.4
	农村居民	4.5	39.3	47	6.8	1.9	0.5
2015	全区居民	3.28	24.76	37.42	16.17	11.9	6.47
	城镇居民	1.91	11.08	30.08	24.05	20.86	12.02
	农村居民	4.82	40.04	45.62	7.37	1.88	0.27
2016	全区居民	3.29	28.81	38	14.47	9.13	6.3
	城镇居民	1.26	12.28	29.11	24.23	18.83	14.29
	农村居民	4.79	41.03	44.58	7.25	1.96	0.39
2017	全区居民	3.23	28.85	38.29	14.47	9.19	5.71
	城镇居民	1.26	12.47	29.4	24.94	18.93	12.99
	农村居民	4.67	40.83	44.79	7.27	2.06	0.38

资料来源：根据《新疆统计年鉴》各年数据整理所得。

10.2 农村贫困的规模与分布

10.2.1 农村贫困理论与贫困线变化

长期以来，中国一直是一个农业大国，改革开放前，占中国总人口 80% 以上的农村人口普遍处于贫困状态，其中 1/3 左右处于绝对贫困状态。

并且绝大部分贫困人口主要集中在中西部的深山区、石山区、荒漠区、高寒山区、黄土高原区、边疆地区、地方病高发区及水库库区、黄河泛区，而且多为少数民族地区、边疆地区和革命老区。这些地方地域偏远、交通闭塞，资源匮乏，生态环境恶化，文化教育落后，经济发展缓慢，农民素质低下。20 世纪 80 年代中期以来，中国政府开始有组织、有计划、大规模地开展农村扶贫开发，先后制定实施《国家八七扶贫攻坚计划》《中国农村扶贫开发纲要（2001—2010 年）》《中国农村扶贫开发纲要（2011—2020 年）》等减贫规划，使扶贫减贫成为全社会的共识和行动。我国自 1978 年改革开放以来，特别是实施《国家八七扶贫攻坚计划》以来，农村贫困现象明显缓解，贫困人口大幅度减少，农村贫困发生率从 1978 年的 97.5%[①] 下降到 2017 年的 3.1%，农村贫困人口从 1978 年的 7.7 亿人减少到 2017 年的 3046 万人，中国的脱贫人口占发展中国家总脱贫人口的 75%。

10.2.1.1　农村贫困理论

理论界对农村贫困的研究主要集中在两个方面：一是贫困瞄准从单一的收入维度转向多维的福利维度。博西姆·朗特里和萨缪尔森从收入角度定义贫困，“贫困指家庭总收入不足以获得维持体能所需的最低数量的生活必需品”。Sen（1999）提出贫困人口可行能力贫困问题，认为贫困的根源是免于疾病和接受教育等能力的缺乏。Bourguignon and Chakravarty（2003）认为，满足收入贫困减少的目标，并不能保证降低非收入指标的剥夺，收入贫困必须结合其他贫困维度测量。

随着政府对贫困问题的重视，我国大量学者对此问题进行了深入的研究。1993 年童星、林闽钢在《我国农村贫困标准线研究》一文中，将贫困定义为“贫困是经济、社会文化落后的总称，是由低收入造成的缺乏生活必需的基本物质和服务以及没有发展的机会和手段这样一种生活状况”。国家统计局在《中国农村贫困标准》课题组的研究报告中将贫困界定为：“贫困一般是指物质生活困难，即一个人或一个家庭的生活水平达不到一种社会可接受的最低标准。他们缺乏某些必要的生活资料和服务，生活处

① 数据来源：《中国统计年鉴》，此数据按照 2010 年的农村贫困标准计算，2010 年农村贫困标准为每人每年 2300 元。

于困难境地。”我国学者也建议依据“多维贫困”识别贫困人口，进行精准脱贫（汪三贵，2011；侯亚景、周云波，2017；张全红，2017）。

二是根据贫困现象的理解和认识程度的不同，将农村贫困划分为绝对贫困和相对贫困。绝对贫困又称生存贫困，是指在一定的社会生产方式和生活方式下，个人或家庭不能维持基本生存需要的状况。并且，绝对贫困受社会发展水平和收入水平的影响较小，主要受地区气候、环境、家庭收入等因素的影响，导致农民维持基本生存的物质需要量少，因而是具有客观性的标准。相对贫困是指个人或家庭的收入比社会平均水平低到一定程度时所表现出来的贫困状况，是根据低收入者与社会其他成员收入之间的差距来定义贫困。因此通常将收入最低的 10% 或者是 20% 的家庭收入与其他家庭的收入进行比较，采取一定的方法进行衡量，并表现出相对性、动态性、不平等性和主观性的特点。绝对贫困和相对贫困是从贫困的相对性上来进行划分的，一般来说，绝对贫困是在一定时期内有一个稳定的收入水平的，而相对贫困则更多地倾向于社会收入分配的问题，它只是一个相对的概念，缺乏稳定、具体的衡量标准。

10.2.1.2　我国农村贫困线的变化

我国在 1978 年后开始制定农村贫困线标准，统计资料表明：1978 年中国政府以农村农民收入 100 元作为农村贫困线；到了 1986 年后，又根据国家统计局对全国 6.7 万农村住户收支的调查把 1986 年农村贫困线定为 206 元，之后每年按照物价变动进行调整。1998 年，为了和国际贫困线进行比较，我国确定了一条农村低收入线，以此更好地反映我国农村贫困人口的贫困走向。这条贫困线高于农村绝对贫困线，采用的方法是根据 1997 年经过价格调整了的食品贫困线，然后以贫困状态下贫困人口的食品消费为总消费的 60% 来计算低收入线。2008 年，绝对贫困标准和低收入标准合一，统一使用 1067 元作为国家扶贫标准，大幅提高了贫困线标准。此后我国的农村贫困线以 2011 年的 2300 元（不变价）为基准，根据物价每年调整。2014 年实施精准扶贫以来，我国将“农村最低扶贫标准”作为农村贫困线的测算标准，之后我国农村最低扶贫标准开始逐年上升，2017 年、2018 年分别为 3300 元、3600 元，比 2011 年的 2300 元分别增长了

43.48%、56.52%；我国的国家扶贫标准线与世界银行的国际贫困标准线也更为接近。伴随经济社会的发展，扶贫标准线的提高能够更加真实地反映现阶段我国农村扶贫的详细状况（见表 10-5）。

表 10-5 1978—2017 年我国农村贫困线变化状况 单位：元

年份	农村贫困线	年份	农村贫困线
1978	100	1998	635
1986	206	2003	637
1988	236	2005	683
1989	259	2008	1067
1990	300	2010	1247
1991	304	2011	2300
1992	317	2014	2800
1993	350	2015	2855
1994	440	2016	3100
1995	530	2017	3300
1996	580	2018	3600
1997	640	2019	3747

资料来源：根据《中国农村贫困监测报告》数据整理所得。

10.2.2 农村贫困的规模

表 10-5 为我国农村不同时期的贫困线标准，按照上述标准，1978—1993 年，新疆绝对贫困人口由 532 万人减少到 176 万人；八七攻坚扶贫（1994—2000 年）期间，新疆累计解决 139 万人的温饱问题；2001—2010 年，新疆累计稳定解决了 284 万贫困人口的温饱问题；2011—2017 年，新疆农村贫困人口由 353 万人减少到 113 万人，累计脱贫 240 万人，贫困发生率由 22.16% 下降到 11.57%。

按照国家贫困标准测算（见图 10-1），2016 年新疆农村贫困人口为 147 万人，比 2015 年减少 33 万人，下降幅度为 18.6%，农村贫困发生率为 12.8%，下降 3 个百分点。其中，贫困地区农村贫困人口为 80 万人，比上年减少 21 万人，下降幅度为 20.9%，贫困发生率为 12.8%；南疆四地州农村贫困人口为 73 万人，比上年减少 17 万人，减少幅度为 19.1%，贫困发生率为 12.7%，下降 3 个百分点。但新疆贫困地区农民人均可支配收入和全区平均水平还有 2128 元的差距，贫困发生率在全国仍居高位。

2017 年新疆农村贫困人口为 113 万人，比 2016 年减少 34 万人，下降幅度为 23.3%，贫困发生率为 11.57%，比上年下降 1.23 个百分点。其中，贫困地区农村贫困人口为 67 万人，比上年减少 20 万人，下降幅度为 22.8%；南疆四地州农村贫困人口为 64 万人，比上年减少 16 万人，下降幅度为 20.1%。2014—2017 年，新疆的贫困村由 2014 年底的 3671 个下降到 2017 年底的 2054 个，贫困发生率由 2014 年底的 18.60% 下降到 2017 年底的 11.57%，全区脱贫攻坚的质量和成效不断提升。

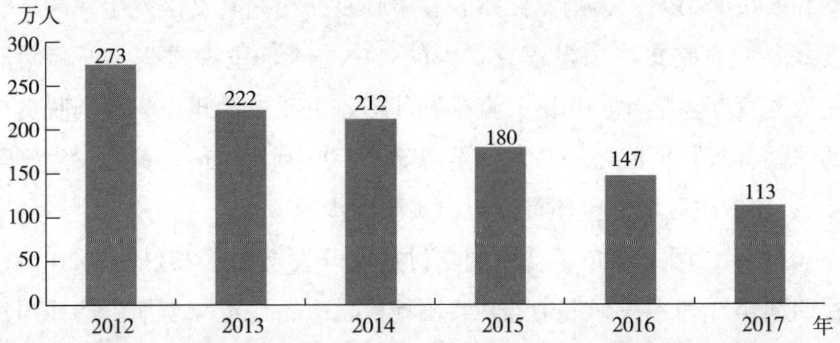

图 10-1　2012—2017 年新疆农村贫困人口数量

资料来源：《中国农村贫困监测报告 2017》。

2018 年，新疆共有 53.7 万贫困人口实现脱贫、513 个贫困村退出，3 个贫困县摘帽，贫困发生率由 2017 年底的 11.57% 下降至 2018 年底的 6.51%。新疆投入扶贫资金 334.11 亿元，92.3% 用于南疆四地州。至此，新疆除南疆四地州之外，其他地（州、市）的绝对贫困问题基本解决，新疆脱贫攻坚战线收缩至南疆四地州深度贫困地区，进一步向深度贫困聚焦。南疆四地州是全国的深度贫困地区，是全国脱贫攻坚的难点和重点。2014—2017 年，南疆四地州已累计脱贫 33.48 万户、140.63 万人，共有 1193 个贫困村退出。2018 年，南疆四地州共有 52.09 万贫困人口实现脱贫、513 个贫困村退出，3 个贫困县拟摘帽，贫困发生率由 2017 年底的

18.3% 下降至 2018 年底的 10.4%，新疆正在向解决区域性整体贫困迈出坚实的步伐。

2019 年，新疆为确保 2020 年如期实现现行标准下 189.78 万贫困人口全部脱贫、28 个贫困县全部摘帽，确保全区贫困地区、贫困人口同全国人民一道进入全面小康社会，以南疆四地州深度贫困地区为主战场，把 22 个深度贫困县、1962 个深度贫困村、162.75 万深度贫困人口作为脱贫攻坚的重中之重。

10.2.3 农村贫困的地域分布

我国深度贫困地区“三区三州”，主要包括西藏、四省藏区、南疆四地州和四川凉山州、云南怒江州、甘肃临夏州，因其贫困发生率高、贫困程度深，一直是集中力量攻克贫困的难中之难、坚中之坚。新疆南部四地州的阿克苏、喀什、和田、克孜勒苏柯尔克孜自治州作为我国脱贫攻坚中的“硬骨头”地区之一，2018 年实现 52.09 万人脱贫，贫困发生率降至 10.4%，向解决区域性整体贫困迈出实质性步伐。

2011 年，国家颁布了《中国农村扶贫开发纲要（2011—2020）》，将南疆四地州[①]列入我国集中连片特困地区之一，这意味着南疆四地州片区区域发展与扶贫攻坚已上升到国家战略层面。新疆南疆四地州是一个集边境、民族、高原荒漠、贫困于一体，经济落后、少数民族贫困人口多、面积大、集中连片的特殊困难地区。截至 2018 年，新疆有 35 个扶贫开发工作县（市），主要分布在以南疆四地州为主的塔里木盆地干旱贫困区，以天山、阿尔泰山区为重点的北疆高寒农牧贫困区，以及边境贫困农村，其中包括 27 个国家扶贫开发工作重点县（市）、5 个比照国家扶贫开发工作重点县（市）、3 个自治区扶贫开发工作重点县。

2018 年，除去 2015 年和 2016 年摘帽的贫困县，新疆仍有 27 个贫困县。在 27 个国家扶贫开发工作重点县（市）中，南疆占了 21 个。其中，喀什地区有 8 个，包括塔什库尔干县、岳普湖县、疏附县、疏勒县、叶城

① 2016 年 5 月，国务院批复将阿克苏地区纳入南疆四地州连片特殊困难地区。

县、英吉沙县、伽师县、莎车县；阿克苏地区有 2 个，包括柯坪县、乌什县；和田地区有 7 个，包括和田县、洛浦县、墨玉县、皮山县、策勒县、于田县、民丰县；克孜勒苏柯尔克孜自治州有 4 个，包括阿合奇县、乌恰县、阿克陶县、阿图什市。

南疆四地州是新疆国家贫困县比较集中的连片区，喀什、克孜勒苏、和田、阿克苏是自治区扶贫工作的重点地区，占了全疆国家贫困县的 78%；北疆和东疆有 6 个国家级贫困县呈点状分布在阿勒泰、塔城、伊犁和哈密地区（分别是阿勒泰地区有 2 个，为青河县、吉木乃县；塔城地区有 1 个，为托里县；伊犁地区有 2 个，为察布查尔锡伯自治县、尼勒克县；哈密地区有 1 个，为巴里坤哈萨克自治县）。

10.3　城乡贫困人口的生活状况

新疆地处西北边陲，地理位置偏僻，经济发展相对落后，农村和城市贫困家庭在饮食、衣着、家庭设备等各方面的支出远远低于全区平均水平。随着国家脱贫攻坚进程的开展，新疆贫困人口的生活状况出现极大改善。

10.3.1　农村贫困人口的生活状况

10.3.1.1　贫困地区农村居民收入稳步增加

2017 年，新疆贫困地区农村居民人均可支配收入为 9985 元，同比增加 890 元，增长 9.8%，增幅比新疆农村居民平均水平高 1.3 个百分点。其中，人均工资性收入为 2681 元，同比增加 435 元，增长 19.4%；人均经营净收入为 5112 元，同比增加 208 元，增长 4.2%；人均财产净收入为 84 元，同比增加 10 元，增长 13.8%；人均转移净收入为 2107 元，同比增加 237 元，增长 12.7%，各项收入均有不同程度的增加。从收入来源构成看，新疆贫困地区农村居民收入结构逐步得到优化，人均工资性收入占比增加，由 2016 年的 24.7% 提高到 2017 年的 26.9%；经营净收入占比减少，由 53.9% 下降到 51.2%；财产净收入占比持平；转移净收入比重略增，由 20.6% 提高到 21.1%。从构成变动情况看，经营净收入仍然是农民收入的主要来源（见表 10-6）。

表 10-6 2016—2017 年新疆贫困地区农村居民收入结构变动情况

指标	2016 年		2017 年	
	绝对值 / 元	构成 /%	绝对值 / 元	构成 /%
人均可支配收入	9095	100.0	9985	100.0
1. 工资性收入	2246	24.7	2681	26.9
2. 经营净收入	4905	53.9	5112	51.2
3. 财产净收入	74	0.8	84	0.8
4. 转移净收入	1871	20.6	2107	21.1

资料来源：《中国农村贫困监测报告 2017》《中国农村贫困监测报告 2018》。

注：2017 年贫困监测调查范围增加了阿克苏地区的库车、温宿、沙雅三个县。为使数据可比，2016 年的对比基期数据按同范围相应调整。

2016 年，新疆贫困地区农村居民人均可支配收入为 8055 元，比 2012 年增加 2965 元，增长 58.3%，年平均增长 12.2%，高于全区农村居民平均水平 1.9 个百分点。其中，与上年相比，工资性收入为 2463 元，增加 222 元，增长 9.9%；经营净收入为 3788 元，增加 104 元，增长 2.8%；财产净收入为 84 元，增加 18 元，增长 27.3%；转移净收入为 1721 元，增加 371 元，增长 27.5%。[①] 从 2014—2016 年的数据来看，新疆贫困地区农村居民的收入结构逐步趋于合理，人均工资性收入占比增加，由 2014 年的 29.3% 提高到 2016 年的 30.6%；经营净收入占比下降，由 54.1% 下降到 47.0%；财产净收入和转移净收入比重逐年增加，分别由 0.8% 和 15.8% 提高到 1.0% 和 21.4%。新疆贫困地区农村居民从政府得到的各项生产生活补贴增加，带来工资性收入和转移净收入逐年增加，收入结构由单一的收入来源逐步向多元化调整（见表 10- 7）。

① 数据来源：《中国农村贫困监测报告 2017》《中国农村贫困监测报告 2018》。

表 10-7　2014—2016 年新疆贫困地区农村居民收入结构变动情况

指标	2014 年		2015 年		2016 年	
	绝对值 / 元	构成 /%	绝对值 / 元	构成 /%	绝对值 / 元	构成 /%
人均可支配收入	6635	100.0	7341	100.0	8055	100.0
1. 工资性收入	1944	29.3	2241	30.5	2463	30.6
2. 经营净收入	3589	54.1	3684	50.2	3788	47.0
3. 财产净收入	53	0.8	66	0.9	84	1.0
4. 转移净收入	1049	15.8	1350	18.4	1721	21.4

资料来源：《中国农村贫困监测报告 2017》。

10.3.1.2　贫困地区农民收入与全区差距缩小

2016 年，新疆贫困地区农村居民人均可支配收入比全区农村平均水平低 2128 元。其中，工资性收入和转移净收入基本接近；经营净收入和财产净收入差距较大，分别比全区平均水平低 1854 元和 139 元。由于贫困地区农村居民收入增速快于全区农村平均水平，收入差距逐年缩小，2012—2016 年，新疆贫困地区农村居民收入与新疆农村居民的收入比已从 0.74：1 逐步提高到 0.90：1。

2017 年，新疆贫困地区农村居民人均可支配收入比全区农村平均水平低 1060 元。差距主要表现在经营净收入上，由于贫困地区人均耕地少、经营粗放，经营净收入比全区农村平均水平低 924 元；工资性收入和财产净收入分别低 115 元和 149 元；因各项惠民政策倾向于贫困地区，贫困地区农村居民得到的转移净收入要比全区平均水平高 128 元。

从南疆四地州看，2016 年，南疆三地州农村居民人均可支配收入为 7868 元，比上年增加 815 元，同比增长 11.6%，增长幅度比新疆农村居民平均水平高 3.6 个百分点。其中，人均工资性收入为 2462 元，同比增加 184 元，增长 8.1%；经营净收入为 3597 元，同比增加 195 元，增长 5.7%；财产净收入为 75 元，同比增加 36 元，增长 92.3%；转移净收入为 1734 元，同比增加 400 元，增长 30.0%。2017 年，南疆四地州农村居民人均可支配收入为 9845 元，比上年增加 869 元，增长 9.7%，增速比新疆农村居民平均水平高 1.2 个百分点。其中，人均工资性收入为 2638 元，同比增加 431 元，增长 19.5%；经营净收入为 5144 元，同比增加 289 元，增长

6.0%；财产净收入为53元，同比减少10元，下降15.8%；转移净收入为2010元，同比增加159元，增长8.6%。

10.3.1.3 贫困地区农民消费支出情况

从贫困地区农村居民主要生活消费支出看，2016年，贫困地区农村居民食品、衣着和居住消费支出为3861元，比全区农村平均水平低1117元，为全区农村平均水平的77.6%。其中，食品、衣着和居住消费支出分别为2236元、537元和1088元，分别比全区平均水平低388元、173元和421元，为全区平均水平的85.2%、75.6%和71.7%。2016年，南疆三地州农村居民人均生活消费支出为9505元，较2015年增加675元，同比增长7.6%。其中，生产经营费用支出为2184元，同比减少82元，下降3.6%；购置生产性固定资产支出为112元，同比增加40元，增长55.6%；生活消费支出为5512元，同比增加305元，增长5.8%。

2017年，新疆贫困地区农村居民人均食品、衣着和居住消费支出为4057元，比全区农村平均水平低964元，为全区农村平均水平的80.9%。其中，人均食品烟酒、衣着和居住消费支出分别为2366元、574元和1134元，分别比全区平均水平低302元、136元和526元，为全区平均水平的88.7%、80.8%和68.3%。其中，南疆四地州农村居民人均生活消费支出为5999元，比2016年增加359元，增长6.4%。其中，人均食品烟酒、衣着和居住支出分别为2324元、559元和1085元，同比分别增长3.9%、3.7%和2.1%。

10.3.1.4 贫困地区农村基础设施明显改善

2016年，新疆贫困地区农村基本实现通公路、通电、通电话，能接收有线电视信号的社区比重为85.1%，比2015年提高2.7个百分点；社区有卫生室的比重为93.3%，比2015年提高4.8个百分点。其中，南疆三地州能接收有线电视信号社区的比重为83.7%，提高3.0个百分点；有卫生室的社区比重为94.0%，提高4.7个百分点。

2017年，新疆贫困地区农村通公路、通电话的农户比重均已达到100%，所在自然村能接收有线电视信号的农户比重为94.0%，比2016年提高8.9个百分点；所在自然村有卫生站的农户比重为94.8%，提高1.5个百分点。其中，南疆四地州农村通公路、通电话的农户比重达到100%，所在自然村能接收有线电视信号的农户比重为 93.5%，提高 9.8 个百分点；所在自然村有卫生站的农户比重 95.1%，提高 1.1 个百分点。

10.3.2　城市贫困人口的生活状况

表 10-8 反映了新疆城镇贫困群体的物质生活状况，与全国平均水平相比，新疆城市贫困人口的生活状态略显窘迫。

一是可支配收入低，收入渠道狭窄。新疆城市贫困人口的可支配收入十分低下。从收入数量上看，2017 年，新疆城镇居民中最低收入户的人均可支配收入水平分别是全疆、全国平均水平的 22.06%、18.65%。从收入渠道上看，最低收入户的工资性收入是其总收入的主要来源，所占比例 55.17%；并且无论是工资性收入、经营净收入、财产净收入还是转移净收入，最低收入户的收入水平都很低。最低收入户的工资性收入分别是全疆、全国平均水平的 18.08%、16.87%；经营净收入分别是全疆、全国平均水平的 14.09%、11.02%；财产净收入分别是全疆、全国平均水平的 42.02%、15.75%；转移净收入分别是全疆、全国平均水平的 16.16%、13.69%。

表 10-8　2017 年新疆城镇居民家庭物质生活情况　　单位：元

项目	全国平均	全疆平均	最低收入户	最高收入户
人均可支配收入	36396.2	30774.8	6788	72016
工资性收入	22200.9	20716.3	3745	41616
经营净收入	4064.7	3179.7	448	5004
财产净收入	3606.9	1351.8	568	3515
转移净收入	6523.6	5527.0	893	21881
消费性支出	24445	22796.9	14023	38226
食品	7001.0	6359.6	3558	9662
衣着	1757.9	2025.3	1050	3326
居住	5564.0	3954.7	2931	6236
生活用品及服务	1525.0	1590.0	592	3172
交通通信	3321.5	3545.2	3036	6062
教育文化娱乐	2864.6	2629.5	1463	3839
医疗保健	1777.4	2065.6	1135	4569
其他商品和服务	651.5	627.1	232	1396
社会保障支出		2345	870	3731

资料来源：《新疆统计年鉴 2018》《中国统计年鉴 2018》。

二是收支倒挂，日常生计难以维持。首先，就收入状况而言，新疆城镇贫困居民收入与新疆居民收入平均水平的差距不断扩大。2012 年，最低收入户人均可支配收入与新疆平均水平差距为 11772.3 元；2013 年上升到 13525.3 元；2014 年又上升到 16648 元；2015 年升到 20131 元；2016 年升至 22453 元；2017 年为 23986.8 元。其次，就支出状况而言，消费性支出占去了城镇各类家庭收入的绝大部分，在低收入家庭中所占的比重更大。最后，收支倒挂。2017 年，最低收入户收支倒挂为 7235 元，收支差距较大，入不敷出，生活难以为继。

三是生活质量差，营养缺乏。从表 10-8 中可以看出，城镇贫困人口的食品消费量较差，营养严重不足。2017 年，新疆城镇居民中最低收入户人均食品消费支出的消费量比新疆平均水平分别低 44.05%。其中，肉禽类、水产品、奶类产品比新疆平均水平低 28.35%、22.22%、21.74%；肉禽类、水产品比全国平均水平分别低 58.94%、32.06%。新疆城市贫困户的营养状况令人担忧。另外，由于食品开支占全部消费支出的比重过大，导致其他消费的支出处在较低水平。在衣着消费方面，新疆城镇贫困居民的衣着消费水平很低，最低收入户分别为全疆、全国平均水平的 51.84%、59.73%；在生活用品及服务消费方面，分别为全疆、全国平均水平的 37.23%、38.82%；在医疗保健消费方面，分别为全疆、全国平均水平的 54.95%、63.86%；在交通通信方面，分别为全疆、全国平均水平的 85.63%、91.40%；在教育文化娱乐方面，分别为全疆、全国平均水平的 55.64%、51.07%；在居住消费方面，分别为全疆、全国平均水平的 74.11%、52.68%。

10.4 脱贫攻坚的进程与困境

10.4.1 新疆脱贫攻坚进程

2013 年 11 月，习近平总书记在湘西考察时，提出了“精准扶贫”的论断，在全面建成小康社会的决胜之年，精准扶贫策略有利于加快全面建成小康的步伐。2015 年 10 月 29 日，中国共产党中央委员会第五次全体会议通过的《中共中央关于制定国民经济和社会发展第十三个五年规划的建议》确保“十三五”规划结束时，全国各地基本建成小康社会。该建议要求：“实施脱贫攻坚工程，把革命老区、民族地区、边疆地区、集中连片贫困地区作为脱贫攻坚重点。”新疆地处中国内陆腹地，是典型的民族地区、边远地区、贫穷地区，一直以来都受到中央政府的重点关注。

10.4.1.1　2016 年的脱贫攻坚工作

2016 年，新疆维吾尔自治区政府工作报告提出“十三五”时期新疆脱贫攻坚的目标：坚决打赢脱贫攻坚战，制定脱贫攻坚路线图和时间表，建立全面系统的责任落实机制。按照“六个精准”要求，坚持瞄准贫困村和贫困户，有效衔接脱贫攻坚规划、行业规划、援疆规划，加快贫困地区基础设施建设和产业发展，推进公共服务均等化。认真落实“六个精准”要求，要抓住精准识别对象这个关键，2016 年被确定为“建档立卡精准识别年”，开展普查、精查、交叉检查，实行大数据检索，全疆贫困人口识别准确率达到 95.92%。强化了“一户一法”“一人一策”的精准到户措施，覆盖性向贫困村选派优秀年轻干部、向国定贫困县安排专职副书记（常委）和副县长，全方位开展干部结对帮扶，强化了脱贫攻坚保证。

2016 年，中央和自治区财政共安排扶贫脱贫专项资金 86.71 亿元。其中：中央下达财政专项扶贫资金 39.22 亿元，比上年增长 47.06%；自治区财政安排专项扶贫资金 5.9 亿元，比上年增长 145.84%；从地方政府发行的债券中专项安排 26 亿元；落实异地扶贫搬迁工程建设资金 15.59 亿元。发放扶贫小额贷款 69.24 亿元，比上年同期增长 246.5%。援疆资金为建档立卡贫困户增加建房补助 1 万～2 万元，全年补助资金 1.46 亿元。33 个地方和兵团县市区支持南疆四地州 26 个贫困县，社会扶贫投入资金突破 21 亿元。大力实施“五个一批”“十大专项行动”。安排专项资金支持贫困地区发展扶贫产业，制定并落实农业经济组织吸纳贫困劳动力就业给予社会保险补贴的扶持政策。加大边境地区转移支付力度，自治区下达兴边富民资金 3.52 亿元。发放生态补偿补助资金 6.21 亿元，实施新一轮退耕、“三北”造林、天保二期工程，下达 27 个贫困县建档立卡贫困人口林业管护费补助资金8000万元，选聘生态护林员8000名。加快扶贫标准与低保标准“两线合一”，对87万农村低保对象实行兜底。

10.4.1.2　2017年的脱贫攻坚工作

2017年，新疆维吾尔自治区政府选派了77923名村干部、12554个工作队驻村开展工作，自治区区直和中央驻疆单位、兵团向南疆22个深度贫困县深度贫困村选派了1289名第一书记，实行深度贫困村第一书记由县处级以上领导干部、县处级年轻后备干部担任，不脱贫不脱钩。同时政府还积极推进“三个加大力度”政策：加大教育扶贫力度，2017年落实资金10.14亿元支持南疆四地州改善义务教育办学条件等；加大健康扶贫力度，政府深入推进全民健康体检工程和健康扶贫“三个一批”行动；加大基础设施建设力度，加快推进22个深度贫困县7.79万户建档立卡贫困户安居工程，解决了54.51万贫困人口安全饮水问题等。

2017年，16家央企定点扶贫27个贫困县，投入扶贫资金近1亿元，带动1万余人脱贫；1666家民营企业帮扶830个贫困村、16.93万贫困人口，投入各类扶贫项目资金6.34亿元，公益帮扶逾6300万元。同时这些资金也在向南疆倾斜。据统计，2016年，新疆共安排专项扶贫资金61.77亿元，同比增长37%，其中有八成的资金下达到南疆四地州；新增扶贫小额信贷45.23亿元，新增贷款贫困户数11.32万户。为确保全面建成小康社会如期实现，新疆还转变了扶贫方式，除低保兜底发放现金外，还用制度促使扶贫措施与贫困群众参与挂钩，更多地采用入股分红、参与合作社、集体劳动、以工代赈等方式，激发贫困群众用自己的辛勤劳动脱贫致富。同时加强贫困群众技能培训，实现每户贫困家庭至少有1名劳动力掌握一门就业技能。为阻断贫困代际传递、防止因病返贫，新疆加大对贫困家庭学生资助力度，实现22个深度贫困县的贫困人口参保和社会保障卡全覆盖，全面推开慢性病签约服务管理，加大结核病等地方病的防控力度。

10.4.1.3　2018年的脱贫攻坚工作

2018年，财政部下达了新疆2018年中央财政专项扶贫资金预算指标696664万元。其中，扶贫发展支持方向资金415524万元，少数民族发展支持方向资金76839万元，以工代赈支持方向资金199000万元，国有贫困农场扶贫支持方向资金 3055 万元，国有贫困林场扶贫支持方向资金 2246 万元。与 2017 年全年中央财政专项扶贫资金的 572069 万元相比，2018 年增加了 124595 万元，增幅 21.78%；与 2017 年中央提前下达财政扶贫资金预算指标的 342899 万元相比，2018 年增加了 353765 万元，增幅 103%。重点突出深度扶贫地区的倾斜力度，明确用于新疆南疆四地州脱贫攻坚专项额度高达 27.9 亿元。援疆扶贫也为南疆深度贫困地区脱贫攻坚注入新的动力。南疆四地州 10 个援疆省市前方指挥部在深度贫困县安排了援疆扶贫项目 379 个，涉及援疆扶贫资金 69.96 亿元，占 10 个省市全部援疆资金的 60%，援疆扶贫已经成为援疆工作的重点。

南疆四地州是深度贫困地区，是全疆脱贫攻坚的难点和重点。习近平总书记在参加十二届全国人大五次会议新疆代表团审议时强调，要全面落实精准扶贫、精准脱贫，把南疆贫困地区作为脱贫攻坚的主战场，实施好农村安居和游牧民定居工程、城镇保障性安居工程，完善农牧区和边境地区基本公共服务，努力让各族群众过上更好的生活。与此同时，在资金支持等方面向深度贫困地区倾斜。安排下达南疆四地州的财政专项扶贫资金占全区资金总规模的 80% 以上，安排下达深度贫困县的财政专项扶贫资金占南疆四地州资金总规模的 85% 以上。

南疆四地州作为新疆地区的深度贫困地区，作为扶贫开发工作的重点对象，在过去的几年间，在减贫方面、人们生活水平改善方面得到了较大的发展。在民生方面，养老、医疗和失业保险参保人数逐年增加且增幅较大，可以很好地解决可能出现的因老致贫、因病致贫以及因失业而致贫的问题。同样，受教育水平的提高也使当地人能够获得更加专业有用的知识技能，解决因技能缺乏、劳动力素质低下而造成的劳动力剩余以及劳动力转移困难等问题。以上这些方面的发展，在很大程度上缓解了新疆地区的贫困状况，让人民的生活水平日益提高并得到了保证。

10.4.1.4 2019 年脱贫攻坚任务

2019 年，新疆要在确保实现 60.61 万贫困人口脱贫、976 个贫困村退出、12 个深度贫困县摘帽的同时，更注重巩固提升，把防止返贫摆到更加重要的位置，高质量推进脱贫攻坚。同步推进 2020 年 10 个深度贫困县摘帽、561个贫困村退出、21.1万贫困人口脱贫基础工作，基本解决影响“两不愁三保障”的义务教育、基本医疗、住房安全、饮水安全等突出问题。政府工作报告列出的14项基础设施重点工程中南疆就占了11项，扶贫资金中南疆占92.3%，这充分体现了新疆维吾尔自治区党委、人民政府对南疆四地州脱贫攻坚工作的高度重视。喀什地区要贯彻落实好政府工作报告各项要求，始终聚焦总目标，在更好地推进脱贫攻坚工作方面持续发力，坚决完成脱贫攻坚目标任务。

10.4.2 脱贫攻坚工作面临的困境

随着脱贫攻坚不断向纵深发展，一些深层次矛盾和困难逐渐暴露，决胜阶段的脱贫攻坚难度增大，主要表现在以下几个方面。

10.4.2.1 区域性整体贫困依然突出

南疆四地州的深度贫困问题十分突出，是目前脱贫攻坚的主战场。南疆四地州集中了22个深度贫困县、192个深度贫困乡、1962个深度贫困村、162.75万深度贫困人口。这些贫困村大多基础设施严重落后、生态环境恶劣、贫困程度极深，现有资金投入与实际需求相差甚远，是脱贫攻坚难啃的“硬骨头”。同时，南疆地区的自然条件较差，使得当地的农业发展综合实力较弱，吸纳劳动力的能力不强，剩余劳动力的转移难度较大。另外，南疆四地州的少数民族聚集度较高，社会环境较不稳定。这些因素综合起来导致了南疆四地州区域整体性贫困突出，脱贫任务重，攻坚难度大。

10.4.2.2 重点群体脱贫难度加大

新疆地区由于自然环境恶劣，产业结构较为单一，大多数贫困人口都是从事种植养殖的传统产业，这些产业的波动性较大，贫困户收入较不稳定，并不是一个良好的长效脱贫的选择。另外，由于新疆人口众多，教育需求较大但教育水平较为落后，导致了劳动力的素质偏低，缺乏具有创新能力的带头人来带领当地人发展特色产业。同时由于受教育水平较低，导致贫困人口的劳动技能匮乏。与其他地区的劳动力相比缺乏竞争力，并且绝大多数的少数民族贫困群众不会讲普通话，在生产生活、求职务工方面存在语言障碍，加上存在较大的文化习俗差异，导致外出务工难度较大。即使有外出务工的群众，大多也都是体力型岗位，收入较低，工作较为辛苦，所以贫困地区的剩余劳动力转移就业较为困难。

10.4.2.3　内生动力不足

部分贫困户思想观念落后，“等靠要”的思想观念比较严重，脱贫致富的主体意识不强。还有个别地方政府不注重调动贫困群众的积极性，项目设置缺乏参与性，缺乏脱贫致富带头人或是引领力量薄弱。

一是“懒汉思想”严重。一部分贫困户身上存在着严重的“懒汉思想”，主要表现为争当贫困户、好逸恶劳、不事生产。部分贫困户并不以此身份为耻，反以为荣，他们“躺着吃低保、坐着等帮扶”，心安理得享受政府给予的各项福利和补贴，并不想摘掉贫困户的帽子。并且担心“摘帽”后相关扶持政策和福利补贴消失，自身利益受损，不想脱贫。“懒汉思想”严重拖延了当地脱贫攻坚的步伐，对其他贫困户、边缘户思想带来不利影响，甚至导致贫困的代际传递。

二是传统观念束缚。加大富余劳动力转移本是促进脱贫攻坚的有效手段，但受传统思想影响，部分贫困户对外出务工存在顾虑。一方面担心外出后老人、孩子无人照顾，家中土地无人耕种；另一方面，部分贫困户脱贫后不愿“摘帽”，希望通过隐瞒收入继续享受相关优惠政策，为此不愿扩大养殖牛羊规模或担心露富而不敢购入拖拉机等机械设备。

10.4.2.4　已脱贫人口存在返贫现象

返贫现象是指在通过自身努力或政府的帮扶下已经脱贫的人口，在政策帮扶措施取消之后又重新陷入贫困的一种现象。脱贫后又返贫的主要原因是贫困户的脆弱性高，防御风险能力差，通常因病、因学、因灾等方面返贫。目前，我国深度贫困地区还存在一些返贫现象，部分地区的返贫率高达12%以上，这对扶贫开发工作造成了较为不利的影响，使得脱贫难度加大。随着攻坚扶贫的不断深入，剩余贫困人口的贫困程度较深，新疆脱贫难度增加；另外，由于自然资源匮乏，人口增长过快，导致人地矛盾突出；教育、医疗卫生事业的落后，新疆的因病返贫现象常见。

10.5 新疆经济增长与贫困缓解

10.5.1 经济增长与贫困缓解的相关理论

国外学者主要从影响经济增长的要素出发分析贫困缓解问题。20世纪50年代盛行的“涓滴理论”认为，经济增长能够自动惠及贫困人口，因此只要创造有利于经济持续增长的环境，贫困人口就能通过就业改善其收入和非收入状况。支持者认为经济增长可以使国家财政税收增多，一方面可以为贫困者创造更多的就业机会，另一方面可以增加对穷人的转移支付水平，两方面共同减缓贫困问题。Demery（1998）和Squire（1998）的实证分析结果表明人均收入与贫困发生率之间有着更为一致的变动关系。Dollar（2001）和Kraay（2003）的研究结果显示，收入最低的那部分人口同全体人口平均收入的增长速度基本相同，因此经济增长是贫困减少的重要因素。反对者认为经济增长的“涓滴效应”不会自动实现，经济增长对贫困的影响是不确定的，它还要受同一时期自然条件、人口结构、经济环境及自然风俗习惯的影响。Adelman（1973）认为，低收入国家经济增长的成果不仅不能够惠及所有群体，反而会使穷人的生活状况趋于恶化。世界银行（2003）明确指出，收入分配状况的改善将直接影响贫困人口从总量经济增长中获益的数额，贫困的减少必须要在保持一定经济增长速度的前提下，注重改善收入不平等的状况。

同发达国家的贫困理论相比，国内关于贫困的大部分理论是建立在国外的理论基础上的。改革开放以来，学术界对贫困问题日益关注，尤其是1985年以来，中国政府开始对农村贫困地区实施有计划、大规模的反贫困政策，对贫困问题的理论研究出现并得以发展。作为中国早期发展经济学的代表性学者，张培刚（1992）第一次系统地将经济发展和贫困联系了起来。胡兵（2007）、汪三贵（2008）认为中国经济的快速增长为缓解农村贫困提供了坚实的经济基础，为贫困人口的大幅减少作出了重大贡献。同时，也有一些学者认为，进入21世纪以后中国经济增长对减缓贫困的作用在降低，杨颖基于2002—2007年的实证分析认为，中国通过经济增长实现缓解贫困的手段依然有效，但城乡之间以及农村内部收入分配的恶化，对减贫产生了负面作用。陈飞和卢建词基于1991—2009年CHNS微观数据的分析认为，收入增长使得农村贫困人口比例下降，但分配不公减缓了减贫速度，并导致低收入群体的收入份额不断萎缩。

10.5.2　新疆的经济增长状况

10.5.2.1　经济增长的规模与速度

改革开放和西部大开发战略以及国家扶贫政策的倾斜，使新疆地区经济得到了长足发展，综合实力得到显著提升，人民生活水平大幅度提高。新疆的经济总量在原来不足百亿元的基础上突破了万亿元大关（见图10–2）。1978年改革开放时期，新疆的地区生产总值只有39.07亿元，1985年突破百亿元，达到112.24亿元，1997年突破千亿元，达1039.85亿元；2017年新疆的地区生产总值为10881.96亿元，突破万亿元，40年间新疆的经济发展取得了辉煌的成就。2017年，新疆的地区生产总值比1978年改革开放初期增长了242.46倍，年均增长速度为15.11%；比2000年西部大开发战略开始实施时增长了8倍，年均增长速度为13.86%。新疆的经济发展向着更好、更快的目标奋力前行，经济发展呈现出很多亮点，实现了“十三五”的良好开局。而对于新疆经济发展增速情况，2017年新疆的经济增速为7.6%，与2016年增速相近，相比前几年有所下降，比2009年（受到金融危机影响）的8.1%还低。这主要是因为新疆坚持新发展理念，着力推进供给侧结构性改革，坚持质量第一、效益优先，推动经济由高速增长向高质量发展转变。

要缓解新疆的贫困状况，必须将南疆四地州放在扶贫攻坚工作的首位。在中央的帮扶、新疆政府的艰苦奋斗下，南疆四地州的经济快速发展，经济总量稳步增长。2008—2017年，喀什地区、阿克苏地区、和田地区以及克孜勒苏柯尔克孜自治州的生产总值年均增速分别为16.36%、16.31%、17.25%和19.96%；与同一时期新疆全区的生产总值年均增长速度的 12.73% 相比，喀什地区的生产总值增长速度高出了 3.63 个百分点，阿克苏地区高出了 3.58 个百分点，和田地区高出了 4.52 个百分点，克孜勒苏州经济增长速度最快，比新疆全区高出了 7.22 个百分点。

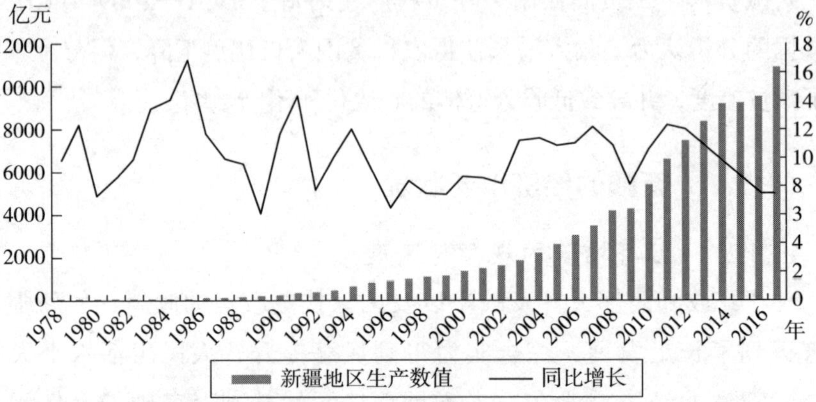

图 10-2　1978—2017 年新疆地区生产总值及增速

资料来源：根据《新疆统计年鉴 2018》《新中国六十年统计资料汇编》。

表 10-9 显示，南疆四地州经济发展速度逐步上升，在新疆经济发展中所占的比重也逐年提高。2017 年，南疆四地州生产总值占全疆生产总值的 19.63%，和 2008 年相比增加了 4.67 个百分点。其中，喀什地区的生产总值在全疆生产总值的占比从 2008 年的 5.97% 上升到 2017 年的 7.69%，提高了 1.72 个百分点；阿克苏地区从 6.55% 上升到 8.41%，提高了 1.86 个百分点；和田地区从 1.79% 上升到 2.45%，提高了 0.66 个百分点；克孜勒苏柯尔克孜自治州从 0.66% 上升到 1.09%，提高了 0.43 个百分点。可以看出，南疆四地州的经济发展在全疆经济发展中的贡献率逐渐增强，虽然和田地区和克孜勒苏柯尔克孜自治州的经济总量较小，对全疆经济发展的贡献率增长也较小，但这两个地区的经济发展速度较快，经济发展态势总体向好。

表 10-9　南疆四地州 GDP 及所占比例

指标	2008 年	2010 年	2012 年	2014 年	2015 年	2016 年	2017 年
新疆 GDP/ 亿元	4171.58	5397.27	7457.64	9195.96	9235.57	9511.93	10881.96
喀什地区 GDP/ 亿元	249.07	359.97	517.35	688.40	780.12	759.86	837
占比 /%	5.97	6.67	6.94	7.49	8.45	7.99	7.69

续表

指标	2008年	2010年	2012年	2014年	2015年	2016年	2017年
阿克苏地区GDP/亿元	273.12	396.12	612.14	749.89	810.18	792.80	914.74
占比/%	6.55	7.34	8.21	8.15	8.77	8.33	8.41
和田地区GDP/亿元	74.52	103.50	147.29	198.42	234.05	236.33	266.20
占比/%	1.79	1.92	1.98	2.16	2.53	2.48	2.45
克孜勒苏柯尔克孜自治州GDP/亿元	27.68	38.88	61.03	89.24	100.30	100.33	118.65
占比/%	0.66	0.72	0.82	0.97	1.09	1.05	1.09

资料来源：根据《新疆统计年鉴》各年数据整理所得。

对当前的新疆而言，经济发展面临的外部环境和内部条件都在发生深刻而复杂的变化，由于历史、自然、区位以及社会各方面的原因，面临的困难依然较多，但稳中有进的势头明显。国家加大对“一带一路”沿线基础设施等领域的投资、“丝绸之路经济带”创新驱动发展试验区的建设和打好南疆四地州脱贫攻坚战等一系列政策红利的释放和持续稳定红利的释放，都是新疆必须抓住的有利条件。用好、用足这些有利条件，必将推动新疆实现更好、更快发展。

10.5.2.2　产业规模与结构

改革开放以来新疆三次产业的增加值呈现出不断上升的趋势，并且产业结构不断升级。第一产业增加值从1978年的13.97亿元上升到1551.84亿元，年均增长率为13.20%；第二产业增加值从18.35亿元上升到4330.89亿元，年均增长率为15.46%；第三产业增加值从6.75亿元增加到4999.23亿元，年均增长率为18.99%。1978年，新疆三次产业增加值占整个地区生产总值的比重为35.76∶46.97∶17.28；到了1992年，第二产业的比重超过了第一产业成为主导产业，新疆初步完成了工业化前的准备阶段；1997年，工业增加值占地区生产总值的比重超过第一产业，标志着新疆正式进入工业化初期阶段，新疆的工业化程度不断加深；2000年，新疆产业结构调整为21.13∶39.42∶39.44；2017年，产业结构升级为14.26∶39.80∶45.94，这表明新疆第三产业在地区生产总值中占的比重逐渐超过第二产业，成为新的主导力量。表明新疆产业结构的变迁过程是由早期的第一产业主导过渡到第二产业主导，再到现在的第三产业主导。

从新疆各产业对经济增长的贡献率看，第二产业和第三产业对新疆经济增长的贡献率远高于第一产业。改革开放 40 余年来，农业对经济增长的贡献率总体上呈现不断下降的趋势。1995 年农业对经济增长的贡献率为 29.54%，到 2017 年为 15.26%。在农业对经济增长贡献率下降的同时，第三产业对经济增长的贡献率持续上升，第二产业对新疆经济增长的贡献率也呈不断增加的趋势，并保持稳定。

10.5.3 贫困缓解的现状

近年来，在新疆经济发展稳步向好的背景下，各级政府认真落实习近平总书记关于扶贫工作的重要论述，落实好党中央、国务院有关脱贫攻坚工作的系列决策部署，坚持把脱贫攻坚工作作为第一民生工程大力推进，走出了一条科学治贫、精准扶贫、有效脱贫的路子。新疆的贫困状况得到很大的改善，越来越多的农村居民摆脱了贫困的束缚。图 10–3 显示的是 2010—2018 年新疆农村贫困发生率的变化情况，可以看出在这 9 年间，新疆农村的贫困发生率在逐年下降，并且下降幅度较大。2010 年，新疆农村贫困发生率为 22.87%，到 2018 年贫困发生率仅为 6.51%，脱贫质量进一步提高，新疆的贫困情况得到了较大的缓解。

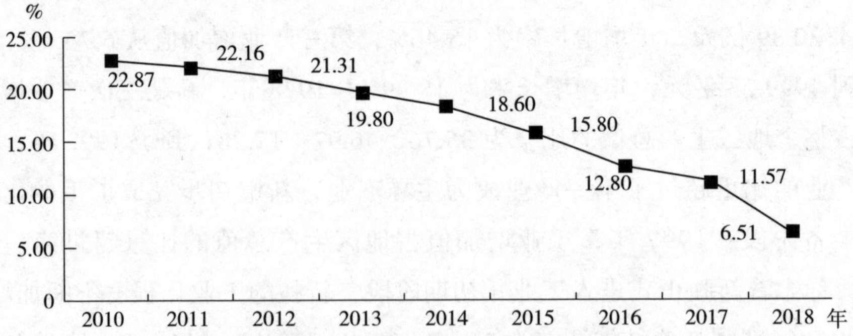

图 10–3 新疆农村贫困发生率变动

资料来源：根据《新疆统计年鉴》各年数据整理所得。

在人民生活水平方面，1978—2017年，新疆农村居民人均可支配收入由119元提高到11045元，年均增长了12.31%；城镇居民人均可支配收入由319元提高到30775元，年均增长了12.78%。农村与城镇居民人均可支配收入大幅增加且增速较快，人民生活水平大大提升。

南疆地区人均可支配收入稳步积极增长，虽然与全疆还存在着差距，但南疆四地州贫困地区的人均可支配收入累计增长超过全疆地区。南疆四地州贫困地区中，阿克苏地区2017年农村居民人均可支配收入为10982元，比2010[①]年累计增长了104.46%，年均增长率为12.66%，城镇居民人均可支配收入为28211元；喀什地区农村居民人均可支配收入为8013元，累计增长了150.66%，年均增长率为16.55%，城镇居民人均可支配收入为24103元；和田地区农村居民人均可支配收入为7441元，累计增长了182.60%，年均增长率为18.9%，城镇居民人均可支配收入为26496元，克孜勒苏柯尔克孜自治州农村居民人均可支配收入为6524元，城镇居民人均可支配收入为26467元。

10.5.4　经济增长对贫困缓解的影响

世界银行2001年的数据显示，其中1/4经济年增长率达到约8%的国家，贫困发生率年均减少速度在6%以上，另外1/4经济年均负增长率约6%的国家，贫困发生率年均增加速度超过10%[②]。对于中国来说，贫困人口大幅度下降的主要推动力是经济增长，尤其是农村及农业的增长[③]。通过这些数据可以直观地认识到，从世界及中国的减贫经验来看，高速的经济增长是贫困发生率下降的主要因素。新疆作为中国反贫困的主要省区之一，伴随改革开放带来的持续经济增长，贫困发生率逐年下降，经济增长的减贫作用显著。因此，本章通过实证分析方法检验新疆经济增长与贫困减少之间的关系。

---

① 新疆南疆四地州数据在2010年不齐全，统计年鉴中并未列出克孜勒苏柯尔克孜自治州的数据。

② 胡鞍钢，胡琳琳，常志霄，等.中国经济增长与减少贫困［J］.清华大学学报：哲社版，2006（5）：105-110.

③ 汪三贵.在发展中战胜贫困——对中国30年大规模减贫经验的总结与评价［J］.管理世界，2008（8）：32-39.

10.5.4.1　变量选取与描述

解释变量。经济增长变量的选取在不同学者之间各有不同。最常用的衡量指标是国内生产总值（GDP），有的学者采用的是总量 GDP 水平，有的学者采用的则是实际人均 GDP 水平。本章选取地区 GDP 增长率作为解释变量。由于不同产业对贫困缓解的效果不一样，加上第三产业在新疆的经济发展中占比越来越高，2017 年第三产业占 GDP 的比重已达 45.94%，成为占比最高的一项。为了具体研究产业结构对贫困状况的缓解作用，本章将反映产业结构相关的变量纳入模型中，以第三产业占 GDP 的比重作为解释变量。

被解释变量。对于贫困缓解变量的选择，国内学者大多都选择了贫困发生率作为衡量指标，所以本章选取新疆农村贫困发生率作为被解释变量。

图 10-4 以年份为横坐标，新疆 GDP 增长率、新农村贫困发生率和第三产业占 GDP 的比重为纵坐标，用 Stata 14.0 绘制出了散点图，反映贫困状况与经济增长状况之间的关系。从图 10-4 中可以看出，2010—2018 年，新疆 GDP 增长率从 2010 年的 10.6% 下降到 2018 年的 6.1%；第三产业占 GDP 的比重由 2010 年的 33.3% 上升到 45.8%；同期贫困发生率从 2010 年的 22.87% 下降到 2018 年的 6.51%。新疆 GDP 增速减缓，主要是由于新疆着力推进供给侧结构性改革，坚持质量第一、效益优先，推动经济由高速增长向高质量发展转变。

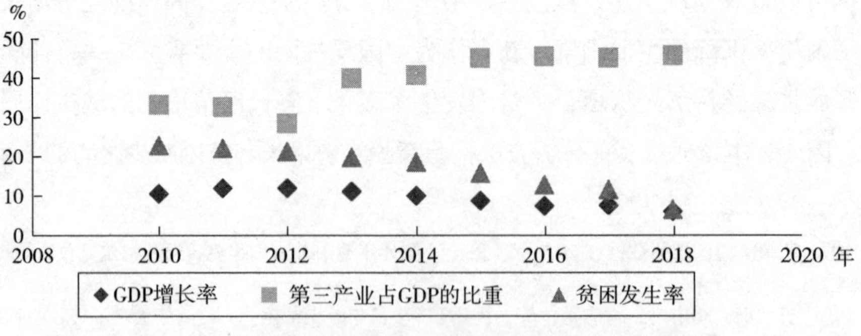

图 10-4　新疆经济增长与新疆农村贫困发生率变动趋势

资料来源：根据《新疆统计年鉴 2017》《中国农村贫困监测报告 2017》整理所得。

由于新疆地区的贫困发生率数据较难获得，本章选取的样本区间为2010—2017年，本章使用的数据主要来源于《中国统计年鉴》以及《新疆统计年鉴》。

10.5.4.2 模型构建

本章以地区GDP增长率和第三产业占GDP的比重作为新疆经济增长的衡量指标，以贫困发生率反映新疆贫困现象。采用多元回归方法实证分析经济增长和贫困发生率之间的关系。公式表示为

$$P_t = \alpha + \beta_1 GDP_t + \beta_2 S_t + \mu_t \tag{1}$$

其中，t表示年份，α表示常数项，P_t为新疆农村贫困发生率，GDP_t为GDP增长率，S_t为第三产业占GDP的比重，μ_t为随机扰动项。β_1、β_2为GDP增长率和第三产业占比的系数，即表示GDP增长率、第三产业占比增长1个百分点，贫困发生率变化的百分比，理论上应该为负数，表示经济增长对贫困的缓解作用。

10.5.4.3 实证分析过程

（1）变量的平稳性检验。

因为贫困发生率、GDP增长率以及第三产业占GDP的比重都是宏观年度数据，可能存在着较大的波动性，为了不影响到后续的模型回归分析，对这些变量及其一、二阶滞后进行具体的平稳性检验。应用Stata 14.0输出结果如表10–10所示。

表10–10 变量平稳性检验

变量	检验类型	ADF值	1%临界值	5%临界值	10%临界值	单位根	平稳性
P_t	（0.0.0）	−3.773	−2.660	−1.950	−1.600	不存在	平稳
GDP_t	（C.0.0）	−1.920	−3.750	−3.000	−2.630	存在	不平稳
ΔGDP_t	（0.0.0）	−1.111	−2.660	−1.950	−1.600	存在	不平稳
$\Delta\Delta GDP_t$	（0.0.0）	−1.801	−2.660	−1.950	−1.600	不存在	平稳
S_t	（C.0.0）	−1.144	−3.750	−3.000	−2.630	存在	不平稳
ΔS_t	（C.0.0）	−2.828	−3.750	−3.000	−2.630	不存在	平稳
$\Delta\Delta S_t$	（C.0.0）	−4.237	−3.750	−3.000	−2.630	不存在	平稳

注：Δ表示一阶差分，ΔΔ表示二阶差分；检验类型（C.T.P）分别表示是否包含常数项、时间趋势项、滞后阶数。

从表 10-10 中的结果可以看出，GDP_t 和 S_t 的 ADF 值在 1%、5% 和 10% 的水平上都是大于临界值的，所以这两个变量存在单位根，是不平稳的序列。而 P_t 的 ADF 值大于 1%、5% 和 10% 水平上的临界值，所以 P_t 不存在单位根，是平稳的序列。GDP_t 的一阶差分不平稳，而其二阶差分的 ADF 值大于 1%、5% 水平上的临界值，而小于 10% 水平上的临界值，所以 GDP_t 在 10% 的水平上不存在单位根，是平稳的；S_t 一阶差分的 ADF 值也是大于 1%、5% 水平上的临界值，小于 10% 水平上的临界值，所以 S_t 在 10% 的水平上也是平稳的。为了与变量 GDP_t 保持一致，也对 S_t 进行了二阶差分，并检验了平稳性，可以看出 S_t 的二阶差分 ADF 值小于 1%、5% 和 10% 水平上的临界值，所以 S_t 二阶差分是不存在单位根，序列是平稳的。

（2）回归模型。

在对变量进行了平稳性检验之后，为了更进一步得出模型的具体形式，得到各解释变量与被解释变量间的关系，以及它们对被解释变量的影响程度大小，本章使用了 OLS 估计对变量进行了回归分析。利用相关数据，运用 Stata 14.0 计量软件，得到了如下回归方程：

$$P_t = 0.6162 - 0.2061GDP_t - 1.0107S_t \qquad (2)$$

$$(0.0912)\ (0.1191) \qquad (0.1925)$$

$$P = 0.045 \qquad P = 0.003$$

$$R^2=0.9132$$

从回归结果可以看出，R^2=0.9132，R^2 衡量的是回归方程的拟合度，是回归平方和在总平方和中所占的比例，也就是回归方程中自变量解释的因变量的百分比，所以可以看出该方程的系统拟合程度较高。

10.5.4.4 实证结果的解释

实证结果表明，GDP 增长率、第三产业占比系数都为负值，与理论相一致：经济增长对贫困具有一定的减缓作用，GDP 增长率每增长 1 个百分点，就会使贫困发生率下降 0.2061 个百分点；第三产业占比每上升 1 个百分点，贫困发生率就会下降 1.0107 个百分点。贫困发生率下降的速度高于 GDP 增长的速度，而低于第三产业占比增长的速度。从显著性方面来看，GDP 增长的 t 检验值为 −1.73，p 值为 0.045，在 5% 的水平上显著；第三

产业占比的 t 值为 –5.25，在 1% 的水平上显著。

从实证分析结果来看，新疆经济增长有助于贫困减少。因此，要使新疆贫困人口稳定脱贫，必须提升贫困地区的经济发展速度，并让经济增长的成果惠及贫困人口。同时，加大第三产业的发展，第三产业能有效增加就业岗位，有助于贫困人口工资性收入的增长，且工资性收入比转移性收入具有稳定性，可以促使贫困人口持续脱贫。

参考文献

[1] MINGIONE E. The new urban poverty and the underclass: introduction [J] .International Journal of Urban and Region Research，1993.

[2] SPENCER M. Foundation of modern sociology. In：Alex Inkeles. prentice-hall foundations of modern sociology series [M] . Englewood: Prentice Hall，1985.

[3] STEWARD E W.Social problems in modern American [M] .New York：McCraw-Hill，1993.

[4] KRAAY A.When is growth pro-poor? Evidence from a panel of countries [J].Journal of Development Economics，2006（80）：198-227.

[5] DEMERY L，SQUIRE L. Poverty in Africa：an emerging picture [R] .Washington D.C.：World Bank，1995：23-26.

[6] DOLLAR D，KRAAY A.Growth is good for the poor [J] .Journal of Economic Growth，2002（4）：195-225.

[7] ADEKMAN L，CYNTHRA T. Economic growth and social equity in development countries stanford [J] .California：Stanford University Press，1973（11）：24-30.

[8] 洪朝辉 . 论中国城市社会权利的贫困 [J] . 江苏社会科学，2003（2）：117-125.

[9] 郭纹龙 . 我国城镇居民贫困问题的实证分析 [J] . 法制与社会，

2010.

［10］唐钧，沙琳，任振兴．中国城市贫困与反贫困报告［M］．北京：华夏出版社，2003.

［11］世界银行.2003 年世界发展报告——变革世界中的可持续发展［M］．北京：中国财政经济出版社，2007.

［12］秦春艳．新疆南疆三地州经济发展现状与趋势［J］．新疆财经，2013（4）：52-61.

［13］敬莉．探究新疆少数民族人口贫困问题［J］．特区经济，2006（7）：31-39.

［14］管金玲，马铁成．新疆城市贫困现状分析［J］．新疆社科论坛，2007（2）：26-32.

［15］张庆红．新疆城镇贫困的现状、成因及对策分析［J］．新疆社科论坛，2014（5）：51-57.

［16］焦婷．新形势下新疆精准扶贫的政治思考［J］．理论观察，2017（11）：35-42.

［17］胡兵，赖景生，胡宝娣．经济增长、收入分配与贫困缓解——基于中国农村变动的实证分析［J］．数量经济技术经济研究，2007（4）：22-31.

［18］汪三贵．在发展中战胜贫困——对中国 30 年大规模减贫经验的总结与评价［J］．管理世界，2008（8）：32-39.

［19］李石新，奉湘梅，郭丹．经济增长的贫困变动效应［J］．当代经济研究，2008（3）：41-48.

［20］陈飞，卢建词．收入增长与分配结构扭曲的农村减贫效应研究［J］．经济研究，2014（2）：101-114.

［21］杨颖．经济增长、收入分配与贫困：21 世纪中国农村反贫困的新挑战——基于 2002—2007 年面板数据的分析［J］．农业技术经济，2010（8）：12-18.

［22］胡鞍钢，胡琳琳，常志霄，等．中国经济增长与减少贫困［J］．清华大学学报：哲社版，2006（5）：105-110.

第 11 章　新疆经济发展中的对口援疆

“对口援疆”是具有中国特色的统筹区域之间协调发展的援助性政策，是不同区域、不同产业、不同政府、不同政府部门之间开展的跨边界“结对式”的支援与合作，是中央和各级国家机关、企事业单位以及若干发达省（市）共同帮扶新疆。对口援疆以民生项目建设、产业支援、智力支援为主要特征，具体通过民生项目、特色产业、资金技术、人才干部、智力教育等方面的援助，改善新疆地区的就业、教育、医疗、住房等民生问题以及交通、饮水、产业配套设施等基础设施投资水平。通过引进和吸收东部和中部支援方的先进技术，改造传统农业生产结构和技术水平，将支援方的人才、技术、市场等资源与本地区的自然资源、土地、劳动力等优势相结合，挖掘特色产业、促进传统产业改造升级，构建符合新疆实际的现代产业体系，在此基础上加大产业对接与合作，实现优势互补、合作共赢。

11.1　对口援疆的政策

11.1.1　2010 年前的对口援疆政策

新中国成立之后，中央及部分省市对新疆的援助从未间断。新中国成立之初，为改变新疆工业企业落后的情况，中央政府把东南沿海较发达地区的一些企业、工厂搬迁至新疆，从内地调进工程技术人员充实到新疆初建的骨干企业中来，并选送一大批少数民族工人到内地先进企业进修实习，在很短的时间内为新疆培养起了一支工程技术骨干力量，援助对于新疆的现代化进程有着极为重要的意义。

1996年，中共中央政治局召开专题研究新疆稳定工作的会议，下发了《中共中央关于新疆稳定工作的会议纪要》的7号文件，做出了“培养和调配一大批热爱新疆，能够坚持党的基本理论、基本路线和基本方针，正确执行党的民族宗教政策的汉族干部去新疆工作”的决策部署，由此对口援疆正式拉开序幕。

2005年，中央对援疆政策作了调整，要求对南疆四地州和兵团在南疆的3个师，实行干部支援和经济对口支援相结合，分别由北京等7省市和中国长江三峡工程开发总公司等15户国有重要骨干企业承担对口支援任务。同年5月，援疆工作领导会议和对口支援南疆工作会议召开，内地7省市援疆干部领队、南疆四地州及33个县市的主要领导兵团3个师的主要领导参加了对口支援南疆的会议。

2007年，国务院颁布了《国务院关于进一步促进新疆经济社会发展的若干意见》(国发〔2007〕32号文件)，提出加大对新疆的对口支援工作力度。完善和创新对口支援方式，把工作重点放在培育当地自我发展能力上。要以经济、科技、教育、医疗、文化援助为重点，全方位开展援疆工作，特别是要在资金、人才、技术和项目等方面，加大对南疆三地州的支持。

11.1.2 新一轮对口援疆政策

我国顺应新的发展形势，在继续提升沿海开放、向东开放的同时，加快新疆沿边开放、向西开放，拓展开放发展、合作发展的空间，开展新一轮援疆工作。

2010年，国家启动新一轮援疆工作。中央决定北京、天津、上海、广东、辽宁、深圳等19个省市承担对口支援新疆的任务，以全覆盖方式对口支援新疆12个地（州）的82个县（市）以及兵团12个师。19个援疆省（区、市）将建立起人才、技术、管理、资金等全方位援疆的有效机制，把保障和改善民生置于优先位置，着力帮助各族群众解决就业、教育、住房等基本民生问题，支持新疆特色优势产业发展。

2011年，第二次全国对口援疆工作会议召开。会议强调“四个方面”：一是坚持把保障和改善民生放在优先位置，扎实推进民生工程建设，集中力量办成一些大事、实事，解决好急事，促进基本公共服务均等化。二是着力培育新疆的自我发展能力，推进产业转移，发挥企业援疆的生力军作用，加快重大基础设施和优势产业项目建设，发挥好喀什、霍尔果斯特殊经济特区等产业园区的作用，把新疆资源、地缘优势尽快转化为经济优势。三是落实差别化经济政策。按照“特事特办”的原则，采取更加灵活的特殊政策，支持新疆发展。四是深入推进全方位援疆。把经济、教育、科技、干部、人才等结合起来，统筹软硬建设，提高援疆成效。

2012年，第三次全国对口援疆工作会议召开。会议强调：以更高的效率推进住房、就业、医疗、社保等民生项目，加强交通、水利等重大基础设施和生态环保建设，推进产业援疆发展特色经济，加大科技、教育、人才、干部等智力援疆力度，推动新疆与内地之间、各民族之间加深交流交往交融，努力开创对口援疆工作新局面。

2013年，第四次全国对口援疆工作会议召开。会议强调：千方百计把就业搞上去，通过就业优先、产业发展、加强政策支持和就业服务、支持新疆少数民族民众到内地就业；坚定不移地把教育搞上去，通过双语教育和职业教育，改进思想政治教育，提高新疆各族民众的科学文化素质和就业创业能力等。

2015年，第五次全国对口援疆工作会议召开。会议强调“六个注重”：一是注重扩大就业，把产业带动就业作为优先目标，引导当地群众就近就地稳定就业。二是注重抓好教育，着力提高双语教育和中等职业教育质量，加强内地新疆籍少数民族学生的教育管理服务工作。三是注重人才援疆，研究完善援疆人才选派政策和人才保障政策，建立统一的援疆干部人才管理和服务体制。四是注重向基层特别是农牧区倾斜，着力加强基础设施和公共服务项目建设。五是注重促进民族团结，深入开展“结对子、结亲戚、交朋友、手拉手”等活动，让新疆与内地各族群众走动互动起来。

六是注重支持反恐维稳能力建设，把基层反恐维稳纳入援疆工作范畴，进行统一规划和部署。

2017 年，第六次全国对口援疆工作会议召开。会议强调“六个坚定不移”：一是坚定不移聚焦实现全面小康推进脱贫攻坚，助推受援地如期实现脱贫目标。二是坚定不移聚焦扩大就业推进产业援疆，促进更多困难群众就近就地就业。三是坚定不移聚焦提高人口素质推进教育援疆，着力提升教育质量。四是坚定不移聚焦增强实效推进干部人才援疆，切实关心好、使用好、管理好援疆干部人才。五是坚定不移聚焦民族团结推进交往交流交融，搭建多层次交往交流交融平台。六是坚定不移聚焦夯实基础推进基层建设，增强基层组织凝聚力战斗力。

2010—2017 年，中央政府召开 6 次对口援疆工作会议，对口援疆政策从干部援疆、资金援疆，到技术援疆、教育援疆、产业援疆等，经历了一个从“输血”到“输血与造血”并重的“全方位”援疆局面。

11.2 对口援疆的实践

11.2.1 2010 年前对口援疆的实践

11.2.1.1 加大医疗卫生方面的投入，改善医疗卫生的硬件设施

援建省市在受援地区建立起一大批医院、门诊楼，并支持了大批医疗器械。2006 年 9 月—2007 年 10 月，上海对阿克苏市的医疗卫生有关项目援建占比 26%，资金投入 2130 万元。江苏援建霍城县江苏医院住院部大楼、州妇幼保健医院、120 急救中心、州妇女儿童活动中心。在开展援疆的 13 年里，湖南省援建让吐鲁番地区各级医疗卫生机构从基础建设、内部管理、医疗技术水平与医疗服务质量等方面都得到了长足的进步与提高。广东援疆工作开展以来，援助资金 680 多万元用于改善巴里坤县医院的基础设施建设、配备医疗设备以及人才培养，县医院住院楼就是广东援疆工作队在 2000 年资助 300 万元新建的。

11.2.1.2　增加文化教育方面的投入

援疆资金大批投入的是地方的学校、幼儿园、文化宫等学校设施。例如，2000—2003年浙江在和田市投入建设的浙江中学、科技文化活动中心、嘉兴幼儿园、安吉中学、义乌小学等工程投入使用。截至2010年末，浙江省在和田市援助的希望小学就有29所，投入总金额898.1万元。上海对阿克苏地区11所学校援助1932.5万元，在7个文化建设项目上投资1985万元。浙江省援助和田市，截至2006年7月，已帮助建造了和田中学学生宿舍、实验综合楼、和田地区科技文化活动中心等一批对口支援项目。

11.2.1.3　推进城乡基础设施建设

1997年对口援疆政策实施以来，援建干部大力争取援助方在资金上的支持，以改善受援地区在基础建设上的不足，让当地群众直接受益。例如，2004年江苏援建霍城县江苏大道、江苏中学、赛里木宾馆等，使当地落后的基础设施上了一个台阶，部分地方的村容村貌成了当地的样板。2006年9月—2007年10月，上海市陆续在阿克苏部分农村地区的11个建设项目上投入了5060万元。和田县巴格其镇恰勒瓦西村，又名宁波新村，是浙江省宁波市捐助450万元援建的新农村建设示范项目，项目包括村卫生保健院、民俗文化街、6千米的柏油主干道、农民休闲公园等，成为全县人均收入较高的村庄之一，在调查过程中，当地各族群众评价很高。2007年底，广东援助巴里坤县资金、物资累计4500余万元。

11.2.1.4　推进新疆工业园区的建设

按照传统的思维模式和已取得的相关经验，后发型地区步入现代化的前提与工业化是脱不开关系的，按照这一思路，建立工业园区，发展当地工业是许多地区经常采用的模式，援助方在所援助地区基本上都建有规模不等的工业园区。2005年，江苏省投资3263万元建设霍城县清水河江苏工业园区，其经济社会效益在建成之后凸显。天津市在疏附县海河生态产业园区总投资为2800万元，由工业区、新农村、生活区和农林生态区4个功能区组成。2006年，山东省疏勒县建设了南疆齐鲁工业园，并先后投入3500多万元，建设了起步区“三纵一横”道路体系及配套设施。2006年，福建省兴建的和田市浙江工业园区，已有31家企业入园建设，累计投入建设资金共1.2亿元，成为拉动和田经济发展的新引擎。

11.2.2 19个省市新一轮对口援疆的实践

2010年第一次全国对口援疆工作会议召开后，19个省市围绕城乡居民住房改善、人才培养、就业、卫生、基层组织建设等实施了一大批民生工程。2010—2016年，19个省市共组织实施援疆项目为7015个，投入援疆资金为724亿元，累计引进援疆省市经济合作项目为7260个，到位资金为11381.88亿元，援疆资金与经济合作项目投资资金占新疆全区固定资产投资的23.96%。2017年，在第六次全国对口支援新疆工作会议的指引下，19个援疆省市聚焦脱贫攻坚和民生领域，投入援疆资金共151.8亿元，实施了一批以农村安居、棚户区改造、教育、就业、医疗等为重点的民生项目。大力推进产业援疆，引进一批纺织服装、电子产品加工、农产品加工、旅游文化等劳动密集型产业。

19个省市具体援建地区参见表8-3，北京市、天津市和安徽省援建和田地区，广东省、山东省、上海市和深圳市援建喀什地区，江苏省和江西省援建克孜勒苏柯尔克孜自治州，福建省和山西省援建昌吉州，吉林省和黑龙江省援建阿勒泰地区，浙江省援建阿克苏地区，河北省援建巴音郭楞州，河南省援建哈密地区，等等。19个省市共对口支援新疆12个地州的82个县市及新疆生产建设兵团的12个师，新疆只有乌鲁木齐市和克拉玛依市未受支援。

表11-1 全国19个省市对口支援新疆情况

支援省市	受援地区	受援兵团
北京	和田地区4个县	第十四师
天津	和田地区3个县	—
安徽	和田地区1个县	—
广东	喀什地区2个县	第三师

续表

支援省市	受援地区	受援兵团
深圳	喀什地区 2 个县	—
山东	喀什地区 4 个县	—
上海	喀什地区 4 个县	—
浙江	阿克苏地区 9 个县	第一师
河北	巴音郭楞州 9 个县	第二师
河南	哈密地区 3 个县	第十三师
江苏	克孜勒苏柯尔克孜自治州 13 个县	第四师、第七师
江西	克孜勒苏柯尔克孜自治州 1 个县	—
福建	昌吉州 6 个县	—
山西	昌吉州 1 个县	第六师
湖北	博尔塔那州 3 个县	第五师
湖南	吐鲁番地区 3 个县	—
辽宁	塔城地区 7 个县	第八师、第九师
吉林	阿勒泰地区 4 个县	—
黑龙江	阿勒泰地区 3 个县	第十师

资料来源：根据 2010 年援疆工作会议资料整理所得。

北京市对口援建新疆和田市、墨玉县、和田县、洛浦县和兵团第十四师。党的十八大以来，共实施援疆项目为 642 个、安排资金为 78.52 亿元。北京投入教育援疆资金为 34.5 亿元，新改扩建双语幼儿园 130 所、中小学校 85 所、职业技术培训学校 7 所，新增学位为 4.4 万个等。大力开展招商引资工作，共引进北京纺织控股、北京秋实农业等 62 家企业落户和田，项目总投资达 102 亿元。支持劳务输出人员就业服务工作站建设，帮助当地农村富余劳动力转移就业 37000 人次。2013—2016 年，安排产业发展促进就业资金为 12.6 亿元，建成各类产业园区 6 个，累计建设标准化厂房为 27.3 万平方米。

上海市对口支援喀什地区的莎车、泽普、叶城和巴楚 4 县，按照“规划为先、民生为本、产业为重、人才为要”的援疆工作思路，共选派援疆干部人才386名，投入援疆资金共计约92.3亿元，建设援疆项目为650个。资金和项目向民生倾斜，扎实推进住房、教育、医疗、就业等民生工程建设。

浙江省对口支援新疆阿克苏地区和兵团第一师，2010年以来，将逾50.7亿元援疆资金投向民生领域，开展了“定居兴牧”“健康普惠”“城乡饮水安全”等民生项目，援建了2个双语教师培训中心、支持16所中职学校改善基础设施；实施“千校手拉手”计划，全省400多所学校与受援地300多所学校结对帮扶。2018年援建的229个项目集中开工，总投资为65.72亿元，安排援疆资金为17.38亿元。项目涵盖了产业就业、民生保障、基层维稳、教育援疆、干部人才、交往交流等6大类。

广东省和深圳市分别对口支援喀什地区疏附县、伽师县、兵团第三师、图木舒克市，喀什市、塔什库尔干县。2010年以来，广东省及深圳市安排资金96亿元对口援建喀什地区“两市三县”。广东省向喀什地区青少年活动中心捐赠3000万元；广东省投资199.85亿元的18个援疆项目签约，涉及民生、就业、教育、人才、产业等方面，这些项目涉及面广、投资额度大，有喀什大学建设、扶持喀什地区第一人民医院重点专科建设、对口帮扶职业技术学院增设完善学科建设、劳动密集型企业落户喀什经济开发区等民生项目，也有深圳南山热电股份有限公司疏附县热电联产项目、伽师县中小企业孵化基地、新能源产业基地建设等产业援疆项目。

江苏省突出“民生优先、人才为本、产业推助、廉洁援疆”的要求，重大民生项目加快实施，干部、人才、科技、教育援疆等各方面均走在全国前列，75%以上的援疆资金投入到民生项目建设，让各族群众切实感受到了援疆成果；启动对口援疆“百企千亿”行动计划，一大批项目签约落地；在全国率先提出将援疆资金的5%用于干部人才援疆工作，确保干部人才援疆工作走在全国前列；大力推进六大人才培养工程，优化了受援地干部人才结构。

湖南省在民生建设、智力援疆、定居兴牧工程、安居富民工程等援疆工作中取得了显著成效。2010年以来，湖南省累计安排援疆资金10.17亿元（民生类项目援助资金占85%），实施援疆项目76个，安居富民、教育、卫生、产业园区、人才等援疆项目成效显著。通过大力实施就业、教育、人才等重点援疆工作，促进吐鲁番地区科学发展。

江西省对口支援阿克陶县，把该县当作江西省的第100个县来支持，以民生建设为着力点，80%以上的援疆资金全部投向民生改善方面，在产业援疆、就业、教育、人才等方面取得明显成效。

山东省对口支援喀什地区的4个县，提出了25条政策措施，把解决就业作为突出任务抓紧抓好；继续做好智力、教育援疆工作，办好内高班，加大山东与新疆中小学交往交流交融力度，开展形式多样的结对子活动，用教育提升素质，用交往、交流、交融促进团结。

河北省加大智力援疆力度，使巴音郭楞蒙古自治州和兵团第二师受援地各项工作走在自治区前列。在河北省对口支援二师铁门关市“十三五”规划中，河北省拿出援疆资金的20%、共计1.5亿元，用于开发区道路、标准厂房、垃圾处理等基础设施建设，助力完善园区功能，提升产业承载能力。

吉林省对口支援阿勒泰地区，围绕民生改善、促进就业等，推进全方位援疆。结合阿勒泰的生态环境实际，借鉴吉林生态建设经验，加强生态保护，发挥生态作用。一是发起设立边疆建设产业基金，组建投资联盟。组织动员有关央企和社会资本参与，首期募集规模不少于100亿元人民币，通过金融杠杆至少可实现400亿元投融资，解决阿勒泰地区“没钱办事”的难题。二是大力发展村级集体经济，组建产业联盟。整合一切可以利用的资源，借助一切可以依托的力量，加快推行“党建+产业”发展模式，扎实推进“千里画廊、百村增收、万户就业”援疆工程。

河南省对口支援哈密地区及兵团第十三师。2010年以来，河南省在兵团第十三师重点实施了安居富民、水利设施、特色产业、教育卫生等“十大援疆工程”，90%以上的援疆资金投向了民生领域。在兵团第十三师柳树泉农场农五连，河南投入援疆资金8190万元建设的水源汇流工程和职工保障性住房、基层党组织阵地等项目，受益职工群众近万人。

11.3 对口援疆的成效

11.3.1 对口支援成效的相关研究

在历史上，德、美、英等发达国家均施行过国内州际横向支援政策。德国统一之后，联邦政府通过财政补助计划、平衡地区间的收入差异等措施，解决东西德统一后造成的结构薄弱、人口外流等情况，1995—2004 年，联邦政府每年向东部地区投资 66 亿马克，用于改善东部基础设施和经济结构（蔡玲，2000）。

邬晓霞和魏后凯（2009）指出，国家区域援助政策对缩小区域发展差距意义重大，建议从援助政策评价、援助对象识别、援助政策目标、援助政策工具和援助政策实施的制度保障 5 个方面构建完善的国家区域援助政策体系。郑春勇（2014）强调，对口援助政策可以有效缩小地区差距并提高经济效率。王玮（2010）阐述了支援政策的必要性，认为对口支援政策是促进多民族地区发展和经济发展战略平衡的现实需要，可以有效协调区域发展、促进民族团结和缓解公共危机。

刘金山、徐明（2017）利用双重差分方法研究了 19 个省市对口支援对新疆经济社会发展的影响。实证结果表明：第一，对口支援政策显著地促进了新疆 GDP 增长。第二，对口支援政策对人均 GDP 增长起到正向推动作用，尤其是存在明显的滞后效应。第三，对口支援政策对新疆不同地区的经济增长均产生了显著推动作用，相对于经济基础较薄弱的南疆地区，政策效果在经济条件较好的北疆地区表现更为强劲，南疆地区基础设施薄弱以及配套体系不完善，削弱了援助政策在本区域的经济效果。郭金钟、付路解（2018）运用 PSM-DID 方法对我国新一轮对口援疆政策的绩效进行实证分析，结果表明，接受对口援疆的 12 个地州社会综合发展水平显著高于没有接受对口产业援疆的 2 个市，说明 19 个省市对口援疆政策促进了新疆社会综合发展水平，改变了新疆整体经济的发展轨迹，提升了新疆受援地区的造血能力。肖春梅、朱萍萍（2018）通过面板回归分析发现，对口援疆政策对新疆 GDP 的增长效应为 3.1%。

基于上述分析，中东部 19 个省市对新疆地区的产业和项目等公共基础设施投资和配套设施投资，短期内可以通过投资渠道驱动经济增长，长期内可以利用聚集经济效应提升劳动生产率，从而带来更高的收入和更多的就业机会以及较快的经济增长速度。

11.3.2　对口援疆的成效

从援疆政策实施之后的统计数据看，2010 年新一轮援助政策启动以来，新疆城镇新增固定资产投资水平迅速上升，经济增长速度从西部平均水平逐年稳步攀升，2014 年经济增长率位居西部 12 个省（区、市）的第 3 位。中央和 19 个省市先后从人才援疆、产业援疆、教育援疆、医疗援疆等方面给予新疆大力支持，推动新疆经济迈入腾飞之路。

11.3.2.1　人才援疆成效

1997—2017 年，全国各援疆单位先后选派了 9 批 1 万余名各类援疆人才支援新疆。

随着 1996 年《中共中央关于新疆稳定工作的会议纪要》的出台，1997 年 2 月，由北京、天津、上海、山东、江苏、浙江、江西、河南、河北 9 个省市和中央及国家有关部委选派到新疆工作的首批 200 多名援疆人才陆续抵疆，大规模的对口援疆工作正式开始。其后广东、辽宁、福建、湖南、湖北 5 省参与其中，截至 2009 年，中央先后为新疆选派了 6 批近 4000 名援疆人才。

2010 年以来，对口支援的省市中，新增了安徽、山西、黑龙江、吉林 4 个省和深圳 1 个地级市。人才援疆作为援疆工作的关键环节也率先启动，共派出 3261 名干部（人才）援疆，其中，中央和国家机关、中央企业等 116 家单位共选派 439 名，19 个援疆省市共选派 2792 名，主要构成为专业技术人员。2017 年，第 9 批援疆人才的规模扩大至 4639 名：中央和国家机关、中央企业等单位共选派 573 名，而且进一步优化人员结构，进一步提升综合素质，平均年龄为 43.5 岁，66% 具有硕士以上学历；19 个援疆省市选派4066名，也陆续抵疆工作。

人才援疆实行“双向挂职”，以及支教、支医、支农并行，推行“请进来、走出去”策略，全覆盖承担、轮训新疆的各级、各类人才。仅2010—2014年，支援省市业已累计培训新疆各级各类人才42.1万人，选派6735名新疆各级各类人才赴援疆省市挂职锻炼，培养青年科技精英702名。2014年，第8批援疆干部人才共实施干部人才援疆项目384个，在疆内外举办各类培训班培训3.4万余人次，选派178名干部人才赴内地挂职锻炼，促成兵团与内地互访考察团569个，互访人数6000余人次。

人才援疆，重在“造血”，提供源源不断的人才支持。2014年，第八批援疆人才、浙江大学建筑工程学院水利系教授王建江，在实地考察调研南疆多个土地盐碱化严重的团场后，组建了“南疆盐碱水淡化减排研究”团队，开展了大量的实验工作。目前，“南疆盐碱水淡化减排研究”团队已成功进行淡化盐碱水的实验，实现每天淡化盐碱水5000～1万吨。这项技术将让盐碱地这个困扰南疆农业发展的顽疾逐步得到根治。

事业成败，关键在人。新形势新任务要求援疆人才必须体现系统性、整体性、协同性。推动援疆工作进入“既要精准、又求实效、更重根本”的新常态，着眼于加强协作、促进互利，不断拓宽合作渠道、创新合作方式、完善合作机制，积极推动工作格局从“分散”援疆向“组团”援疆转变，实现“1+1>2”的效果。

11.3.2.2　产业援疆成效

2010年以前，中央企业重点对口支援南疆的喀什地区，6家国有骨干企业与喀什地区的6个县市建立了对口支援关系。截至2010年底，各援建省市已启动援疆试点项目为249个，项目总投资为65亿元。

2010年新一轮援疆工作启动后，援疆省市大力支持新疆优势、特色产业发展。“对口援疆”呈现出“模式新、项目多、产业实、交流交往深”等特点。2011—2015年，19个援疆省市对新疆实施经济合作项目为9757个，到位资金为9192.45亿元。产业援疆资金在各行业投资占比情况存在较大差异：能源矿业资金投入占比41%，房地产行业资金投入占比32%，轻工业资金投入占比16%，文化旅游业投入占比3%，农业资金投入占比 1%。这说明产业援疆项目主要支持新疆基础设施发展，根据 Kline and Moretti（2014）的研究，公共基础设施投资，长期内通过经济集聚效应可以带来劳动生产率、居民收入和就业的显著提升。基础设施的投入建设在新疆发挥了积极的乘数作用。

表 11-2　2011—2015 年对口援疆资金产业分布情况

指标	到位资金总量	能源矿业	房地产业	轻工业	文化旅游业	农业	其他
援疆资金 / 亿元	9192.45	3768.9	2941.6	1470.8	257.77	91.92	643.47
比重 /%	100	41	32	16	3	1	7

资料来源：纪念对口援疆工作走过 20 年［EB/OL］.［2017-07-10］.http://www.sohu.com/a/155909735_118570.

具体而言，2011 年，对口援疆省市经济合作到位资金为 1281 亿元，在疆实际新开工项目为 196 个，项目投资总额为 7000 多亿元。2012 年，对口援疆省市安排了 1754 个产业援疆项目，引进资金为 1493 亿元，投入援助资金为 153 亿元人民币，是前 13 年援疆累计资金投入的近 4 倍，资金支持力度前所未有。2013 年，19 个援疆省市安排援疆项目约为 1140 个。2015 年，援疆省市安排援疆项目为 1065 个，援助资金为 113.75 亿元。2016 年，援疆省市援疆资金为 144.3 亿元，援疆项目为 172 个。

在 19 个省市的大力援建下，新疆产业集聚能力明显增强。19 个援疆省市把产业园区建设作为对口援疆的重中之重，累计安排援疆资金 38 亿元，用于支持工业、农业、物流等各类园区“三通一平”、标准化厂房等基础设施建设，大力提升产业园区的承载力；建立了东部沿海地区向中西部产业转移合作的长效机制，建立了 19 个援疆省市的 48 个国家级开发区与新疆 39 个产业园区的结对支持关系。在援疆省市的协同努力下，各受援地产业园区得到了进一步发展，产业集聚能力明显增强，已成为当地经济社会发展的重要增长点。

新疆新兴产业发展强劲。产业援疆不断升级，引进大众汽车、三一重工、湖北宜化等一批投资规模大、带动能力强的重大项目落户新疆并建成投产。多项技术和产品填补了新疆产业的空白，一批强产业、惠民生的重大项目密集开工和建成投产，对促进新疆经济发展方式转变、产业结构优化调整具有促进作用。产业援疆不仅是内地产业与新疆产业的对接，也是“输血”和“造血”的并重，助推新疆在更高起点、更深层面、更广领域发展新型工业，促进新疆现代产业发展、财政增收和百姓就业。

11.3.2.3 教育援疆成效

百年大计，教育为本。在大力推行内地新疆高中班、内地新疆中职班的基础上，19个援疆省市充分利用在教育信息化方面的优势，提高新疆教育信息化基础设施建设水平，优化了学校环境，加快新疆边远地区教育发展步伐，扩大优质教育资源覆盖范围，促进各民族青少年交往、交流、交融。

1980年，我国内地70多所高校对口援助新疆、云南等9个边疆省区的高等院校。1984年，新疆与上海外国语学院、陕西师范大学、内蒙古教育学院达成协议，由上述3所高校长期为新疆代培中学师资。后经国务院批准，38所内地高等院校又为新疆代培高校师资。1989年、1992年、1997年教育部、国家民委与新疆先后召开3次内地高校对口支援新疆协作会，内地70多所高校承担了此项任务。

2010年以来，我国内地对口支援的新疆高校，全面覆盖了高职、专科、本科等各个阶段；结对帮扶除高校外的新疆其他各级、各类学校也在同步进行中，内地参与支援新疆的学校达到221所，新疆的受援学校也达到205所。同时，援疆省市业已实施计划外教育帮扶项目为42个，筹措计划外援疆资金为4023.76万元，资助贫困学生为2.29万人。2013年，基于和田、喀什、克州的实际困难，在普通高中继续施行国家助学金的基础上，中央财政免除了南疆三地州普通高中在校生学费，新疆财政对三地州的农村学生和城市家庭经济困难学生免除教材费，同时，地、县两级财政承担其住宿费，这使得南疆三地州率先在新疆实现了高中阶段免费教育。

“十二五”期间，“对口援疆”综合规划建设项目共计2226个，投入资金为639.4亿元，其中教育援疆的援助项目为448个，占项目总数的20.1%；投入资金为97.61亿元，占项目资金总额的15.27%。新建、改建、扩建校舍和辅助设施为240.32万平方米。建立起覆盖500万人次从学前到高等教育的学生资助体系。围绕双语教育和中等职业教育，累计安排 74.4 亿元援疆资金，双语教育普及率、高中和高等教育毛入学率不断提高。2011—2017 年，中小学双语覆盖率由 34% 提高到 91.6%，高中阶段毛入学率由 67% 提高到 94.2%，高等教育毛入学率由 22% 提高到 39.8%。2017 年新疆学前两年双语教育普及率达 92.3%，全区中等职业教育学校（不含技工学校）为 160 所，在校生为 23.87 万人。[①]

表 11-3　2011—2015 年教育援疆资金投入情况

项目	援疆项目量 / 个	教育援疆项目		援疆投入资金 / 亿元	教育援疆投入资金	
		项目量 / 个	比重 /%		投入资金 / 亿元	比重 /%
数据	2226	448	20.1	639.4	97.61	15.27

资料来源：新疆维吾尔自治区教育厅。

从各省市教育援疆的成效看，2010—2016 年，上海对口援建喀什地区教育项目为 108 个，资金为 16.73 亿元。湖南实施“组团式”援疆，共安排教育援疆项目为 34 个，新建校舍面积为 12 万平方米，13 所示范性双语幼儿园、3 所高中和 3 所职业技术学校投入使用。培训当地教师为 15000 多人次，邀请湖南教学名师授课为 326 堂次。

河南省对哈密地区教育基础设施进行大力支援，哈密地区双语幼儿园由 2013 年的 33 所增加到 2015 年的 42 所，2016 年开工建设 38 所（其中援疆项目 17 所），双语幼儿园总数达到 80 所。如今，哈密地区基本实现“一乡镇一园”，实现了农村双语幼儿园全覆盖的目标。

辽宁省在对口支援“一地两师”的过程中，把教育援疆作为重中之重，“十二五”以来投入资金为 3.7 亿元，累计建设 22 万平方米教学场地，使 3.23 万名学生受益。先后选派 212 名优秀教师支教，组织近 200 名特级教师、劳动模范进疆授课。辽宁省 20 所学校与受援地学校结为“对口交流学校”，29 所高校累计招收新疆籍考生为 1655 人，安排 1567 名未就业少数民族大学生赴辽培训。

山西省教育厅直属 11 所优质学校（幼儿园）与阜康市 7 所学校（幼

① 数据来源：新疆统计局 . 2017 年新疆维吾尔自治区教育事业发展统计公报 .

儿园）签订友好学校合作协议。2015 年，山西各地市 25 所优质学校与阜康市受援团场 16 所学校建立了“友好学校（园所）”合作关系，对口帮扶做到了班级对班级、教师对教师的常态化交流。

11.3.2.4　医疗援疆成效

在医疗卫生等社会保障领域，“十二五”专项规划共投入 46 亿元，落实资金 22.89 亿元；选派援疆医疗队 97 批次共 1266 人。“十二五”专项规划支持的医疗卫生项目共 257 个，涵盖医疗卫生基础设施建设、医疗设备购置、卫生人才培养、卫生信息化建设等领域；支持 1399 个地（市）级医院、县（团）级医院、中心乡（镇）卫生院、村卫生室的基建建设、设备购置等，以及重大疾病防控体系、儿童医疗服务体系、农村急救体系等构建。截至 2015 年，全疆基层医疗卫生机构标准化达标率达 95%。①

2010 年新一轮援疆工作以来，国家卫生计生委共协调安排中央财政专项资金为 355.19 亿元，重点支持新疆维吾尔自治区和新疆生产建设兵团卫生计生事业发展。19 个援疆省市交出了优异的“成绩单”：派遣医疗队 360 余批次 2.4 万余人、开展门诊诊疗 150 万人次、实施手术 13.5 万人次、抢救急重症病人 4.5 万人、开展义诊活动 1.8 万场次。通过 19 个省市的援助，新疆医疗卫生服务体系日益健全，基层基础设施条件和诊疗服务环境持续改善，新疆乡镇卫生院、村卫生室标准化建设率分别提高到 88.17% 和 84.21%，县域内就诊率提高至 85.1%。

在中央和各省市的医疗援助下，新疆各级医疗卫生机构由 2010 年的 0.63 个增加到 2017 年的 1.56 万个，每千人病床数由 4.89 张提高到 6.54 张，卫生专业技术人员由 10.23 万人增加到 14.71 万人，孕产妇死亡率、婴儿死亡率分别下降到 33.14%、19.42%。深入开展“组团式”援疆工作，实现卫生计生援疆工作由“输血”到“造血”的转变，大大推动了新疆健康扶贫工程的深入开展。

总之，对口支援政策对新疆经济条件存在差异的南疆地区和北疆地区经济发展均产生显著推动作用。然而，由于南疆地区的配套基础设施和配

① 数据来源：新疆维吾尔自治区卫生厅 . 卫生援疆成效凸显［N］. 2013-11-06.

套体系等软环境不够完善，削弱了援助政策的实际效果。这表明对口支援政策没有有效发挥缩小地区差距的政策功能。因此，新一阶段的对口援疆将推进南疆地区脱贫攻坚，助推新疆受援地如期实现脱贫目标；扩大新疆就业，促进更多的困难群众就近就地就业；提高人口素质，推进教育援疆。

参考文献

[1] 刘金山，徐明．对口支援政策有效吗？——来自19省市对口援疆自然实验的证据［J］．世界经济文汇，2017（4）：43-59.

[2] 马宇飞．对口援疆20年：实践与启示［J］．实事求是，2018（1）：36-42.

[3] 陈宏．中央实施援疆工作的历史考察和经验总结［M］．乌鲁木齐：新疆人民出版社，2015.

[4] 郭金钟，付路解．基于DID模型的对口援疆政策总体绩效评价［J］．新疆社会科学，2018（5）：73-77.

[5] 新华社．第五次全国对口支援新疆工作会议在京召开［N］．人民日报，2015-09-24（4）.

[6] 新华社．新疆各民族平等团结发展的历史见证［N］．人民日报，2015-09-25（10）.

[7] 蔡玲．德国区域援助政策对我国实施西部大开发战略的启示［J］．财政研究，2000（8）：20-22.

[8] 邬晓霞，魏后凯．国家区域援助政策的理论依据、效果及体系构建［J］．中国软科学，2009（7）：94-103.

[9] 张鑫．对口支援政策下的产业援疆模式选择与实现路径［J］．石河子大学学报（哲学社会科学版），2014（1）：12-14.

第12章　新疆经济发展的新机遇：“一带一路”

2013年9月和10月，习近平总书记访问中亚和东南亚国家期间，先后提出共建“丝绸之路经济带”和“21世纪海上丝绸之路”的重大倡议，引起了国际社会的高度关注。2014年4月，习近平总书记在新疆考察时提出，新疆要把自身对外开放战略融入国家“丝绸之路经济带”建设的总体布局中。2015年3月，国家发展改革委等部门发布《推动共建“丝绸之路经济带”和21世纪海上丝绸之路的愿景与行动》，将新疆明确定位为“丝绸之路经济带”核心区。为此，新疆利用“一带一路”的建设机会，大力提升对外贸易便利化水平和产业集聚能力。

12.1　“一带一路”倡议的内涵

2014年12月，中央经济工作会议将实施“一带一路”上升为国家战略，成为我国未来构建开放型经济新体制的重要支撑。经过夯基垒台、立柱架梁的5年，共建“一带一路”正在成为我国参与全球开放合作、改善全球经济治理体系、促进全球共同发展繁荣、推动构建人类命运共同体的中国方案。

12.1.1　对外开放战略

“一带一路”倡议体现了我国新时期全方位对外开放战略的内涵，即在对外开放的方向上东西并重，陆海连动；在对象国上发达国家与发展中国家并重，在对外开放的方式上“引进来”与“走出去”并行。“一带一路”倡议的提出，为沿线国家优势互补、开放发展构建了国际合作的新平台。从国内来看，该倡议的提出可以发挥新疆独特的区位优势和向西开放重要的窗口作用，深化与中亚、南亚、西亚等国家的交流合作，形成“丝绸之路经济带”上重要的交通枢纽、商贸物流和文化科教中心，建设“丝绸之路经济带”核心区。“一带一路”倡议有望构筑全球经济贸易新的大循环，成为继大西洋、太平洋之后的第三大经济发展空间。

改革开放40余年来，我国对外开放取得了举世瞩目的伟大成就，但受地理区位、资源禀赋、发展基础等因素的影响，对外开放总体呈现东快西慢、海强陆弱的格局。“一带一路”构筑新一轮对外开放的“一体两翼”，在提升向东开放水平的同时加快向西开放步伐，助推内陆沿边地区由对外开放的边缘迈向前沿。遵循和平合作、开放包容、互学互鉴、互利共赢的丝路精神，中国与沿线各国在交通基础设施、贸易与投资、能源合作、区域一体化、人民币国际化等领域深度合作。

根据商务部、国家外汇局的统计，2018年，我国全行业对外直接投资为1298.3亿美元，同比增长4.2%。其中，对外金融类直接投资为93.3亿美元，同比增长105.1%；对外非金融类直接投资为1205亿美元，同比增长0.3%。我国企业对“一带一路”沿线的56个国家实现非金融类直接投资为156.4亿美元，同比增长8.9%，占同期总额的13%。在“一带一路”沿线的63个国家对外承包工程完成营业额为893.3亿美元，占同期总额的52%。这预示着我国对外开放进入新阶段。我国积极参与全球价值链的分工与贸易，形成优进优出的开放型经济新格局，我国经济与世界经济在更高层次上实现深度融合，我国的对外开放水平得以迅速提升。

12.1.2 互联互通战略

“一带一路”倡议涵盖“互联互通”战略，其含义包括内部互相联动与外部互联互通两个层次。由于诸多的经济社会历史因素，中国内部发展长期处于一种不均衡的态势。要想实现协调均衡发展，必须解决我国内部协同发展的诸多障碍，将东部地区充裕的资金、人才资源同西部地区丰富的自然资源相结合，在互联互通过程中实现地区经济的发展。

外部互联互通则是通过加强与沿线国家的经贸合作，带动相关区域发展，实现更广领域、更高层次、更大范围内的资源互动。既可以帮助沿线国家经济实现起飞，改善其国计民生，又可以为我国经济发展获得更多的能源资源，保证我国经济稳定增长。

外部互联互通需要创新合作模式。加强"五通"，即政策沟通、道路联通、贸易畅通、货币流通和民心相通，以点带面，从线到片，逐步形成区域大合作格局。商品、资金、技术、人员流通，可以为经济增长提供强劲动力和广阔空间。在各方的共同努力下，2018 年，"六廊六路多国多港"的互联互通架构基本形成，一大批合作项目落地生根，150 多个国家和国际组织同中国签署共建"一带一路"合作协议。

12.1.2.1 政策沟通

我国与塔吉克斯坦、匈牙利、以色列、埃塞俄比亚和马达加斯加等 30 个"一带一路"国家外交关系级别得到明显提升。2017 年，新签约 50 份"一带一路"框架下的各类合作协议，占 5 年来已签署协议总数的近一半。其中，战略、政策对接和经贸合作等类型的协议占比达 50%。2017 年，我国与芬兰建立新型合作伙伴关系，同新加坡携手打造自贸协定"升级版"；另外，与"一带一路"沿线国家签署 130 多个互联互通交通协定。

12.1.2.2 设施联通

基础设施的互联互通是实现"一带一路"愿景的基础支撑、重要保障，扮演着"先行官"的重要角色。只有打通制约经济发展的诸多瓶颈，"一带一路"才能活起来、动起来。2018 年末，中国已与沿线国家签署了 130 多个涉及铁路、公路、水运、民航、邮政的双边和区域运输协定，以规划促建设，以合作促发展。我国已与沿线 43 个国家实现了直航，每周约 4200 个航班；国航、南航、东航和海航等已在沿线 24 个国家设立了境外营业部，开展航空运输相关的国际业务，空中互联互通逐步完善。

12.1.2.3 贸易融通

"一带一路"涵盖 60 多个国家，总人口 44 亿人，构成了一个极为庞大的市场，市场规模和潜力独一无二。2013年以来，中国与“一带一路”沿线国家贸易总额约20万亿元。在发展传统贸易的同时，积极发展跨境电子交易等新型贸易方式，拓展旅游、过境运输、教育、文化、医保、物流、IT等服务产业贸易，大力承接周边国家的服务外包业务，扩大区域贸易规模。

12.1.2.4　资金融通

在“一带一路”建设中贸易与投资合作是重点内容，道路联通是优先领域，而货币流通是重要支撑。各国在本币结算方面开展合作，力争在经常项下和资本项下实现本币兑换和结算，以大大降低流通成本，增强抵御金融风险的能力，提高本地区的经济国际竞争力。2017年，中国向丝路基金新增资金1000亿元人民币。同时，中资银行在“一带一路”沿线国家设62家一级机构。

12.1.2.5　民心相通

民心相通是“一带一路”建设的社会根基。国之交在于民相亲，搞好各个领域合作，必须得到各国人民的支持，必须加强人民友好往来，增进相互了解和传统友谊，为开展区域合作奠定坚实的民意基础和社会基础。2017年，中国和印度尼西亚推进教育合作，“一带一路”沿线国家在华留学生达到20多万。同时，中国与柬埔寨人文交流掀起“汉语热”。随着2019年“一带一路”国际高峰论坛的召开，“一带一路”倡议构想正在世界各国人民心中生根发芽。“一带一路”将成为沿线各国的共同事业，进一步加强政治互信、地缘毗邻、经济互补等优势转化为务实合作、持续增长优势。

12.2　“一带一路”建设的成就

12.2.1　政策沟通成就

政策沟通是共建“丝绸之路经济带”的基础、前提和保障。2014—2016年，中国与沿边国家建立了不同层次、不同领域、不同方式的政策沟通。习近平主席先后多次出访中亚国家，与中亚各国首脑进行会晤，深入阐释“丝绸之路经济带”的深刻内涵和积极意义，双方就共建“丝绸之路经济带”达成广泛共识。例如，中国同中亚国家以宣言、协议、公报、备忘录或条约的形式明确了在“丝绸之路经济带”框架下加强合作的意愿、领域和方式。2014 年 12 月 14 日，中哈签署《中华人民共和国国家发展和改革委员会与哈萨克斯坦国民经济部关于共同推进“丝绸之路经济带”建设的谅解备忘录》，宣布双方将共同推进“丝绸之路经济带”有关合作，发展和加强区域间互联互通，促进和深化“丝绸之路经济带”沿线有关交通、经贸、旅游、投资及其他合作领域的经济活动（见表 12–1）。

表 12–1　中国与中亚国家推动“丝绸之路经济带”建设的宣言或合作协议

国家	宣言或协议名称	签署时间
哈萨克斯坦	中华人民共和国国家发展和改革委员会与哈萨克斯坦国民经济部关于共同推进“丝绸之路经济带”建设的谅解备忘录	2014 年 12 月 14 日
	中哈产能合作框架协议	2014 年 12 月 14 日
	中哈政府关于加强工业与投资领域合作的框架协议	2015 年 8 月 31 日
	“丝绸之路经济带”建设与“光明之路”新经济政策对接合作规划	2016 年 9 月 2 日
乌兹别克斯坦	中乌联合宣言	2014 年 8 月 19 日
	关于在落实建设“丝绸之路经济带”倡议框架下扩大互利经贸合作的议定书	2015 年 6 月 15 日
	中乌联合声明	2016 年 6 月 22 日
塔吉克斯坦	中塔关于进一步发展和深化战略伙伴关系的联合宣言	2014 年 9 月 13 日
吉尔吉斯斯坦	中吉关于进一步深化战略伙伴关系的联合宣言	2014 年 5 月 18 日
	中吉政府关于两国毗邻地区合作规划纲要（2015—2020 年）	2015 年 9 月 2 日
土库曼斯坦	中土关于发展和深化战略伙伴关系的联合宣言	2014 年 5 月 12 日

资料来源：韩璐．“丝绸之路经济带”在中亚的推进：成就与前景［J］．国际问题研究，2017（3）.

12.2.2 贸易畅通成就

“一带一路”倡议提出近6年来，中国基于“共商、共建、共享”的原则，和广大发展中国家以及发达国家共同推进互联互通，取得了显著成绩。“一带一路”地区覆盖总人口约46亿人（超过世界人口60%），GDP总量达20万亿美元（约占全球1/3）。区域国家经济增长对跨境贸易的依赖程度较高，2000年各国平均外贸依存度为32.6%，2010年提高到33.9%，2012年达到34.5%，远高于同期24.3%的全球平均水平。根据世界银行数据计算，1990—2013年，全球贸易、跨境直接投资年均增长速度为7.8%和9.7%。而“一带一路”相关65个国家同期的年均增长速度分别达到13.1%和16.5%。尤其是国际金融危机后的2010—2013年，“一带一路”对外贸易、外资净流入年均增长速度分别达到13.9%和6.2%，比全球平均水平高出4.6个百分点和3.4个百分点。2015年，我国同“一带一路”沿线国家进出口贸易总额近1万亿美元，在沿线65个国家中投资49个国家，共计150亿美元，同比增长18%。

2013年以来，中国与“一带一路”参与国经贸投资合作成效明显，贸易和投资合作不断扩大，形成了互利共赢的良好局面。中国对“一带一路”国家出口的主要是机电类产品；在进口产品中，电机电气设备和矿物燃料的比例最高。民营企业是“一带一路”贸易主力军，贡献了43%的贸易额。

中国对“一带一路”国家贸易和投资总体保持增长态势。2013—2017年，中国与“一带一路”国家进出口总额达69756.23亿美元，与相关国家贸易增速高于中国对外整体增速。2013年，中国与“一带一路”国家的贸易增长率为7.86%，2015年增速下滑至-9.97%，但到2017年，双边贸易增长率迅速上升至13.45%。这表明中国与“一带一路”沿线国家的贸易取得了巨大成就，并迅速辐射至周边地区（见图12-1）。

中国与亚洲大洋洲、西亚的贸易合作水平提高。2017年，韩国、越南、马来西亚、印度、俄罗斯等国是中国最主要的“一带一路”贸易伙伴。“一带一路”贸易合作中，还有一匹“黑马”，就是中亚地区。2017

年，中亚地区是与中国贸易往来增速最快的区域。卡塔尔、黑山、蒙古国和哈萨克斯坦与中国的进出口增速都超过了35%，是未来贸易合作的重点地区。

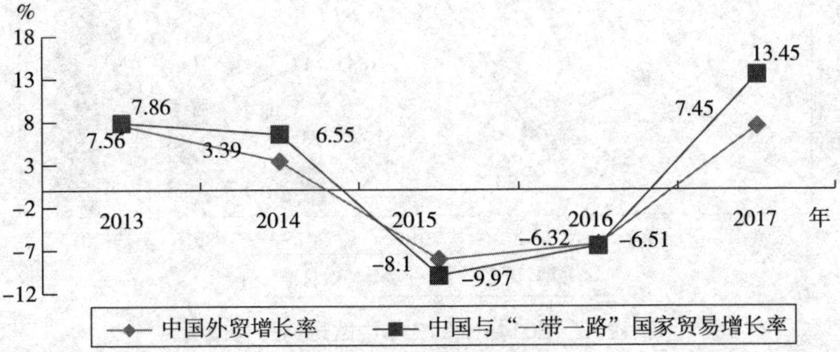

图12-1　中国外贸增长趋势

资料来源：海关总署。

12.2.3　设施联通成就

基础设施互联互通是"丝绸之路经济带"建设的优先领域。"丝绸之路经济带"几大经济走廊交通互联互通都取得了阶段性成果。向西，新亚欧大陆桥经济走廊方向，将中欧班列作为深化我国与沿线国家经贸合作的重要载体，促进中欧国际铁路货物联运，深化国际铁路运邮合作。向南，在中国—中南半岛经济走廊方向，推动雅万高铁、中泰铁路等一批高铁和铁路建设合作项目取得新进展，加快推进大湄公河次区域九大交通走廊建设。向北，中蒙俄经济走廊方向，加快推进中俄同江铁路桥、黑河界河公路桥等项目建设。

2011年，中欧班列开行数量仅为17列，年运送货物总值不足6亿美元；到2017年，中欧班列开行数量为3673列，年均增速151.9%；到2018年，中欧班列累计开行数量突破1万列，年运送货物总值达160亿美元（见图12-2）。

2016年2月，中铁隧道集团承建的乌兹别克斯坦境内的安格连—帕普铁路卡姆奇克隧道顺利贯通，该隧道长19.26千米，是安格连—帕普铁路全线的咽喉要道，被称为"中亚第一长隧道"，也是中国—中亚—欧洲国际运输走廊的重要组成部分。

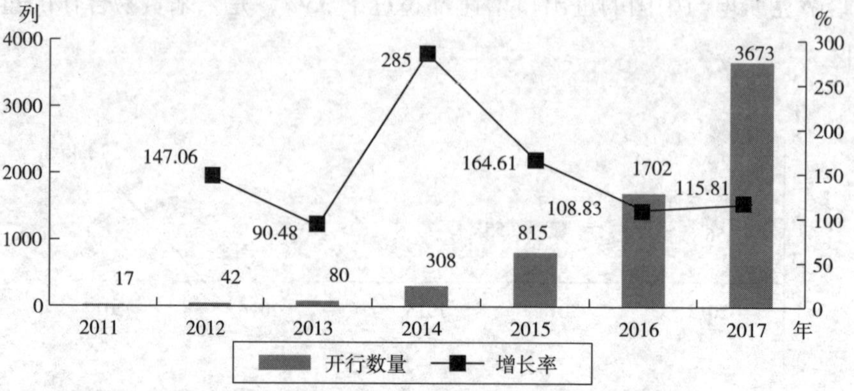

图 12-2 2011—2017 年中欧班列开行数量

资料来源：国家信息中心“一带一路”大数据中心主编的《“一带一路”大数据报告（2018）》。

12.2.4 资金融通成就

“一带一路”沿线许多国家正处在工业化、城市化的起步或加速阶段，基础设施发展依然滞后于经济增长，且无论在质上还是量上均低于国际标准，已经对经济发展构成了严重的制约。特别是对能源、通信、交通等基础设施的需求很大，但供给却严重不足，面临建设资金短缺、技术和经验缺乏的困境，成为制约发展进程的“短板”。

根据国务院发展研究中心依据覆盖基础设施各领域投资与 GDP 合意比例测算的总需求，2016—2020 年，“一带一路”沿线国家基础设施合意投资需求至少在 10.6 万亿美元以上，庞大的资金缺口亟待弥补。也正是在这样的困境和需求下亟待形成规模巨大的资产池，成为一种用于为包括跨境基础设施在内的区域和全球公共产品融资的“永久资本”。2016 年以来，中国与其他国家合作组建了亚洲基础设施投资银行、金砖国家新开发银行、丝路基金等开发性金融机构，国际多边金融组织与各类商业银行，以及中国 – 东盟银联体、上合组织银联体、中国 – 中东欧银联体组成的新型国际多边投融资框架，为不同发展水平和不同需求的基础设施和项目建设提供稳定、透明、高质量的资金支持，为改善共建“一带一路”跨国基建发展金融环境作出了重要贡献。

中国人民银行与中亚国家央行合作深化。截至2016年底，中国与哈萨克斯坦、乌兹别克斯坦、塔吉克斯坦三国全部签署了双边本币互换协议，互换协议总额达110亿元人民币。中国与吉尔吉斯斯坦也签订了边境贸易本币结算协议。

12.2.5　重构全球产业链和价值链

"一带一路"建设充分激发了东南亚、西亚、中亚、中东欧等不同区域的体量优势、资源禀赋优势、区位优势、产业优势和协同优势，全面促进区域内贸易创造。"一带一路"倡议提出以来，沿线国家全球贸易参与程度稳步提升，2017年贸易参与度达到55.2%，其重要性日趋凸显。

从贸易方式看，中间品贸易成为"一带一路"沿线国家贸易的主要形式，2017年"一带一路"中间品贸易占区域内贸易的61.0%。与欧盟、北美自由贸易区相比，"一带一路"沿线国家内部贸易在全球总贸易中的占比提升明显，到2017年已达13.4%，其体量已相当于欧盟内部贸易的65%。"一带一路"沿线国家成了仅次于欧盟的全球第二大贸易板块，贸易红利进一步显现。

中国作为共建"一带一路"中最大的中间品贸易大国，其"中国市场"的角色成为引领"一带一路"沿线国家经济持续增长的内生动力。根据中国国际经济交流中心联合课题组研究测算结果，2017年中国中间品进口总额为9431.2亿美元，占"一带一路"沿线国家中间品进口额的36.3%，其比重较2013年上升5个百分点。其中，自"一带一路"沿线国家进口3023.1亿美元，占中国中间品进口总额的32.1%。中国巨大的市场需求极大地促进了"一带一路"沿线国家的贸易增长。

12.2.6　创新合作方式

从合作方式看，共建"一带一路"从初始的基础设施合作、国际产能合作、贸易投资合作、金融合作等较为单一的方式向价值链合作、第三方市场合作与能力建设等多元化、多层次合作方式演变。特别是第三方市场合作创造了国际合作的全新模式。倡导“一带一路”建设第三方合作以来，“一带一路”建设吸引了日本、法国、意大利、西班牙等发达国家的积极参与，通过包括联合投标、共同投资等创新方式，实现了“1+1+1>3”的共赢效果。

东盟东亚经济研究中心（ERIA）报告表明，2021—2030年，供应链壁垒和非关税措施的削减将使东盟各国GDP累计增加31.19%，不仅将加快有关国家的基础设施建设步伐，也将整体推进参与国家的工业化发展水平和工业化进程。

随着世界经济的结构性调整和新一轮产业革命的全面深入展开，“一带一路”建设正由加工制造、工程机械、能源、农业等传统领域向绿色经济、数字经济、跨境电子商务、金融科技等新经济领域方向发展。共建“一带一路”倡议正由亚欧大陆延伸至非洲、拉丁美洲和南太平洋地区等区域国家。

12.3 “一带一路”建设给新疆带来的机遇

“丝绸之路经济带”核心区战略定位为新疆新型工业化建设提供了历史性机遇。国家“一带一路”倡议将新疆定位为“丝绸之路经济带”核心区，加快“三基地”（大型油气生产加工和储备基地、大型煤炭煤电煤化工基地、大型风电基地）、“三通道”（丝绸之路商贸物流北通道、中通道和南通道）、“五大中心”（区域性交通枢纽中心、区域性商贸物流中心、区域性金融中心、区域性文化科教中心、区域性医疗服务中心）和“十大进出口产业集聚区”建设，为新疆构建开放型经济体系，走新型工业化道路带来前所未有的重大发展机遇。

12.3.1 贸易畅通的机遇

北京大学海洋研究院与国务院发展研究中心（2016）联合发布了“一带一路”沿线国家五通指数，其中的贸易畅通指标客观衡量我国与沿线各国之间贸易与投资的便利化与自由化程度、国际营商环境和经贸合作水平，由3个二级指标、9个三级指标构成。贸易畅通指数显示，"一带一路"沿线国家中仅有7个国家贸易畅通水平为"畅通型"，13个"良好型"国家以及8个"薄弱型"国家，其余大部分国家均属于"潜力型"。贸易畅通在"一带一路""五通"的发展中处于领先地位，而相互直接投资不足是贸易畅通的重要缺陷。从区域角度来看，东南亚、中亚各国以及蒙古国、俄罗斯的贸易畅通水平较高，而南亚国家则整体较低。

新疆与俄罗斯、哈萨克斯坦、吉尔吉斯斯坦、塔吉克斯坦、巴基斯坦、蒙古国、印度、阿富汗等8个国家接壤，边境线5600多千米，拥有17个国家一类口岸和12个二类口岸，面向东、西两个13亿人口的消费市场，对外贸易发展空间广阔。

新疆商贸物流业依托丝绸之路北、中、南三条大通道的历史脉络，打通丝绸之路商贸物流北通道、中通道和南通道，构建新疆三大商贸物流通道。北通道从伊吾进入，沿巴里坤、富蕴、北屯、阿勒泰，向北从布尔津过吉克普林口岸（待开放）到俄罗斯，向西过吉木乃口岸、阿黑土别克口岸（待开放）到哈萨克斯坦，向东辐射对蒙古的塔克什肯、红山嘴、老爷庙、乌拉斯台口岸。中通道沿哈密、经乌鲁木齐、昌吉、石河子、奎屯、精河向西，一路从阿拉山口口岸出境；一路经伊宁，从察布查尔的都拉塔口岸、霍城的霍尔果斯口岸、昭苏的木扎尔特口岸进入哈萨克斯坦。南通道从格尔木进入若羌后，经且末、和田、莎车、喀什至塔什库尔干，从红其拉甫和卡拉苏口岸进入巴基斯坦和塔吉克斯坦。

2018年，作为核心区商贸物流中心重要引擎的乌鲁木齐国际陆港区引进企业24家，完成招商引资额17.63亿元，进出口额7.5亿美元。中欧班列集结中心扩建工程一期建成投入使用，全面开展肉类进口业务；汽车整车、粮食、种苗等指定口岸基础设施建设加快完善，申建材料已经上报；铁路口岸商务商贸区、国际快件交易中心等项目也在加快推进。2018年4月，包括乌鲁木齐、喀什、霍尔果斯、阿拉山口在内的新疆8个重要节点城市联手成立了丝绸之路国际陆港联盟，共建新疆陆港体系，打造"一带一路"上的"大陆港"。

2018 年，新疆企业境外投资项目共计 10 个，中方投资额达到 8.6 亿美元，已超过“十三五”头两年境外中方投资总额的 60% 以上，投资行业涉及能源、医疗、建材、家具制造等领域，投资国别涉及塔吉克斯坦、德国、阿根廷等国家及“一带一路”沿线国家。境外经贸合作区不断培育壮大。2018 年 6 月，塔吉克斯坦农业纺织产业园项目投产试车；格鲁吉亚华凌工业园已经有 442 家企业和公司落户，成为格鲁吉亚最大的外资企业。

12.3.2　设施联通的机遇

经济学理论表明，各国要素禀赋的差异使得贸易、投资等经贸合作能够有效扩大各国生产可能性曲线的边界，实现经济互利共赢发展。但在具体实践中，各国特别是广大发展中国家开展经贸合作往往受到物流成本、制度成本等经贸合作壁垒的制约，从而导致真实的经贸合作规模远低于要素禀赋差异所产生的经贸合作潜力。基础设施互联互通状况落后正是经贸合作壁垒的重要原因之一，对于诸多发展中国家参与经济全球化的负面影响并不亚于关税、技术壁垒、卫生壁垒等制度型壁垒。因此，共同推进铁路、公路、港口、电网等基础设施建设，改善国家之间的设施联通状况，将大幅度降低经贸合作的成本，为各地区基于自身比较优势参与全球分工合作、加速城镇化和工业化进程奠定良好基础。

在基础设施联通方面，2018 年，中欧班列——新疆西行货运班列开行 1002 列，运输货物 173 万吨，超过了 2016 年、2017 年的总和，效率不断提升。向东，由中国内地始发的班列 4 天即可抵达乌鲁木齐集结中心；向西，乌鲁木齐的货物 8 天抵达俄罗斯，19 天抵达意大利。中欧班列开行线路覆盖中欧、中亚 24 个地区；到阿拉木图的运输成本由 9000 多元人民币缩减至 3400 元，下降近 60%；货物品类由最初的 20 多种发展到覆盖石油化工、机械设备、纺织品、服装、百货、建材等 200 多种。墨玉 – 和田 – 洛浦公路项目建成通车；克拉玛依至塔城铁路铁厂沟至塔城段、格尔木至库尔勒铁路（新疆段）等项目加快建设；伊宁、阿克苏机场改扩建工程开工、乌鲁木齐机场改扩建项目可研报告获国家批复。

在新疆的航线网络建设上，“区内成网，区外东西成扇”的航线网络不断完善。从亚欧交通地图上可以清晰地看到，密集的航线以乌鲁木齐为中心，向东和向西两个方向延展开来，向东连接的是我国中东部地区，向西连接的是中亚乃至欧洲。2018 年 12 月，和（田）若（羌）铁路正式开工建设。和若铁路建成后向东与库尔勒至格尔木铁路相接并向成都延伸（格成铁路），形成新疆第三条出疆铁路和新疆首条直通我国内陆的铁路大通道，向西与规划的中巴、中吉乌铁路相接，形成我国向西开放的大通道。

12.3.3 产业创新的机遇

"一带一路"倡议的实施，必将引发不同国家和地区的区域创新，这包括区域发展模式、区域产业战略选择、区域经济的技术路径、区域间的合作方式等等，其间的每个创新都蕴含着无限的机遇。新疆的一些优质过剩产业将会转移到其他一些国家和地区；在国内，因为市场供求变化，一些过剩的产业也许在其他国家能恰好被合理估值；在国内，因为要素成本的上升而使一些产业产品失去了价格竞争力，也许在其他国家，较低的要素成本会使这些产业重现生机；在国内，因为产品出口一些发达国家受限而影响整个产业的发展，也许在其他国家就能绕开这些壁垒；等等。

在"一带一路"的背景下，新疆不断开拓区域创新和产业创新，从政策设计到创新项目实施，新疆利用历史机遇加快提升创新能力。

一是创新发展政策的设计。2018 年，新疆发布《"丝绸之路经济带"创新驱动发展试验区总体规划纲要》和《新疆创新试验区总体实施方案（2018—2020）》，方案部署了新疆创新试验区重点创新项目规划 141 项，涉及相关厅局承担的项目和任务 15 项，"五地七园"实施项目 126 项。在总体规划框架下，各成员单位相继制订了任务推进计划，新疆生产建设兵团编制了《试验区兵团总体实施方案（2018—2020）》，7 个创新园编制了各自的实施方案，形成了完善的顶层规划体系。

二是创新项目逐步落户。一批标志性项目落地实施。新疆创新试验区总体规划 126 个重大项目。截至 2017 年末，利用"中国科学院—新疆科技合作洽谈会""中国北京国际科技产业博览会""中国国际高新技术成果交易会"等展会平台，先后推动 40 个重大技术合作项目签约，金额达 211

亿元。省部共建中亚高发病成因与防治国家重点实验室、清华启迪之星孵化基地等20个具有引领作用的创新基地项目已落地试验区。新疆创新试验区范围内科技型企业总量达3186家，占全疆的15.6%；7个创新园生产总值为1837.7亿元，占全疆的19.04%；高新技术企业341家，占全疆的73%，数量比2016年增加102家。

三是7个离岸孵化器落户疆外。2017年，新疆创新试验区已在北京、上海、深圳等地建设离岸孵化器（基地）7家，培育面向中亚的国际创业孵化机构1家，在孵企业122家，初步实现了内地离岸孵化、新疆落地加速，培育科技型创新企业的目标。“双创”工作深入发展，目前备案自治区科技企业孵化器23家（其中9家同时是国家级孵化器）、众创空间49家。

12.3.4 “一带一路”经济走廊建设的机遇

12.3.4.1 中国－中亚－西亚经济走廊的建设

中国－中亚－西亚经济走廊东起中国，向西经中亚至阿拉伯半岛，是“丝绸之路经济带”的重要组成部分。该条经济走廊从新疆出发，抵达波斯湾、地中海沿岸和阿拉伯半岛，主要涉及中亚五国（哈萨克斯坦、吉尔吉斯斯坦、塔吉克斯坦、乌兹别克斯坦、土库曼斯坦）、伊朗、土耳其等国。

2014年6月，中国在中国—阿拉伯国家合作论坛第六届部长级会议上提出构架以能源合作为主轴，以基础设施建设、贸易和投资便利化为两翼，以核能、航天卫星、新能源三大高新领域为突破口的中阿“1+2+3”合作格局。2016年G20杭州峰会期间，中哈两国签署了政策对接合作文件。

中国－中亚－西亚经济走廊上区域性的国际运输也一直在发展。主要以中亚班列为例，截至目前，中亚班列已达28条。中亚班列的开通对粮食出口具有重要意义。哈萨克斯坦的小麦出口位居世界前10位，中亚班列可以将哈萨克斯坦小麦直接运输到中哈（连云港）物流中心，换装海运出口。另外，据哈萨克斯坦国家铁路货物运输公司统计，2018年，哈铁货物运输公司共运输集装箱46.6万标箱。其中，过境哈萨克斯坦中欧班列占集装箱班列总数的30%。

作为中国同外国建立的首个跨境边境合作中心，中哈霍尔果斯国际边境合作中心进入发展的"黄金期"。2018 年，合作中心游客人数达到 122.2 万人次，较上年增长 8%。中国与哈萨克斯坦签订了 270 亿美元的重点项目清单，成立了 20 亿美元的中哈产能合作基金。

中亚、西亚地区能源丰富，以天然气为例，中国－中亚天然气管道网逐步成型，管道分为 4 条线路，目前，A/B/C 三线已经通气投产，D 线正在铺设中。预计修建完成后，每年从中亚国家输送到国内的天然气，约占中国同期消费总量的 15% 以上，惠及 27 个省、直辖市、自治区和香港特别行政区（见表 12–2）。

表 12–2　中国－中亚天然气管道建设情况

名称	起始国家	管道长度 / 千米	年输气量 / 亿立方米	通气时间
A 线	土库曼斯坦	1833	300	2009 年 12 月
B 线	乌兹别克斯坦			2010 年 10 月
C 线	乌兹别克斯坦	1840	250	2014 年 5 月
D 线	土库曼斯坦	1000	300	预计 2020 年

资料来源：国家信息中心"一带一路"大数据中心主编的《"一带一路"大数据报告（2018）》。

12.3.4.2　中巴经济走廊的建设

中巴经济走廊是共建"一带一路"的旗舰项目。起点在喀什，终点在巴基斯坦的瓜达尔港，在空间范围上包括中国新疆维吾尔自治区和巴基斯坦全境，是一条包括公路、铁路、油气和光缆通道在内的贸易走廊。

中国与巴基斯坦是全天候战略合作伙伴，在双边层面推动走廊建设优势明显。对巴基斯坦而言，中巴经济走廊的能源合作项目能够协助其解决困扰多年的能源短缺问题，为巴基斯坦的经济增长带来强大动力。2017 年 12 月 18 日，中巴两国共同编制的《中巴经济走廊远景规划》在伊斯兰堡发布，其中指出中巴经济走廊是以中巴两国的综合运输通道及产业合作为主轴，以两国经贸务实合作、人文领域往来为引擎，以重大基础设施建设、产业及民生领域合作项目等为依托。

能源领域是中巴经济走廊进展最快、成效最显著的领域，中巴在能源领域规划了 17 个优先实施项目，11 个已开工建设，即将迎来密集建设、建成期。交通基础设施是中巴经济走廊另一个重点建设领域。公路建设项目有 2 项，其中喀喇昆仑公路项目二期改扩建工程，改的便是目前中国和巴基斯坦唯一的陆路交通通道。2018 年 9 月，二期（赫韦利扬至塔科特）项目部分主体工程已基本完工。另一条则是连接巴基斯坦南北的大动脉卡拉奇–拉合尔高速公路项目，该项目于 2016 年 5 月开工，目前进展良好，建成后将极大地改善巴基斯坦两大城市之间的交通状况，还能将瓜达尔港经卡拉奇同喀什相连，有助于巴基斯坦同中国、伊朗、阿富汗、中亚国家等的互联互通。

信息产业基础设施建设取得进展。2018 年 7 月，中巴跨境光缆开通，光缆从乌鲁木齐经中巴边境红其拉甫口岸到巴基斯坦的拉瓦尔品第市，全长 2950 千米，是连接中巴两国的首条跨境直达陆地光缆项目。该项目不仅将推动中巴两国信息互联互通建设，也将推动新疆地区通信事业革新。

12.4 “一带一路”影响下新疆的集聚效应

在“一带一路”倡议的指引下，新疆抓好“丝绸之路经济带”核心区建设，坚持“走出去”和“引进来”相结合，着力推进“一港”“两区”“五大中心”“口岸经济带”的建设。加快发展进出口资源加工企业、特色产业、边境（跨境）旅游、边民互市贸易、电子商务等外向型经济，推动“通道经济”向“产业经济”“口岸经济”转变。并积极参与中巴、中蒙俄等经济走廊建设，深化与周边国家产能合作，加强境外经贸合作园区、边境经济合作区建设，带动商品、技术和装备出口。

12.4.1 产业集聚效应

12.4.1.1 产业集聚理论

从产业集聚的过程来看，产业集聚首先是企业根植于本地，然后是企业之间相互影响并作用于地区发展。企业根植于地区产生企业根植性，企业之间的相互作用产生空间外部性。因此，企业根植性和空间外部性是产业集聚与生俱来的两个原生性特征（Rosenstein-Rodan，1943）。

产业集聚经济是通过产业集聚的外部性提升区域中单一企业的素质来促进区域产业的整体发展，从而使得区域生产率得到提升（Melo et al.，2009）。一方面，集聚经济通过中间投入品共享、劳动力市场蓄水池以及知识溢出效应等机制来提高生产效率（Marshall，1890）；另一方面，集聚经济存在空间外溢效应，知识外溢对相邻地区的发展也会产生积极的影响（López-Bazo et al.，2004）。Duranton and Puga（2004）指出，集聚经济通过知识和技术外溢等方式带来企业生产效率的提升，经济集聚的技术外部性通过市场活动的拓展，从而对经济绩效产生广泛影响。

空间经济学理论认为企业的规模报酬递增、庞大的消费市场、充足的资源供给以及较低的运输和通勤成本等因素在因果循环累积作用下形成了产业集聚。Murphy（1989）认为，由于地区经济发展过程中的阈值效应（或门限效应），在经济不发达地区进行基础设施投资会产生巨大的生产效率提升，形成产业集聚。Combes（2012）和 Accetturo（2011）等学者发现在意大利人口密集的劳动市场，集聚效应对大多数的行业起到更大的作用。王永进、张国峰（2016）认为，开发区企业的生产率优势主要源自"集聚效应"，且对民营企业和规模小的企业影响最大。

12.4.1.2　新疆产业集聚效应

美国管理学家波特教授（M. E. Porter）从竞争优势理论的角度认为产业集聚是提高产业竞争力的重要因素，认为国家的竞争优势来源于优势产业，而优势产业的竞争优势来源于产业集聚。产业集聚是现代经济构成的重要单元，有影响的产业集聚是区域经济增长和社会发展的战略要点，往往代表着区域的核心竞争力。

新疆借力"一带一路"建设大力发展资源型产业集群。新疆是资源能源富集区，在 130 多种矿产品资源中，9 种储量居全国首位，32 种居西北地区首位。其中，煤炭资源丰富，预测储量为 2.19 万亿吨，占全国的 40%，排名首位；天然气、石油储量分别占全国的 34% 和 30%，居全国第一位和第二位；预测煤层气资源量为 9.51 万亿立方米，占全国煤层气总资源量的 26%。

“十二五”时期，新疆已经形成 4 个资源型超千亿元的产业集群。（见表 12–3）一是石油和化学工业 4000 亿元产业集群（不含新型煤化工）。新疆大力推进疆内企业参与石油天然气下游产品开发，增加油气资源在疆内的加工量，最大限度地延伸产业链，形成一批石化产业集群。

二是新型煤化工千亿元产业集群。中央明确将新疆建设成大型煤炭煤电煤化工基地、大型风电基地，稳步发展煤制天然气等煤制燃料产业。

三是电力工业千亿元产业集群。新疆煤炭资源丰富，品质优、开采成本低、价格低，同时拥有得天独厚的风、光、水、热等清洁能源优势。其中，风能总储蓄量为 8.86 亿万千瓦，占全国的 37%，是全国最丰富的地区之一；全年平均日照时数居全国第 2 位；水能理论蕴藏量全国排名第 4 位，为形成低电价洼地提供了强有力的保障。

四是有色工业千亿元产业集群。新疆积极开展国际产能合作，建设伊犁、昌吉、哈密、阿勒泰等进口矿产品加工产业集聚区，有色金属制品出口加工产业集聚区，加快境外资源基地建设，充分发挥区位优势，提高资源保障能力，全面提升产业发展质量和效益。预计到 2020 年，有色金属产业实现工业增加值 350 亿元以上，电解铝本地深加工量比例达到 80% 以上。新疆利用石油、天然气和煤炭三大优势，延伸乙烯、芳烃、天然气利用和精细化工 4 条产业链条，形成了包括油气勘探开发、炼油、基础化学原料、化肥、农药、合成材料、橡胶制品等 20 个重要子行业。

在资源型产业集聚效应的影响下，新疆着力建设“十大进出口产业加工集聚区”（见表 12–3）。一是纺织服装产品出口加工产业集聚区。重点建设 3 个纺织工业城、7 个纺织服装工业园区和乌鲁木齐纺织品国际商贸中心，把库尔勒、阿克苏、石河子、奎屯等地建设成为辐射中亚、西亚和俄罗斯等地的中国西部纺织服装生产基地和集散中心，使新疆成为我国西部最具影响力的纺织服装生产基地和向西出口的“桥头堡”。

二是轻工产品出口加工产业集聚区。在霍尔果斯经济开发区、喀什经济开发区、天山北坡经济带发展出口导向型小家电、五金制品、灯具、电子产品组装、节水器材和塑料制品等为重点的轻工产品出口加工产业集聚区。

表 12-3　新疆产业集群情况

产业集群类型	产业集群名称
资源型千亿元产业集群	① 石油和化学工业 4000 亿元产业集群 ② 新型煤化工千亿元产业集群 ③ 电力工业千亿元产业集群 ④ 有色工业千亿元产业集群
进出口产业加工集聚区	① 纺织服装产品出口加工产业集聚区 ② 轻工产品出口加工产业集聚区 ③ 机械装备出口产业集聚区 ④ 金属制品出口加工产业集聚区 ⑤ 化工产品出口加工产业集聚区 ⑥ 信息产业出口集聚区 ⑦ 进口油气资源加工产业集聚区 ⑧ 进口矿产资源加工产业集聚区 ⑨ 进口农林牧产品加工产业集聚区 ⑩ 建材产品出口加工产业集聚区

资料来源：根据新疆统计资料整理。

三是机械装备出口产业集聚区。新疆基本形成风电装备、输变电装备、光伏发电装备、农牧机械、石油及化工装备、矿山机械装备、工程及建筑机械、汽车八大产业集群。预计到 2020 年，装备制造业工业总产值力争达到 1500 亿元，工业增加值年均增速超过 12%，先进装备制造业占全行业产值的 70% 以上，重点整机零部件配套率提到 50% 以上，规模以上企业数字化研发设计工具普及率达到 75%，规模以上企业研发经费内部支出占主营业务收入的比重达到 1.5% 以上。

四是金属制品出口加工产业集聚区。建设乌鲁木齐经济技术开发区、喀什中亚南亚工业园区、和静工业园区、伊犁新源钢铁配套区 4 个金属制品出口加工产业集聚区；发展建设昌吉、石河子、奎屯 – 独山子、五家渠出口加工产业集聚区。

五是化工产品出口加工产业集聚区。新疆建设有：以氯碱化工为主的盐化工产业出口加工集聚区，以天然气深加工为主的化工产业集聚区，进口油气资源加工出口的石油化工产业集聚区，以产品上下游联系紧密的煤化工出口加工集聚区。

六是信息产业出口集聚区。新疆以喀什、霍尔果斯、乌鲁木齐为中心，重点发展电子产品加工组装出口集散和软件信息服务外包产业，推动电子信息产业向西出口、中转、集散加工基地建设，充分利用克拉玛依、乌鲁木齐数据中心基础，建设国际一流的云数据中心，使之成为亚欧国家离岸国际信息资源的存储和备份中心，亚欧区域国际信息资源加工处理中心和服务外包中心，亚欧区域互联网内容翻译制作中心。

七是进口油气资源加工产业集聚区。新疆依托石油产业集群，最大限度地延伸石油、天然气产业链，做大做强下游精细化工产业。独山子区主要发展乙烯及其下游产品；乌鲁木齐市主要发展芳烃及其下游产品；库尔勒市、库车市发展化肥、炼油。并且利用口岸优势，推动建设进口原油加工下游产业基地。

八是进口矿产资源加工产业集聚区 。新疆依托中亚、蒙古国、俄罗斯丰富的铁、锰、铬、磷、铅等矿产资源和新疆区内低电价优势，初步形成以钢铁、电解铝、铜铅锌冶炼及深加工为主的冶金工业体系；以此建设伊犁、昌吉、阿勒泰、哈密四大进口矿产品加工产业集聚园区，建设乌鲁木齐、奎屯进口矿产品加工产业聚集区，建设哈萨克斯坦资源保障基地。

九是进口农林牧产品加工产业集聚区。新疆加大周边国家粮食、棉花、羊毛、木材、木浆等农牧产品进口力度，与区内农产品资源有机结合，在口岸周边建设加工产业，重点发展食品工业、生物制品业、家具业、制革业、造纸业等产业，有效扩大进口资源加工规模，提高产品附加值，在满足区内外市场需求的同时，将产品销往周边国家市场。

十是建材产品出口加工产业集聚区。打造石材、陶瓷及家居建材加工贸易集散中心，建设乌鲁木齐国际石材及家居建材商贸核心区，形成产业链完整、特色鲜明、布局合理，集外贸加工、物流集散于一体的建材出口加工产业集聚区，成为我国“一带一路”建材外贸出口的陆路增长极。

12.4.2 贸易集聚效应

贸易集聚作为空间经济现象，具有很强的辐射效应。An. selin（1988）

首次在经济研究领域提出空间相关概念以来，地区间经济活动的相互影响越来越多地被引入经济问题的分析之中。Matin（1999）、Palivos 和 Wang（1996）、McCann 和 Shefer（2004）等通过大量的理论与实证研究发现，经济行为的空间集聚有利于经济增长，而经济增长可强化非均衡空间分布的极化过程，并使得增长极对于非增长极区域产生辐射效应。Aroca 等（2005）对 1985—2002 年墨西哥贸易自由化和经济收敛性进行了空间分析，首次将贸易集聚引入空间经济学分析中。Kellera 和 Shiue（2007）利用空间统计方法，考察了 18 世纪中后期中国各地大米价格差异的空间模式，研究结果认为空间特征对区际贸易的扩张十分重要。基于此，新疆借助"一带一路"机遇，充分发挥边境口岸的贸易集聚效应。

12.4.2.1　对外贸易集聚效应

从经济合作上来看，新疆是中国向欧亚大陆开放的重要地区，是连接中国与欧亚经济联盟、中亚地区的核心。因此新疆大力推进边境基础设施建设，将自己定位于向西部延伸的重要口岸，同时发挥本地贸易优势，扩大与欧亚经济联盟、中亚、独联体国家的贸易合作空间，借此加深新疆这些地区的合作关系，让新疆成为欧亚大陆的核心和枢纽。

新疆与哈萨克斯坦具有较强的贸易互补性，双方的贸易紧密度使哈萨克斯坦在中亚五国中更加凸显其主导地位。新疆与哈萨克斯坦和吉尔吉斯斯坦的双边贸易属于潜力再造型，与俄罗斯和白俄罗斯的双边贸易潜力巨大。

长期以来，新疆以其固有的地缘和资源的优势，与欧亚经济联盟各成员国一直都保持着良好的双边贸易合作伙伴关系。2014 年，新疆与欧亚经济联盟成员国双边贸易总额达 163.82 亿美元，占新疆对外贸易总额的 59.21%。其中，进口达 29.39 亿美元，出口达 134.43 亿美元，贸易顺差达到 105 亿美元。与 2004 年相比，2015 年新疆与欧亚经济联盟贸易规模扩大了 2.83 倍。

哈萨克斯坦一直是新疆第一大贸易伙伴，2012 年，新疆与哈萨克斯坦的贸易额超过 112.6 亿美元，占到与欧亚经济联盟 5 个成员国贸易总额的 72.57%。从表 12-4 可以看出，新疆与沿边国家的贸易额在 2014 年达到 163.6 亿美元，为近几年的最高，2015 年下降到 99.23 亿美元。原因在于，欧洲、韩国和日本等国不断拓展国际市场，其生产的商品大量涌入中亚国家，与中国商品竞争，并占据一定的市场份额。在“一带一路”的影响下，新疆与沿边国家贸易额在2017年和2018年出现回升现象，2017年双边贸易额达到148.32亿美元。特别是与哈萨克斯坦的贸易额在中哈增强产能的合作下，由2015年的57.48亿美元上升到2017年的94.21亿美元，增长63.9%。

表12-4　2009—2018年新疆与沿边国家贸易额　单位：亿美元

贸易国	2009年	2010年	2012年	2014年	2015年	2016年	2017年	2018年
哈萨克斯坦	68.9	92.6	112.6	101.2	57.48	63.14	94.21	85.16
吉尔吉斯斯坦	29.7	26.5	40.4	40.9	32.37	39.36	42.04	28.74
俄罗斯	3.09	5.68	6.44	21.5	9.38	13.29	12.06	17.29
总计	101.69	124.78	159.44	163.6	99.23	115.79	148.31	131.19

资料来源：根据《新疆统计年鉴》各年数据整理所得。

随着中巴经济走廊和中蒙俄经济走廊建设的推进，新疆与“一带一路”沿线的巴基斯坦、蒙古两国外贸增长势不可当。2017年，新疆拥有165个贸易伙伴国家和地区，与巴基斯坦实现外贸进出口额为30.9亿美元，增长62.1%；与蒙古国实现外贸进出口额为12.06亿美元，增长86.5%。

12.4.2.2　*口岸经济效应*

2018年，新疆口岸对“丝绸之路经济带”和“21世纪海上丝绸之路”沿线36个国家进出口贸易额为2915.4亿元人民币，比2017年同期增长13.5%，占同期新疆口岸进出口贸易额的98.2%。其中，对沿线国家出口额为1521.1亿元，微增0.7%；自沿线国家进口额为1394.3亿元，增长31.7%。新疆口岸与蒙古国、俄罗斯、哈萨克斯坦等36个“一带一路”沿线国家实现进出口贸易额为2915.4亿元，同比增长13.5%，占新疆口岸进出口总额的98.2%。

2018年，新疆口岸一般贸易占贸易主导地位，且保持较快增长。以一般贸易方式对沿线国家进出口贸易额为1981.2亿元，同此增长34.3%，增速高于对沿线国家进出口总体增速20.8个百分点，占同期新疆口岸对沿线国家进出口总值的68%。俄罗斯和中亚国家为新疆的主要贸易伙伴，对部分欧洲国家进出口倍增。2018 年，新疆口岸对哈萨克斯坦进出口份额居首位，为 1048.5 亿元，增长 3.5%，占 36%；对俄罗斯进出口紧随其后，为 613.1 亿元，增长 37.5%，占 21%。同期，对土库曼斯坦、吉尔吉斯斯坦、乌兹别克斯坦合计占 38.5%。此外，对部分欧洲国家进出口规模较小但增势迅猛，其中，对亚美尼亚、西班牙、捷克、斯洛伐克、匈牙利及保加利亚进出口同比增幅均达 2 倍以上。

在口岸集聚效应的影响下，新疆大力拓展口岸服务功能，大力发展仓储物流、商贸、旅游、住宿餐饮，带动人流、物流、资金流和信息流聚集。支持阿拉山口综合保税区建设博乐配套出口加工区、精河保税仓库和国家石油战略储备库，并且加快口岸开放步伐。积极推动别迭里口岸、吉克普林口岸、阿黑土别克口岸的开通工作，以及红山嘴等口岸向第三国开放。实现一类口岸配置大型货运列车检查系统（H986），推进通关电子化、信息化建设，提高口岸通关能力和效率。

12.4.3　"丝绸之路经济带"的未来发展方向

12.4.3.1　提升贸易便利化水平

推进贸易投资便利化是现阶段中国与"一带一路"沿线国家共建"丝绸之路经济带"的重点。新疆发展贸易主要集中在以下方向：第一，加强口岸基础设施建设。完善仓储、口岸联检等配套基础设施，加强边境地区通信、交通等基础设施建设，升级已有的设施设备，采用新的通关便利技术以提高口岸通关效率。第二，加强海关信息互换。加强海关监管合作，推进跨境监管程序协调，实现与中亚各国海关监管互认。推进检验检疫标准互认，实现检验检疫证书联网核查。第三，加快边境口岸"单一窗口"建设。建立数据共享的管理系统，提高工作效率，减少政府和贸易各方成本。第四，放宽劳务签证要求。实行"网络申请签证"或"网络审批签证"制度，提供签证便利。

12.4.3.2　提高投资便利化水平

投资便利化水平的提高可以从以下几个方面入手。第一，加强与中亚和西亚国家各级政府的沟通协调，消除投资壁垒，降低投资准入标准，实行中资企业国民待遇。第二，与中亚、西亚国家就避免双重征税进行磋商，推动与更多沿边国家签署双边投资保护协定、司法协助与社会保险等政府间协定，为中国企业对外投资和工程承包等活动提供法律保障。第三，中国相关部门做好投资风险评估工作，为企业提供相应的风险预警服务。中国企业自身也必须严格遵守当地的相关法律，规范投资经营活动。同时要加强与所在地政府部门、执法机关的沟通，充分熟悉政策环境及其变动情况，最大限度地规避对外投资过程中的各种风险。

12.4.3.3　扩大与中亚国家的产能合作

经过20多年的发展，中亚国家仍处于工业化初期阶段，其资源型工业结构不仅未发生变化，反而得到强化。当前中亚国家迫切希望发展现代制造业，中国则有意愿、有动力、有实力推动优势产能“走出去”，双方不谋而合。双方可在能源资源开发及深加工、新能源产业、装备制造业、建材产业等领域加强合作。首先，中国新疆应与中亚各能源生产国、管道过境国共同规划合作方向与合作目标，全面制订能源合作计划，协调双方能源法律政策体系，制定并严格实施税收保护协定，消除监管障碍。其次，双方应拓展在绿色能源和可再生能源领域的合作，包括加强技术交流和研发、设备制造以及产业化等层面的密切合作，不断拓宽在节约能源、环境保护等领域合作的广度和深度。另外，中国新疆在加大对中亚国家机械设备、交通运输设备、电力设备、建材产品出口力度的同时，还应支持国内上述领域相关企业加快“走出去”，实现就地生产、就地销售。

12.4.3.4　强化交通基础设施合作

一是参与中亚国家基础设施改建。宜采取政府合作投资、企业承建的方式，推动中国制造业和工程企业赴中亚国家投资和参建基础设施领域，改善当地基础设施落后的状况，推进其产业结构升级和可持续发展。二是继续深化交通网络联通合作。充分发挥亚投行、丝路基金的作用，加强与相关国家的沟通与协调，积极推进中吉乌、中哈、中塔阿伊等互联互通交通基础设施建设，逐步完善中国与中亚国家间的交通运输网络。三是协调技术标准。“一带一路”沿线国家的交通技术标准主要承袭苏联模式，与中国现行的技术标准不尽一致，由此造成交通运输衔接不协调，增加了作业过程，浪费了时间和财力。可加强同沿边国家相关交通部门的协商和沟通，尽力采用先进、适用、统一的技术，改善运输装备，提高运输效率。

12.4.3.5　拓展金融合作的深度与广度

第一，继续扩大货币跨境服务，包括互设本币账户结算、境内人民币转账结算、完善人民币清算渠道、建立人民币与沿边各国货币的直接汇率机制、银行卡网络互联，逐步建立统一的支付结算网络体系。第二，完善区域金融信息披露制度，加强金融信息交换与共享；建立征信评估机制，防范信用风险；加强反洗钱、打击非法融资合作力度，建设健康的区域金融环境。第三，拓宽企业融资渠道。除"丝路基金"、亚投行、中国—欧亚合作基金外，还可设立专门领域的开发基金，如能源矿产开发基金、农业合作专项基金等，为中国与中亚国家多领域项目合作提供多层次的金融支持。

参考文献

[1] AROCA P，BOSCH M，MALONEY W F. Spatial dimensions of tradeLiberalization and economic convergence：Mexico 1985—2002 [J]. World Bank Economic Review，2005，19（3）：345-378.

[2] CHAKRABARTI A. A theory of the spatial distribution of foreign direct investment [J]. International Review of Economics and Finance，2003（12）：149-169.

[3] KELLERA W，SHIUE C H. The origin of spatial interaction [J]. Journal of Econometrics，2007，140（1）：304-332.

[4] COMBES P，DURANTON G，GOBILLON L. The identification of agglomeration economies [J]. Journal of Economic Geography，2011（2）：253-266.

[5] DURANTON G，PUGA D. Micro-foundations of urban agglomeration economies [J]. Handbook of Regional and Urban Economics. 2004（4）：2063-2117.

[6] 石岚. 中亚国家发展报告 2019 [M]. 北京：社会科学文献出版社，2019.

[7] 梁琦. 产业集聚论 [M]. 北京：商务印书馆，2004.

[8] 国家发展改革委，外交部，商务部. 推动共建“丝绸之路经济带”和 21 世纪海上丝绸之路的愿景与行动 [EB/OL]. 新华网，[2015-3-28]. http：//www.xinhuanet.com/.

[9] 中国人民大学“一带一路”建设进展课题组.“一带一路”年度报告（2017）[EB/OL]. 人民网，[2017-3-31]. http：//www.people.com.cn/.

[10] 黄文帝，赵成. 硕果累累的“一带”序曲——习主席首倡“丝绸之路经济带”的中哈合作 [EB/OL]. 人民网，[2015-5-8]. http：//www.people.com.cn/.

[11] 新疆维吾尔自治区人民政府. 新疆维吾尔自治区新型工业化“十三五”发展规划（2016—2020）[EB/OL]. [2017-08-10]. http:www.ccpc360.com.

[12] 新疆维吾尔自治区人民政府.“丝绸之路经济带”核心区商贸物流中心建设规划（2016—2030 年）[EB/OL]. [2017-03-01]. http:www.mns. gov. cn/xwzx/gzfw/825463.htm.

[13] 盖骁敏，张文娟. FDI 产业集聚的根植性问题研究 [J]. 管理世界，2010（12）：168-169.

[14] 许德友，梁琦. 县域出口贸易的空间相关性分析——以江苏省为例 [J]. 财经研究，2011（5）：79-88.

[15] 韩璐.“丝绸之路经济带”在中亚的推进：成就与前景 [J]. 国际问题研究，2017（3）：23-29.

[16] 王永进，张国峰. 开发区生产率优势的来源：集聚效应还是选择效应？[J]. 经济研究，2016（7）：58-71.

[17] 史静.“丝绸之路经济带”的新疆机遇 [N]. 新疆日报（汉），2013-10-21.

[18] 余壮雄，杨扬. 大城市的生产率优势：集聚与选择 [J]. 世界经济，2014（10）：31-51.

图索引

图 1-1　新疆 GDP 总量变动……6
图 2-1　新疆国家预算内资金变动……12
图 2-2　新疆小额贷款公司发展……18
图 3-1　新疆三大产业增加值占 GDP 比重变动……39
图 3-2　三大产业对 GDP 的贡献率的变动……41
图 3-3　新疆工业增加值变动趋势……42
图 3-4　1950—1978 年新疆重工业和轻工业增加值变动……42
图 3-5　1985—2018 年新疆重工业和轻工业增加值变动……43
图 3-6　新疆农业与牧业增加值变动……44
图 4-1　金融机构资产规模总量及增长速度变化……68
图 4-2　金融机构人民币存贷款……68
图 4-3　保险公司收入及赔付情况变化……73
图 4-4　上市公司增长情况……75
图 4-5　股票市场、债券市场和基金市场占比变化……78
图 5-1　1950—1977 年新疆社会消费品零售额……96
图 5-2　1978—2018 年新疆社会消费品零售额……97
图 5-3　1950—1977 年新疆城镇、农村社会消费品零售额增长率……99
图 5-4　1978—2018 年新疆城镇、农村社会消费品零售额增长率……101
图 5-5　1950—1977 年新疆商品批发零售业收入变化……103
图 5-6　1978—2018 年新疆商品批发零售业收入变化……104
图 5-7　1950—2018 年新疆餐饮业收入额变化……105
图 5-8　1950—1977 年新疆进出口总额变化……109
图 5-9　1978—2018 年新疆进出口总额变化……110
图 5-10　1952—1977 年新疆外贸依存度变化……113
图 5-11　1978—2018 年新疆外贸依存度变化……114

图 5-12　1950—2002 年新疆出口、进口和贸易差额……115
图 5-13　2003—2018 年新疆出口、进口和贸易差额……115
图 5-14　1995—2018 年新疆边境贸易额变化情况……117
图 5-15　1995—2018 年新疆一般贸易额变化情况……117
图 5-16　2001—2018 年新疆农产品出口贸易占新疆及中国出口贸易比重……121
图 5-17　2000—2015 年新疆边境口岸过货量趋势……125
图 5-18　2000—2015 年新疆边境口岸出入境人员数量变化趋势……126
图 5-19　2000—2015 年新疆边境口岸进出口贸易额变化趋势……127
图 6-1　新疆能源资源发展趋势……133
图 6-2　1978—2018 年新疆初高中净升学率变动……138
图 6-3　参与电子商务活动的企业数量……139
图 6-4　新疆企业电子商务交易量……140
图 6-5　新疆互联网宽带使用情况……141
图 6-6　新疆企业研究与试验 R&D 经费投入变动……142
图 6-7　1978 年以来的新疆民航通航里程……145
图 6-8　新疆民航客运量变动……146
图 6-9　新疆民航货运量变动……146
图 7-1　1950—1977 年新疆一般公共预算收入……150
图 7-2　1978—1993 年新疆公共预算财政收入……151
图 7-3　1994—2018 年公共预算财政收入年均增长率……152
图 7-4　新疆公共预算财政收入在全国公共预算财政收入中的占比……154
图 7-5　全国预算财政收入与新疆预算财政收入年增长率……155
图 7-6　1978—2018 年新疆财政预算支出情况……156
图 7-7　1950—1993 年财政收支散点图……157
图 7-8　1994—2017 年新疆财政收支散点图……157
图 7-9　1950—2017 年新疆财政收支散点图……157
图 7-10　1978—2018 年新疆城镇居民可支配收入……159
图 7-11　新疆城乡居民可支配收入增长情况……160
图 7-12　新疆城乡居民收入变动趋势……160
图 7-13　新疆城乡居民与全国城乡居民人均可支配收入比较……163

图 7-14　新疆与全国城镇化率对比……169
图 7-15　全国和新疆城乡居民收入比……172
图 7-16　1978—2017 年新疆人均 GDP、城乡居民收入增长率……175
图 7-17　1978—2017 年新疆人均 GDP、城乡居民收入和全国比较……176
图 7-18　特征根……179
图 7-19　SVAR 模型正交化的脉冲响应……180
图 7-20　GAP 对 lnGDP 的脉冲响应……180
图 7-21　lnGDP 对 GAP 的脉冲响应……181
图 8-1　改革开放以前新疆城镇化水平……192
图 8-2　改革开放以来新疆城镇化率变动……193
图 8-3　新疆城镇化率与全国平均水平比较……194
图 8-4　新疆城镇居民与农村居民恩格尔系数变化趋势……195
图 8-5　新疆城乡居民收入比变动趋势……197
图 8-6　新疆社会保险参保人数变动……198
图 8-7　新疆人均 GDP 变动……199
图 8-8　新疆非农产业总产值占 GDP 比重变动……201
图 9-1　新疆森林面积及森林覆盖率与全国水平对比……210
图 9-2　新疆自然保护区、国家级自然保护区数量统计……211
图 9-3　新疆造林面积分布……211
图 9-4　新疆工业污染治理投资额度分布……212
图 9-5　新疆与全国万元 GDP 碳排放量趋势比较……230
图 10-1　2012—2017 年新疆农村贫困人口数量……247
图 10-2　1978—2017 年新疆地区生产总值及增速……262
图 10-3　新疆农村贫困发生率变动……264
图 10-4　新疆经济增长与新疆农村贫困发生率变动趋势……266
图 12-1　中国外贸增长趋势……295
图 12-2　2011—2017 年中欧班列开行数量……296

表索引

表 1　新中国成立 70 年来民族八省区经济总量的增长……II
表 2　新中国成立 70 年来民族八省区产业结构的变化……III
表 3　新中国成立 70 年来民族八省区人均地区生产总值的变化……IV
表 4　新中国成立 70 年来民族八省区运输线路的变化……V
表 5　民族八省区农村贫困人口数……VI
表 3–1　新疆三大产业增加值占 GDP 比重……38
表 3–2　三大产业对 GDP 的贡献率……40
表 3–3　新疆旅游业发展情……49
表 3–4　南疆与新疆全区第一产业占 GDP 比重的比较……59
表 3–5　新疆产业园区的发展……60
表 3–6　新疆产业园区工业增加值的发展……61
表 4–1　新疆金融机构网点数变化……67
表 4–2　证券市场交易额变化……70
表 4–3　保险机构数量变化……72
表 4–4　保险密度和深度变化情况……74
表 4–5　股票市场情……76
表 4–6　债券筹资情况……79
表 4–7　变量的平稳性检验……86
表 4–8　残差 e 的单位根检验结果……86
表 4–9　方差分解结果……87
表 4–10　格兰杰因果检验……88
表 4–11　方差分解结果……89
表 5–1　1950—1977 年新疆城镇、乡村消费品零售额……98
表 5–2　1978—2018 年新疆城镇、乡村消费品零售额……99

表 5-3　新疆城乡居民收入水平变动……102
表 5-4　2012—2018 年新疆货物进出口总额及变化情况……112
表 5-5　2001—2018 年新疆农产品出口情况……120
表 5-6　新疆与中亚五国的农产品进出口贸易……122
表 5-7　新疆国家一类边境口岸基本情况……124
表 6-1　1978—2008 年新疆能源生产量情况……132
表 6-2　1998—2015 年新疆能源资源发展情况……133
表 6-3　新疆矿产资源储量情况……134
表 6-4　民族地区自然资源分布……135
表 6-5　新疆铁路和公路建设情况……144
表 7-1　1994—2018 年新疆公共预算财政收入……151
表 7-2　1994—2018 年公共预算财政收入构成与占比……153
表 7-3　新疆财政用于民生建设支出情况……156
表 7-4　新疆城镇居民人均可支配收入……158
表 7-5　新疆城乡居民收入差别对比……164
表 7-6　1978—2014 年新疆二元经济结构程度……168
表 7-7　新疆与全国高等、初等及小学在读人数……170
表 7-8　相关变量的统计指标……177
表 7-9　经济增长与城乡居民收入分配差距的平稳性检验……177
表 7-10　Johansen 协整迹统计量检验结果……178
表 7-11　Johansen 协整最大值特征值统计检验结果……178
表 8-1　传统城镇化与新型城镇化的比较……189
表 8-2　新疆人口城镇化率变动情况……193
表 8-3　新疆城镇居民与农村居民恩格尔系数情况……195
表 8-4　新疆城乡居民收入比变动……196
表 8-5　1978—2018 年新疆人均 GDP 变动情况……199
表 8-6　新疆非农产业发展情况……200
表 8-7　新疆城市发展情况……203
表 8-8　2017 年新疆地级城市人口分布……204
表 8-9　新疆城市空间分布……205

表 9-1 新疆水资源概况……214
表 9-2 不同能源的碳排放系数……229
表 9-3 2000—2016 年新疆碳排放量……229
表 9-4 2000—2016 年全国碳排放量……230
表 9-5 新疆能源消费总量及构成……231
表 10-1 1999—2017 年新疆城市贫困发生率……239
表 10-2 2016 年新疆低保人数构成……241
表 10-3 2017 年新疆分行业城镇就业人员平均工资……242
表 10-4 2014—2017 年新疆居民的文化程度……243
表 10-5 1978—2017 年我国农村贫困线变化状况……246
表 10-6 2016-2017 年新疆贫困地区农村居民收入结构变动情况……250
表 10-7 2014-2016 年新疆贫困地区农村居民收入结构变动情况……251
表 10-8 2017 年新疆城镇居民家庭物质生活情况……253
表 10-9 南疆四地州 GDP 及所占比例……262
表 10-10 变量平稳性检验……267
表 11-1 全国 19 个省市对口支援新疆情况……276
表 11-2 2011—2015 年对口援疆资金产业分布情况……283
表 11-3 2011—2015 年教育援疆资金投入情况……285
表 12-1 中国与中亚国家推动“丝绸之路经济带”建设的宣言或合作协议……293
表 12-2 中国 - 中亚天然气管道建设情况……303
表 12-3 新疆产业集群情况……307
表 12-4 2009—2018 年新疆与沿边国家贸易额……310

后 记

作为民族高校的教师，近十几年我一直致力于民族地区经济社会发展的研究。最早研究民族地区的金融脆弱问题，后来将研究视野拓宽到经济社会方面。2013—2018 年，我每年参与《中国少数民族地区经济发展报告》的写作，积累了很多资料，也发表了相关研究成果。特别是在脱贫攻坚第三方评估工作中，深入民族地区的深度贫困县，实地调研民族地区精准扶贫、精准脱贫情况，使我深刻体会到中共中央和国务院出台的精准脱贫政策的意义，也看到民族地区脱贫攻坚的显著成效。

在写作本书的过程中，我查阅了大量的数据库，阅读了很多政策性文件，深感写作一本书的不易。特别是在教学工作繁忙之余，一部分一部分地完成。

本书的写作得到了金融学研究生的协助。研究生同学成颖、成垒、马洋洋、陈曦和腾叶分别完成了第四章、第五章、第七章、第九章和第十章的初稿。其余的七个章节由我完成，并由我对初稿进行修改，最后定稿。

本书能顺利完成和出版，要特别感谢西南民族大学经济学院院长郑长德教授的支持，感谢中国经济出版社李煜萍编审为本书的出版所做的大量精细的具体工作。

由于知识和能力有限，本书的问题在所难免，敬请读者批评指正。

伍 艳

2019 年 5 月 20 日于成都